Ein ausführliches Verzeichnis der

Guttentagschen Sammlung

Deutscher Reichs- und Preußischer Gesetze

— Textausgaben mit Anmerkungen; Taschenformat —

die alle wichtigeren Gesetze in unbedingt zuverlässigem Abdruck und mit mustergültiger Erläuterung wiedergibt, ist diesem Bande beigelegt.

Guttentagsche Sammlung
Nr. 163. Deutscher Reichsgesetze. Nr. 163.
Textausgaben mit Anmerkungen.

Das Notariatrecht

unter besonderer Berücksichtigung

des materiellen Rechts und des Steuer- und Stempelrechts

erläutert von

Dr. Felix Szkolny und Leopold Kober
Justizrat, Rechtsanwalt und Notar in Berlin.
Rechtsanwalt und Notar in Berlin.

Berlin und Leipzig 1926.
Walter de Gruyter & Co.
vormals G. J. Göschen'sche Verlagshandlung — J. Guttentag, Verlagsbuchhandlung — Georg Reimer — Karl J. Trübner — Veit & Co.

Roßberg'sche Buchdruckerei, Leipzig.

Vorwort.

Das Notariatrecht hat wiederholt eine so bedeutende Bearbeitung gefunden, daß eine neue Darstellung dieses Rechtsgebietes keine Empfehlung mitbringt, sondern eine Rechtfertigung verlangt. Bei der großen Zahl von Gesetzen, Verordnungen und Entscheidungen bedarf der Notar eines Handbuches, das es ihm ermöglicht, sich über diejenigen Fragen, welche in der täglichen Praxis auftauchen, schnell und möglichst erschöpfend zu unterrichten. Unter diesem Gesichtspunkt ist die Auswahl und Anordnung des Stoffes erfolgt. Das Buch behandelt daher in Form einer fortlaufenden Erläuterung der einschlägigen Gesetze das formelle Notariatrecht. Die Darstellung des materiellen Rechts und des Steuer- und Stempelrechts ist in der durch den angegebenen Zweck gebotenen Begrenzung erfolgt. Muster sind insoweit beigefügt worden, als sie in den bekannten Formularbüchern nicht enthalten sind.

Inhalt.

Abkürzungen.

AG. = Ausführungsgesetz.
Behre = Behre, Die Prüfung der Geschäfte des preußischen Notars.
Beushausen = Beushausen, Kommentar zur Gebührenordnung für Notare, 3. Aufl.
BGB. = Bürgerliches Gesetzbuch.
Boethke-Bergschmidt = Boethke und Bergschmidt, Grunderwerbsteuergesetz, 2. Aufl.
Brodmann = Brodmann, Gesetz betreffend die Gesellschaften mit beschränkter Haftung.
Callmann = Callmann, Das Merkbuch für den preußischen Notar.
DJZ. = Deutsche Juristen-Zeitung.
DNotV. = Zeitschrift des Deutschen Notarvereins.
Dorst = Dorst, Die notarielle Beurkundung.
DVO. = Durchführungsverordnung.
EG. = Einführungsgesetz.
Formularbuch = Formularbuch für die freiwillige Gerichtsbarkeit, 9.—12. Aufl.
GBO. = Grundbuchordnung.
GS. = Preußische Gesetzsammlung.
Jastrow = Deutsch-Preußisches Notariatsrecht von Hermann Jastrow, 15. Aufl.
JMBl. = Justizministerialblatt für die preußische Gesetzgebung und Rechtspflege.
Jur. Rundschau = Juristische Rundschau, Zeitschrift für praktische Rechtskunde.
JW. = Juristische Wochenschrift.
KGJ. = Jahrbuch für Entscheidungen des Kammergerichts.
Marcuse = Das neue Reichssteuerrecht, 4. Aufl.
Oberneck = Oberneck, Das Notariatsrecht der deutschen Länder.
ObernedGrbuchr. = Oberneck, Reichsgrundbuchrecht, 4. Aufl.
OLG. = Rechtsprechung der Oberlandesgerichte.
Pr. FGG. = Preußisches Gesetz über die freiwillige Gerichtsbarkeit.
Pr. GebO. = Preußische Gebührenordnung für Notare.
Pr. GKG. = Preußisches Gerichtskostengesetz.
Pr. StStG. = Preußisches Stempelsteuergesetz.
RAO. = Reichsabgabenordnung.
Rausnitz = Rausnitz, Gebührenordnung für Notare, 6. Aufl.
Recht = Das Recht. Juristisches Zentralblatt für Praktiker.
RFGG. = Reichsgesetz über die Angelegenheiten der freiwilligen Gerichtsbarkeit.

RFH. = Sammlung der Entscheidungen und Gutachten des Reichsfinanzhofs.
RGKomm. z. BGB. = Kommentar der Reichsgerichtsräte zum BGB., 5. Aufl.
RGZ. = Entscheidungen des Reichsgerichts in Zivilsachen.
Schachian = Schachian, Erbschaftsteuergesetz, 3. Aufl. (Textausgabe mit Anmerkungen).
Schlegelberger = Schlegelberger, Die Gesetze über die Angelegenheiten der freiwilligen Gerichtsbarkeit für das Reich und Preußen, 2. Aufl.
Staub = Staub, Kommentar zum Handelsgesetzbuch, 11. Aufl.
Staub-Hachenburg = Staub-Hachenburg, Kommentar zum Gesetz, betr. die Gesellschaften m. b. H., 4. Aufl.
Stein = Stein-Jonas, Zivilprozeßordnung für das Deutsche Reich, 12. Aufl.
Strutz = Handbuch der Reichssteuergesetze, herausgegeben von Strutz, 2. Aufl.
Weißler = Weißler, Formularbuch für die freiwillige Gerichtsbarkeit, 16. Aufl.

Berichtigungen und Ergänzungen.

Zu S. 29 Abs. 2 Satz 2:

Hinter „(Tarifstelle 12, II)“ sind die Worte einzufügen: „nicht aber der Antrag auf Abschluß eines solchen Vertrages. Die Beurkundung der Annahme unterliegt nicht dem Protokollstempel.“

Zu S. 90:

Ist das veräußerte Hausgrundstück versichert, so tritt der Erwerber in die sich aus dem Versicherungsverhältnis ergebenden Rechte und Pflichten ein (§§ 69ff. des Ges. ü. d. Versicherungsvertrag vom 30. Mai 1908). Dies gilt aber nicht für die Haftpflichtversicherung (Bl. f. Rechtspfl. 35, 102).

Zu S. 90 Erl. 4:

Wird bei einem befristeten Antrag auf Abschluß eines formbedürftigen Veräußerungsgeschäfts (§ 313 BGB.; § 15 des Ges. über G. m. b. H.) vereinbart, daß das geleistete Angeld bei nicht rechtzeitiger Annahme des Angebots verfällt, so genügt nicht die notarielle Beurkundung des Angebots, vielmehr muß auch das Einverständnis des Antragsempfängers mit der Verfallsklausel notariell beurkundet werden (vgl. RGZ. 62, 411; 105, 382).

Zu S. 96:

Die Entscheidung des Reichsgerichts über Schwarzverträge vom 8. Juli 1925 ist nach der Drucklegung in JW. 54, 2234 veröffentlicht worden. Die Entscheidung bezieht sich auf die Genehmigung des Veräußerungsgeschäfts, dagegen enthält sich das Reichsgericht einer Entscheidung darüber, ob es an einer wirksamen Genehmigung auch für den Fall fehlt, daß die Auflassung als solche genehmigt ist. Folgt man der — von uns bekämpften — Ansicht des Reichsgerichts, so muß man auch in diesem Falle die Unwirksamkeit der Genehmigung annehmen, denn die Grundlagen für die kraft öffentlichen Rechts erfolgende Prüfung der Behörde sind dieselben wie bei dem Veräußerungsgeschäft. Daran vermag die abstrakte Natur der Auflassung nichts zu ändern (a. M. Hagelberg, Gesetz über den Verkehr mit Grundstücken Note 14 zu § 1).

Zu S. 100 Zeile 22 von unten:

Statt „34“ lies „54“.

Zu S. 157 Abs. 3 vorletzte Zeile:

Hinter „der“ und vor „Schulden“ sind die Worte: „Haftung für die“ einzufügen.

Zu S. 157 vor b:

Hat eine Kommanditgesellschaft ihre Geschäfte begonnen, bevor sie in das Handelsregister eingetragen ist, so haftet jeder Kommanditist, der dem Geschäftsbeginn zugestimmt hat, für die bis zur Eintragung begründeten Verbindlichkeiten der Gesellschaft gleich einem persönlich haftenden Gesellschafter, es sei denn, daß der Gläubiger seine Beteiligung als Kommanditist kannte (§ 176 HGB.). Beim Eintritt des Kommanditisten in eine bestehende Handelsgesellschaft gilt das gleiche (§ 176 Abs. 2 HGB.).

I. Allgemeiner Teil.

A. Die Bestimmungen über das Notariat in dem Reichsgesetz über die Angelegenheiten der freiwilligen Gerichtsbarkeit

vom 20. Mai 1898 (RGBl. S. 771).

Zehnter Abschnitt*).

Gerichtliche und notarielle Urkunden.

Vorbemerkung.

1. Es sind drei **Arten der notariellen Beurkundung** zu unterscheiden: die Beurkundung von Rechtsgeschäften mit Ausnahme von Testamenten und Erbverträgen, die Beurkundung von Testamenten und Erbverträgen, die Beurkundung von sonstigen Rechtshandlungen oder Tatsachen.

Der zehnte Abschnitt regelt außer der Beglaubigung von Unterschriften und Handzeichen nur die Beurkundung von Rechtsgeschäften, und zwar in § 167 die Zuständigkeit, in §§ 168—182 das Verfahren. § 200 RFGG. gibt dem Landesrecht die Befugnis, Vorschriften zur Ergänzung und Ausführung dieser reichsgesetzlichen Bestimmungen zu erlassen. Für Preußen ist dies durch den zweiten Titel (Urkunden über Rechtsgeschäfte) Art. 40 bis 52 des PrFGG. geschehen. Ferner kommen die Art. 63—65, 85, 86 PrFGG. in Betracht. Werden die Ergänzungsvorschriften der Landesgesetze bei der Beurkundung verletzt, so hat dies auf die Gültigkeit der Beurkundung keinen Einfluß, soweit es sich um Beurkundungen handelt, die dem zehnten Abschnitt des RFGG. unterliegen, also die Beurkundung von Rechtsgeschäften und die Beglaubigungen von Unterschriften und Handzeichen. Insoweit sind also die landesgesetzlichen Bestimmungen nur Ordnungsvorschriften. Eine Ausnahme ist nur gemacht, wenn ein Verstoß gegen die Vorschriften über die sachliche Zuständigkeit (Notare oder Gerichte) vorliegt (vgl. hierzu die Erl. **zu § 200** RFGG. S. 39).

Die Vorschriften des Reichsrechtes sind teils Muß-, teils Sollvorschriften. Erstere sind durch die Worte: „muß", „ist", „kann nicht" gekennzeichnet.

2. Infolge der verschiedenen Regelung ist es wichtig zu unterscheiden, ob ein **Rechtsgeschäft oder eine andere Rechtshandlung oder Tatsache** in Frage kommt.

---

*) Auch innerhalb eines Abschnitts sind diejenigen gesetzlichen Bestimmungen nicht abgedruckt, welche für das Notariatsrecht bedeutungslos sind. An einzelnen Stellen des Buches ist hierauf nochmals hingewiesen worden.

Nach den Motiven zum BGB. 1, 126 sind Rechtsgeschäfte private Willenserklärungen, die auf die Hervorbringung eines rechtlichen Erfolges gerichtet sind und bei denen der Erfolg nach der Rechtsordnung deswegen eintritt, weil er gewollt ist. Daher gehören Erklärungen von Behörden zu den Rechtsgeschäften, aber nur solche, die von Behörden als Vertretern juristischer Personen in Privatrechtsverhältnissen abgegeben werden. Da die Willensäußerung auf die Hervorbringung einer Rechtswirkung gerichtet sein muß, so muß es sich um die Begründung, Feststellung, Änderung oder Aufhebung eines Rechtsverhältnisses handeln.

Da die Abgrenzung nicht immer leicht zu finden ist, so werden nachstehend diejenigen Beurkundungen zusammengestellt, die sich nicht nach den Regeln der Beurkundung von Rechtsgeschäften richten:

1. Die Beurkundung von Beschlüssen der Gesellschafterversammlung einer Aktiengesellschaft oder Kommanditgesellschaft auf Aktien, der Gesellschafterversammlung einer Gesellschaft mit beschränkter Haftung, des obersten Organs eines Versicherungsvereins auf Gegenseitigkeit sowie der Beschlüsse ähnlicher Versammlungen, z. B. Versammlungen von Vereinen und Gewerken, bei denen die Beurkundung zwar nicht durch das Gesetz, wohl aber durch die Satzung vorgeschrieben ist (vgl. die Erläuterungen zu § 6 RFGG. bei Art. 54 PrFGG. und Note 1 zu §§ 258, 259 HGB.).

2. Die Beurkundung der Sukzessivgründung einer Aktiengesellschaft oder einer Kommanditgesellschaft auf Aktien.

3. Eidesstattliche Versicherungen zur Erlangung eines Erbscheines oder Testamentsvollstreckerzeugnisses.

4. Die Beglaubigung von Unterschriften und Handzeichen (vgl. § 183 RFGG.).

5. Die Herstellung von Teilhypotheken-, Grundschuld- und Rentenschuldbriefen.

6. Die Aufnahme von Wechsel- und Scheckprotesten.

7. Die Beurkundung von Verlosungen sowie des Herganges bei der Auslosung oder Vernichtung von Wertpapieren.

8. Die Aufnahme von Vermögensverzeichnissen, Siegelungen und Entsiegelungen.

9. Die Beglaubigung von Abschriften.

10. Die Sicherstellung der Zeit, zu der eine Privaturkunde ausgestellt ist.

11. Die Ausstellung von Lebensbescheinigungen und sonstigen einfachen Zeugnissen (Art. 56 PrFGG.).

12. Die Vornahme und Beurkundung von Zustellungen.

13. Die Mitwirkung bei Abmarkungen (vgl. aber die Erläuterung zu Art. 31 PrFGG.).

14. Die Abnahme von Eiden oder eidesstattlichen Versicherungen zwecks Wahrnehmung von Rechten im Auslande (Art. 54 Abs. 1 PrFGG.).

3. Wenn mit einem Rechtsgeschäft zugleich eine sonstige Rechtshandlung oder eine Tatsache beurkundet wird, so muß die Urkunde sowohl die Erfordernisse der Beurkundung von Rechtsgeschäften als auch die Erfordernisse der Beurkundung von sonstigen Rechtshandlungen und Tatsachen erfüllen. Dies geschieht zunächst durch die Beobachtung der Form der Rechtsgeschäfte (RFGG. §§ 168ff., PrFGG. Art. 40ff.), da diese Formvorschriften diejenigen der Art. 54—55 PrFGG. stets in sich schließen. Dagegen muß der Notar die Frage, ob er von der Amtsausübung ausgeschlossen ist, sowohl nach §§ 170ff. RFGG. als auch nach Art. 84 PrFGG. prüfen. Ist er auch nur nach einer dieser Vorschriften ausgeschlossen, so darf er die Beurkundung nicht vornehmen. Vgl. im übrigen hinsichtlich der Gerichtssprache und des Dolmetschers in diesem Falle die Bemerkungen zu Art. 53 PrFGG.

Ebenso ist zu verfahren, wenn es zweifelhaft ist, ob ein Rechtsgeschäft oder eine andere Rechtshandlung in Frage kommt.

§ 167. Für die gerichtliche Beurkundung eines Rechtsgeschäfts sowie für die gerichtliche Beglaubigung eines Handzeichens sind die Amtsgerichte zuständig.

Für die öffentliche Beglaubigung einer Unterschrift sind außer den Notaren die Amtsgerichte zuständig. Das gleiche gilt für die Aufnahme der im § 1718 und im § 1720 Abs. 2 des Bürgerlichen Gesetzbuchs vorgesehenen öffentlichen Urkunden über die Anerkennung der Vaterschaft; für die Aufnahme dieser Urkunden ist, wenn die Anerkennung der Vaterschaft bei der Anzeige der Geburt des Kindes oder bei der Eheschließung seiner Eltern erfolgt, auch der Standesbeamte zuständig, welcher die Geburt oder die Eheschließung beurkundet.

1. Durch Abs. 1 wird nicht die Beurkundung eines Rechtsgeschäftes den Gerichten übertragen, sondern nur ausgedrückt, daß da, wo nach dem Landesrecht die Gerichte neben den Notaren oder allein dazu berufen sind, die Amtsgerichte dafür zuständig sind. In Preußen sind nach Art. 31 PrFGG. sowohl die Gerichte als auch die Notare zuständig, hinsichtlich der Rheinischen Notare s. aber Ges. vom 2. Januar 1924 (PrGS. S. 5) und DVO. vom 21. Juli 1925 (PrGS. S. 94). Bayern und Baden haben die Urkundstätigkeit den Gerichten im wesentlichen entzogen.

Die öffentliche Beglaubigung unterscheidet sich von der öffentlichen Beurkundung dadurch, daß bei jener die Erklärung schriftlich abgefaßt und die Unterschrift des Erklärenden öffentlich beglaubigt wird. Zuständig sind sowohl die Notare wie die Amtsgerichte. Das Verfahren bei der öffentlichen Beglaubigung regelt § 183 RFGG.

Nach dem Industriebelastungsgesetz vom 30. August 1924 (RGBl. II, 257) in Verbindung mit § 21 Abs. 2 der I. Durchführungsbestimmungen vom 28. Oktober 1924 (RGBl. II, 421) haben die von der Urkundsperson der Bank für deutsche Industrie-Obligationen in Angelegenheiten der Bank aufgenommenen Urkunden die gleiche Wirkung, als wenn sie von einem Gericht oder Notar aufgenommen wären. Die Urkundsperson ist auch berechtigt, in Angelegenheiten der Bank Unterschriften zu beglaubigen. Die Urkundsperson führt ein amtliches Siegel.

2. **Gerichtliche oder notarielle Beurkundung ist für folgende Verträge und Verhandlungen vorgeschrieben:**

a) ein Vertrag, der die Übertragung des gegenwärtigen Vermögens oder eines Bruchteils desselben oder Belastung mit einem Nießbrauche zum Inhalte hat (§ 311 BGB.), z. B. Verschmelzungsverträge zweier Aktiengesellschaften oder eingetragener Gonossenschaften;

b) ein Vertrag, der unter künftigen gesetzlichen Erben über den gesetzlichen Erbteil oder den Pflichtteil eines von ihnen geschlossen wird. Im übrigen ist ein Vertrag über den Nachlaß eines noch lebenden Dritten oder über den Pflichtteil oder ein Vermächtnis aus dem Nachlaß eines noch lebenden Dritten nichtig (§ 312 BGB.).

c) Veräußerungsvertrag über ein Grundstück (§ 313 BGB.). Über die Notwendigkeit, Vollmachten zu solchen Verträgen notariell zu beurkunden, s. S. 20, d;

d) Rechtsgeschäftliche Verfügungen hinsichtlich der Rechte an Grundstücken nach näherer Bestimmung der §§ 873, 877 BGB. (Änderungen des Inhalts eines Rechtes an einem Grundstücke), § 880 BGB. (Rangänderung), § 1116 Abs. 2 BGB. (Ausschließung der Erteilung eines Hypothekenbriefes). Der gerichtlichen oder notariellen Beurkundung wird gleichgestellt die Abgabe der Erklärungen vor dem Grundbuchamt, die Einreichung der Erklärungen bei dem Grundbuchamt, die Aushändigung einer den Vorschriften der Grundbuchordnung entsprechenden Eintragungsbewilligung an den anderen Teil. Die Eintragungsbewilligung muß, wenn sie nicht zum Protokoll des Grundbuchamts erklärt wird, nach § 29 GBO. öffentlich beurkundet oder öffentlich beglaubigt sein.

e) Vertrag über den Verzicht eines anteilsberechtigten Abkömmlings auf seinen Anteil an dem Gesamtgut mit dem überlebenden Ehegatten und den übrigen anteilsberechtigten Abkömmlingen (§ 1491 Abs. 2 BGB.);

f) Vertrag über Aufhebung der fortgesetzten Gütergemeinschaft zwischen dem überlebenden Ehegatten und den anteilsberechtigten Abkömmlingen (§ 1492 Abs. 2 BGB.);

g) Vereinbarung des überlebenden Ehegatten mit den nicht abgefundenen anteilsberechtigten Abkömmlingen über die Anrechnung der einem anteilsberechtigten Abkömmling für den Verzicht auf seinen Anteil gewährten Abfindung aus dem Gesamtguthaben bei der fortgesetzten Gütergemeinschaft vor deren Aufhebung (§ 1501 Abs. 2 BGB.);

h) Vertrag, durch den ein Miterbe über seinen Anteil an dem Nachlasse verfügt (§ 2033 BGB.). Verkauft ein Miterbe seinen Anteil an dem Nachlaß an einen Dritten und überträgt der Käufer den Anteil auf einen anderen, so bedarf auch diese Übertragung der gerichtlichen oder notariellen Beurkundung (§ 2037 BGB.);

i) der Erbverzichtsvertrag (§ 2348 BGB.);

k) Vertrag, durch den ein Erbverzicht aufgehoben wird (§ 2351 BGB.);

l) Verzicht auf letztwillige Zuwendungen durch Vertrag (§ 2352 BGB.);

m) Erbschaftskaufvertrag (§ 2371 BGB.);

n) Kauf einer von dem Verkäufer durch Vertrag erworbenen Erbschaft sowie andere Verträge, die auf Veräußerung einer dem Veräußerer angefallenen oder anderweit von ihm erworbenen Erbschaft gerichtet sind;

o) die Verhandlung, in der der Inhalt des Gesellschaftsvertrages (Satzung) einer Aktiengesellschaft festgestellt wird, über die Übernahme der Aktien durch die Gründer, Bestellung des Aufsichtsrates, die Beschlüsse der

Generalversammlungen (§§ 182, 188, 190, 259 HGB.). Für Kommanditgesellschaften auf Aktien s. §§ 321, 322 HGB.;

p) Abschluß des Gesellschaftsvertrages zur Errichtung einer Gesellschaft mit beschränkter Haftung, die Abtretung von Geschäftsanteilen sowie der Vertrag, durch den die Verpflichtung zur Abtretung übernommen wird, die Abänderung des Gesellschaftsvertrages (§§ 2, 15, 53 d. Ges. ü. d. Gesellschaften mit beschränkter Haftung);

q) die Satzung eines Versicherungsvereins auf Gegenseitigkeit.

Nach preußischem Recht für die Vereinigung von Bergwerken (Konsolidation), Felderteilung und Feldertausch, Wahl des Repräsentanten, Mobilisierungsbeschlüsse (vgl. §§ 42, 51, 118, 253b des Berggesetzes), für Familienschlüsse bei Familienstiftungen und Fideikommissen, für die Satzung eines Versicherungsvereins auf Gegenseitigkeit, für den Vertrag über Errichtung einer freien Wassergenossenschaft und deren Satzungsänderung.

Die gerichtliche oder notarielle Beurkundung ist für folgende einseitige Willenserklärungen bezw. Vertragserklärungen vorgeschrieben:

a) Schenkungsversprechen (§ 518 BGB.) sowie das schenkungsweise erteilte Schuldversprechen oder Schuldanerkenntnis;

b) Zustimmung eines Ehegatten zu den in §§ 1511—1515 BGB. bezeichneten Verfügungen, z. B. Ausschließung eines gemeinschaftlichen Abkömmlings von der fortgesetzten Gütergemeinschaft durch letztwillige Verfügung (§ 1516 Abs. 2 BGB.);

c) Zustimmung eines Ehegatten zu einem Vertrage, durch den ein gemeinschaftlicher Abkömmling einem der Ehegatten gegenüber für den Fall der Auflösung der Ehe durch dessen Tod auf seinen Anteil am Gesamtgut der fortgesetzten Gütergemeinschaft verzichtet oder durch den ein solcher Verzicht aufgehoben wird (§ 1517 BGB.);

d) der Antrag auf Ehelichkeitserklärung eines unehelichen Kindes und die Zustimmung der in § 1726 BGB. bezeichneten Personen (Kind, Mutter, Ehefrau) (§ 1730 BGB.);

e) die Einwilligung der in den §§ 1746, 1747 bezeichneten Personen (Ehegatte, Eltern, Mutter) zu einer Annahme an Kindes Statt (§ 1748 BGB.);

f) Errichtung eines Testamentes vor einem Richter oder vor einem Notar (§ 2231 BGB.). Über Schenkungen von Todes wegen s. § 2301 BGB.);

g) einseitiger Widerruf korrespektiver Verfügungen beim gemeinschaftlichen Testament (§ 2271 BGB.);

h) Anfechtung eines Erbvertrages (§ 2282 Abs. 3 BGB.);

i) Zustimmung des anderen Vertragschließenden zur Aufhebung einer durch Erbvertrag getroffenen Verfügung, durch die ein Vermächtnis oder eine Auflage angeordnet ist (§ 2291 Abs. 2 BGB.);

k) Rücktritt von einem Erbvertrage, soweit ein solcher zulässig ist (§ 2296 Abs. 2 BGB.);

l) die vollstreckbare Urkunde (§§ 794 Abs. 1 Nr. 5 und 800 ZPO.).

Die gleichzeitige Anwesenheit beider Teile bei der gerichtlichen oder notariellen Beurkundung ist vorgeschrieben für:

a) Auflassung (§ 925 BGB.). Zur Entstehung eines Erbbaurechts bedarf es der Auflassung nicht mehr (vgl. § 11 der Verordnung über das Erbbaurecht vom 15. Januar 1919, RGBl. S. 72);

b) Ehevertrag (§ 1434 BGB.);

c) der Vertrag über Annahme an Kindes Statt sowie die Aufhebung eines solchen Vertrages (§ 1750 Abs. 2 und § 1770 BGB.);

d) Erbvertrag (§ 2276 BGB.);

e) Aufhebung eines Erbvertrages oder einzelner darin getroffener vertragsmäßiger Verfügungen (§ 2290 Abs. 4 BGB.).

Die öffentliche Beglaubigung ist vorgeschrieben für:

I. a) Anmeldungen zum Vereinsregister (§ 77 BGB.);

b) ist über eine Forderung ein Schuldschein ausgestellt und behauptet der Gläubiger, zur Rückgabe außerstande zu sein, so kann der Schuldner das öffentlich beglaubigte Anerkenntnis verlangen, daß die Schuld erloschen sei (§ 371 BGB.);

c) bei Übertragung einer Forderung hat der bisherige Gläubiger dem neuen Gläubiger auf Verlangen eine öffentlich beglaubigte Urkunde über die Abtretung auszustellen (§ 403 BGB.);

d) Benachrichtigung der Kasse bei Abtretung von Diensteinkommen, Wartegeld oder Ruhegehalt (§ 411 BGB.);

e) Erteilung eines Auszugs aus einer Urkunde beim Kauf (§ 444 BGB.);

f) Verzeichnis bei dem Nießbrauch an einem Inbegriff von Sachen (§ 1035 BGB.);

g) A b t r e t u n g e i n e r H y p o t h e k e n f o r d e r u n g (§ 1155 BGB.);

h) Anfechtung einer durch den Tod des zur Anfechtung nicht berechtigten Ehegatten aufgelösten Ehe (§ 1342 BGB.);

i) Aufnahme eines Verzeichnisses über den Bestand eines eingebrachten Gutes (§ 1372 BGB.);

k) Ablehnung des überlebenden Ehegatten, die Gütergemeinschaft fortzusetzen (§ 1484 in Verbindung mit § 1945 Abs. 1 BGB.);

l) Verzicht eines anteilsberechtigten Abkömmlings auf seinen Anteil an dem Gesamtgute bei der fortgesetzten Gütergemeinschaft (§ 1491 Abs. 1) und Aufhebung der fortgesetzten Gütergemeinschaft durch den überlebenden Ehegatten (§ 1492 BGB.);

m) Aufnahme eines Vermögensverzeichnisses bei der Errungenschaftsgemeinschaft (§ 1528 BGB.) und bei der Fahrnisgemeinschaft (§ 1550 BGB.);

n) Antrag auf eine Eintragung in das Güterrechtsregister (§ 1560 BGB.);

o) auf Verlangen die Abschrift von einer Eintragung in das Güterrechtsregister (§ 1563 BGB.);

h) Wiederannahme des Familiennamens seitens einer geschiedenen Frau und Untersagung der Namensführung durch den geschiedenen Mann (§ 1577 BGB.);

q) Anfechtung der Ehelichkeit und Anfechtung der Anerkennung der Ehelichkeit eines Kindes nach dessen Tode (§ 1597 und 1599 BGB.);

r) Verzicht des Vaters auf die Nutznießung an dem Vermögen des Kindes (§ 1662 BGB.);

s) wenn die Mutter eines unehelichen Kindes sich verheiratet hat, Erteilung des Namens an das uneheliche Kind durch den Ehemann (§ 1706 BGB.);

t) A u s s c h l a g u n g e i n e r E r b s c h a f t. Erfolgt sie durch einen B e v o l l m ä c h t i g t e n, so muß die Vollmacht öffentlich beglaubigt und der Ausschlagungserklärung beigefügt oder i n n e r h a l b d e r A u s s c h l a g u n g s f r i s t nachgebracht werden (§ 1945 BGB.);

u) Die Anfechtung der Annahme oder der Ausschlagung einer Erbschaft (§ 1955 BGB.); wenn die Anfechtung durch einen Bevollmächtigten erfolgt, gilt das zu t Gesagte;

v) Einwilligung des Nacherben zu einer Verfügung des Vorerben (§ 2120) und Aufnahme eines Verzeichnisses der Erbschaftsgegenstände durch den Vorerben (§ 2121 BGB.);

w) Bestimmung der Personen des Testamentsvollstreckers durch einen Dritten (§ 2198 BGB.);

x) Aufnahme eines Nachlaßverzeichnisses durch den Testamentsvollstrecker (§ 2215 BGB.);

y) Zustimmung zur Vereinbarung über vorbereitende Maßnahmen oder zur Auseinandersetzung selbst im Auseinandersetzungsverfahren seitens der im Termin nicht erschienenen Beteiligten (§§ 91, 93, 99 RFGG.);

z) Anmeldungen zum Handelsregister und zum Schiffsregister (§ 12 HGB., § 107 RFGG.).

II. In Grundbuchsachen für die Eintragungsbewilligung und die sonstigen zu einer Eintragung im Grundbuch erforderlichen Erklärungen, Vollmachten dazu und deren Widerruf, Zurücknahme von Eintragungsanträgen nach Maßgabe der §§ 29, 30, 32 GBO.

III. **Vollmacht zur Abgabe von Geboten,** Abtretung des Rechtes aus dem Meistgebot, Erklärung des Meistbietenden, für einen anderen geboten zu haben, **im Zwangsversteigerungsverfahren** (vgl. §§ 71, 81 d. Ges. über d. Zwangsversteigerung, ferner §§ 84 Abs. 2, 91 Abs. 2, 143, 144 Abs. 1 daselbst).

IV. Bei Gesellschaften mit beschränkter Haftung die Vollmacht zur Vertretung bei der Errichtung der Gesellschaft (§ 2 d. Ges.). Für die Errichtung von Aktiengesellschaften besteht eine solche Bestimmung nicht.

V. Auf dem Gebiete des Seerechts nach Maßgabe der §§ 475, 683, 871 HGB.

VI. Auf dem Gebiete des Versicherungsrechtes nach § 4 des Ges. vom 30. Mai 1908.

VII. Auf dem Gebiete der Zivilprozeßordnung vgl. §§ 80 (Vollmacht), 726 (Abhängigkeit der Vollstreckung von dem Beweis des Eintritts einer Tatsache), 727 (Rechtsnachfolge), 756, 765 (Vollstreckung bei Leistung Zug um Zug).

§ 168. Für die gerichtliche und die notarielle Beurkundung eines Rechtsgeschäfts gelten, unbeschadet der Vorschriften des Bürgerlichen Gesetzbuchs über die Errichtung von Testamenten und Erbverträgen, die §§ 169—182. Als Beteiligter im Sinne der §§ 169—182 ist derjenige anzusehen, dessen Erklärung beurkundet werden soll.

1. Die Bestimmung bezieht sich nur auf Rechtsgeschäfte (vgl. oben Vorbemerkung 2 zum zehnten Abschnitt des RFGG.) und gilt, gleichviel ob die notarielle Beurkundung gesetzlich vorgeschrieben ist oder gewillkürt ist. Sind zwingende Vorschriften bei der Beurkundung verletzt, so liegt eine notarielle Urkunde nicht vor. Darüber, ob der Akt als privatschriftliche Urkunde gelten kann, vgl. §§ 125, 139, 140 BGB.

2. Aus den Worten: „unbeschadet der Vorschriften des Bürgerlichen Gesetzbuches über die Errichtung von Testamenten und Erbverträgen" ist mit der herrschenden Ansicht nicht zu folgern, daß bei diesen die für die gerichtliche oder notarielle Beurkundung eines Rechtsgeschäfts geltenden Vorschriften keine Anwendung finden, vielmehr finden die Vorschriften der §§ 169—182 RFGG. auf die Beurkundung von Testamenten und Erbverträgen insoweit Anwendung, als nicht im Bürgerlichen Gesetzbuch für diese Rechtsgeschäfte ausschließliche oder abweichende Bestimmungen gegeben sind. Im großen und ganzen stimmen die Vorschriften überein. Die Abweichungen werden an den entsprechenden Stellen hervorgehoben werden. Wird ein Erbvertrag zwischen Ehegatten oder zwischen Verlobten mit einem Ehevertrag in derselben Urkunde verbunden, so genügt die für den Ehevertrag vorgeschriebene Form. Vgl. § 2276 Abs. 2 BGB. In diesem Falle genügt also die Beobachtung der Vorschriften des RFGG. Die materiell-rechtliche Bestimmung des § 2274 BGB., daß der Erblasser einen Erbvertrag nur persönlich schließen kann, bleibt aber auch hier in Kraft. Beide Verträge sind in derselben Urkunde nicht bloß dann verbunden, wenn sie in einem Protokoll enthalten sind; es genügt auch die bloße äußerliche Verbindung. Wird der Erbvertrag nicht mit einem Ehevertrag, sondern, was zulässig ist, mit einem anderen Vertrage verbunden, so gilt die erleichterte Form des § 2276 Abs. 2 BGB. nicht. Es müssen vielmehr die Formen des öffentlichen Testamentes beobachtet werden.

3. Als **Beteiligter** im Sinne der §§ 169—182 RFGG. ist diejenige physische Person anzusehen, die die Erklärung abgibt, also die, die vor dem Notar erscheint, nicht der, in dessen Namen oder in dessen Interesse die Erklärung abgegeben wird. Der Vertreter, nicht der Vertretene, ist der Beteiligte, also der Bevollmächtigte oder Vormund, nicht der Machtgeber oder das Mündel. Eine Ausnahme macht § 181 RFGG., wonach bei der Beurkundung von Versteigerungen nur solche Bieter als Beteiligte gelten, die an ihr Gebot gebunden bleiben.

Neben den Beteiligten kommen die mitwirkenden Personen in Betracht. Das sind die Urkundspersonen: der Notar, die Zeugen, der zweite Notar, der Dolmetscher.

§ 169. Ist ein Beteiligter nach der Überzeugung des Richters oder des Notars taub, blind, stumm oder sonst am Sprechen verhindert, so muß der Richter einen Gerichtsschreiber oder zwei Zeugen, der Notar einen zweiten Notar oder zwei Zeugen zuziehen.

Die Zuziehung eines zweiten Notars oder von zwei Zeugen ist vorgeschrieben, wenn nach der Überzeugung des Notars ein Beteiligter die angegebenen **Sinnesmängel** hat. Hat sich der Notar geirrt, so wird dadurch die Rechtswirksamkeit der Urkunde nicht berührt. Hat aber der Notar die Überzeugung gewonnen, so muß er nach § 169 verfahren. Wenn auch nicht erforderlich, so ist es doch zweckmäßig, das Gebrechen anzugeben, welches den Notar zur Zuziehung von zwei Zeugen oder eines zweiten Notars veranlaßt hat.

Nach Art. 41 Abs. 2 PrFGG. (vgl. § 200 RFGG.) soll (nicht muß) dem Beteiligten das Protokoll zur Durchsicht vorgelegt werden, auch wenn er dies nicht verlangt. In dem Protokoll soll festgestellt werden, daß dies geschehen ist. Ist ein Tauber beteiligt, der nicht imstande ist, Geschriebenes zu lesen, so soll eine Vertrauensperson zugezogen werden, die sich mit ihm zu verständigen vermag. Das Protokoll soll auch von der Vertrauensperson genehmigt und unterschrieben werden (Art. 41 Abs. 2 PrFGG.). Vergleiche im übrigen die Bemerkungen zu Art. 41.

Ist mit einer stummen oder am Sprechen verhinderten Person eine Verständigung nicht möglich, so ist nach § 178 RFGG. die Zuziehung eines Dolmetschers zwingend vorgeschrieben. Der Zuziehung von Zeugen oder eines zweiten Notars bedarf es in diesem Falle nicht. Bei Stummen, mit denen eine schriftliche Verständigung möglich ist, ist also nur nach § 169 zu verfahren, bei anderen nur nach § 178. Im Falle des § 178 muß das Protokoll von dem Dolmetscher genehmigt und unterschrieben werden.

Zieht der Notar nach § 169 zwei Zeugen oder einen zweiten Notar zu, so müssen diese mitwirkenden Personen bei der ganzen Verhandlung, nicht nur bei der Verlesung und Genehmigung zugegen sein und das Protokoll unterschreiben (vgl. § 177 Abs. 3 RFGG.).

Über die Unterschrift des Blinden siehe zu § 177 RFGG.

Der zweite Notar, der an Stelle der zwei Zeugen zugezogen wird, haftet nur dann, wenn er auch als Berater bei der Beurkundung mitwirkt.

§ 170. Als Richter, Notar, Gerichtsschreiber oder Zeuge kann bei der Beurkundung nicht mitwirken:

1. wer selbst Beteiligter ist sowie derjenige, für welchen ein Beteiligter als Vertreter handelt;
2. der Ehegatte eines Beteiligten, auch wenn die Ehe nicht mehr besteht;
3. wer mit einem Beteiligten in gerader Linie oder im zweiten Grade der Seitenlinie verwandt oder verschwägert ist;
4. wer zu demjenigen, für welchen ein Beteiligter als Vertreter handelt, in einem Verhältnis der unter Nr. 2, 3 bezeichneten Art steht.

Mitwirkende Personen sind der beurkundende Notar, der zugezogene zweite Notar, die zugezogenen Zeugen mit Ausnahme der Erkennungszeugen und der zugezogene Dolmetscher. Vgl. § 180 RFGG. und die Zitate bei Oberneck S. 130. Die **Ausschließungsgründe** sind folgende:

1. Wer als Beteiligter anzusehen ist, ergibt sich aus § 168 RFGG. Infolgedessen kann derjenige, der selbst eine Erklärung abgeben will, mag dies nun im eigenen oder fremden Namen geschehen, nicht zugleich Urkundsperson sein. Der Notar kann daher nicht seine eigene zugunsten seines Schuldners abgegebene Löschungsbewilligung beurkunden. Der Notar kann aber als Generalbevollmächtigter Handlungen seines Machtgebers beurkunden, dagegen kann er keine Vollmacht auf sich selbst aufnehmen. Vgl. zu

§ 171. Gibt jemand eine Erklärung als Vertreter ab, so kann der Vertretene nicht mitwirkende Person sein. Ist der Notar Vertreter einer Person, so ist der Notar usw. ausgeschlossen, wenn er selbst die Erklärung namens des Vertretenen abgibt. Dazu ist nicht erforderlich, daß die Urkundsperson der gesetzliche oder bestellte Vertreter ist. Auch die Geschäftsführung ohne Auftrag fällt unter Nr. 1. Aus Nr. 1 folgt, daß der Notar nicht eine Erklärung beurkunden darf, welche ein anderer in seinem Namen abgibt. Daher kann der Notar die rechtsgeschäftliche Erklärung eines Vorstandsmitgliedes einer Aktiengesellschaft, deren Vorstands- oder Aufsichtsratsmitglied er ist, oder Rechtsgeschäfte einer Genossenschaft mit beschränkter Haftung, deren Genosse er ist, beurkunden, wenn derjenige, welcher die Erklärung abgibt, dabei nicht als Vertreter des Notars handelt. Die Entscheidung hängt von der Satzung ab. Wenn nach dieser z. B. zwei Vorstands- oder Aufsichtsratsmitglieder die Gesellschaft verpflichten können, so kann der Notar als drittes Vorstands- oder Aufsichtsratsmitglied die Erklärungen der beiden anderen beurkunden. Wenn dagegen der Vorstand ein Mitglied ermächtigt, für den Vorstand eine Erklärung abzugeben, so wird der zum Vorstand gehörende Notar durch dieses Mitglied ebenfalls vertreten. Er kann also dessen Erklärung nicht beurkunden. Das gleiche gilt bei Gesellschaften mit beschränkter Haftung. Der Notar kann daher nicht die Erklärung eines Geschäftsführers einer Gesellschaft mit beschränkter Haftung beurkunden, wenn er selbst Geschäftsführer ist und bei Gesamtvertretung (vgl. § 35 d. Ges. ü. d. Ges. mit beschr. Haftung) den anderen Geschäftsführer bevollmächtigt hat, die Erklärung auch in seinem Namen abzugeben. Dieselben Grundsätze gelten, wenn ein Notar Mitglied des Magistrats oder Kirchenvorstandes ist. Ist der Notar Prokurist einer Gesellschaft, so kann er die rechtsgeschäftlichen Erklärungen der Vorstands- oder Aufsichtsratsmitglieder sowie der Geschäftsführer einer Gesellschaft mit beschränkter Haftung beurkunden, es sei denn, daß er sie bevollmächtigt hat, die Erklärung auch für ihn abzugeben. Es sei darauf hingewiesen, daß diese Fragen keineswegs unbestritten sind. Vgl. auch die Bemerkungen zu § 171. Das Bayr. ObLG. nimmt in einem Beschluß vom 16. Febr. 1925 (vgl. „Recht" 1925 S. 113) an, daß ein Notar, der Mitglied des Stadtrates ist, bei der Beurkundung einer Auflassung an die Stadt nicht als Beteiligter i. S. des § 170 Nr. 1 anzusehen sei, denn Vollmachtgeber des die Stadt bei der Auflassung vertretenden Beamten sei nicht jedes einzelne Mitglied des Stadtrats, sondern der Stadtrat in seiner Gesamtheit.

Über den Fall, daß der Notar in einer Sache als Prozeßbevollmächtigter eines der Beteiligten tätig ist oder gewesen ist, vgl. Art. 85 PrFGG. Über die Frage, wann der Notar von der Beurkundung von Generalversammlungsbeschlüssen und von der Beglaubigung der Unterschrift von Vorstands- oder Aufsichtsratsmitgliedern ausgeschlossen ist, siehe zu § 6 RFGG., unten bei Art. 84 PrFGG. abgedruckt.

2. Nummer 2 findet keine Anwendung auf Ehen, bei denen die in § 1317 BGB. für die Eheschließung vorgeschriebene Form nicht beobachtet und die Ehe nicht in das Heiratsregister eingetragen worden ist (§ 1324 BGB.). Derartige Ehen sind absolut nichtig. Das gleiche gilt für die wegen Formmangels nichtigen, aber in das Heiratsregister eingetragenen und ferner für die nach §§ 1325 ff. BGB. nichtigen Ehen (§ 1329 BGB.), sobald sie für nichtig erklärt oder aufgelöst sind. Mit diesem Zeitpunkt endet also

der Ausschließungsgrund. Ebenso fällt bei anfechtbaren Ehen (§ 1330 ff. BGB.) der Ausschließungsgrund fort, sobald sie infolge der Anfechtungsklage durch Urteil für nichtig erklärt oder nach Erhebung der Anfechtungsklage aufgelöst sind (§ 1343 BGB.).

Das Verlöbnis bildet keinen Ausschließungsgrund.

3. In **gerader Linie verwandt** sind Personen, deren eine von der anderen abstammt (§ 1589 BGB.). Die Beteiligten dürfen also nicht die Kinder, Eltern, Großeltern des Notars sein. Durch die Annahme an Kindes Statt erlangt das Kind die rechtliche Stellung eines ehelichen Kindes des Annehmenden (§ 1757 BGB.). Ist der Annehmende nicht der Notar, sondern seine Ehefrau, so kann der Notar Akte, die das angenommene Kind seiner Ehefrau betreffen, beurkunden. Denn nach § 1763 BGB. wird der Ehegatte des Annehmenden nicht mit dem Kinde, der Ehegatte des Kindes nicht mit dem Annehmenden verwandt. Die Wirkungen der Annahme an Kindes Statt erstrecken sich auf die Abkömmlinge des Kindes (§ 1762 BGB.). Das uneheliche Kind ist nur mit der Mutter und deren Familie verwandt. Der Notar kann also die Erklärungen seines unehelichen Kindes beurkunden. Die Legitimation durch Ehelichkeitserklärung hat die Wirkung, daß das Kind die rechtliche Stellung eines ehelichen Kindes erlangt, und zwar für sich und seine Abkömmlinge, jedoch nur im Verhältnis zum Notar, nicht zu dessen Verwandten; es entsteht auch kein Schwägerschaftsverhältnis zwischen dem Kinde und der Ehefrau des Notars (§§ 1736, 1737 BGB.).

Im **zweiten Grade der Seitenlinie verwandt** sind mit dem Notar seine Geschwister, auch halbbürtige. Da sich die Wirkungen der Annahme an Kindes Statt nicht auf die Verwandten des Annehmenden erstrecken, so sind Adoptivgeschwister nicht miteinander verwandt (§ 1763 BGB.).

In **gerader Linie verschwägert** ist der Notar mit seinen Schwiegereltern, Schwiegerkindern (Schwiegersohn, Schwiegertochter), Ehegatten seiner Enkel, Stiefeltern und Stiefkindern. Im zweiten Grade der Seitenlinie verschwägert ist der Notar mit den Geschwistern seiner Ehefrau (nicht aber mit den Ehegatten der Geschwister seiner Ehefrau) und mit den Ehegatten seiner Geschwister. Gemäß § 1590 Abs. 2 BGB. dauert die Schwägerschaft fort, auch wenn die Ehe, durch die sie begründet wurde, aufgelöst ist. Die Erklärungen von Onkel, Tante, Neffe, Nichte kann der Notar beurkunden, denn hier liegt Verwandtschaft im dritten Grade vor.

4. Nach Nr. 4 ist eine Urkundsperson von der Mitwirkung ausgeschlossen, wenn ein **Vertreter**, z. B. ein Bevollmächtigter, ein Vormund, eine Erklärung abgibt und die Urkundsperson der Ehegatte des Vertretenen (Machtgeber, Mündel usw.) ist oder mit dem Vertretenen (Machtgeber, Mündel usw.) in dem zu Nr. 3 angegebenen Verwandtschafts- oder Schwägerschaftsverhältnis steht.

In allen Fällen des § 170 tritt, wenn eine danach ausgeschlossene Urkundsperson mitwirkt, die Nichtigkeit der Beurkundung ein (vgl. hierzu Note 1 zu § 168).

§ 171. Als Richter, Notar, Gerichtsschreiber oder Zeuge kann bei der Beurkundung nicht mitwirken:

1. derjenige, zu dessen Gunsten in der Urkunde eine Verfügung getroffen wird;

2. wer zu demjenigen, zu dessen Gunsten in der Urkunde eine Verfügung getroffen wird, in einem Verhältnisse der im § 170 Nr. 2, 3 bezeichneten Art steht.

Die Mitwirkung einer hiernach ausgeschlossenen Person hat zur Folge, daß die Beurkundung insoweit nichtig ist, als sie eine Verfügung zu Gunsten einer der im Abs. 1 Nr. 1, 2 bezeichneten Personen zum Gegenstande hat.

1. § 171 bedeutet: Wenn **zugunsten des Notars oder einer anderen Urkundsperson** (Zeuge, zweiter Notar, Dolmetscher) in der Urkunde eine Verfügung getroffen wird oder wenn die Urkundsperson mit derjenigen Person, zu deren Gunsten in der Urkunde eine Verfügung getroffen wird, verheiratet war oder ist (z. B. Ehefrau des Notars) oder in gerader Linie oder im zweiten Grade der Seitenlinie verwandt oder verschwägert ist (z. B. Bruder der Ehefrau des Notars), so hat die Mitwirkung einer hiernach ausgeschlossenen Urkundsperson nicht die Nichtigkeit der ganzen Beurkundung zur Folge, vielmehr ist nur die Beurkundung der begünstigenden Verfügung nichtig. Bedurfte die begünstigende Verfügung nicht der notariellen Beurkundung, so ist sie materiell gültig. Wenn also z. B. eine Forderung an den Notar abgetreten worden ist, so ist zwar die Beurkundung nichtig, aber die Abtretung materiell gültig, da für sie die notarielle Form nicht vorgeschrieben ist. Ist dagegen die notarielle Form für die in Frage stehende Verfügung vorgeschrieben, so ist die Verfügung selbst nichtig. Was die übrigen Teile der Beurkundung betrifft, so werden sie bei materieller Gültigkeit der Verfügung in ihrer Rechtswirksamkeit überhaupt nicht berührt. Ist aber die Verfügung nichtig, so bleiben sie formell rechtsgültig. Über ihre materielle Gültigkeit entscheidet § 139 BGB., wonach bei Nichtigkeit eines Teils eines Rechtsgeschäfts das ganze Rechtsgeschäft nichtig ist, wenn nicht anzunehmen ist, daß es auch ohne nichtigen Teil vorgenommen sein würde.

2. Das Wort „**Verfügung**" ist hier nicht in dem strengen Sinne des BGB. gebraucht, der Ausdruck umfaßt vielmehr jede rechtsgeschäftliche Willenserklärung. Eine Verfügung wird zugunsten einer Person getroffen, wenn diese aus der Verfügung ein Recht herleiten kann, insbesondere auch ihre Rechte festgestellt, sichergestellt oder sonst verbessert oder ihre Pflichten aufgehoben oder vermindert werden. Infolgedessen darf der Notar nicht aufnehmen:

a) Schuldverschreibungen, wenn er der Gläubiger ist;
b) Vollmachten, wenn er der Bevollmächtigte ist;
c) Vertragsangebote, wenn er der Antragsempfänger ist;
d) Verträge zugunsten eines Dritten, wenn er dieser Dritte ist;
e) eine Vollmacht, nach der ihm, dem Notar, von dem Vormunde die Ermächtigung erteilt wird, die Genehmigung des Vormundschaftsgerichtes zu dem beurkundeten Rechtsgeschäft entgegenzunehmen und der anderen Partei mitzuteilen. Auch die Mitteilung selbst, daß der Vertrag von dem Vormundschaftsgericht genehmigt sei, darf der Notar nicht beurkunden, wenn er in seiner Eigenschaft als Bevollmächtigter des Vormundes die Mitteilung macht. Dagegen kann er die Erklärung der

anderen Partei, daß sie die Mitteilung der Genehmigung von dem Notar als Bevollmächtigten des Vormundes erhalten habe, beurkunden (vgl. OLG. 5, 408);

f) eine rechtsgeschäftliche Willenserklärung (Verfügung) zugunsten einer offenen Handelsgesellschaft, deren Gesellschafter er ist. Bei Verfügungen zugunsten einer juristischen Person vgl. dagegen unten zu 3h;

g) beim Kauf eines Grundstücks die Übernahme einer dem Notar zustehenden Hypothek;

h) als Testamentsvollstrecker die Beurkundung von Geschäften für den von ihm verwalteten Nachlaß (OLG. 12, 232; a. M. Jastrow Note 5a zu § 171).

3. Dagegen darf der Notar beurkunden:

a) seine Ernennung zum Testamentsvollstrecker, es sei denn, daß er in dem Testament bedacht wird oder in einem Verhältnis der in § 2234 BGB. bezeichneten Art steht (vgl. § 2235 BGB.). Wenn ihm eine Vergütung zugesagt wird, gilt er nicht als „bedacht";

b) die Abtretung einer auf seinem Grundstück ruhenden Hypothek;

c) bei einer Erbteilung die Übernahme einer Nachlaßforderung des Notars durch einen Miterben;

d) einen Vertragsantrag zugunsten einer von dem Notar als Konkursverwalter verwalteten Konkursmasse;

e) einen Vertragsantrag zugunsten einer von dem Notar als Testamentsvollstrecker verwalteten Nachlaßmasse;

f) einen Vertragsantrag zugunsten einer Gemeinde, wenn er Mitglied des Magistrats ist;

g) als Vormund eine Hypothekenbewilligung, Quittung oder Abtretung zugunsten seines Mündels;

h) eine Verfügung, z. B. eine Abtretung oder Quittung, zugunsten einer juristischen Person (Aktiengesellschaft, Gesellschaft m. b. H., Genossenschaft usw.), auch wenn er zu deren Vorstand gehört. Also auch die Schuldverschreibung eines Dritten zugunsten einer Stadtgemeinde, wenn der Notar Mitglied des Magistrats ist.

Was vorstehend für den Notar gesagt ist, gilt auch für jede andere Urkundsperson.

§ 172. Als Gerichtsschreiber oder zweiter Notar oder Zeuge kann bei der Beurkundung nicht mitwirken, wer zu dem Richter oder dem beurkundenden Notar in einem Verhältnis der im § 170 Nr. 2, 3 bezeichneten Art steht.

Die Mitwirkung einer danach ausgeschlossenen Urkundsperson hat die Nichtigkeit der Beurkundung zur Folge. Vgl. die Bemerkungen zu § 170.

Verwandtschaft und Schwägerschaft der Zeugen untereinander ist kein Ausschließungsgrund. Es können also z. B. Ehemann und Ehefrau zusammen Zeugen sein.

Über die Dolmetscher siehe zu § 180 RFGG.

Über die Feststellung der Identität siehe Note 6 zu § 176.

§ 173. Als Zeuge soll bei der Beurkundung nicht mitwirken:

1. ein Minderjähriger;
2. wer der bürgerlichen Ehrenrechte für verlustig erklärt ist, während der Zeit, für welche die Aberkennung der Ehrenrechte erfolgt ist;
3. wer nach den Vorschriften der Strafgesetze unfähig ist, als Zeuge eidlich vernommen zu werden;
4. wer als Gesinde oder Gehilfe im Dienste des Richters oder des beurkundenden Notars steht.

1. § 173 enthält nur eine Sollvorschrift.

2. Minderjährige, die für volljährig erklärt sind, können Zeugen sein; auch Entmündigte, wenn auch deren Zuziehung natürlich zu vermeiden ist (vgl. aber unten zu 4).

3. Zu den Gehilfen im Dienste des Notars wird man auch die von ihm gegen Entgelt beschäftigten Referendare ansehen müssen. Nur das Gesinde oder die Gehilfen des Notars sollen bei der Beurkundung nicht mitwirken. Das Gesinde oder die Gehilfen der Beteiligten (vgl. § 168 RFGG. dürfen zugezogen werden. Die Zeugen können untereinander im Verhältnis von Dienstherr zu Gesinde und Gehilfen stehen. Auch Frauen können als Zeugen mitwirken.

4. Die Zeugen müssen kraft dieser Eigenschaft die einzelnen Vorgänge des Aktes wahrnehmen, also sehen, hören und ihren Namen in deutscher oder lateinischer Schrift schreiben können. Ausländer können zugezogen werden, müssen aber der deutschen Sprache mächtig sein. Dauernd oder vorübergehend Geschäftsunfähige (§§ 104, 105 BGB.) sind als Zeugen ausgeschlossen.

Daß die Zeugen dem Notar bekannt sein müssen, ist nicht vorgeschrieben, er wird sich aber Gewißheit über deren Persönlichkeit zu verschaffen suchen und zu seinem Schutze die entsprechenden Angaben im Protokoll machen.

§ 174. Die bei der Beurkundung mitwirkenden Personen müssen bei der Vorlesung, Genehmigung und Unterzeichnung der Urkunde zugegen sein.

Mitwirkende Personen (vgl. § 170) sind der Notar, der zweite Notar, die Zeugen. Ob auch der Dolmetscher, ist bestritten; vgl. Schlegelberger Note 3 zu § 174 und die dort Zitierten; verneinend KGJ. 43, 26. Die Vorschrift des § 174 bezieht sich nur auf die mitwirkenden Personen, nicht auf die Beteiligten. Die Beteiligten können daher, nachdem sie das Protokoll vollzogen haben, sich entfernen, bevor die mitwirkenden Personen unterzeichnet haben (RGZ. 79, 366). Der Notar muß bei der Abgabe aller wesentlichen Erklärungen zugegen sein. Ist dies nicht der Fall, so hat dies allerdings nach § 174 Nichtigkeit der Beurkundung nicht zur Folge, da ja die Anwesenheit der mitwirkenden Personen nur bei der Vorlesung, Genehmigung und Unterzeichnung der Urkunde vorgeschrieben ist. Wenn jedoch der Notar überhaupt nicht mit den Parteien verhandelt, sondern sich erst zur Vorlesung der Urkunde einfindet, so wird man von der Aufnahme eines Protokolls „über die Verhandlung" nicht sprechen können. So mit Recht Jastrow Note 1 zu § 174. Dagegen brauchen die anderen mitwirkenden Personen vor der Vorlesung nicht zugegen sein. Vgl. dagegen für Testamente § 2239 BGB., wonach die bei der Errichtung des Testamentes mitwirkenden Personen während der ganzen Verhandlung zugegen sein müssen. Die mitwirkenden Personen müssen so lange zugegen sein, bis alle mitwirkenden Personen, also auch der Notar, das Protokoll unterzeichnet haben. Diese Unterzeichnung kann auch erfolgen, nachdem sich die Beteiligten entfernt haben. Es müssen jedoch alle mitwirkenden Personen bei der Unterzeichnung durch die mitwirkenden Personen zugegen sein. Sobald der Notar zu erkennen gegeben hat, daß er den Akt der Urkundenerrichtung als beendet ansah, kann eine Nachholung von Unterschriften nicht mehr erfolgen (vgl. RGZ. 79, 366; Jastrow Note 22b zu § 177; Schlegelberger Note 15).

Es genügt der Vermerk: „Das Protokoll wurde vorgelesen, von den Beteiligten genehmigt und von ihnen eigenhändig, wie folgt, unterschrieben." Der übliche Vermerk „in Gegenwart des Notars" ist überflüssig.

§ 175. Über die Verhandlung muß ein Protokoll in deutscher Sprache aufgenommen werden.

Es ist nicht ausgeschlossen, daß die Beteiligten ein Schriftstück mitbringen und dieses als Entwurf verwendet wird, natürlich unter Beobachtung der für die notarielle Beurkundung vorgeschriebenen Förmlichkeiten. Um von einer Verhandlung zu sprechen, ist aber erforderlich, daß der Notar den Inhalt des Schriftstückes mit den Beteiligten erörtert. Davon ist der Fall zu unterscheiden, daß die Beteiligten ein mitgebrachtes Schriftstück ihrem Inhalte nach notariell anerkennen. Vgl. Note 5 zu § 176.

Das Protokoll muß auch dann in deutscher Sprache abgefaßt werden, wenn es im Auslande verwendet werden soll. Über die Verhandlung mit sprachfremden Personen vgl. § 179 und 180 RFGG.

Über die äußere Form der Urkunde vgl. Art. 63, 64 PrFGG.

Die Verletzung der Vorschriften des § 175 hat die Nichtigkeit der Beurkundung zur Folge (vgl. oben Note 1 zu § 168).

§ 176. Das Protokoll muß enthalten:

1. Ort und Tag der Verhandlung;
2. die Bezeichnung der Beteiligten und der bei der Verhandlung mitwirkenden Personen;
3. die Erklärung der Beteiligten.

Wird in der Erklärung auf eine Schrift Bezug genommen und diese dem Protokoll als Anlage beigefügt, so bildet sie einen Teil des Protokolls.

Das Protokoll soll eine Angabe darüber enthalten, ob der Richter oder der Notar die Beteiligten kennt oder, sofern dies nicht der Fall ist, in welcher Weise er sich Gewißheit über ihre Persönlichkeit verschafft hat. Kann er sich diese Gewißheit nicht verschaffen, wird aber gleichwohl die Aufnahme der Verhandlung verlangt, so sollen der Sachverhalt und dasjenige, was zur Feststellung der Persönlichkeit beigebracht ist, in das Protokoll aufgenommen werden.

1. **Ort der Verhandlung**, das ist die politische Gemeinde. Ist die Angabe infolge besonderer Umstände nicht möglich, z. B. weil die Verhandlung an einem Orte stattfindet, wo die politische Zugehörigkeit nicht sofort ermittelt werden kann, so ist es ausreichend, wenn der Ort der Verhandlung in anderer Weise gekennzeichnet wird, z. B. „auf der Landstraße zwischen X und Y". Ist ein Ort mehrfach vertreten, wie z. B. Frankfurt, Königsberg, so ist der zur Unterscheidung erforderliche Zusatz a. M., a. O. zwar geboten, die Weglassung hat aber nicht die Nichtigkeit der Beurkundung zur Folge. Vgl. JW. 07, 143. Auch reicht die Angabe von Stadtteilen, z. B. „Unter den Linden" aus, wenn aus dem übrigen Inhalt der Urkunde der Ort zuverlässig erhellt.

Tag der Verhandlung, d. h. Jahr, Monat und Monatstag. Allgemein verständliche Abkürzungen sind zulässig, dagegen ist eine Abkürzung wie z. B. 06 statt 1906 nicht statthaft. Die kalendermäßige Bezeichnung kann durch eine andere ersetzt werden, wenn diese einen sicheren Schluß auf den Tag der Verhandlung ermöglicht, z. B. „Ostersonntag 1910", aber nicht „Ostern 1910". Auch „Weihnachten 1910" genügt nicht.

Wenn sich eine Verhandlung über Mitternacht hinzieht, so muß dies angegeben werden; etwa in folgender Form: „Die Verhandlung hat am 10. Mai 1924 begonnen und ist nach Mitternacht, also am 11. Mai 1924, geschlossen worden."

Stunden und Minuten einer Verhandlung sind anzugeben, wenn die Parteien ein Interesse daran haben. Die Unterlassung hat aber auf die Gültigkeit des Protokolls keinen Einfluß. Mit Rücksicht auf § 6 Gebührenordnung für Notare liegt die Angabe der Stunde im Interesse des Notars.

Die Bezeichnung: „Verhandelt zu . . ." ist überflüssig.

Ort und Tag der Verhandlung müssen vor dem Vermerk über die Vorlesung, Genehmigung und Unterzeichnung in dem Protokoll enthalten sein.

2. Die **Bezeichnung der Beteiligten** (vgl. § 168 RFGG.) **und der bei der Verhandlung mitwirkenden Personen** (vgl. § 170 RFGG.). Die Angaben müssen genau sein, also Vor- und Zuname, Beruf oder Gewerbe (Titel genügt nicht), Wohnort und Wohnung. Bei Frauen ist anzugeben, ob es sich um eine Ehefrau, geschiedene Frau, Witwe oder ein Fräulein handelt. Bei Ehefrauen und Witwen wird auch der Mädchenname anzuführen sein. Die Angabe des Künstlernamens statt des bürgerlichen Namens hat die Nichtigkeit der Beurkundung nicht zur Folge, ist aber aus sachlichen Gründen zu vermeiden. Die Bezeichnung der Mitwirkenden und Beteiligten muß in dem Protokoll vor dem Vermerk über die Vorlesung, Genehmigung und Unterzeichnung erfolgen. Es genügt also nicht, daß die Beteiligten und die Mitwirkenden das Protokoll unterschreiben. Durch die Unterschrift allein kann daher die fehlende Bezeichnung einer mitwirkenden oder beteiligten Person im Protokoll nicht ersetzt werden, aber die Unterschrift unter dem Protokoll kann zur Bezeichnung dadurch mit verwertet werden, daß das

Protokoll auf die Unterschrift zur Bezeichnung verweist. Es ist also zwar nicht empfehlenswert, genügt aber, wenn es im Protokoll heißt: „vor dem unterzeichneten Notar erschienen usw." Aus dem Protokoll muß deutlich hervorgehen, in welcher Eigenschaft die bezeichneten Personen mitwirken, wer also der beurkundende Notar, der Zeuge, der Dolmetscher ist. Auch ist darauf zu achten, daß der Name der im Protokoll aufgeführten Personen mit ihrer Unterschrift genau übereinstimmt.

3. Folgen unrichtiger oder unvollständiger Angaben.

Welche Folgen eintreten, wenn die Angaben über Ort und Zeit der Verhandlung sowie die Bezeichnung der Beteiligten und der mitwirkenden Personen unrichtig oder unvollständig sind, ist durch RGZ. 109, 368 wie folgt entschieden:

Eine auf bloßer Unvollkommenheit des Ausdrucks beruhende Unklarheit ist noch keine Unrichtigkeit. Hat aber die Verhandlung an einem anderen Orte oder einem anderen Tage stattgefunden, ist die Erklärung von einer anderen Person abgegeben, so ist die Beurkundung nichtig (vgl. RGZ. 81, 97). Eine Ergänzungsverhandlung würde nicht genügen, vielmehr ist erneute Beurkundung erforderlich. Dagegen ist eine versehentlich unrichtige Datierung des Protokolls dann unschädlich, wenn sich aus dem Protokoll selbst Zweifel über das richtige Datum ergeben und diese Zweifel sich aus unmittelbar mit der Protokollierung zusammenhängenden, dem Gesetz entsprechenden Beurkundungsvorgängen klarstellen lassen, z. B. aus dem richtigen Datum auf dem Umschlag eines unrichtig datierten Testaments, die richtige Tagesbezeichnung entnommen werden kann. Eine mit „heute" gemachte Zeitangabe hat das Reichsgericht für unzulässig erklärt und eine Ergänzung in der vorgedachten Weise abgelehnt (JW. 17, 926 Nr. 3). Fehlt die Angabe über Ort oder Zeit überhaupt, so ist die Beurkundung ebenfalls nichtig.

4. **Die Erklärung der Beteiligten.**

Die Frage, ob diese Erklärung vollständig und richtig ist, ist auf die Rechtsgültigkeit der Beurkundung ohne Einfluß. Der Zweck der Vorschrift ist nur der, daß das Protokoll überhaupt eine Erklärung der Beteiligten zu enthalten hat.

Aus dem Berufe des Notars ergibt sich die Pflicht, den Willen der Beteiligten zu erforschen, sie auf Zweifelsfragen hinzuweisen und dafür Sorge zu tragen, daß die Beurkundung Streitigkeiten und Schädigungen nach Möglichkeit vorbeugt. Die Rechtsprechung neigt dazu, diesen Pflichtenkreis des Notars sehr weit zu spannen. Der Notar muß z. B. beim Grundstückskaufvertrag die Beteiligten über die Notwendigkeit, sich durch Einsicht des Grundbuchs von den Belastungen zu überzeugen, aufklären, ferner auf die Möglichkeit der Eintragung einer Vormerkung zur Sicherung des Rechtes auf Eigentumsübertragung aufmerksam machen. Über die Belehrungspflicht des Notars auf Grund der Steuergesetze s. die Erläuterungen zum Grunderwerbssteuergesetz, Kapitalverkehrssteuergesetz und Erbschaftssteuergesetz. Eine Belehrung der Beteiligten ist ferner beim Verkauf von landwirtschaftlichen Grundstücken wegen der behördlichen Genehmigung und wegen des Vorkaufsrechts des gemeinnützigen Siedlungsunternehmens erforderlich, vgl. unten Erl. 7 in dem Abschnitt über die Veräußerung von Grundstücken.

5. **Anlagen des Protokolls.**

Eine Protokollanlage hat die Kraft einer öffentlichen Urkunde nur unter folgenden Voraussetzungen:

a) wenn es sich um eine Schrift handelt, was aber nicht erfordert, daß sie von den Beteiligten unterschrieben ist. Keine Schrift nach § 176 Abs. 2 sind daher Karten, Pläne, Zeichnungen;

b) wenn in der Schrift die zu beurkundende Erklärung ganz oder teilweise enthalten ist. Vollmachten, Registerauszüge, Legitimationspapiere, Bestallungen u. dgl. sind daher keine Protokollanlagen im Sinne des § 176 Abs. 2, selbst wenn sie als Anlagen dem Protokoll beigefügt werden. Ist jedoch z. B. in einer Vollmacht auch ein Teil des materiellen Inhalts der zu beurkundenden Erklärung enthalten, z. B.: „das in der überreichten Vollmacht näher bezeichnete Angebot nehme ich an", so ist auch die Vollmacht eine Protokollanlage im angegebenen Sinne (vgl. RGZ. 72, 413). Auch vollstreckbare Urkunden können in der Form der Anlage aufgenommen werden (vgl. Erl. 1 in dem Abschnitt über die vollstreckbare Notariatsurkunde).

c) wenn in der Erklärung der Beteiligten auf die Schrift Bezug genommen wird, z. B.: „ich erkenne an, das in dem beiliegenden Schriftstück vom 15. Mai 1924 angegebene Darlehn von A empfangen zu haben". Die Bezugnahme ist auch dann notwendig, wenn der Notar die beigefügte Schrift als Protokollanlage in dem Protokoll bezeichnet;

d) wenn die Schrift dem Protokoll als Anlage beigefügt wird.

Die Anlage muß ebenso wie die Haupturkunde behandelt werden. Sie muß also gemäß § 177 RFGG. vorgelesen und von den Beteiligten genehmigt werden. Im Protokoll ist auch festzustellen, daß dies geschehen ist. Jedoch hat das Fehlen dieses Feststellungsvermerkes auf die Gültigkeit der Beurkundung keinen Einfluß, wenn sie nur tatsächlich mit vorgelesen worden ist (RGZ. 96, 181). Die Feststellung, daß das Protokoll vorgelesen ist, umfaßt auch bis zum Beweise des Gegenteils die Vorlesung der Protokollanlage. Die Anlage muß offen (vgl. aber für Testamente § 2238 BGB.) übergeben werden und in deutscher Sprache abgefaßt sein (vgl. § 175). Auf Vorlesung der Anlage kann nicht verzichtet werden. Der Feststellungsvermerk nach § 177 RFGG. darf nicht an den Schluß der Anlage gesetzt werden, sondern muß in das Protokoll aufgenommen werden (vgl. Note 4 zu § 177).

Im übrigen vgl. über die Behandlung der Protokollanlagen Art. 63 und 64 PrFGG.

6. Die Feststellung der Persönlichkeit der Beteiligten (Abs. 3). Die Bestimmung ist eine Sollvorschrift. Wird die Feststellung unterlassen, so ist nicht bewiesen, daß das Rechtsgeschäft von denjenigen Personen abgeschlossen worden ist, welche in dem Protokoll als die Beteiligten bezeichnet sind. Die Feststellung der Identität erfordert besondere Sorgfalt. Erfolgt die Rekognition durch eine dritte Person, so genügt es nicht, daß der Notar sie kennt, vielmehr muß er auch die Gewißheit haben, daß sie eine zuverlässige Persönlichkeit ist. Die Tatsache also, daß der Zeuge im Bureau des Notars seit langer Zeit ein- und ausgeht, ist noch kein Beweis für seine Vertrauenswürdigkeit. Daher ist auch eine Person, die sich erst über ihre Persönlichkeit ausweisen muß, kein geeigneter Rekognitionszeuge. Wenn ein Beteiligter den anderen vorstellt, so wird dies ebenfalls nur ausreichen, wenn die vorstellende Person durchaus vertrauenswürdig ist. Am geeignetsten zur Feststellung der Identität sind mit Lichtbild und Unterschrift versehene Ausweispapiere, wertvolle Urkunden, wie Hypothekenbriefe, aber nicht

Urkunden, die sich jeder leicht beschaffen kann, wie z. B. Geburtsurkunden. Daß der Rekognitionsvermerk von dem Zeugen unterschrieben wird, ist nicht erforderlich.

Über die Prüfung der Geschäftsfähigkeit der Beteiligten vgl. Art. 40 PrFGG.

Für die Feststellung der Identität des zweiten Notars, der Zeugen und des Dolmetschers fehlt es an einer Vorschrift. Der Notar wird jedoch auch hier eine entsprechende Prüfung vorzunehmen haben und zweckmäßigerweise vermerken.

Anhang zu § 176.

I. Vollmacht und Vertretung ohne Vertretungsmacht.

a) Bevollmächtigung (vgl. §§ 164 ff. BGB.) ist bei allen Rechtsgeschäften zulässig, soweit sie nicht wegen der besonderen Natur des Geschäftes oder durch besondere gesetzliche Vorschriften ausgeschlossen ist. So ist Bevollmächtigung z. B. nicht möglich bei Eingehung einer Ehe (§ 1317 BGB.), bei Testamentserrichtung, bei Abschluß eines Erbvertrages hinsichtlich der Person des Erblassers (§ 2274, vgl. auch § 2290 BGB.), bei Annahme an Kindes Statt und den dazu erforderlichen Einwilligungen (§§ 1748 und 1750 BGB.). Eine Bevollmächtigung ist auch ausgeschlossen bei Abgabe einer Unterschrift und Zeichnung einer Firma zur Aufbewahrung beim Handelsregister und die Abgabe einer eidesstattlichen Versicherung.

b) Der Bevollmächtigte muß geschäftsfähig sein; es genügt aber auch beschränkte Geschäftsfähigkeit, da das Geschäft, das er für einen anderen vornimmt, für ihn selbst keine Wirkung äußert (§ 165 BGB.); daher ist die Bestellung Minderjähriger, die das siebente Lebensjahr vollendet haben, oder entmündigter Verschwender (§§ 106, 107 BGB.) zu Bevollmächtigten zulässig. Diese können z. B. Grundstückskaufverträge, Auflassungen usw. vornehmen. Eine Einwilligung des gesetzlichen Vertreters ist dazu nicht erforderlich. Ohne Not vermeide man die Beurkundung derartiger Vollmachtserteilungen.

c) Jede geschäftsfähige Person bzw. der gesetzliche Vertreter kann Vollmacht erteilen. Auch die Vorstände juristischer Personen sind zur Erteilung einer Vollmacht befugt. Sie können jedoch keine Generalvollmacht für die von ihnen vertretene Gesellschaft erteilen, denn in der Erteilung einer Vollmacht, die die Übertragung der gesamten Geschäftsführung zum Inhalt hat, liegt eine Übertragung der gesamten Pflichten auf andere (vgl. RGZ. 86, 265). Eine solche Vollmacht wäre unwirksam. Vorstände von juristischen Personen, auch Geschäftsführer einer Gesellschaft m. b. H. können daher nur Spezialvollmachten erteilen. Die Spezialvollmacht kann aber von ihnen nicht unwiderruflich erteilt werden, da ihr Amt selbst nicht unwiderruflich ist (vgl. § 231 BGB., KGJ. 40, 67). Das Kammergericht nimmt allerdings an, daß der Geschäftsführer einer G. m. b. H. im Namen der Gesellschaft eine widerrufliche Generalvollmacht für die G. m. b. H. erteilen kann (vgl. DNotVer. 25, 242). Auch ein Testamentsvollstrecker kann sein Amt nicht vollständig auf einen Dritten übertragen, wenn der Erblasser es nicht ausdrücklich in seinem Testament gestattet. Die Erteilung einer Generalvollmacht in diesem Sinne ist daher nicht statthaft (OLG. 9, 408). Gegen die Erteilung einer Spezialvollmacht bestehen keine Bedenken. Auch Vormünder, Pfleger können ihre Pflichten nicht durch Generalvollmachten auf andere übertragen.

d) Die Vollmacht bedarf regelmäßig keiner bestimmten Form, also auch nicht derjenigen, die für das Rechtsgeschäft bestimmt ist, auf das sie sich bezieht (§ 167 BGB.), daher ist formlose Vollmacht, also selbst mündliche, ausreichend, wenn sie auf den Erwerb oder auch auf die Veräußerung von Grundstücken gerichtet ist. § 313 BGB. bezieht sich nur auf das entsprechende Hauptgeschäft, nicht aber auf ein Hilfsgeschäft, wie die Vollmacht. Anders aber, wenn die Vollmacht in Wirklichkeit dem Zwecke des Hauptgeschäftes dient, oder wenn sie nur formlos erteilt ist, um die Formvorschriften für ein Rechtsgeschäft zu umgehen. Deshalb ist bei Vollmachten, die zur Veräußerung von Grundstücken dienen und die, wenn auch nur auf bestimmte Zeit, unwiderruflich erteilt sind, notarielle Beurkundung erforderlich. Wenn der Bevollmächtigte von der Beschränkung des § 181 BGB. befreit ist, ist die Vollmacht nach § 313 BGB. nur dann formbedürftig, wenn sie von vornherein zum Zwecke des Abschlusses eines Grundstücksverkaufs zwischen dem Vollmachtgeber und dem Bevollmächtigten erteilt ist (RG. in Jur. Rundschau I, 688).

Das Formerfordernis gilt nicht für Vollmachten, die im Auslande ausgestellt sind, wo, wie z. B. in Österreich, eine solche Formvorschrift für Grundstücksverkäufe nicht besteht (vgl. Jur. Rundschau I, 402ff.).

Ein auf Grund formungültiger Vollmacht abgeschlossener Grundstückskaufvertrag ist nicht nichtig, sondern kann durch Genehmigung wirksam werden (JW. 54, 1743). Vollmachten sind im Grundstücksverkehr schon deswegen möglichst eng zu fassen, weil die Gefahr einer doppelten Erhebung der Grunderwerbssteuer besteht (vgl. die Erläuterungen zu §§ 5 und 6 des Grunderwerbssteuergesetzes).

Wann öffentliche Beglaubigung der Vollmacht erforderlich ist, s. oben S. 7.

e) Der Umfang der Vollmacht muß möglichst zweifelsfrei gefaßt werden, was namentlich für den Grundbuchverkehr wichtig ist. Einen Unterschied zwischen Generalvollmacht und Spezialvollmacht kennt das Gesetz nicht mehr. Hat eine Ehefrau von ihrem Manne Generalvollmacht erhalten, so gilt sie in der Regel als ermächtigt, die nach §§ 1395ff. BGB. erforderlichen Einwilligungserklärungen zur Verfügung über ihr eingebrachtes Gut namens des Mannes abzugeben. Eine entsprechende ausdrückliche Erklärung wäre folgendermaßen zu fassen: „... Soweit es sich um das eingebrachte Gut meiner Ehefrau handelt, genehmige ich im voraus alle Verfügungen, die meine Ehefrau darüber vornehmen wird."

Der Prokurist kann auch mit Einwilligung des Prinzipals die Prokura nicht übertragen (§ 52 Abs. 2 HGB.); zur Veräußerung und Belastung von Grundstücken ist er nur ermächtigt, wenn ihm diese Befugnis besonders erteilt ist (§ 49 HGB.). Wohl aber ist er zum Erwerbe und zur Entlastung von Grundstücken befugt; ob zur Bestellung einer Restkaufhypothek beim Erwerb von Grundstücken, ist bestritten (vgl. Staub Note 2 zu § 49 HGB.).

Soll der Bevollmächtigte befugt sein, Unterbevollmächtigte zu bestellen oder seine Befugnisse ganz oder zum Teil auf Dritte zu übertragen, so muß dies in der Vollmacht zum Ausdruck kommen. Ist die Vollmacht zeitlich begrenzt, so kann der Bevollmächtigte nicht eine zeitlich unbegrenzte Untervollmacht erteilen. Ferner muß zum Ausdruck gebracht werden, wenn der Bevollmächtigte mit sich selbst im eigenen Namen oder als Vertreter eines Dritten ein Rechtsgeschäft vorzunehmen befugt sein soll (§ 181 BGB.). Ernennt der Vollmachtgeber in einer Generalvollmacht mehrere Bevollmächtigte, so ist zum Ausdruck zu bringen, ob diese nur gemeinschaftlich oder auch einzeln zur Vertretung des Machtgebers befugt sein sollen oder ob jeder etwa nur für einen bestimmten Teil der Geschäfte bestellt ist. Eine Vermutung für die eine oder andere Art der Bevollmächtigung gibt es nicht.

Auch bei Generalvollmachten muß die Befugnis, Unterbevollmächtigte zu bestellen, besonders erteilt werden.

Ein Vertreter kann in zweifacher Art Untervollmacht erteilen, erstens dahin, daß er einen Dritten zu seinem eigenen Vertreter bestellt, zweitens dahin, daß er kraft der ihm eingeräumten Vertretungsmacht im Namen seines Machtgebers einen Dritten zu dessen Vertretung ermächtigt. Der Unterbevollmächtigte kann dann im Namen des Machtgebers mit dessen Bevollmächtigten, von dem er die Untervollmacht erhalten hat, wirksam ein Rechtsgeschäft abschließen (so RGZ. 108, 405).

Falls die Vollmacht über den Tod des Machtgebers hinaus dauern soll, empfiehlt es sich, die Vollmacht vom Vollmachtgeber für sich und seine Erben ausstellen zu lassen. Eine solche Vollmacht befähigt den Bevollmächtigten, auch nach dem Tode des Vollmachtgebers im Namen seiner Erben zu handeln.

Der Notar muß den Machtgeber über die Rechtswirkungen der Vollmacht belehren. Er darf daher nicht ohne triftigen Grund die Ausstellung einer Generalvollmacht veranlassen, wenn eine Spezialvollmacht genügt, da er sich sonst der Gefahr eines Regresses aussetzt. Der Unterschied ist auch wegen des Stempels wichtig (vgl. zu i).

f) Bei Ausstellung von Vollmachten wähle man stets die Form der Beurkundung und nicht die der Beglaubigung, da im Falle des Verlustes der beurkundeten Vollmacht jederzeit eine neue Ausfertigung erteilt werden kann, während dies bei der nur beglaubigten Vollmacht nie möglich ist. Auch hebe man im Protokoll ausdrücklich hervor, ob dem Bevollmächtigten nur eine oder nach seinem Belieben mehrere Ausfertigungen erteilt werden sollen. Mangels einer Erklärung hierüber ist nur eine Ausfertigung dem Bevollmächtigten zu erteilen. Die Ausfertigung ist für den Machtgeber zu erteilen (vgl. auch Note 1 zu Art. 49 PrFGG.).

g) Eine abstrakte Vollmacht, d. h. eine solche, bei der sich aus der Vollmachtsurkunde das zugrunde liegende Rechtsverhältnis nicht ergibt, ist stets frei widerruflich. Der Ausschluß des Widerrufs ist bei einer solchen wirkungslos (RGZ. 66, 335).

h) Bei Anträgen auf **Eintragungen in das Grundbuch** (§ 29 BGB.) muß die Vollmacht in Ausfertigung oder die Vollmachtsurkunde in öffentlich beglaubigter Form dem Grundbuchamt vorgelegt werden. Der Besitz einer beglaubigten Abschrift genügt nicht, denn der Besitz derselben bietet ohne den Nachweis des Verbleibs der Urschrift keine Gewähr dafür, daß die Vertretungsmacht durch Rückgabe der Vollmachtsurkunde nicht erloschen ist (§ 172 BGB.). Streitig ist, ob eine beglaubigte Abschrift der Vollmachtsurkunde in dem Falle genügt, wenn der beurkundende Notar bezeugt, daß ihm die Urschrift oder die Ausfertigung bei der Beurkundung des Aktes oder bei der Beglaubigung der Unterschrift vorgelegen habe. Die Praxis ist geneigt, sich mit diesem Zeugnis des Notars zu begnügen, wenn der erste Fall vorliegt, also der Notar einen vollständigen Notariatsakt aufgenommen hat. Einen stichhaltigen Grund für diese Unterscheidung gibt es allerdings nicht (vgl. zu dieser Frage Güthe-Triebel Note 138 zu § 29 GBO. und KGJ. 43, 154). Jedenfalls muß eine beglaubigte Abschrift der Vollmachtsurkunde gefertigt und der dem Grundbuchamt überreichten Urkunde beigefügt werden.

Ist dem Notar die Vollmacht weder in Urschrift noch in Ausfertigung, vielmehr nur in einer beglaubigten Abschrift vorgelegt worden, so genügt die Bescheinigung des Notars, daß ihm eine beglaubigte Abschrift vorgelegt worden sei, in keinem Falle (vgl. KGJ. 43, 156).

i) Der Stempel zu Vollmachten wird in Preußen nach Tarifstelle 19 StStG. erhoben. Da Vollmachten auf Angestellte, Ehegatten, in gerader Linie Verwandte und den Hausstand teilende Familienangehörige nur einem Stempel von $^1/_{40}$ v. H. (19, 2a und b) unterliegen, wird dieses Verhältnis in der Vollmacht zum Ausdruck zu bringen sein. Zwischen Spezial- und Generalvollmacht besteht kein Unterschied mehr. Die Wertermittlung erfolgt nach § 6 des Gesetzes, die Wertvorschriften der Kostengesetze sind, wie S. 23 näher dargelegt ist, hier nicht anzuwenden. Auch in Zukunft sind die bisher bei der Ermittlung des Wertes von Generalvollmachten angewandten Grundsätze zu beachten. Z. B. wird in den Fällen, in denen die Vollmacht ohne Beschränkung auf bestimmte Gegenstände den Bevollmächtigten zum Abschluß von Rechtsgeschäften ermächtigt, die das ganze Vermögen des Vollmachtgebers betreffen können, der Wert des gesamten Aktivvermögens des Vollmachtgebers der Stempelberechnung zugrunde zu legen sein. Mindestens erfordert eine Generalvollmacht den für den Fall der Unschätzbarkeit vorgeschriebenen Stempel von 1,50 Reichsmark (vgl. JMBl. 24 S. 417). Bei Vorlegung einer nicht in Preußen ausgestellten Vollmacht zu einer Verhandlung ist der Landesstempel zu erheben (RGZ. 64, 346 und § 2 Nr. 1 des PrStStG.). Der Notar ist berechtigt, diesen selbst zu entwerten. Helgoland gilt im Sinne des § 2 PrStStG. als „Ausland". Auf die Stempelsteuer wird bei Gegenseitigkeit der in einem anderen deutschen Lande für die Urkunde entrichtete Stempel angerechnet. Gegenseitigkeit besteht mit Sachsen (JMBl. 1911 S. 5) und mit Bayern (JM.Bl. 1922 S. 311). Zu Vollmachten, in denen mehrere nicht in einer Erben- oder sonstigen Rechtsgemeinschaft stehende Personen einen Bevollmächtigten bestellen, ist der Vollmachtsstempel so oft zu verwenden, als Vollmachtgeber vorhanden sind (Ziff. 5 Tarifstelle 19). Wird mehreren Personen z. B. eine Generalvollmacht in der Weise erteilt, daß jeder allein handeln kann, so muß der Stempel so oft erhoben werden, als Bevollmächtigte da sind. Dürfen mehrere Bevollmächtigte nur gemeinsam handeln, so ist der Stempel nur einmal zu erheben. Ermäßigungen des Stempels finden unter den Voraussetzungen der Tarifstelle 19, Ziff. 2a, b statt. Auflassungsvollmachten sind, wenn sie im Veräußerungsvertrage beurkundet sind, stempelfrei (vgl. Tarifstelle 19, Ziff. 7b). Wird die Vollmacht dagegen besonders z. B. in einem Kaufangebot erteilt, so ist sie stempelpflichtig ($^1/_{10}$ v. H. berechnet nach dem Wert des Grundstücks). Nicht stempelpflichtig ist die Ermächtigung zu einer tatsächlichen Dienstleistung, z. B. zur Einsicht des Grundbuchs (KGJ. 32 B 63).

Für die Gebührenberechnung ist zu beachten, daß der Wert einer Vollmacht auf mehr als 200000 Reichsmark nicht in Ansatz gebracht werden darf (vgl. § 38 Abs. 4 GKG. und dazu Rausnitz Note 5)

k) Vertretung ohne Vertretungsmacht.

In allen Fällen, in denen Vertretung auf Grund einer Vollmacht statthaft ist, ist bei Verträgen (§ 177 BGB.) auch eine Vertretung ohne Vertretungsmacht zulässig. Bei einem einseitigen Rechtsgeschäft ist eine solche Vertretung in der Regel unzulässig (vgl. des näheren § 180 BGB.). Die Wirksamkeit solcher Vertragsabschlüsse hängt für und gegen den Vertretenen von dessen Genehmigung, die grundsätzlich keiner Form bedarf, ab (vgl. RGZ. 110, 321). Handelt es sich aber um Verträge, die grundbuchmäßige oder zur Eintragung in das Handelsregister bestimmte Erklärungen enthalten (z. B. Grundstücksveräußerungsverträge, Auflassungen, Verträge über Errichtung einer Gesellschaft m. b. H.), so ist öffentlich beglaubigte Genehmigungserklärung erforderlich. Bei Beurkundungen, in denen Beteiligte ohne Vertretungsmacht auftreten, ist es erforderlich, dies im Protokoll hervorzuheben, auch die Erklärung der anderen Partei aufzunehmen, daß diese mit dem Auftreten ohne Vertretungsmacht einverstanden ist. Dadurch wird der Widerruf des anderen Teils (§ 178 BGB.) und auch die Haftung des Vertreters ohne Vertretungsmacht gegenüber dem anderen Teile (§ 179 Abs. 3 BGB.) ausgeschlossen. Ratsam erscheint es auch, die Beteiligten im Protokoll darauf hinzuweisen, daß die Rechtswirksamkeit des Vertrages von der Genehmigung abhängig ist.

II. Der Wert des Gegenstandes. Kosten und Steuern.

a) Für die Berechnung der Kosten und Steuern ist es notwendig, bei jeder Verhandlung den Wert des Gegenstandes festzustellen. Soweit sich der Wert des Gegenstandes nicht aus dem Inhalt der Urkunde ohne weiteres ergibt, muß derselbe durch die Verhandlung mit den Beteiligten festgestellt und deren Erklärungen vermerkt werden, am zweckmäßigsten in der Urkunde selbst. Es ist darauf zu achten, daß bei der Feststellung des Wertes des Gegenstandes für die Berechnung der Gebühren andere Grundsätze gelten als für die Berechnung der Stempel und Steuern. Nach dem PrStStG. sind Urkunden grundsätzlich stempelfrei, wenn der Wert 150 Goldmark nicht übersteigt. Daneben kennt das Gesetz noch verschiedene sachliche und persönliche Steuerbefreiungen (vgl. unten S. 27). Außerdem sind noch in den einzelnen Tarifstellen verschiedene Steuerbefreiungen enthalten.

Im Gegensatz zum PrGKG. kennt das PrStStG. keine Höchstsätze. Nach PrGKG. ist der Wert jedes Gegenstandes in Geld zu schätzen. Evtl. ist § 22 PrGKG. anzuwenden. Das PrStStG. kennt dagegen auch Gegenstände von nicht schätzbarem Wert und hat dafür besondere Vorschriften. Als Beispiel dient die Erteilung einer Postvollmacht. Für die Gebührenberechnung ist dabei nach § 22 Abs. 2 PrGKG. im allgemeinen ein Wert von 3000, höchstens von 100000, mindestens von 200 Reichsmark maßgebend. Im Sinne des PrStStG. ist der Wert einer Postvollmacht nicht schätzbar, der Stempel ist daher ein Feststempel und beträgt stets 1,50 Mark.

b) Für die **Kostenberechnung** ist besonders folgendes zu beachten:

Bei nichtvermögensrechtlichen Angelegenheiten ist ein Regelwert und für Ausnahmefälle ein Höchst- und ein Mindestwert festgesetzt (§ 22 Abs. 1 PrGKG.). Eine Abweichung von dem Regelwert nach oben setzt voraus, daß die Wichtigkeit des Gegenstandes, seine wirtschaftliche Bedeutung und das Vermögen des Beteiligten sie rechtfertigen. Abs. 1 § 22 GKG. ist auch bei vermögensrechtlichen Angelegenheiten anzuwenden, wenn keine genügenden tatsächlichen Anhaltspunkte für eine andere Wertschätzung gegeben sind. Grundsätzlich muß bei vermögensrechtlichen Angelegenheiten der Wert auf Grund der sonstigen Bestimmungen des GKG. ermittelt werden. Einen Regelwert und für Ausnahmefälle einen Höchst- und Mindestwert enthält auch § 46 PrGKG.

Handelt es sich um die Änderung eines Rechtsverhältnisses, so ist für die Kostenberechnung der Wert der Änderung maßgebend, wenn sie einen bestimmten Geldwert hat (§ 38 Abs. 2 PrGKG.), sonst ist § 22 PrGKG. anzuwenden, jedoch mit der Einschränkung, daß der Wert des von der Änderung betroffenen Rechtsverhältnisses nicht überschritten werden darf. Änderung eines Rechtsverhältnisses ist z. B. die Erklärung des Anbietenden, daß er die noch nicht abgelaufene Frist zur Annahme seines Angebots bis zu einem bestimmten Termin verlängere. Keinen bestimmten Geldwert hat die Änderung der Kündigungs- und Zahlungsbedingungen einer Hypothek oder die nachträgliche Unterwerfung unter die Zwangsvollstreckung. Hier ist § 22 GKG. maßgebend, und zwar im allgemeinen der dort angegebene Regelwert von 3000 Reichsmark, nicht ein Prozentsatz des Kapitalwertes. Diese prozentuale Berechnung hat das Kammergericht früher zugrunde gelegt, aber schon seit Jahren aufgegeben.

Sind mehrere Erklärungen zu beurkunden, so hat dies grundsätzlich in einer Verhandlung zu geschehen. Nimmt der Notar ohne besondere Gründe, z. B. ohne ausdrückliches Verlangen der Beteiligten, mehrere Protokolle auf, so findet dennoch § 39 PrGKG. Anwendung.

Für Verhandlungen, in denen die Zustimmung einzelner Teilnehmer, z. B. des gesetzlichen Vertreters, des Ehegatten, zu einer bereits beurkundeten Erklärung beurkundet wird, werden nur fünf Zehnteile der vollen Gebühr erhoben (§ 37 Nr. 1 PrGKG.). Bei der Berechnung des Wertes kommt nur der Anteil des einzelnen Teilnehmers in Betracht (§ 38).

Handelt es sich z. B. um die Zustimmung eines Erben zu einer Verfügung über einen Nachlaßgegenstand, so ist der Anteil der Miterben an dem Nachlaßgegenstande maßgebend; der Anteil ist, wenn sich aus den Umständen nicht etwas anderes ergibt, gleich dem Bruchteil, zu dem der Miterbe an der Erbschaft berechtigt ist (vgl. KGJ. 53, 291). Dagegen ist der Wert der Verfügung eines Vormundes oder eines Testamentsvollstreckers, wenn mehrere zur gemeinschaftlichen Ausübung des Amtes berufen sind, nach dem ganzen Wert des Gegenstandes zu berechnen, da man nicht von einem „Anteil" sprechen kann. Das gleiche gilt für die Genehmigung des Ehemannes zu Erklärungen seiner Ehefrau.

Der Abs. 4 des § 41 PrGK., der für die Mitbeurkundung von Erklärungen dritter Personen eine besondere Gebühr gewährte, wenn es sich um eine Bürgschaft oder andere Sicherstellung handelt, ist durch das Gesetz vom 28. Oktober 1922 aufgehoben worden. Jetzt ist § 39 PrGKG. maßgebend. Benshausen, III zu § 39, gibt folgendes Beispiel: A und B schließen einen Darlehnsvertrag. C übernimmt in derselben Verhandlung die Bürgschaft für das Darlehen. Für den Darlehnsvertrag wäre die Gebühr nach nach § 34, für die Bürgschaftsübernahme nach § 33 anzusetzen. Da es sich aber um „denselben Gegenstand" im Sinne des § 39 Abs. 1 handelt, kann nur der höchste Gebührensatz, nämlich der des § 34 mit $^{20}/_{10}$ angesetzt werden. Übernimmt dagegen C dem Gläubiger gegenüber für eine andere Forderung die Bürgschaft, so liegen zwei „verschiedene Gegenstände" vor, es kann daher sowohl für den Vertrag als auch für die Bürgschaftserklärung liquidiert werden. Vgl. hierzu auch unten die Bemerkungen über die Kostenberechnung bei Sicherungsübereignungen und Callmann S. 79.

Was die Kostenberechnung bei den einzelnen Rechtsverhältnissen betrifft, so ist an den einschlägigen Stellen auf besonders zu beachtende Fragen hingewiesen worden. Vgl. z. B. über die Kostenberechnung bei Kaufverträgen Erl. 7 in dem Abschnitt über die Veräußerung von Grundstücken, bei Vollmachten S. 22. Hier sei nur noch bemerkt, daß für die Berechnung des Wertes eines Miet- oder Pachtrechtes § 20 Abs. 6 maßgebend ist: Ist die Dauer des Miet- oder Pachtverhältnisses bestimmt, so ist der zusammenzurechnende Wert aller Leistungen des Mieters oder Pächters während der ganzen Vertragszeit maßgebend, bei länger als 25 Jahre dauernden Miet- oder Pachtverhältnissen jedoch der fünfundzwanzigfache Betrag der einjährigen Leistung. Ist die Dauer des Vertrages unbestimmt, was für alle kündbaren Verträge zutrifft, so ist bei ländlichen Grundstücken der dreifache Betrag der einjährigen Leistung, sonst die einjährige Leistung zugrunde zu legen; kann jedoch bei Verträgen, deren Dauer von einer Kündigung abhängt, die Auflösung des Vertragsverhältnisses erst zu einem späteren Zeitpunkte geschehen, so ist dieser Zeitpunkt maßgebend.

Bei Anträgen des Notars zwecks Erwirkung einer Eintragung in das Grundbuch oder andere gerichtliche Bücher oder Register oder zur Erwirkung von Legalisationen liegt ein gebührenfreies Nebengeschäft vor, wenn der Notar die Beurkundungs- oder Entwurfsgebühr erhält. Die in Abs. 2 des § 10 vorgesehene Gebühr von $^{5}/_{10}$ erhält der Notar jedoch daneben, wenn es notwendig ist, mit dem Antrage einen das Sach- und Rechtsverhältnis entwickelnden Vertrag zu verbinden und die Einreichung desselben von der Partei verlangt wird. Die Gebühr von $^{5}/_{10}$ erhält der Notar auch in dem Falle, daß er keine Beurkundungs- oder Entwurfsgebühr erhält.

Bei Beurkundungen in der Privatwohnung des Notars darf die Wegegebühr nicht berechnet werden.

c) Bei der **Stempelberechnung** ist die Ermittlung des Wertgegenstandes auf den gemeinen Wert desselben zur Zeit der Beurkundung des Geschäfts zu richten. Die näheren Bestimmungen enthält § 6 PrStStG. (Preußische Gesetzsammlung Jahrgang 1924 S. 627 ff.).

Soweit sich aus den Erklärungen der Parteien der Wert des Gegenstandes nicht ohne weiteres feststellen läßt, sind die Notare verpflichtet, Erklärungen der Parteien darüber herbeizuführen, z. B. über das Alter einer Person, und die erforderlichen Angaben zu beschaffen. Voraussetzung ist aber, daß die tatsächlichen Verhältnisse, für die die Stempelberechnung maßgebend ist, zur Zeit der notariellen Beurkundung oder Beglaubigung bereits bestanden haben oder binnen zwei Wochen nach dem Tage der Ausstellung der Urkunde eingetreten sind. Ist die Bestimmung des Wertes im Stempelinteresse von dem Eintritt späterer Ereignisse abhängig, so liegt den Notaren die Beschaffung der erforderlichen Angaben nicht mehr ob (vgl. Ziff. 9 der Dienstvorschriften d. FM. betr. die Ausführung des StStG.). Über die Zuziehung von Sachverständigen zur Ermittlung des Wertes durch Notare vgl. § 7 Abs. 3 des Gesetzes.

Ist der Wert nicht annähernd schätzbar, sondern derart unbestimmt, daß er nicht von vornherein geschätzt oder festgestellt werden kann, so hat der Notar nach § 8 spätestens binnen zwei Wochen nach dem Tage der Ausstellung der Urkunde die Versteuerung beim Finanzamte zu beantragen. Die Erklärungen der Beteiligten sind in Ur- oder Abschrift beizufügen. Der Notar hat zur Urkunde den Protokollstempel (Nr. 12 des Tarifes) zu verwenden. Handelt es sich um verschiedene steuerpflichtige Geschäfte, so ist für diejenigen, deren Wert feststeht, natürlich der maßgebende Stempel zu verwenden. Zu den Notariatsakten ist ein entsprechender Vermerk zu machen (§ 8 des Gesetzes und Ausführungsbestimmungen Nr. 5).

Ist auf Grund des § 6 eine Wertermittlung nicht möglich, so kommt kein Wertstempel, sondern nur ein Feststempel, d. h. ein Stempel, dessen Betrag in einer bestimmten Summe besteht, in Frage, und zwar nur in den im Tarif angegebenen Fällen. So beträgt z. B. bei der Sicherstellung von Rechten der Stempel $^1/_{10}$ vom Hundert des Wertes der sichergestellten Rechte; ist der Wert nicht schätzbar, so wird ein Feststempel von 1,50 Reichsmark erhoben.

Bei Rechtsgeschäften über mehrere verschiedenen Steuersätzen unterliegende Gegenstände (über die Gebührenberechnung in diesem Falle vgl. oben S. 25) sind die Einzelwerte auszuwerfen. Ist dies nämlich verabsäumt und das Entgelt ohne Angabe der Einzelwerte ungetrennt in einer Summe oder einer Leistung ausgedrückt, so kommt nach § 10 des Gesetzes für die Berechnung des Stempels der höchste Steuersatz zur Anwendung. Allerdings können die Aussteller der Urkunde die Werte für die einzelnen Gegenstände noch binnen zwei Wochen nach der Ausstellung (vgl. des näheren hierüber § 16) angeben. Enthält eine Urkunde verschiedene steuerpflichtige Geschäfte, so ist der Betrag des Stempels für jedes Geschäft besonders zu berechnen und die Urkunde mit der Summe dieser Stempelbeträge zu belegen. Wenn sich jedoch die einzelnen Geschäfte als die Bestandteile eines einheitlichen, nach dem Tarif steuerpflichtigen Rechtsgeschäftes darstellen, ist nur der für das letztere vorgesehene Stempelbetrag zu entrichten (§ 10 des Gesetzes).

Die Stempelabgabe beträgt mindestens 0,50 Reichsmark und steigt in Abstufungen von je 0,50 Reichsmark, wobei über den Betrag von 0,25 bzw. 0,75 Reichsmark steigende Beträge auf 0,50 bzw. 1 Reichsmark erhöht und Beträge, die unter dieser Grenze bleiben, nicht berücksichtigt werden (§ 11 des Gesetzes). Bei überschießenden Beträgen bis zu 25 Pfennig hat also eine Abrundung nach unten zu erfolgen.

Für die Stempelsteuerpflicht ist der Ort der Errichtung der Urkunde maßgebend. Gleichgültig ist die Staatsangehörigkeit sowie der Umstand, ob sich der Gegenstand, auf den sich die Urkunde bezieht, im Inlande oder Auslande befindet. Die Stempelpflicht besteht auch dann, wenn das Geschäft bedingt abgeschlossen ist (§ 3 des Gesetzes). Über Erstattung bereits verwendeter Stempel, insbesondere bei Nichtausführung eines Geschäfts, s. § 25 des Gesetzes, über die Verstempelung bei Rechtsgeschäften, die erst durch die Genehmigung oder den Beitritt einer Behörde oder eines Dritten Rechtswirksamkeit erlangen, s. § 16 Abs. 3 des Gesetzes.

Auch im Ausland errichtete Urkunden sind stempelpflichtig, wenn die beurkundeten Geschäfte innerhalb Preußens befindliche Gegenstände betreffen oder im Inlande zu erfüllen sind (§ 2 des Gesetzes).

Von der Stempelsteuer sind insbesondere befreit:

1. Urkunden über Gegenstände, deren Wert nach Geld geschätzt werden kann, wenn dieser Wert 150 Reichsmark nicht übersteigt, insoweit nicht der Tarif entgegenstehende Bestimmungen enthält. Der Wert muß aus der Urkunde selbst hervorgehen, außer bei Vollmachten, wo der Nachweis genügt, daß der Wert den Betrag von 150 Reichsmark nicht übersteigt (§ 4 Abs. 1 a u. 2).

2. Alle Rechtsvorgänge beim Erwerbe von Grundstücken zwecks Schaffung oder Erweiterung öffentlicher Erholungs-, Wald- oder sonstiger Grundanlagen sowie für Zwecke öffentlicher Straßen und Plätze. Falls und insoweit das Grundstück innerhalb einer Frist, die bis zum Ende des fünfzehnten Jahres nach Abschluß des Veräußerungsgeschäftes läuft, für andere Zwecke verwendet wird, können die Stempelsteuerbeträge nachgefordert werden.

3. Urkunden, welche die Erfüllung einer gesetzlichen Unterhaltspflicht zum Gegenstande haben. Diese Befreiungsvorschriften erstrecken sich aber nur auf die Beurkundung solcher Verpflichtungen, die unmittelbar auf gesetzlichen Vorschriften beruhen, nicht aber solcher, die ohne Rücksicht darauf, ob eine gesetzliche Verpflichtung besteht oder nicht, übernommen werden. Daher sind z. B. zwischen Ehegatten für den Fall der Ehescheidung, aber vor rechtskräftiger Entscheidung abgeschlossene Verträge, durch die der eine Ehegatte sich ohne Rücksicht auf den Ausgang des Rechtsstreites, also auch für den Fall seines Obsiegens, zur Zahlung einer Rente an den anderen Ehegatten gegen dessen Verzicht auf alle weiteren Ansprüche, die ihm im Falle seiner Schuldlosigkeit zustehen könnten, verpflichtet, wie bisher, als Leibrentenverträge stempelpflichtig (vgl. Runderlaß des Preußischen Finanzministers vom 24. November 1924, abgedruckt JMBl. 1924 S. 414 ff.).

4. Notariatsurkunden, in denen ausschließlich Grundstücksveräußerungsverträge oder Auflassungen oder Anmeldungen zum Handels-, Vereins-, Genossenschafts- oder Güterrechtsregister beurkundet werden (vgl. Tarifstelle 12, II Abs. 2 und unten S. 29).

5. Verträge, durch welche allein oder im Zusammenhange mit anderem Vermögen bewegliche Sachen von Aszendenten an Deszendenten oder eingekindschaftete Kinder übertragen werden (Tarifstelle 7 Abs. 9 Nr. 2). Der Protokollstempel ist jedoch zu verwenden.

Im einzelnen s. §§ 4 und 5 des Gesetzes. Jedoch muß bei allen zweiseitigen Verträgen mit Personen, die nach § 5 Stempelfreiheit genießen, für den Vertrag die Hälfte des Stempels und für die Nebenausfertigungen außerdem der vorgeschriebene Stempel (§ 9) entrichtet werden.

Über den Antrag des Notars auf zwangsweise Einziehung des Stempels und Erstattung verauslagter Stempel vgl. §§ 15, 25 des Gesetzes. Die Notare haben sich möglichst der Verauslagung der Stempelbeträge zu enthalten. Vor der Stempelverwendung dürfen Ausfertigungen oder Abschriften nicht erteilt werden (§ 13).

6. Zum Tarif sei auf folgendes hingewiesen:

Infolge des Fortfalls der Tarifstelle 77 „Zeugnisse" sind nunmehr alle notariellen Unterschriftsbeglaubigungen stempelfrei. Notariell beglaubigte Abschriften sind in der neuen Tarifstelle 4 den Duplikaten gleichgestellt. Es unterliegen jedoch nur beglaubigte Abschriften von stempelpflichtigen Urkunden einem Stempel, und zwar von höchstens 3 Reichsmark, keinesfalls aber einem höheren als dem zur Urschrift selbst erforderlichen Stempel. Bei der Beglaubigung von Urkunden, die der Notar nicht entworfen hat, ist er berechtigt, den zu der Urkunde erforderlichen Stempel zu verwenden. Es empfiehlt sich auch, daß die Notare die Beteiligten auf die Stempelpflicht und Höhe des Stempels aufmerksam machen.

Für Notariatsurkunden (Tarifstelle 12 „Protokolle") ist der für den aufgenommenen Akt in dem Tarif vorgesehene Stempel zu entrichten, mindestens aber ein Stempel von 3 Reichsmark. Der letztere ist ferner bei Notariatsurkunden dann zu verwenden, wenn der Tarif keinen Stempel vorsieht. Die in §§ 4 und 5 des Gesetzes vorgesehenen sachlichen und persönlichen Befreiungen von der Stempelpflicht schließen auch den Notariatsstempel aus, nicht aber die in den einzelnen Tarifstellen enthaltenen Befreiungen (vgl. z. B. oben Nr. 5). Die Notariatsurkunden über die oben zu Nr. 4 angegebenen Rechtsvorgänge sind stempelfrei. Ist zur Wirksamkeit eines Rechtsgeschäftes der Beitritt einer Behörde, z. B. des Vormundschaftsgerichts, oder dritter Personen erforderlich, so ist zunächst nur der Protokollstempel zu verwenden.

Für notarielle Protokolle über Verlosungen oder Ziehungen beträgt der Stempel 30 Reichsmark, für Generalversammlungen von Aktiengesellschaften oder Kommanditgesellschaften auf Aktien 50 Reichsmark, für Generalversammlungen von Gesellschaften mit beschränkter Haftung 20 Reichsmark (ähnliche Bestimmungen enthält das Bayer. Stempelsteuergesetz, Tarifstelle 30).

Ist der nach einer anderen Tarifstelle zu verwendende Stempel höher, so ist nur dieser, nicht der Protokollstempel, zu verwenden. Wenn dagegen der Stempel der anderen Tarifstelle niedriger ist als der Protokollstempel, so ist der Protokollstempel und nur dieser zu verwenden.

Notarielle Verhandlungen, welche die Errichtung oder Kapitalserhöhung von Gesellschaften zum Gegenstande haben, unterliegen neben der Kapitalverkehrsteuer noch dem Protokollstempel des Preußischen Stempelsteuergesetzes, denn Nr. 12 des Tarifs will die notarielle Beurkundung als solche, nicht das beurkundete Geschäft besteuern. Das gleiche gilt bei Abtretungen von Geschäftsanteilen einer Gesellschaft mit beschränkter Haftung.

Schuldverschreibungen unterliegen einem Stempel von $1/_8$ vom Hundert des Kapitals der Schuldverschreibung, und zwar hypothekarische und persönliche Schuldverschreibungen aller Art, insoweit es sich nicht um Wertpapiere handelt, die nach dem Kapitalverkehrsteuergesetz der Reichssteuer unterliegen (Tarifstelle 14). Die Ermäßigung unter 14, I, 2b bezieht sich nur auf Schuldverschreibungen über Darlehen. Liegt nicht nur eine Schuldverschreibung, sondern ein Darlehnsvertrag vor, so ist außerdem der Vertragsstempel erforderlich. Das einseitige Darlehnsversprechen ist stempelfrei, ebenso Sicherstellungen in Schuldverschreibungen (Tarifstelle 15 Abs. 5b). Schuldverschreibungen sind urkundliche Erklärungen, durch die jemand gegenüber einem anderen die Verpflichtung übernimmt oder anerkennt, ihm eine bestimmte oder feststellbare Geldsumme zu zahlen bzw. zu verschulden. Hierher gehört auch das abstrakte Schuldanerkenntnis oder Schuldversprechen (Tarifstelle 14 I). Hat die Schuldverschreibung nicht die Zahlung einer bestimmten Geldsumme zum Gegenstande, soll der geschuldete Betrag z. B. durch Aufrechnung getilgt werden, so ist die Urkunde keine Schuldverschreibung.

Also nur die Begründung einer neuen Schuldverbindlichkeit ist Schuldverschreibung, nicht die Abänderung oder Anerkennung eines bereits bestehenden. Die Bestellung von Restkaufgeldhypotheken bei Grundstückskaufverträgen ist keine Schuldverschreibung, sondern nur Bestandteil eines Kaufvertrages. Denn wenn die Schuldverschreibung Bestandteil eines einheitlichen Vertrages ist, kommt der Schuldverschreibungsstempel nicht in Frage. Die Übernahmeerklärung von Stammeinlagen auf das erhöhte Stammkapital einer Gesellschaft mit beschränkter Haftung unterliegt nicht neben der Kapitalverkehrsteuer dem Stempel aus Tarifstelle 14. Anträge auf Eintragung einer Hypothek oder Grundschuld oder einer wiederkehrenden Geldleistung (Rente) sowie der Antrag auf Eintragung der Verpfändung im Grundbuch oder in einem für solche Eintragungen bestimmten öffentlichen Buche oder einem Schiffsregister fallen nicht unter den Begriff der Schuldverschreibung. Sie sind auch nicht geeignet, die Schuldverschreibung zu ersetzen, können aber dazu dienen, die Ausstellung von Schuldverschreibungen entbehrlich zu machen. Insoweit dies der Fall ist, unterliegen sie dem Schuldverschreibungsstempel (vgl. Tarifstelle 14, III in Verbindung mit Tarifstelle 1 Abs. 5—8). Durch diese Bestimmung soll verhütet werden, daß der Schuldverschreibungsstempel umgangen wird. Nur die Anträge sind stempelpflichtig, nicht die Bewilligung.

Höchstbetragshypotheken unterliegen nicht dem Stempel aus Tarifstelle 14, sondern nur aus Tarifstelle 15 II. Notariatsurkunden über einen reinen Grundstücksveräußerungsvertrag sind stempelfrei (Tarifstelle 12, II). Enthält der Vertrag noch andere Abreden, z. B. Bewilligung einer Vormerkung, Verpflichtung zur Räumung oder Tausch von Wohnräumen, so ist dafür mindestens der Protokollstempel von 3 Mark zu verwenden, es sei denn, daß der Wert der Nebenabrede 150 Reichsmark nicht übersteigt (vgl. § 4 Abs. 1a PrStStG.).

Vormerkungen zur Sicherung des Anspruchs auf Eigentumsübertragung unterliegen dem Sicherungsstempel der Tarifstelle 15 nicht, da das sichergestellte Recht der Stempelsteuer nicht unterworfen ist.

Pacht- und Mietverträge. Die Stempelsteuer für die Verpachtung und Vermietung von Grundstücken und Gebäuden oder Teilen von solchen, welche vorläufig außer Hebung gesetzt worden war, ist in der alten Form nicht wieder hergestellt worden. Die alljährliche Errichtung und Versteuerung von Pacht- und Mietverzeichnissen für alle, auch mündlich vereinbarten, im vergangenen Kalenderjahr in Geltung gewesenen Pacht- und Mietverträge kommt nicht mehr in Frage, mit Ausnahme der Jagdpachtverträge, welche nach § 34 Abs. 2 des Gesetzes für das Kalenderjahr 1924 noch in der alten Form im Januar 1925 zu versteuern sind. Stempelpflichtig sind nach der neuen Tarifvorschrift nur Verträge, die nach dem 31. Oktober 1924 schriftlich, wenn auch nur durch Briefwechsel oder unter Austausch sonstiger schriftlicher Mitteilungen, beurkundet worden sind oder werden. Der Stempel ist innerhalb der in den §§ 15, 16 des Gesetzes vorgeschriebenen Fristen zur Urkunde zu verwenden. Die Tarifbestimmung unter II Abs. 1c umfaßt sowohl die Verpachtung und Vermietung unbeweglicher Sachen als auch alle sonstigen, nach der bisherigen Tarifstelle 48 III stempelpflichtigen Gegenstände. Der Stempel wird nach der Dauer der bedungenen Vertragszeit berechnet, bei Verträgen auf unbestimmte Zeit nach einer einjährigen Dauer. Enthält ein Pacht- oder Mietvertrag die Bestimmung, daß nach Ablauf der zunächst bestimmten oder nach Ablauf der länger als auf 1 Jahr bestimmten Vertragsdauer das Rechtsverhältnis unter gewissen Voraussetzungen als verlängert gelten soll, so ist im Falle dieser stillschweigend eintretenden Verlängerung die zunächst bestimmte Vertragsdauer zugrunde zu legen. Bei Verträgen, die auf Lebenszeit des Verpächters oder Pächters, des Vermieters oder Mieters geschlossen sind, findet § 6 Abs. 10 des PrStStG. Anwendung. Der Miet- oder Pachtzins umfaßt das gesamte vom Mieter oder Pächter auf Grund des Miet- oder Pachtvertrages zu leistende Entgelt ausschließlich der unter II Abs. 1b und c in Spalte 4 ausgenommenen, nicht in Geld bestehenden Nebenleistungen. Einen Teil des steuerpflichtigen Mietzinses bilden daher auch die im Wege der Umlage von den Mietern zu erhebenden Beiträge zu den Kosten der Heizung, Warmwasserversorgung und Fahrstuhlunterhaltung sowie auch der Betrag der Hauszinssteuer. Ist der Miet- oder Pachtzins nicht in einer bestimmten Summe vereinbart, sondern gilt die gesetzliche Miete, so ist diese in der zur Zeit der Beurkundung des Vertrages geltenden Höhe zugrunde zu legen, und zwar auch in solchen Fällen, in denen als Grundlage für die Berechnung der gesetzlichen Miete die Friedensmiete im Vertrage festgestellt ist. Auch der Wert der eben erwähnten Umlagebeiträge wird auf Grund der zur Zeit der Beurkundung des Vertrages gegebenen Verhältnisse zu schätzen sein, so daß eine Aussetzung der Versteuerung gemäß § 8 des Gesetzes bei der Vermietung oder Verpachtung von Wohn- und Geschäftsräumen im allgemeinen nicht erforderlich sein wird (vgl. A. V. d. FM. vom 24. November 1924 zur Ausführung des Stempelsteuergesetzes, abgedruckt im JMBl. 1924 S. 416).

Im übrigen wird auf die Erörterung der Stempel- und Steuerfragen bei den einzelnen Rechtsgeschäften in diesem Buche verwiesen.

Bis zu 300 Reichsmark sind Stempelmarken zulässig, darüber hinaus nur besonders ausgefertigte Stempelbogen (vgl. Nr. 13 der Ausführungs-Bestimmungen zum PrStStG.).

§ 177. Das Protokoll muß vorgelesen, von den Beteiligten genehmigt und von ihnen eigenhändig unterschrieben werden. Im Protokolle muß festgestellt werden, daß dies geschehen ist. Das Protokoll soll den Beteiligten auf Verlangen auch zur Durchsicht vorgelegt werden.

Erklärt ein Beteiligter, daß er nicht schreiben könne, so muß diese Erklärung im Protokolle festgestellt werden. Bei der Vorlesung und der Genehmigung muß der Richter oder der Notar einen Zeugen zuziehen. In den Fällen des § 169 bedarf es dieser Zuziehung nicht; das gleiche gilt, wenn in anderen Fällen ein Gerichtsschreiber oder ein zweiter Notar zugezogen wird.

Das Protokoll muß von den mitwirkenden Personen unterschrieben werden.

1. Darüber, was hier unter Protokoll zu verstehen ist, besteht Streit. Nach der strengeren Ansicht, deren Beachtung daher zu empfehlen ist, umfaßt das Protokoll die vollständige Urkunde außer den Unterschriften.

Es muß also vor allem auch Ort und Tag der Verhandlung, die Bezeichnung der Beteiligten und der Urkundspersonen sowie die Feststellung, daß das Protokoll vorgelesen, von den Beteiligten genehmigt und von ihnen eigenhändig unterschrieben wurde, vorgelesen werden. Dann folgt erst die Genehmigung und die Unterschriften.

Die Vorlesung kann durch Vorlegung zur Durchsicht oder lautes Diktieren (vgl. Abs. 1 Satz 3: „auch" zur Durchsicht) nicht ersetzt werden. Vermerke, wie „vorgelesen, genehmigt, unterschrieben", selbst „v. g. u." genügen, bewirken also keine Nichtigkeit, sind aber zu vermeiden. Die Formel „selbst genehmigt, gelesen und unterschrieben" genügt nicht. Darüber, daß die Urkundspersonen bei der Vorlesung, Genehmigung und Unterzeichnung zugegen sein müssen, vgl. § 174 RFGG.

Durch wen die Vorlesung des Protokolls zu erfolgen hat, ist im Gesetz nicht gesagt. Es ist daher nicht erforderlich, daß dies durch den Notar selbst geschieht. Auch die Vorlesung durch einen Beteiligten bewirkt nicht die Nichtigkeit der Beurkundung. Ist der einzige Beteiligte taub, so muß das Protokoll dennoch vorgelesen werden.

Über die Vorlesung der Anlage vgl. zu § 176.

2. **Die Genehmigung.** Wird das Vorgelesene ohne Widerspruch unterschrieben, so liegt darin die Genehmigung. Gegenüber der Beurkundung der Genehmigung ist der Gegenbeweis zulässig, daß ein Beteiligter einen Teil des Protokolls bei der Vorlesung überhört habe.

Ist ein Tauber, der lesen kann, beteiligt, bleibt es ihm überlassen, ob er das Protokoll durchlesen oder es ohne Durchlesen genehmigen will. Über den Fall, daß ein Tauber beteiligt ist, welcher nicht lesen kann, vgl. Art. 41 Abs. 2 PrFGG.

3. **Die Unterschrift.** Bei Vermeidung der Nichtigkeit muß das Protokoll von den Beteiligten und den mitwirkenden Personen unterschrieben werden. Es ist darauf zu achten, daß deutlich unterschrieben wird. Wenn die Unterschriften nicht zu entziffern sind, so wird die Gültigkeit der Urkunde nicht in Frage gestellt. Die Unterschrift hat in deutscher oder lateinischer Schrift zu erfolgen. Wenn ein Ausländer in dieser Weise nicht unterschreiben kann, muß Abs. 2 des § 177 angewendet werden. Auch ein Blinder muß, wenn er seinen Namen schreiben kann, unterschreiben. Unterschriften mit Tintenstift oder Bleifeder bewirken nicht die Nichtigkeit der Beurkundung. Es ist unzulässig, daß ein anderer die Hand oder die Feder führt. Dagegen ist die Unterstützung, z. B. durch Halten des Armes, statthaft. Eine Unterzeichnung mit Handzeichen oder mit einem Stempelabdruck genügt nicht. Es genügt die Unterschrift des Zunamens, wenn auch zu empfehlen ist, daß auch der Vorname hinzugesetzt wird. Die Unterschrift hat mit Namen zu erfolgen, Ehefrauen brauchen ihren Geburtsnamen nicht hinzuzufügen. Auch der Vertreter hat seinen Namen, nicht denjenigen des Vertretenen zu zeichnen, ebenso haben Vertreter von Aktiengesellschaften und anderen Gesellschaften mit ihrem Namen, nicht mit dem Namen der Gesellschaft oder der Firma zu unterschreiben, wenn dies auch nicht als unstatthaft anzusehen ist. Auch der Einzelkaufmann zeichnet mit seinem Namen, wenn es auch nicht unzulässig ist, daß er statt dessen mit der Firma zeichnet. Wenn bestimmte Förmlichkeiten, z. B. Beifügen des Gemeindesiegels bei Eingehung von Verbindlichkeiten seitens einer Gemeinde, vorgeschrieben sind, so sind dieselben auch bei der notariellen Beurkundung einzuhalten.

4. **Der Feststellungsvermerk,** daß das Protokoll vorgelesen, genehmigt und unterschrieben worden ist, muß bei Vermeidung der Nichtigkeit im Protokoll enthalten sein. Dies gilt auch bei „Anlagen", der Vermerk darf also nicht an den Schluß der Anlage gesetzt werden. Der Vermerk darf aber auch der Unterschrift der Beteiligten folgen. Wenn ein Beteiligter sich weigert, zu unterschreiben, so vereitelt er damit hinsichtlich seiner Person den Notariatsakt. Dies schließt aber nicht aus, daß die anderen Beteiligten unterschreiben und hinsichtlich ihrer Unterschrift das Rechtsgeschäft, soweit dies nach Lage der Sache möglich ist, zustande kommt. Die Urkundspersonen, zu denen auch der Schreibzeuge des Abs. 2 gehört, müssen hinter den Beteiligten unterschreiben (vgl. hierzu die Bemerkungen bei § 174 RFGG.).

In welcher Reihenfolge die Urkundspersonen unterschreiben, ist im Gesetz nicht vorgeschrieben. Ebensowenig wie die Beteiligten dürfen sie mit Stempel unterzeichnen. Der Notar muß so unterschreiben, wie er seine bei Amtshandlungen anzuwendende Unterschrift eingereicht hat (vgl. Art. 81). Weicht er davon ab, so wird die Urkunde dadurch nicht rechtsunwirksam. Über die Unterschrift des Notarvertreters s. Art. 101 Abs. 1 PrFGG. Wenn ein Beteiligter vor der Unterzeichnung der Urkunde durch die Urkundsperson stirbt, so kann die Urkunde trotzdem noch zum Abschluß gebracht werden (bestritten) vgl. auch oben zu § 174.

Über die besser zu vermeidende Aufnahme von Erklärungen mehrerer Beteiligten in Abwesenheit der anderen in einem Protokoll vgl. Oberneck S. 173.

5. **Beteiligung schreibensunfähiger Personen.**

Wenn ein Beteiligter erklärt, daß er nicht schreiben könne, so ist nach Abs. 2 zu verfahren. Ob die Angabe des Beteiligten zutrifft, hat der Notar nicht zu prüfen. Maßgebend ist allein die Erklärung des Beteiligten. Daher muß auch im Protokoll diese Erklärung, nicht die Tatsache der Schreibunfähigkeit festgestellt werden. Bei der Vorlesung und der Genehmigung, nicht bei der Erklärung, muß der Notar einen Zeugen zuziehen. Wenn bereits aus anderen Gründen, z. B. wegen Taubheit eines Beteiligten (vgl. § 169 RFGG.), Zeugen oder ein zweiter Notar zugezogen sind, so bedarf es der Zuziehung eines besonderen Schreibzeugen nicht. Der zugezogene Zeuge ist mitwirkende Person und muß daher das Protokoll ebenfalls unterschreiben. Ein Handzeichen der schreibensunfähigen Personen ist nicht erforderlich. Die Zuziehung eines Zeugen genügt, wenn auch mehrere schreibunfähige Personen beteiligt sind. Wenn die Erklärung der Schreibunfähigen erst erfolgt, nachdem bereits ein Teil der Beteiligten unterschrieben hat, so muß diese Erklärung hinter den schon geleisteten Unterschriften festgestellt, ein Schreibzeuge zugezogen und das ganze Protokoll einschließlich dieser Erklärung nochmals vorgelesen und von dem Schreibensunfähigen genehmigt werden. Handelt es sich um einen Vertragsabschluß mit dem Schreibensunfähigen, so ist auch die nochmalige Genehmigung und Unterzeichnung durch die anderen Beteiligten erforderlich (vgl. Jastrow Note 16 zu § 177).

§ 178. Ist nach der Überzeugung des Richters oder des Notars ein Beteiligter stumm oder sonst am Sprechen verhindert und eine schriftliche Verständigung mit ihm nicht möglich, so muß bei der Beurkundung ein vereidigter Dolmetscher zugezogen werden.

Im Protokolle muß festgestellt werden, daß der Richter oder der Notar die Überzeugung gewonnen hat, daß der Beteiligte am Sprechen verhindert und eine schriftliche Verständigung mit ihm nicht möglich ist. Das Protokoll muß von dem Dolmetscher genehmigt und unterschrieben werden.

Der Zuziehung eines Zeugen, eines Gerichtsschreibers oder eines zweiten Notars bedarf es in diesem Falle nicht.

1. Ist eine schriftliche Verständigung mit stummen, auch taubstummen oder sonst am Sprechen verhinderten Personen möglich, so ist § 169 anzuwenden. Ist eine solche schriftliche Verständigung nicht möglich, so ist § 178 anzuwenden. Es muß also ein beeidigter Dolmetscher zugezogen werden. Der Zuziehung von Zeugen oder eines zweiten Notars bedarf es nicht, auch nicht eines Schreibzeugen, selbst wenn bei einem anderen Beteiligten die Voraussetzungen der §§ 169 oder 177 Abs. 2 vorliegen. Ist der Beteiligte auch noch taub oder blind, so bedarf es außer der Zuziehung des Dolmetschers nicht noch der Zuziehung von zwei Zeugen oder eines zweiten Notars gemäß § 169 RFGG. Dies folgt aus § 178 Abs. 3 (a. M. Jastrow Note 16 zu § 179). Im Gegensatz zu § 177 Abs. 2 entscheidet über die Frage, ob ein Beteiligter stumm oder sonst am Sprechen verhindert und eine schriftliche Verständigung mit ihm nicht möglich ist, nicht die Erklärung des Beteiligten, sondern die Überzeugung des Notars. Ob die Überzeugung des Notars den Tatsachen entspricht, ist gleichgültig. Es ist nicht notwendig, daß der Notar diese Überzeugung zu Protokoll begründet. Hat der Notar die Überzeugung gewonnen, so muß er bei Vermeidung der Nichtigkeit nach § 178 verfahren. Ist mit dem Stummen eine schriftliche Verständigung in einer fremden Sprache möglich, so ist nicht nach § 178, sondern nach § 179 in Verbindung mit § 169 RFGG. zu verfahren.

Eine dem § 179 analoge Bestimmung, daß, wenn der Notar selbst der Zeichensprache mächtig ist, es eines Dolmetschers nicht bedarf, ist hier nicht getroffen. Es muß also auch in diesem Falle ein Dolmetscher zugezogen werden.

Ein Verzicht auf die Beeidigung ist nicht gestattet (vgl. dagegen § 179).

2. Dolmetscher, die gemäß der Dolmetscherordnung vom 18. Dezember 1899 und 16. Juni 1902 (JMBl. 856, 126) angestellt sind oder die gemäß A. V. vom 5. März 1901 (JMBl. 51) für den Fall, daß sie als Dolmetscher von einem Gericht oder einem Notar zugezogen werden, ein für allemal beeidigt sind, können innerhalb der Grenzen ihrer Zuständigkeit von den Notaren ohne besondere Beeidigung zugezogen werden. Alle anderen Dolmetscher müssen für die Mitwirkung bei der Verhandlung vor dem Notar besonders beeidigt werden, und zwar durch das Amtsgericht, in dringenden Fällen durch den Notar selbst (Art. 86 PrFGG.). Es genügt nicht, wenn der von dem beurkundenden Notar zugezogene Dolmetscher nur für Übertragungen in gerichtlichen Angelegenheiten beeidigt ist. Eine Urkundsperson kann nicht gleichzeitig als Dolmetscher tätig sein.

Nach § 180 RFGG. finden auf den Dolmetscher die nach den §§ 170 bis 173 für einen Zeugen geltenden Vorschriften entsprechende Anwendung.

3. Eine Verletzung der Vorschriften in Abs. 1 und Abs. 2 des § 178 bewirkt die Nichtigkeit der Beurkundung. Insbesondere muß also auch zur Vermeidung der Nichtigkeit im Gegensatz zu § 169 RFGG. im Protokoll festgestellt werden, daß der Notar die Überzeugung von den Voraussetzungen des § 178 gewonnen hat.

§ 179. Erklärt ein Beteiligter, daß er der deutschen Sprache nicht mächtig sei, so muß bei der Beurkundung ein vereideter Dolmetscher zugezogen werden. Der Zuziehung des Dolmetschers bedarf es nicht, wenn der Richter oder der Notar der Sprache, in der sich der Beteiligte erklärt, mächtig ist; die Beeidigung des Dolmetschers ist nicht erforderlich, wenn der Beteiligte darauf verzichtet.

Das Protokoll muß dem der deutschen Sprache nicht mächtigen Beteiligten durch den Dolmetscher oder, wenn ein Dolmetscher nicht zugezogen worden ist, durch den Richter oder den Notar in der fremden Sprache vorgetragen werden und die Feststellung enthalten, daß dies geschehen ist.

Im Protokoll muß festgestellt werden, daß der Beteiligte der deutschen Sprache nicht mächtig ist.

Der Dolmetscher muß das Protokoll unterschreiben.

Eine Beurkundung ist nicht aus dem Grunde unwirksam, weil den Vorschriften des Abs. 1 zuwider die Zuziehung eines Dolmetschers unterblieben ist.

1. Im Gegensatz zu § 169 ist hier nicht die Überzeugung des Notars, sondern die Erklärung des Beteiligten entscheidend. Wenn auch, weil der Notar der fremden Sprache mächtig ist, ein Dolmetscher nicht zugezogen wird, so muß doch das Protokoll in deutscher Sprache aufgenommen werden (vgl. § 175). Ist der Notar der Sprache, in der sich der Beteiligte erklärt, nicht mächtig, so muß ein beeidigter Dolmetscher zugezogen werden, jedoch hat die Nichtzuziehung eines Dolmetschers nach der ausdrücklichen, mit Abs. 1 allerdings in Widerspruch stehenden Vorschrift des Abs. 5 die Nichtigkeit der Beurkundung nicht zur Folge. Die Beeidigung des Dolmetschers kann unterbleiben, wenn der Beteiligte, d. h. derjenige, dessen Erklärung verdolmetscht werden soll, darauf verzichtet (vgl. dagegen § 178 und § 2244 BGB.). Über den Dolmetscher vgl. die Bemerkungen zu § 178.

Das Protokoll muß dem der deutschen Sprache nicht mächtigen Beteiligten durch den Dolmetscher oder, wenn ein Dolmetscher nicht zugezogen ist, durch den Notar in der fremden Sprache vorgetragen werden. Ferner muß es die Feststellung enthalten, daß dies geschehen ist. Die Feststellung, daß ein Dolmetscher zugezogen sei, reicht nicht aus. Außerdem muß im Protokoll die Erklärung des Beteiligten festgestellt werden, daß er der deutschen

Sprache nicht mächtig sei (so trotz des Widerspruchs des Abs. 1 zu Abs. 3 und 5 die herrschende Meinung).

Das Protokoll muß auch den Vorschriften der §§ 176, 177 genügen. In den Fällen der §§ 169 und 177 Abs. 2 sind die dort angegebenen Kontrollpersonen zuzuziehen, vgl. andererseits § 178.

2. Sind noch andere Personen beteiligt oder sind neben dem der fremden Sprache mächtigen Notar noch Kontrollpersonen zugezogen, die der fremden Sprache nicht mächtig sind, so muß das Protokoll auch in deutscher Sprache vorgelesen werden. Ist nur der Sprachfremde Beteiligter und hat der Notar mit ihm auf Grund des Abs. 1 Satz 2 ohne Zuziehung eines Dolmetschers verhandelt, so ist die Verlesung in deutscher Sprache nicht erforderlich. Ist dagegen ein Dolmetscher zugezogen, so muß das Protokoll auch in deutscher Sprache verlesen werden (vgl. KGJ. 22. A. 19).

Der Dolmetscher muß das Protokoll unterschreiben. Dagegen ist eine Genehmigung durch den Dolmetscher im Gegensatz zu § 178 nicht erforderlich.

3. Die Zusatzgebühr beträgt $^{5}/_{10}$ (vgl. § 53 CKG.).

§ 180. Auf den Dolmetscher finden die nach den §§ 170—173 für einen Zeugen geltenden Vorschriften entsprechende Anwendung.

Vgl. die Erläuterungen zu den §§ 170—173.

§ 181. Bei der gerichtlichen oder notariellen Beurkundung von Versteigerungen gelten Bieter nicht als Beteiligte; ausgenommen sind solche Bieter, die an ihr Gebot gebunden bleiben. Entfernt sich ein solcher Bieter vor dem Schlusse der Verhandlung, so genügt an Stelle seiner Unterschrift die Angabe des Grundes, aus welchem sie unterblieben ist.

1. Die Vorschrift bezieht sich auf den Fall, daß der Notar selbst die Versteigerung vornimmt, also zur Abgabe von Geboten auffordert und den Zuschlag erteilt. Lieferungen auf Grund von Versteigerungen unterliegen der Umsatzsteuer (vgl. §§ 179, 181, 182, 184 AB. zum Umsatzsteuergesetz). Über den Stempel s. Tarifstelle 3 des PrStStG. Über die Beurkundung einer nur in Gegenwart des Notars von einer anderen Person vorgenommenen Versteigerung vgl. die Bemerkungen zu Art. 31 PrFGG. Die in § 181 behandelte Versteigerung muß, wie ebenfalls zu Art. 31 PrFGG. ausgeführt ist, sowohl den reichsgesetzlichen als auch den landesgesetzlichen Vorschriften entsprechen.

§ 181 bezieht sich nur auf freiwillige Versteigerungen, mag es sich um bewegliche Sachen oder um Grundstücke handeln. Vgl. hierzu die Bemerkungen zu Art. 31 PrFGG. Die örtliche Zuständigkeit des Notars für die freiwillige Versteigerung von Grundstücken ist in Art. 33 PrFGG. beschränkt.

Beteiligter (vgl. § 168 RFGG.) ist der Versteigerer und solche Bieter, die an ihr Gebot gebunden bleiben. Andere Bieter gelten nicht als Beteiligte. Diese letztere Vorschrift hat jedoch praktisch nur wenig Bedeutung, denn die Bestimmungen des § 156 Satz 2 BGB., wonach ein Gebot erlischt, wenn ein Übergebot abgegeben oder die Versteigerung ohne Erteilung des Zuschlags geschlossen wird, ist nachgiebiges Recht. Die Versteigerungsbedingungen können also davon abweichen und bestimmen häufig, daß der Versteigerer trotz Abgabe höherer Gebote unter den Geboten wählen kann. In diesem Falle bleibt also jeder Bieter an sein Gebot gebunden. Ebenso können die Versteigerungsbedingungen vorschreiben, daß die Bieter eine bestimmte Zeit, z. B. bis zu einem neuen Versteigerungstermin, an ihr Gebot gebunden sind.

Bleiben nach den vorstehenden Ausführungen die Bieter an ihr Gebot gebunden, gelten sie also als Beteiligte, so sind die Vorschriften der §§ 169 bis 180 RFGG. ohne Ausnahme zu beachten und auf sie anzuwenden. Der Notar darf demnach Gebote seiner Angehörigen (vgl. § 170 RFGG.) nicht beurkunden. Wenn der Notar also annehmen muß, daß ein Angehöriger bieten werde, wird er regelmäßig die Beurkundung ablehnen müssen. Ebenso ist die Mitwirkung des Notars ausgeschlossen, wenn die Voraussetzungen des § 171 RFGG. vorliegen, also wenn er z. B. zu dem Eigentümer der zu versteigernden Gegenstände oder zu dem sonstigen Auftraggeber in einem Verhältnis der im § 170 Nr. 2, 3 RFGG. bezeichneten Art steht. Werden die Bestimmungen der §§ 169—180 RFGG. nicht beachtet, so liegt eine notarielle Beurkundung nicht vor. Das bürgerliche Recht entscheidet darüber, ob die Bieter trotzdem für ihr Gebot zu haften haben.

Natürlich darf der Notar nicht selbst Beteiligter sein. Ob er namens des Eigentümers oder sonstigen Auftraggebers den Zuschlag erteilen darf, ist bestritten. Nach der herrschenden Meinung darf er bei öffentlichen Versteigerungen (vgl. § 383 Abs. 3 BGB.) den Zuschlag erteilen, nicht aber bei anderen freiwilligen Versteigerungen (vgl. § 170 Nr. 1 RFGG.).

2. Die Unterschrift des Bieters. Wenn sich ein Bieter, der an sein Gebot gebunden bleibt, vor dem Schluß der Verhandlung entfernt, so braucht das Protokoll nur den Grund anzugeben, aus welchem die Unterschrift unterblieben ist. Wird also im Protokoll angegeben, daß sich der Bieter vorzeitig entfernt habe, so ersetzt diese Angabe die Unterschrift des Bieters. Ebensowenig braucht ihm das Protokoll vorgelesen und von ihm genehmigt zu werden (so die herrschende Meinung, dagegen Jastrow Note 6 zu § 181).

§ 182. Die Ausfertigung der Protokolle über die gerichtliche Beurkundung eines Rechtsgeschäfts ist von dem Gerichtsschreiber zu unterschreiben und mit dem Gerichtssiegel zu versehen.

Auf Antrag können die Protokolle auch auszugsweise ausgefertigt werden.

§ 182 handelt nur von der Ausfertigung gerichtlicher Protokolle. Über die Ausfertigung notarieller Urkunden und gerichtlicher Urkunden über andere Gegenstände als Rechtsgeschäfte vgl. Art. 45, 61 PrFGG.).

§ 183. Die gerichtliche oder notarielle Beglaubigung einer Unterschrift darf nur erfolgen, wenn die Unterschrift in Gegenwart des Richters oder des Notars vollzogen oder anerkannt wird.

Die Beglaubigung geschieht durch einen unter die Unterschrift zu setzenden Vermerk. Der Vermerk muß die Bezeichnung desjenigen, welcher die Unterschrift vollzogen oder anerkannt hat, enthalten und den Ort und den Tag der Ausstellung angeben sowie mit Unterschrift und Siegel oder Stempel versehen sein.

Diese Vorschriften finden auf die gerichtliche oder notarielle Beglaubigung eines Handzeichens entsprechende Anwendung.

1. Die notarielle Beglaubigung einer Unterschrift darf nur erfolgen, wenn die **Unterschrift** in Gegenwart des Notars vollzogen oder anerkannt wird. Eine schriftliche oder telephonische Anerkennung genügt nicht. Ein Verstoß gegen diese Bestimmung beeinflußt nicht die Wirksamkeit der Beglaubigung, da die Bestimmung des § 183 Abs. 1 keine Mußvorschrift ist. Die Nichtbeachtung der Bestimmung wird jedoch disziplinarisch geahndet. Die Beglaubigung ist auch dann zulässig, wenn die Vollziehung oder Anerkennung der Unterschrift außerhalb des Amtsbezirkes des Notars erfolgt ist, ist jedoch ungültig, wenn die Unterschrift außerhalb des Landes, das den Notar ernannt hat, vollzogen oder anerkannt worden ist. Vgl. die Bemerkungen zu Art. 39 PrFGG. Es kann auch eine Unterschrift mit einem Pseudonym, eine Blankounterschrift (bestritten) beglaubigt werden, nicht eine durch Stempeldruck hergestellte Unterschrift. Ein Vertreter kann auch mit dem Namen seines Machtgebers, der Inhaber oder Vertreter einer Firma, z. B. offenen Handelsgesellschaft, Aktiengesellschaft, mit der Firma unterzeichnen. In solchen Fällen wird allerdings die Unterschrift des Vertreters beglaubigt, nicht die des Vollmachtgebers, nicht der offenen Handelsgesellschaft, nicht der Aktiengesellschaft. In dem Beglaubigungsvermerk muß dies entsprechend zum Ausdruck kommen, z. B. „Die vorstehende Unterschrift des ...... wird mit dem Bemerken beglaubigt, daß die Unterschrift den Namen des angeblich von ihm vertretenen ...... enthält" (vgl. KGJ. 21 A 103). Über die abweichende Regelung bei der Beurkundung rechtsgeschäftlicher Erklärungen vgl. zu § 177 RFGG.

2. **Die Form der Beglaubigung.** Die dafür in Abs. 2 des § 183 gegebenen Vorschriften müssen beachtet werden, da sonst der Beglaubigungsakt nichtig ist. Besonders wichtig ist dies, wenn die Unterschrift unter der Ausschlagung einer Erbschaft beglaubigt wird (vgl. die Frist in § 1944 BGB.). Daß bei der Unterschrift mit einem fremden Namen oder einer Firma der Beglaubigungsvermerk den Sachverhalt klarstellen muß, ist bereits zu 1. bemerkt worden. Wenn das Gesetz vorschreibt, daß der Beglaubigungsvermerk den Ort und Tag der Ausstellung angeben muß, so ist damit das Datum des Beglaubigungsvermerkes, nicht das Datum der Vollziehung oder Anerkennung der Unterschrift gemeint. Der Beglaubigungsvermerk braucht nicht unmittelbar nach der Vollziehung oder Anerkennung der Unterschrift zu erfolgen. Zur Bezeichnung desjenigen, der die Unterschrift vollzogen oder anerkannt hat, ist zweckmäßig, in großen Städten die Wohnung hinzuzufügen.

Bei der Zeichnung einer Firma und der Unterschriften von Vorstandsmitgliedern und Liquidatoren einer juristischen Person für das Handelsregister ist in dem Beglaubigungsvermerk ausdrücklich zu bezeugen, daß der Kaufmann, die Firma, die Vorstandsmitglieder oder Liquidatoren ihre Unterschrift persönlich vor dem Notar vollzogen haben. Anerkenntnis der Unterschrift reicht für das Handelsregister nicht aus (vgl. §§ 12, 29 und 35 HGB.).

3. **Die Prüfung der Identität und Geschäftsfähigkeit.** Wenn auch der Beglaubigungsvermerk nichts darüber zu enthalten hat, wie der Notar die Gewißheit über die Persönlichkeit erlangt hat, so entbindet dies den Notar nicht von der Verpflichtung, die Identität ebenso sorgfältig zu prüfen wie bei der Beurkundung von Rechtsgeschäften. Es empfiehlt sich, daß der Notar in den Notariatsakten vermerkt, wie er zur Feststellung der Identität gelangt ist. Auch die Geschäftsfähigkeit hat der Notar zu prüfen. Vgl. Art. 60 Abs. 3 PrFGG. Hiernach kommt eine Beglaubigung nicht in Frage, wenn die Person noch nicht das siebente Lebensjahr vollendet hat oder sich in einem Zustande krankhafter Störung der Geistestätigkeit befindet. Im übrigen ist dagegen Minderjährigkeit kein Hinderungsgrund. Ehefrauen sind unbeschränkt geschäftsfähig. Ob die Ehefrau wegen des Güterrechts der Zustimmung des Ehemannes bedarf, ist für die Beglaubigung ebenso bedeutungslos wie die Frage, ob die Erklärung der Genehmigung, z. B. des Vormundschaftsgerichtes, bedarf.

Es kommt nur auf den Zeitpunkt der Vollziehung oder Anerkennung der Unterschrift an. Die Beglaubigung kann also auch erfolgen, wenn nach der Vollziehung die Geschäftsfähigkeit verloren wird. Wenn der Betreffende nach der Vollziehung der Unterschrift stirbt, so kann die Beglaubigung dennoch erfolgen.

4. Die Ausschließung des Notars regelt sich nicht nach den §§ 170, 171 RFGG., sondern nach § 6 RFGG., denn die Unterschriftsbeglaubigung gehört nicht zur Beurkundung von Rechtsgeschäften. Die Ausschließung richtet sich daher nach Landesrecht. Vgl. § 200 RFGG. und Art. 84 PrFGG. und die Erläuterungen zu §§ 6 und 7 RFGG. S. 67. Nach § 7 RFGG. macht ein Verstoß gegen § 6 die Beglaubigung nicht unwirksam.

Bei der Beglaubigung der Unterschrift einer sprachfremden, stummen oder tauben Person sind die §§ 8, 9 RFGG. und § 187 ff. GVG. zu beachten. Es ist also ein Dolmetscher zuzuziehen: bei tauben und stummen Personen jedoch nur, sofern nicht eine schriftliche Verständigung erfolgt. Ein Verstoß gegen diese Vorschriften ist jedoch ohne Einfluß auf die Gültigkeit der Beglaubigung. Vgl. § 200 Abs. 2 RFGG. Auch die Unterschrift von Blinden kann beglaubigt werden. (A. M. hinsichtlich der Anerkennung der Unterschrift Jastrow Note 3d.)

5. **Beglaubigung von Handzeichen.** Handzeichen ist jedes beliebige Schriftzeichen, z. B. Kreuze, Fingerabdrücke. Zu den Handzeichen gehören auch Unterschriften mit anderen als deutschen oder lateinischen Schriftzügen, z. B. hebräische, russische Schriftzüge.

6. Wird die über der Unterschrift stehende Erklärung nachträglich geändert, so werden solche Nachträge durch die Beglaubigung der Unterschrift nicht gedeckt.

7. Wo die Gesetze die gerichtliche oder notarielle Beurkundung vorschreiben, reicht die Unterschriftsbeglaubigung natürlich nicht aus

9. Die nach den Steuergesetzen dem Notar obliegende Mitteilungspflicht gilt nicht bei der Beglaubigung von Unterschriften. Im übrigen vgl. noch die Bemerkungen zu Art. 60 und 95 PrFGG.

Elfter Abschnitt.

Schlußbestimmungen.

§ 189. Soweit im Einführungsgesetze zum Bürgerlichen Gesetzbuche zugunsten der Landesgesetze Vorbehalte gemacht sind, gelten sie auch für die Vorschriften der Landesgesetze über diejenigen Angelegenheiten der freiwilligen Gerichtsbarkeit, welche Gegenstand dieses Gesetzes sind; den Landesgesetzen stehen nach Maßgabe der Art. 57, 58 des Einführungsgesetzes zum Bürgerlichen Gesetzbuche die Hausverfassungen gleich.

Soweit hiernach das Landesrecht eine Materie gemäß dem Vorbehalte im Einführungsgesetz zum Bürgerlichen Gesetzbuch regeln darf, darf es auch über das Verfahren bei Aufnahme der entsprechenden notariellen Urkunde eine abweichende Regelung treffen. Für das preußische Notariat hat diese Bestimmung keine praktische Bedeutung mehr, vgl. jedoch Art. 32 PrFGG.

Abdruck und Erläuterung der §§ 190—199 ist für die Zwecke dieses Buches entbehrlich.

§ 200. Durch Landesgesetz können Vorschriften zur Ergänzung und Ausführung dieses Gesetzes, mit Einschluß der erforderlichen Übergangsvorschriften, auch insoweit erlassen werden, als dieses Gesetz Vorbehalte für die Landesgesetzgebung nicht enthält.

Soweit durch Landesgesetz allgemeine Vorschriften über die Errichtung gerichtlicher oder notarieller Urkunden erlassen werden, ist ein Verstoß gegen eine solche Vorschrift, unbeschadet der Vorschriften über die Folgen des Mangels der sachlichen Zuständigkeit, ohne Einfluß auf die Gültigkeit der Beurkundung.

1. Vgl. Vorbemerkung zum zehnten Abschnitt des RFGG.

2. Es ist streitig, ob der Mangel der sachlichen Zuständigkeit, also wenn ein Notar statt des Gerichts oder das Gericht statt des Notars die Beurkundung vorgenommen hat, die Beurkundung nur dann nichtig ist, wenn das Landesrecht die Nichtigkeit androht, oder ob die Nichtigkeit auch ohne solche Androhung eintritt. Für Preußen kommen nur die Fälle in Betracht, wo ausschließlich die Gerichte zuständig sind. Vgl. Art. 32 PrFGG. Erfolgt in einem solchen Falle die Beurkundung durch einen Notar, so ist sie nichtig. Sonst ist die Verletzung von landesgesetzlichen Vorschriften ohne Einfluß auf die Gültigkeit der Beurkundung, soweit es sich um Beurkundungen handelt,

die dem zehnten Abschnitt des RFGG. unterliegen, also die Beurkundung von Rechtsgeschäften und die Beglaubigung von Unterschriften und Handzeichen. Für andere Arten der Beurkundung ist der Landesgesetzgebung sowohl hinsichtlich der Form als auch hinsichtlich der Folgen der Nichtbeachtung der Formvorschriften freie Hand gegeben. Hinsichtlich dieser anderen Arten der Beurkundung kann also das Landesrecht die Nichtigkeit der Beurkundung vorschreiben. Vgl. Art. 54 ff. PrFGG.

B. Die Bestimmungen über das Notariat in dem Preußischen Gesetz über die freiwillige Gerichtsbarkeit

vom 21. September 1899 (PrGS. S. 249).

Vierter Abschnitt.

Gerichtliche und notarielle Urkunden.

Dieser Abschnitt ergänzt auf Grund des § 200 RFGG. die reichsrechtlichen Vorschriften über die Beurkundung von Rechtsgeschäften und die Beglaubigung von Unterschriften und Handzeichen. Außerdem regelt er die Beurkundungen über andere Gegenstände als Rechtsgeschäfte. Die Vorschriften des 1. und 4. Titels gelten, soweit nichts anderes bemerkt ist, sowohl für die Beurkundung von Rechtsgeschäften als auch für Beurkundungen anderer Art. Der zweite Titel behandelt die Beurkundung von Rechtsgeschäften (Art. 40 ff.), vgl. auch die Vorbemerkung zum zehnten Abschnitt des RFGG.

Erster Titel.

Zuständigkeit.

Art. 31. Für die Aufnahme von Urkunden der freiwilligen Gerichtsbarkeit sind die Amtsgerichte und die Notare zuständig. Die Zuständigkeit umfaßt die Befugnis zur öffentlichen Beurkundung von Rechtsgeschäften und von sonstigen Tatsachen. Sie erstreckt sich insbesondere auch auf die Vornahme freiwilliger Versteigerungen, auf die Mitwirkung bei Abmarkungen sowie auf die Aufnahme von Vermögensverzeichnissen.

Die Notare sind auch zuständig, Zustellungen vorzunehmen und zu beurkunden. Die Zustellungsurkunden der Notare sind stempelfrei.

Der Justizminister kann die Amtsgerichte anweisen, Versteigerungen nur unter bestimmten Voraussetzungen vorzunehmen.

1. Über die wenigen Fälle, in denen die Zuständigkeit des Notars ausgeschlossen ist, vgl. Art. 32.

Art. 31 betrifft nur die sachliche Zuständigkeit. Die örtliche Zuständigkeit ist in den Artikeln 80 und 39 geregelt. Über die Zuständigkeit der Rheinischen Notare s. oben S. 3.

Über den Begriff des Rechtsgeschäftes siehe Vorbemerkung zum zehnten Abschnitt des RFGG. Note 2. Alles, was der Notar selbst wahrgenommen hat, sind Tatsachen, die zum Gegenstande einer notariellen Urkunde gemacht werden können; aber es muß sich um eigene Wahrnehmungen und um Wahrnehmung von Tatsachen handeln. Wahrnehmungen anderer Personen können nur mittelbar, d. h. durch Beurkundung ihrer vor dem Notar gemachten Aussage beurkundet werden. Der Notar kann daher die Aussage von Zeugen und Sachverständigen zu Protokoll nehmen; dagegen ist er nicht zur Eidesabnahme zuständig. Eine eidesstattliche Versicherung kann der Notar protokollieren, jedoch treten die Wirkungen einer solchen eidesstattlichen Versicherung erst durch die Einreichung bei der zuständigen Behörde ein; anders bei den eidesstattlichen Versicherungen zur Erlangung eines Erbscheines (vgl. § 2356 BGB. und RGSt. 18, 255). Eine weitere Ausnahme ergibt sich aus Art. 34.

Schlußfolgerungen sind keine Tatsachen. Der Notar kann also z. B. nicht bescheinigen, daß Handelsbücher ordnungsmäßig geführt sind, da dazu eine besondere Fachkenntnis gehört; ebensowenig die Höhe der Auflage einer Zeitung.

Der Notar ist auch nicht für die Feststellung öffentlicher Taxen zuständig, da sie ein Gutachten enthalten.

Wo der Notar die Grenzen seiner sachlichen Zuständigkeit überschreitet, haben seine Beurkundungen nicht die Beweiskraft öffentlicher Urkunden.

2. Wenn der Notar nur die in seiner Gegenwart von einer anderen Person vorgenommene **Versteigerung** beurkundet, kommen allein die landesrechtlichen Vorschriften für diese Beurkundung in Frage (vgl. Schlegelberger Note 2 zu § 181 RFGG.). Anders ist der Fall zu beurteilen, wenn der Notar selbst die Versteigerung vornimmt, also zur Abgabe von Geboten auffordert und den Zuschlag erteilt. Ein solches Protokoll muß sowohl den reichsgesetzlichen als auch den landesgesetzlichen Vorschriften entsprechen, da es sich um die Beurkundung rechtsgeschäftlicher Erklärungen wie auch anderer Vorgänge handelt. Es sind also sowohl die §§ 168—182, insbesondere der wichtige § 181 RFGG., als auch die Vorschriften der Art. 33, 40, 54, 55, 84 PrFGG. zu beobachten (vgl. zu dieser wenig praktischen, aber streitigen Frage DNotV. 6, 189 ff.; Schlegelberger a. a. O.; Jastrow Note 7 zu Art. 31 und 1c zu § 181 RFGG.).

Alles dies gilt nur für freiwillige (also für Rechnung des bisherigen Eigentümers erfolgende) Versteigerungen, und zwar gleichviel, ob es sich um bewegliche Sachen oder um Grundstücke, um eine öffentliche oder nichtöffentliche Versteigerung handelt (vgl. Schlegelberger Note 8 S. 801 und S. 879). Hierbei sei bemerkt, daß auch die freiwilligen Versteigerungen fast immer öffentliche Versteigerungen in dem üblichen Sinne sind, nur ausnahmsweise ist der Personenkreis bei freiwilligen Versteigerungen beschränkt (vgl. § 753 Abs. 1 Satz 2 BGB.). Über die Gebühren vgl. §§ 44, 45, 51 Abs. 1 Satz 1 GKG. Für die freiwillige Versteigerung von Grundstücken durch Notare sind keine besonderen Vorschriften gegeben. Die im fünften Abschnitt Art. 66—76 des PrFGG. enthaltenen Bestimmungen gelten nur für die freiwillige Versteigerung von Grundstücken durch die Gerichte. Es wird jedoch ihre Beachtung auch bei notariellen Versteigerungen empfohlen. Die Bestimmungen lauten folgendermaßen:

Fünfter Abschnitt.

Verfahren bei der freiwilligen gerichtlichen Versteigerung von Grundstücken.

Art. 66. Wer die freiwillige gerichtliche Versteigerung eines Grundstücks beantragt, hat seine Befugnis zur Verfügung über das Grundstück dem Gerichte nachzuweisen.

Der Richter soll, soweit die Beteiligten nicht ein anderes bestimmen, bei der Versteigerung nach den Vorschriften der Art. 67—74 verfahren.

Art. 67. Der Versteigerungstermin soll erst bestimmt werden, nachdem ein das Grundstück betreffender neuester Auszug aus der Grundsteuermutterrolle und der Gebäudesteuerrolle beigebracht worden ist. In den Hohenzollernschen Landen tritt an die Stelle des Auszugs aus den Steuerrollen ein Auszug aus dem Besitz- und Steuerhefte des Schuldners. Wird das Grundbuch nicht bei dem Gerichte geführt, welches die Versteigerung vornimmt, so soll auch eine beglaubigte Abschrift des Grundbuchblatts beigebracht werden.

Der Zeitraum zwischen der Anberaumung des Termins und dem Termine soll, wenn nicht besondere Gründe vorliegen, nicht mehr als sechs Monate betragen. Zwischen der Bekanntmachung der Terminsbestimmung und dem Termine soll in der Regel ein Zeitraum von mindestens sechs Wochen liegen.

Art. 68. Die Terminsbestimmung soll enthalten:

1. die Bezeichnung des Grundstücks;
2. Zeit und Ort des Versteigerungstermins;
3. die Angabe, daß die Versteigerung eine freiwillige ist;
4. die Bezeichnung des eingetragenen Eigentümers sowie die Angabe des Grundbuchblatts und der Größe des Grundstücks.

Sind vor der Bekanntmachung der Terminsbestimmung Versteigerungsbedingungen festgestellt, so soll in der Terminsbestimmung der Ort angegeben werden, wo die Versteigerungsbedingungen eingesehen werden können.

Art. 69. Die Terminsbestimmung ist durch einmalige Einrückung in ein vom Gerichte zu bestimmendes Blatt öffentlich bekanntzumachen. Die Vorschriften des § 39 Abs. 2 und des § 40 des Gesetzes über die Zwangsversteigerung und die Zwangsverwaltung finden entsprechende Anwendung.

Art. 70. Die Terminsbestimmung ist dem Antragsteller mitzuteilen.

Art. 71. Die Einsicht der Abschrift des Grundbuchblatts sowie der Auszüge aus den Steuerbüchern ist jedem gestattet.

Das gleiche gilt von anderen das Grundstück betreffenden Nachweisungen, welche ein Beteiligter einreicht, insbesondere von Abschätzungen.

Art. 72. In dem Versteigerungstermine werden nach dem Aufrufe der Sache die Versteigerungsbedingungen, sofern ihre Feststellung nicht schon vorher erfolgt ist, festgestellt und diese sowie die das Grundstück betreffenden Nachweisungen bekanntgemacht. Hierauf fordert das Gericht zur Abgabe von Geboten auf.

Art. 73. Hat ein Bieter durch Hinterlegung von Geld oder Wertpapieren Sicherheit zu leisten, so gilt in dem Verhältnisse zwischen den Beteiligten die Übergabe an das Gericht als Hinterlegung.

Art. 74. Zwischen der Aufforderung zur Abgabe von Geboten und dem Zeitpunkt, in welchem bezüglich sämtlich zu versteigernder Grundstücke die Versteigerung geschlossen wird, soll mindestens eine Stunde liegen. Die Versteigerung soll solange fortgesetzt werden, bis der Aufforderung des Gerichts ungeachtet ein Gebot nicht mehr abgegeben wird.

Das Gericht hat das letzte Gebot mittels dreimaligen Aufrufs zu verkünden und den Antragsteller über den Zuschlag zu hören.

Art. 75. Unberührt bleiben die besonderen Vorschriften, welche bei der Versteigerung der Grundstücke gewisser juristischer Personen zu beobachten sind.

Art. 76. Auf die freiwillige gerichtliche Versteigerung eines Bergwerkseigentums, eines unbeweglichen Bergwerksanteils sowie einer selbständigen Kohlenabbau-Gerechtigkeit finden außer den Artikeln 33, 66—75 dieses Gesetzes die Artikel 18, 20 des Ausführungsgesetzes zu dem Gesetz über die Zwangsversteigerung und die Zwangsverwaltung entsprechende Anwendung.

Ein Muster für freiwillige Grundstücksversteigerungen s. bei Jastrow II, 75 und Dorst S. 234.

Für die Beurkundung von zwangsweise erfolgenden Versteigerungen gelten die Bestimmungen der §§ 808 ff. ZPO. und des Gesetzes über die Zwangsversteigerung und Zwangsverwaltung.

3. Über **Abmarkungen** vgl. § 919 BGB.

Das Protokoll über die Abmarkung muß sowohl den reichsgesetzlichen als auch den landesgesetzlichen Vorschriften entsprechen, da es sich sowohl um die Beurkundung eines Rechtsgeschäftes als auch anderer Vorgänge handelt. Vgl. Vorbemerkung 2 zum zehnten Abschnitt des RFGG.; a. M. Jastrow Note 8 zu Art. 31, der in der Abmarkung nur die Beurkundung eines Rechtsgeschäftes und Raustnitz Note 43 zu § 167 RFGG., der darin nur die Beurkundung eines tatsächlichen Vorganges erblickt. Über die Gebühren vgl. § 47 Nr. 3 GKG.

4. Über die **Aufnahme von Vermögensverzeichnissen** vgl. z. B. §§ 1035, 1372 Abs. 1, 1528 Abs. 1, 1550, 2121 Abs. 3 BGB., § 123 KO. Muster s. Formularbuch S. 681.

Die Mitwirkung des Notars kann entweder darin bestehen, daß ein anderer, z. B. ein Erbe, die Aufnahme des Verzeichnisses und der Notar nur die Beurkundung vornimmt, oder darin, daß der Notar selbst das Verzeichnis aufnimmt. Stets kommen die Vorschriften der Art. 53 ff. PrFGG. zur Anwendung, da es sich nicht um die Beurkundung von Rechtsgeschäften handelt.

5. Die **Vornahme und Beurkundung von Zustellungen** durch die Notare hat in der Praxis nur ein geringes Anwendungsgebiet. Der Notar ist nicht zuständig für Zustellungen, die während eines im Inlande schwebenden Prozesses oder innerhalb eines Verfahrens der freiwilligen Gerichtsbarkeit (vgl. § 16 Abs. 2 Satz 1 RFGG.) erfolgen. Die Zustellung durch den Notar kann z. B. bei Zustellung von Kündigungen und von Briefhypotheken (vgl. § 1160 Abs. 2 BGB.) in Frage kommen. Da es an Vorschriften über die Art der Zustellung fehlt, so muß die Zustellung an die Person selbst erfolgen. Für die Beurkundung der Zustellungen gelten Art. 53 ff. PrFGG.

Art. 32. Unberührt bleiben die Vorschriften, wonach die im Art. 31 bezeichneten Handlungen der freiwilligen Gerichtsbarkeit auch von anderen Behörden oder mit öffentlichem Glauben versehenen Personen als den Amtsgerichten oder Notaren oder nur von solchen anderen Behörden oder Personen oder nur von dem örtlich zuständigen Amtsgerichte vorgenommen werden können.

Beglaubigte Abschriften oder Bescheinigungen aus den bei Gericht geführten oder verwahrten Akten und öffentlichen Büchern sollen die Notare in der Regel nicht erteilen.

Wichtig sind hier nur diejenigen Fälle, wo die Zuständigkeit des Notars ausgeschlossen ist (vgl. hierzu Oberneck S. 136 ff.). Nur von anderen Behörden, also weder vom Amtsgericht noch vom Notar kann die Beurkundung der Eheschließung erfolgen. Wenn jedes Amtsgericht zuständig ist, ist auch die Zuständigkeit des Notars begründet; wenn jedoch eine Amtshandlung nur durch das örtlich zuständige Amtsgericht erfolgen kann, ist die Zuständigkeit des Notars überhaupt ausgeschlossen. Diese ausschließliche Zuständigkeit eines bestimmten Amtsgerichts kann sowohl nach Reichsrecht als auch nach Landesrecht gegeben sein. Hierher gehören z. B. Familienschlüsse in Familienstiftungssachen (wird die Stiftung vom Landgericht oder Oberlandesgericht verwaltet oder beaufsichtigt, so ist dieses, nicht das Amtsgericht, zuständig), die Mitwirkung bei der Sukzessivgründung von Aktiengesellschaften und Kommanditgesellschaften auf Aktien (vgl. § 196 HGB.). In allen diesen Fällen hat die Beurkundung durch einen Notar Nichtigkeit zur Folge (vgl. Note 1 zu § 200 RFGG.).

Dagegen gehört der Austritt aus der Kirche oder einer Synagogengemeinde nicht mehr hierher (Pr. Ges. vom 13. Dezember 1918, GS. S. 199); die Erklärung des Austritts hat jetzt zu Protokoll des Gerichtsschreibers zu erfolgen oder ist in öffentlich beglaubigter Form dem Amtsgericht des Wohnsitzes einzureichen.

Eine Verletzung der in Abs. 2 dieses Artikels enthaltenen Bestimmungen hat auf die Gültigkeit der erteilten beglaubigten Abschrift oder Bescheinigung keinen Einfluß.

Art. 33. Die Amtsgerichte und die Notare sollen die freiwillige Versteigerung eines Grundstücks nur vornehmen, wenn das Grundstück in ihrem Amtsbezirke belegen ist. Liegt das Grundstück in verschiedenen Amtsbezirken oder sollen mehrere Grundstücke, die in verschiedenen Amtsbezirken liegen, zusammen versteigert werden, so ist jedes Amtsgericht sowie jeder Notar, in dessen Amtsbezirk ein Teil des Grundstücks oder eines der Grundstücke liegt, zu der Versteigerung befugt.

Gehört das Grundstück zu einem Nachlaß oder zu einer ehelichen Gütergemeinschaft oder zu einer fortgesetzten Gütergemeinschaft, so darf die Versteigerung auch von dem Gerichte vorgenommen werden, welches auf Grund der §§ 86, 99 des Reichsgesetzes über die Angelegenheiten der freiwilligen Gerichtsbarkeit mit der Vermittelung der Auseinandersetzung befaßt ist; hat das Gericht die Vermittelung der Auseinandersetzung einem Notar übertragen, so ist an Stelle des Gerichts der Notar zuständig.

Über den Amtsbezirk des Notars vergleiche Art. 80.

Art. 33 enthält nur eine Ordnungsvorschrift.

Art. 34. Ist zur Wahrnehmung von Rechten im Auslande die Leistung eines Eides oder einer Versicherung an Eidesstatt erforderlich, so ist zur Abnahme des Eides oder der Versicherung an Eides Statt sowohl das Amtsgericht als auch der Notar befugt.

Das Amtsgericht kann für eine einzelne Angelegenheit einen Sachverständigen auch dann beeidigen, wenn alle bei dieser Angelegenheit beteiligten Personen darauf antragen und die Beeidigung nach dem Ermessen des Gerichts angemessen erscheint.

Art. 34 ist eine Ausnahme von Art. 31. Vgl. Anmerkung 1 zu Art. 31. Der Hauptfall sind die sogen. **Affidavits**, d. h. die Aufnahme eidlicher Erklärungen zum Gebrauch in **England**. Hierüber hat der Justizminister die Verordnung vom 19. September 1907 (JMBl. S. 513) erlassen:

„Die Beschaffung der zum Gebrauch in England bestimmten eidlichen Erklärungen, der sog. Affidavits, stößt nach mir gemachten Mitteilungen bei den Notaren, die gemäß Art. 34 Abs. 1 PrFGG. für die Eidesabnahme zuständig sind, nicht selten auf Schwierigkeiten, weil über das Verfahren bei der Beurkundung der Eidesleistung Zweifel bestehen.

Nach englischem Rechte muß die Eidesleistung auf dem für die eidliche Erklärung vorgeschriebenen englischen Formular in der dort vorgesehenen abgekürzten Form bescheinigt werden. Die englischen Behörden erkennen jedoch die Bescheinigung neuerdings auch dann als genügend an, wenn sie nicht in englischer Sprache, sondern unter wörtlicher Übersetzung der im Formular vorgedruckten englischen Worte in deutscher Sprache ausgestellt ist.

Diesen Anforderungen des englischen und den Vorschriften des preußischen Rechtes wird nach einem mir erstatteten Gutachten des Kammergerichtspräsidenten folgendes Verfahren gleichmäßig gerecht:

Über die Eidesleistung ist ein Protokoll aufzunehmen (Art. 55 Abs. 1 Satz 1 PrFGG.). Die Eidesabnahme erfolgt unter entsprechender Anwendung der Vorschriften der §§ 480—482, insbesondere des § 482 Abs. 2 ZPO. Es bedarf dazu der Beibringung einer wortgetreuen Übersetzung der Fragen des englischen Formulars und der gleichfalls in englischer Sprache abgefaßten Antworten des Beteiligten; die Übersetzung muß beglaubigt sein, sei es von einem vereidigten Übersetzer oder, wenn der Notar selbst der englischen Sprache mächtig ist, von ihm. Vor der Eidesleistung ist dem Beteiligten die Übersetzung vorzulesen. Die in das Protokoll aufzunehmende Eidesformel ist etwa dahin zu fassen:

‚Ich schwöre .... die mir soeben
vorgelesene Erklärung ist wahr.‘
‚So wahr ....‘

Nach der Eidesleistung vollzieht der Notar auf der englischen Urkunde die formularmäßige Bescheinigung darüber, daß die Eidesleistung erfolgt ist wobei die vorgedruckten englischen Worte zu durchstreichen und durch die entsprechenden deutschen Worte ‚beschworen vor dem usw.‘ zu ersetzen sind, händigt sodann die Urkunde dem Beteiligten aus und stellt auch diese Vorgänge im Protokolle fest. Eine Verlesung und unterschriftliche Vollziehung des Protokolls durch den Beteiligten ist, wenn auch nicht vorgeschrieben, so doch angezeigt. Die Urschrift des Protokolls nebst der zur Anlage zu erklärenden Übersetzung der englischen Urkunde bleibt in der Verwahrung des Notars (Art. 61 Abs. 1 Satz 1 a. a. O.)."

Da § 482 ZPO. weggefallen ist, so wird die in das Protokoll aufzunehmende Eidesformel nach § 481 ZPO. zu fassen sein. Ein Muster für Affidavits s. Formularbuch S. 358.

Da der Notar kein Rechtshilfeorgan ist, darf er nur auf Ansuchen einer Partei, nicht aber einer ausländischen Behörde tätig werden. Vgl. Justizministerial-Reskript vom 2. Mai 1903: „Der Umstand, daß eine amerikanische Behörde ...... an einen deutschen Notar eine commission richtet und ihn darin zu ihrem commissioner bestellt, würde den Notar zwar an sich nicht hindern, einem aus diesem Anlasse bei ihm gestellten Parteiantrag auf eidliche Vernehmung des betreffenden Zeugen stattzugeben. Der Notar darf aber die Abhörung nur als Ausführung dieses Parteiantrages kraft seiner inländischen Zuständigkeit vornehmen, nicht als commissioner der amerikanischen Gerichtsbehörde in Vollziehung der commission."

Ein Muster s. Oberneck S. 190 Nr. 2

Art. 35. Zur Beglaubigung von Abschriften sind auch die Gerichtsschreiber befugt. Die Vorschriften über die Beglaubigung von Abschriften aus dem Grundbuch und dem Schiffsregister bleiben unberührt.

Art. 36. Die Gerichtsschreiber bei den Amtsgerichten sind zuständig für die öffentliche Beglaubigung einer Unterschrift und für Beurkundungen behufs Sicherstellung der Zeit, zu welcher eine Privaturkunde ausgestellt ist.

Art. 37. Eine Beurkundung, für die das Landgericht oder das Oberlandesgericht zuständig ist, kann durch einen beauftragten oder ersuchten Richter erfolgen. Der Auftrag kann auch von dem Vorsitzenden der Kammer oder des Senats erteilt werden. Der beauftragte oder ersuchte Richter soll sich in der Urkunde als solcher bezeichnen.

Art. 38. Soweit die Gerichtsschreiber oder die Gerichtsvollzieher auf Antrag der Beteiligten oder im Auftrage des Gerichts die im Art. 31 Abs. 1 bezeichneten Geschäfte vornehmen können, ist das Amtsgericht befugt, die Ausführung eines Geschäfts, um dessen Vornahme es ersucht wird, dem Gerichtsschreiber oder einem Gerichtsvollzieher zu übertragen. In gleicher Weise kann, soweit für die Aufnahme von Vermögensverzeichnissen, die öffentliche Versteigerung beweglicher Sachen sowie die öffentliche Verpachtung an den Meistbietenden die im siebenten Abschnitte bezeichneten Behörden oder Beamten zuständig sind, diesen die Ausführung eines Geschäfts, um dessen Vornahme das Amtsgericht ersucht wird, übertragen werden.

Die Aufnahme eines Vermögensverzeichnisses kann auch einem Notar übertragen werden.

Der Justizminister kann für solche Bezirke, in denen dazu ein Bedürfnis besteht, die Amtsgerichte ermächtigen, in den ihnen geeignet scheinenden Fällen mit der Vornahme und der Beurkundung einer freiwilligen Grundstücksversteigerung, die außerhalb der Gerichtsstelle erfolgen soll, einen Gerichtsschreiber zu beauftragen; der Gerichtsschreiber soll nur mit Zustimmung der Beteiligten beauftragt werden.

Wird einem Notar die Aufnahme eines Vermögensverzeichnisses übertragen, so ist das Gericht nicht an die Notare im Gerichtsbezirke gebunden.

Art. 39. Eine Beurkundung ist nicht deshalb ungültig, weil der beurkundende Beamte sie außerhalb der Grenzen seines Bezirkes vorgenommen hat.

Die Tätigkeit des Notars ist an die Landesgrenze gebunden. Der Preußische Notar kann also nur innerhalb Preußens tätig sein, sonst ist der Akt nichtig. Auch im Falle der Not darf der Notar außerhalb der Landesgrenzen keine Amtstätigkeit ausüben (vgl. zu dieser Frage Oberneck S. 132).

Innerhalb des Staatsgebietes liegt auch das Küstenmeer in einer Ausdehnung von sechs Seemeilen, berechnet vom niedrigsten Stand der Ebbe (Ullmann, Völkerrecht S. 203). Bei Verzicht auf die Exterritorialität kann der Notar auch in einem Gesandtschaftsgebäude tätig sein. Der Verzicht liegt ohne weiteres in der Aufforderung des Gesandten, für ihn eine Beurkundung vorzunehmen.

Zweiter Titel.

Urkunden über Rechtsgeschäfte.

Vgl. die Vorbemerkung zum vierten Abschnitt.

Art. 40. Werden bei der Beurkundung eines Rechtsgeschäfts von dem Richter oder dem Notar Wahrnehmungen gemacht, welche Zweifel darüber begründen, ob ein Beteiligter die zu dem Rechtsgeschäft erforderliche Geschäftsfähigkeit oder Einsicht besitzt, oder bestehen sonstige Zweifel an der Gültigkeit des Geschäfts, so sollen die Zweifel den Beteiligten mitgeteilt und der Inhalt der Mitteilung sowie die von den Beteiligten darauf abgegebenen Erklärungen in dem Protokolle festgestellt werden.

Verstößt der Inhalt eines Geschäfts gegen ein Strafgesetz oder ist das Geschäft offenbar ungültig, so hat der Richter sowie der Notar die Beurkundung abzulehnen.

1. Eine Frau ist deswegen, weil sie verheiratet ist, nicht in der Geschäftsfähigkeit beschränkt. Soweit jedoch die Zustimmung des Ehemannes zur vollen Rechtswirksamkeit erforderlich ist, sind die Parteien vom Notar darauf aufmerksam zu machen. Ist ein Beteiligter minderjährig, so braucht dies nicht festgestellt zu werden, wenn der Minderjährige das Rechtsgeschäft zweifellos allein wirksam vornehmen kann, z. B. bei der Annahme von Geschenken. Ist nicht das ganze Geschäft, sondern nur ein Teil ungültig, so darf die Ablehnung der Beurkundung nur erfolgen, wenn dadurch das ganze Geschäft ungültig wird. Im anderen Falle muß das ganze Geschäft unter Belehrung der Beteiligten beurkundet werden.

Da nach § 5 RAO. die Steuerpflicht durch Mißbrauch von Formen und Gestellungsmöglichkeiten des bürgerlichen Rechtes nicht umgangen werden darf, muß der Notar seine Mitwirkung bei derartigen Geschäften ablehnen.

Der Art. 40 enthält nur eine Sollvorschrift, vgl. ferner die Erläuterungen zu § 176 RFGG. unter 4.

2. Übersieht der Notar das minderjährige Alter, so ist er jedenfalls dann haftpflichtig, wenn das Aussehen der Person objektiv geeignet war, Zweifel an der Volljährigkeit zu erwecken, oder wenn sich gar das Datum der Geburt aus der dem Notar zur Legitimation überreichten Urkunde ergab.

Art. 41. Das Protokoll soll, falls ein Beteiligter taub ist, ihm zur Durchsicht vorgelegt werden, auch wenn er dies nicht verlangt. In dem Protokolle soll festgestellt werden, daß dies geschehen ist.

Ist ein tauber Beteiligter nicht imstande, Geschriebenes zu lesen, so soll eine Vertrauensperson zugezogen werden, die sich mit ihm zu verständigen vermag. In dem Protokolle soll festgestellt werden, daß der Beteiligte nach der Überzeugung des Richters oder des Notars die Vertrauensperson verstanden hat. Das Protokoll soll auch von der Vertrauensperson genehmigt und unterschrieben werden. Die Vertrauensperson kann auch der Gerichtsschreiber, der zugezogene zweite Notar oder ein zugezogener Zeuge oder einer der Beteiligten sein.

Art. 41 ergänzt die reichsgesetzliche Vorschrift, daß der Notar einen zweiten Notar oder zwei Zeugen zuzuziehen hat (§ 169 RFGG.). Während aber § 169 eine Mußvorschrift ist, ist Art. 41 nur eine Sollvorschrift.

Wenn im Falle des Abs. 2 der Taube zugleich stumm ist, so ist neben Art. 41 die Mußvorschrift des § 178 RFGG. zu beachten.

Art. 42. Die Urschrift des gerichtlichen und des notariellen Protokolls über die Beurkundung eines Rechtsgeschäfts bleibt in der Verwahrung des Gerichts oder des Notars.

Urkunden, die nicht über Rechtsgeschäfte errichtet sind, können, wenn sie nicht in der Form eines Protokolls aufgenommen sind, urschriftlich ausgehändigt werden, z. B. Beglaubigung der Unterschrift und Lebensbescheinigungen.

Protokolle über notarielle Nachlaßteilungen sind nach Art. 27 PrFGG. zu den Gerichtsakten abzugeben.

Die Urschriften von Testamenten müssen nach § 2246 BGB. in amtliche Verwahrung gebracht werden. Für Erbverträge gilt dies nur, wenn nicht die Beteiligten das Gegenteil verlangen, also die besondere amtliche Verwahrung ausschließen.

Art. 42 beschäftigt sich nicht mit der Behandlung von Anlagen zum Protokoll (vgl. hierzu § 176 FGG.).

Art. 43. Eine Ausfertigung des Protokolls kann nur von dem Gericht oder dem Notar erteilt werden, in dessen Verwahrung sich die Urschrift befindet.

Hat das Gericht oder der Notar, in dessen Verwahrung sich die Urschrift befindet, das Protokoll nicht aufgenommen, so soll in der Ausfertigung angegeben werden, weshalb sie von dem ausfertigenden Gericht oder Notar erteilt worden ist.

Vgl. Art. 49, 97, 98.

Art. 44. Wird glaubhaft gemacht, daß die Urkunde im Auslande gebraucht werden soll, so darf mit Zustimmung derjenigen, welche nach Art. 49 Abs. 1 eine Ausfertigung fordern können, die Urschrift ausgehändigt werden. Geschieht dies, so soll eine Ausfertigung zurückbehalten und auf dieser vermerkt werden, wem und an welchem Tage die Urschrift ausgehändigt worden ist. Die zurückbehaltene Ausfertigung vertritt die Stelle der Urschrift.

Es entscheidet das Ermessen des Notars, ob eine genügende Glaubhaftmachung erfolgt ist (vgl. Art. 54 und 61 Abs. 1 Satz 2). Weigert sich der Notar, so wird Art. 51 Abs. 2 entsprechend anzuwenden sein.

Das Legalisationsverfahren. Im Verkehr zwischen Deutschland und Österreich bedürfen die notariellen, mit dem Amtssiegel versehenen Urkunden sowie die einer Privaturkunde von einem Notar beigefügte Beglaubigung keiner Legalisation (vgl. RGBl. 1924 II S. 55, 61). Im Verkehr mit Ungarn (vgl. Vertrag vom 25. Februar 1880, RGBl. 1881, 4), mit der Schweiz (Vertrag vom 14. Februar 1907) und mit der Tschechoslowakei (RGBl. 1921, 504) genügt die Beglaubigung der Unterschrift des Notars durch den Landgerichtspräsidenten bzw. den Präsidenten des Bezirks- oder Kantongerichts. Im Verhältnis zu Polen wird das gleiche gelten, wenn der Vertrag und der Rechtverkehr (RGBl. 1925 II, 143) ratifiziert sein wird. Hinsichtlich der übrigen Staaten bedarf es der diplomatischen oder konsularischen Legalisation. Über den Geschäftsgang bei der Legalisation vgl. für Preußen AusfBO. des JM. vom 19. September 1925, abgedruckt in Teil III dieses Buches. Für Rußland ist außer der Beglaubigung des zuständigen russischen Konsulats auch dessen Bescheinigung erforderlich, daß die Urkunde den am Orte ihrer Errichtung geltenden Gesetzen entspricht (vgl. Verf. vom 6. März 1896, JMBl. 92).

Art. 45. Die Vorschriften des § 182 des Reichsgesetzes über die Angelegenheiten der freiwilligen Gerichtsbarkeit finden auch auf die gerichtliche Ausfertigung notarieller Protokolle Anwendung.

Notarielle Ausfertigungen sind von dem Notar zu unterschreiben und mit dem Dienstsiegel zu versehen. Auf Antrag können die Protokolle vom Notar auch auszugsweise ausgefertigt werden.

Über die Sieglung bei einer mehrere Bogen umfassenden Ausfertigung vgl. Art. 63 Abs. 2; über auszugsweise erfolgende Ausfertigungen Art. 47. Bei der Unterschrift unter dem Ausfertigungsvermerk kann der Notar seinen Vornamen weglassen.

Art. 46. Die Ausfertigung soll den Ort und den Tag der Erteilung angeben und die Bezeichnung der Person enthalten, der sie erteilt wird.

Auf der Urschrift soll vermerkt werden, wem und an welchem Tage Ausfertigungen erteilt worden sind.

Außerdem muß die Ausfertigung die Nummer des Notariatsregisters und die Gebühren- und Auslagen- (Stempel-) Berechnung enthalten (vgl. § 21 Abs. 2 GebO. für Notare). Über die Ausfertigung von Vollmachtsurkunden s. oben Anhang zu § 176 I, f und Note 1 zu Art. 49.

Art. 47. Soll ein Protokoll auszugsweise ausgefertigt werden, so sind in die Ausfertigung außer solchen Teilen des Protokolls, welche die Beobachtung der Förmlichkeiten nachweisen, diejenigen Teile auszunehmen, welche den Gegenstand betreffen, auf den sich der Auszug beziehen soll. In dem Ausfertigungsvermerk ist der Gegenstand anzugeben und zu bezeugen, daß weitere den Gegenstand betreffende Bestimmungen in dem Protokolle nicht enthalten sind. Bei gerichtlichen Ausfertigungen hat der Richter den Umfang des Auszugs und den Inhalt des Ausfertigungsvermerkes anzuordnen und der Gerichtsschreiber in dem Ausfertigungsvermerke die Anordnung des Richters zu erwähnen.

Bei Weigerung des Notars wird Art. 51 Abs. 2 anzuwenden sein.

Art. 48. Anlagen des Protokolls sind, soweit sie nicht nach § 176 des Reichsgesetzes über die Angelegenheiten der freiwilligen Gerichtsbarkeit einen Teil des Protokolls selbst bilden, der Ausfertigung oder dem Auszug in beglaubigter Abschrift beizufügen. Die Beifügung erfolgt nur auf Antrag.

Die Anlage kann als besonderer Bogen beigefügt oder unmittelbar hinter den Ausfertigungsvermerk gesetzt werden. Bei mehreren Bogen s. Art. 63 Abs. 2. Vollmachten, Legitimationsurkunden und andere nicht als Anlagen im Sinne des Gesetzes anzusehende Urkunden sind auf Verlangen als beglaubigte Abschriften gemäß Art. 57 PrFGG. beizufügen.

Bei Anlagen i. S. des § 176 RFGG. wird der Ausfertigungsvermerk an den Schluß des Ganzen gesetzt.

Art. 49. Von den Protokollen können, sofern nicht in der Urkunde oder durch eine besondere Erklärung gegenüber dem Gericht oder dem Notar eine abweichende Bestimmung getroffen ist, eine Ausfertigung fordern:

1. diejenigen, welche das Rechtsgeschäft im eigenen Namen vorgenommen haben oder in deren Namen das beurkundete Rechtsgeschäft von anderen vorgenommen worden ist;
2. die Rechtsnachfolger der in Nr. 1 bezeichneten Personen.

Die im Abs. 1 bezeichneten Personen sind auch berechtigt, eine einfache oder beglaubigte Abschrift zu verlangen und die Urschrift einzusehen.

Hat derjenige, welcher eine Ausfertigung fordert, sein Rechtsvorgänger oder sein Rechtsnachfolger schon eine Ausfertigung erhalten, so ist die Erteilung einer weiteren Ausfertigung zu verweigern, wenn ihr rechtliche Bedenken entgegenstehen.

1. Wer eine Ausfertigung verlangen kann, kann bei der Beurkundung oder später bestimmen, daß auch anderen Personen eine Ausfertigung erteilt werden soll. Dies gilt namentlich für Vollmachten.

Ist ein Rechtsgeschäft durch einen Bevollmächtigten abgeschlossen, so kann dieser für sich selbst eine Ausfertigung nicht fordern. In der Regel wird er aber berechtigt sein, die Ausfertigung für seinen Machtgeber in Empfang zu nehmen.

Neben dem Rechtsnachfolger kann auch der Rechtsvorgänger nach wie vor eine Ausfertigung verlangen. Der Vermerk wird in ersterem Falle z. B. lauten: „Vorstehende Ausfertigung wird dem ...... als Erben des ...... erteilt." Über nichtrechtsgeschäftliche Urkunden s. Art. 61 Abs. 2. Über

Erteilung einer Ausfertigung an den Gläubiger für die Zwangsvollstreckung f. § 792 ZPO.

2. Der Notar darf, wenn zwischen den Parteien über ein von ihm zwischen ihnen beurkundetes Rechtsgeschäft Streit besteht, sich in den Streit nicht einmischen. Er darf deshalb die Ausfertigung nicht verweigern, denn die Verpflichtung des Notars zur Erteilung oder Aushändigung von Ausfertigungen an die Beteiligten ist nicht aus dem Vertragsverhältnis dieser Personen zum Notar, sondern lediglich aus seiner amtlichen Stellung als Urkundsbeamten abzuleiten. Der Notar übt sein Amt nicht im Namen des Auftraggebers, sondern im Namen des Staates aus, auch wenn er auf Anrufen einer Partei tätig ist. Von der eigenen sachgemäßen Prüfung hängt es ab, ob und inwieweit der Notar eine Ausfertigung zu erteilen oder zu verweigern hat (Oberneck DNotV. 1923 S. 139).

Art. 50. Die Einsicht der notariellen Protokolle kann denjenigen gestattet werden, in deren Interesse die Urkunde errichtet worden ist, sowie den Rechtsnachfolgern dieser Personen. Das gleiche gilt von der Erteilung einer einfachen oder beglaubigten Abschrift.

Art. 51. Der Gerichtsschreiber soll Ausfertigungen oder Abschriften nur auf Anordnung des Gerichts erteilen.

Weigert sich ein Notar, eine Ausfertigung oder Abschrift zu erteilen oder die Einsicht der Urschrift zu gestatten, so entscheidet auf Antrag des Beteiligten eine Zivilkammer des Landgerichts, in dessen Bezirke der Notar seinen Amtssitz hat.

Der Antrag geht an die Zivilkammer des Landgerichtes, in dessen Bezirk der Notar seinen Amtssitz hat und das in erster Instanz entscheidet; dagegen ist die Beschwerde zulässig. Die Beschwerde steht nicht dem Notar zu.

Art. 52. Die Rechte, welche Behörden oder Beamten sowie anderen als den in den Artikeln 49, 50 bezeichneten Personen in bezug auf die Aushändigung oder Einsicht gerichtlicher oder notarieller Urkunden oder in bezug auf die Mitteilung ihres Inhalts zustehen, werden durch die Vorschriften dieses Titels nicht berührt.

1. Das Recht der Aufsichtsbehörde auf Einsicht regelt Art. 92, vgl. auch die Bemerkungen zu Art. 90.

2. Die Mitteilungspflicht des Notars nach dem Grunderwerbssteuer-, Kapitalverkehrsteuer-, Erbschaftssteuer- und Zuwachssteuergesetz ist im einzelnen bei der Erläuterung dieser Gesetze behandelt. Allgemein haben die Notare nach § 191 RAO. den Finanzämtern jede zur Durchführung der Besteuerung dienliche Hilfe zu leisten, insbesondere Einsicht in ihre Bücher, Verhandlungen, Listen und Urkunden zu gewähren (vgl. auch § 77 Kapitalverkehrsteuergesetz und § 41 ZuwStG.).

Nach § 192 RAO. haben die Notare Steuerzuwiderhandlungen, die sie dienstlich erfahren, den Finanzämtern mitzuteilen. § 388 RAO., der die Einleitung einer strafrechtlichen Verfolgung gegen Rechtsanwälte wegen Steuerzuwiderhandlung im Berufe an die Voraussetzung knüpft, daß im ehrengerichtlichen Verfahren eine Verletzung der Berufspflichten festgestellt ist, gilt nicht für Notare. Hier ist also strafrechtliche Verfolgung unabhängig von einem ehrengerichtlichen Verfahren zulässig; vgl. auch die Erl. zu Art. 40 a. E.

3. Für den Zivilprozeß ist die Vorlegungspflicht des Notars in § 432 ZPO. geregelt. Die Mitwirkung des Prozeßgerichts ist dem Beweisführer versagt, wenn er ohnehin nach gesetzlicher Vorschrift die Urkunde beschaffen kann, also ein Recht auf Erteilung einer Ausfertigung oder beglaubigten Abschrift hat (vgl. § 432 Abs. 2 ZPO. und Art. 61 PrFGG.). Steht die Vorlegung der Urschrift einer Urkunde in Frage, so kommt Abs. 1 des § 432 ZPO. zur Anwendung.

Dritter Titel.

Sonstige Urkunden.

Art. 53. Für notarielle Urkunden über andere Gegenstände als Rechtsgeschäfte gelten die Vorschriften der Art. 54 bis 62. Die gleichen Vorschriften finden auf gerichtliche Urkunden der bezeichneten Art Anwendung, soweit nicht die Beurkundung einen Teil eines anderen Verfahrens bildet.

1. Außer den Vorschriften der Art. 54—62 gelten noch wegen Ausschließung und Ablehnung des Notars sowie wegen der Gerichtssprache und des Dolmetschers die Art. 84 und 85.

2. Wenn mit einem Rechtsgeschäfte zugleich eine sonstige Rechtshandlung oder eine Tatsache beurkundet wird, so muß die Urkunde die Erfordernisse für beide Formen erfüllen (vgl. oben Vorbemerkung 3 zum zehnten Abschnitt des RFGG.). Was insbesondere die Gerichtssprache und Zuziehung von Dolmetschern betrifft, so müssen sowohl die §§ 178—180 RFGG. als auch die §§ 8—9 RFGG. in Verbindung mit den §§ 184 ff. GVG. beobachtet werden. Es sind also neben den §§ 178—180 noch folgende Bestimmungen des RFGG. und des GVG. als die strengeren zu beachten:

Der Dolmetscher ist von der Amtsübung außer nach §§ 170—173 und § 180 RFGG. auch noch dann ausgeschlossen, wenn ein Ausschließungsgrund nach § 6 und 9 Satz 2 RFGG. vorliegt.

Ferner ist bei der Verhandlung mit sprachfremden Personen die Sollvorschrift des § 185 Abs. 1 GVG. zu beachten: Niederschrift in fremder Sprache und Beifügung einer Übersetzung. Bei Verhandlungen mit tauben oder stummen Personen ist das bei nichtrechtsgeschäftlichen Akten in § 186 GVG. vorgeschriebene Verfahren anzuwenden, sofern nicht eine schriftliche Verständigung mit solchen Personen erfolgt. Außerdem ist Art. 41 Abs. 2 PrFGG. zu beachten.

Wenn der Dolmetscher ein für allemal vereidigt ist, so genügt, ist aber auch erforderlich, die Berufung auf den geleisteten Eid (§ 189 GVG.).

Art. 54. Die Urkunde muß den Ort und den Tag der Verhandlung oder, falls sie nicht in der Form eines Protokolls aufgenommen wird, den Ort und den Tag der Ausstellung angeben und mit der Unterschrift des Richters oder des Notars versehen sein. Wird die Urkunde den Beteiligten in Urschrift ausgehändigt, so muß sie auch mit Siegel oder Stempel versehen sein.

Art. 54 ist eine Mußvorschrift, vgl. auch Art. 61 und 63. Die Aufnahme eines Protokolls darf nur in den Fällen des Art. 56 (Zeugnisse) und nach § 183 RFGG. (Beglaubigung von Unterschriften und Handzeichen) unterbleiben. Die Unterlassung der Protokollform bewirkt jedoch keine Nichtigkeit (vgl. Art. 55 Abs. 1).

Eine Aushändigung der Urkunde an die Beteiligten findet z. B. statt bei Beglaubigung von Abschriften und Unterschriften, Zustellungsurkunden, Verwendung der Urkunde im Ausland.

Art. 55. Die Beurkundung soll, sofern nicht ein anderes bestimmt ist, in der Form eines Protokolls erfolgen. Außer dem Richter oder dem Notar sollen auch die übrigen bei der Verhandlung mitwirkenden Personen das Protokoll unterzeichnen.

Inwieweit das Protokoll den Beteiligten behufs der Genehmigung vorzulesen oder ihnen zur Durchsicht vorzulegen und von ihnen zu unterschreiben ist, bleibt dem Ermessen des Richters oder des Notars überlassen.

Vgl. Anmerkung 1 zu Art. 54.

Über den Begriff „mitwirkende Personen" s. zu § 170 RFGG. Ob der Dolmetscher als mitwirkende Person anzusehen ist, ist bestritten. Beteiligte sind hier alle Personen, die an der Verhandlung teilnehmen. In § 168 Satz 2 RFGG. ist der Begriff enger. Über die Feststellung der Identität und der Geschäftsfähigkeit sind keine Vorschriften gegeben. Der Notar wird jedoch die Vorschriften, die darüber für die Beurkundung von Rechtsgeschäften gelten, entsprechend anwenden. Eine solche Feststellung ist besonders bei der eidesstattlichen Versicherung zwecks Erlangung eines Erbscheines geboten.

Art. 56. Bei Zustellungen, bei der Beglaubigung von Abschriften, bei der Sicherstellung der Zeit, zu welcher eine Privaturkunde ausgestellt ist, bei Lebensbescheinigungen und bei sonstigen einfachen Zeugnissen bedarf es nicht der Aufnahme eines Protokolls.

Über die Form bei der Beglaubigung von Abschriften s. Art. 57, bei Sicherstellung der Zeit s. Art. 58. Ob für diese Fälle die Protokollform ausgeschlossen ist, ist bestritten.

Art. 57. Die Beglaubigung einer Abschrift geschieht durch einen unter die Abschrift zu setzenden Vermerk, der die Übereinstimmung mit der Hauptschrift bezeugt. In dem Vermerke soll ersichtlich gemacht werden, ob die Hauptschrift eine Urschrift, eine einfache oder beglaubigte Abschrift, oder eine Ausfertigung ist; ist sie eine beglaubigte Abschrift oder eine Ausfertigung, so ist der Beglaubigungsvermerk oder der Ausfertigungsvermerk in die beglaubigte Abschrift mit aufzunehmen.

Durchstreichungen, Änderungen, Einschaltungen, Radierungen oder andere Mängel einer von den Beteiligten vorgelegten Schrift sollen in dem Vermerk angegegeben werden.

Soll ein Auszug aus einer Urkunde beglaubigt werden, so finden die Vorschriften des Art. 47 Satz 1, 2 entsprechende Anwendung.

Gegenstand der Beglaubigung können sowohl öffentliche wie Privaturkunden, beglaubigte und einfache Abschriften, auch Karten, Pläne und dgl. sein. Jeder, der dem Notar eine Urkunde vorlegt, kann eine beglaubigte Abschrift davon fordern.

Über die Ausschließung des Notars bei der Abschriftsbeglaubigung entscheidet RFGG. § 6. Abgedruckt S. 66. Eine Eintragung der Abschriftsbeglaubigung in das Notariatsregister findet nicht statt.

Der Notar muß, wenn er die Abschrift einer öffentlichen Urkunde beglaubigt, prüfen, ob die Hauptschrift nach Form und Inhalt eine echte öffentliche Urkunde ist. Bestehen nach dieser Richtung hin Zweifel, so muß der Notar, wenn er die beglaubigte Abschrift erteilt, dies in dem unter die Abschrift zu setzenden Vermerk angeben. Über die Beweiskraft beglaubigter Abschriften vgl. § 435 ZPO. Außerhalb des Prozesses kann eine beglaubigte Abschrift die Vorlegung der Ausfertigung überall da nicht ersetzen, wo vom Gesetz die Vorlegung der letzteren verlangt wird (vgl. z. B. für Vollmachten § 172 BGB.).

Der Beglaubigungsvermerk wird folgendermaßen zu fassen sein: „Die vorstehende Abschrift stimmt mit der mir in Urschrift (in Ausfertigung, in einer einfachen, in einer beglaubigten Abschrift) vorgelegten Hauptschrift wörtlich überein.

.... den ....

Siegel oder Stempel und Unterschrift."

Im Falle des Art. 57 Abs. 2, also bei Durchstreichungen usw. ist in den Vermerk beispielsweise noch folgendes aufzunehmen: „In der ersten Zeile der Hauptschrift befand sich eine Durchstreichung des Wortes ...., das doppelt dastand."

Über die Stempelverwendung zu der vorgelegten Urkunde ist ein Vermerk in der üblichen Form aufzunehmen (vgl. PrStStG. § 9 Abs. 3), z. B.: „Zu der vorgelegten Ausfertigung ist ein Stempel von ... verwendet worden."

Diese Bescheinigung ist mit Datum, Stempel und Unterschrift des beglaubigenden Notars zu versehen.

Als Beispiel einer beglaubigten auszugsweisen Abschrift diene folgendes Muster:

„Auszugsweise beglaubigte Abschrift.

Erste Ausfertigung. Als erste Ausfertigung stempelfrei.

Zur Urschrift sind ...... Reichsmark Landesstempel verwendet.

.... den ....

....

Stempel des
Notars ......
in ......   Notar im Bezirk des Preuß. Kammergerichts.

Hierauf ist aus der vorgelegten Ausfertigung der verlangte Auszug abzuschreiben. Darunter ist folgender Vermerk zu setzen: „Die vorstehende Abschrift stimmt mit den abgeschriebenen Teilen der mir in Ausfertigung vorgelegten Hauptschrift wörtlich überein. Der Auszug soll als beglaubigte Abschrift des in der Hauptschrift enthaltenen Kaufvertrages über das Grundstück .... dienen. Weitere diesen Kaufvertrag betreffende Bestimmungen sind in der Hauptschrift nicht enthalten.

.... den ....

Siegel oder Stempel und Unterschrift."

Es ist zu beachten, daß in den Auszug außer denjenigen Teilen, die den Gegenstand betreffen, auf den sich der Auszug bezieht, die Teile des Protokolls, die die Beobachtung der Förmlichkeiten nachweisen, aufgenommen werden. Wenn die Abschrift allein oder mit ihren Anlagen mehrere Bogen umfaßt, so sollen diese durch Schnur und Siegel verbunden werden (vgl. Art. 63 Abs. 2).

Vgl. noch Art. 56. Gebühr gemäß § 50 GKG. $^2/_{10}$, höchstens 20 Reichsmark.

Über Stempelfragen s. oben S. 27, 28.

Art. 58. Die Sicherstellung der Zeit, zu welcher eine Privaturkunde ausgestellt ist, geschieht durch einen unter die Urkunde zu setzenden Vermerk, in welchem der Richter oder der Notar bezeugt, wann ihm die Urkunde vorgelegt worden ist. Die Vorschriften des Art. 57 Abs. 2 finden Anwendung.

Muster: „Die vorstehende Urkunde ist mir heute um 3 Uhr 20 Minuten nachmittags vorgelegt worden.

.... den ....

Siegel oder Stempel und Unterschrift des Notars."

Der Vermerk wird unter die vorgelegte Urkunde gesetzt.

Wenn die in Art. 58 angezogene Sollvorschrift des Art. 57 Abs. 2 (Durchstreichungen usw.) nicht beachtet wird, kann sich der Notar für Kosten und Nachteile bei der Beweislast regreßpflichtig machen.

Vgl. noch Art. 56. Die Erteilung des Zeugnisses ist in das Notariatsregister einzutragen (vgl. Art. 95). Über die Gebühr vgl. § 50 Abs. 1 Nr. 1 GKG. ($^2/_{10}$).

Art. 59. Wird von dem Gerichtsschreiber eine Abschrift oder die Zeit, zu welcher eine Privaturkunde ihm vorgelegt worden ist, beglaubigt, so finden die Vorschriften der Art. 54, 57, 58 und bei der Beglaubigung eines Auszugs auch die Vorschrift des Art. 47 Satz 3 entsprechende Anwendung.

Art. 60. Bei der Beglaubigung einer Unterschrift oder eines Handzeichens ist der Richter oder der Notar ohne Zustimmung der Beteiligten nicht befugt, von dem Inhalte der Urkunde Kenntnis zu nehmen.

Wenn der Notar den Entwurf einer Urkunde anfertigt und nach ihrer Vollziehung durch die Beteiligten die Unterschriften oder Handzeichen beglaubigt, so hat er eine beglaubigte Abschrift der Urkunde zu seinen Akten zurückzubehalten; diese Abschrift ist stempelfrei.

Werden von dem Richter oder dem Notar Wahrnehmungen gemacht, die geeignet sind, Zweifel an der unbeschränkten Geschäftsfähigkeit der Person zu begründen, deren Unterschrift oder Handzeichen beglaubigt werden soll, so soll dies in dem Beglaubigungsvermerke festgestellt werden.

Die Beglaubigung einer Unterschrift durch den Gerichtsschreiber des Amtsgerichts darf nur erfolgen, wenn die Unterschrift in Gegenwart des Gerichtsschreibers vollzogen oder anerkannt wird. Die Beglaubigung geschieht durch einen unter die Unterschrift zu setzenden Vermerk. Der Vermerk muß die Bezeichnung desjenigen, welcher die Unterschrift vollzogen oder anerkannt hat, enthalten und den Ort und den Tag der Ausstellung angeben sowie mit Unterschrift und Siegel oder Stempel versehen sein. Er soll außerdem die Angabe enthalten, daß die Vollziehung oder Anerkennung der Unterschrift in Gegenwart des Gerichtsschreibers erfolgt ist. Die Vorschriften des ersten und des dritten Absatzes sind entsprechend anwendbar.

Art. 60 ergänzt die Bestimmungen des § 183 RFGG. Vgl. die Erläuterungen zu §§ 183, 200 RFGG.

Die Beglaubigung einer Unterschrift oder eines Handzeichens ist nach dem Preuß. Stempelsteuergesetz stempelfrei. Hat der Notar auch den Entwurf der Urkunde angefertigt, so ist § 13 PrStStG. über die Beibringung des Stempels zu beachten.

Über die Eintragung in das Notariatsregister s Art. 95.

Im Gebühreninteresse empfiehlt es sich, in den Fällen des § 51 PrGKG. und § 6 PrNotGebO. in die Beglaubigung einen entsprechenden Vermerk aufzunehmen. Über die Gebührenberechnung, wenn die Urkunde mehrere Erklärungen enthält s. § 39 GKG. und Rausnitz, Note 2 zu § 41 GKG.

Erhält der Notar von dem Inhalt der Urkunde Kenntnis, so hat er den Beteiligten auf rechtliche Bedenken aufmerksam zu machen. Liegen die Voraussetzungen des Art. 40 Abs. 3 vor, so muß der Notar die Beglaubigung ablehnen.

Bei der nach Abs. 2 zurückzubehaltenden beglaubigten Abschrift hat die Kostenrechnung vor dem Vermerk zu stehen, der die Übereinstimmung mit der Urschrift bezeugt. Ein Vermerk nur durch das Wort „beglaubigt" genügt nicht.

Art. 61. Die Urschriften der im Art. 53 bezeichneten Urkunden sind, falls die Beurkundung in der Form eines Protokolls erfolgt ist, in der Verwahrung des Gerichts oder des Notars zu belassen. Die Vorschriften des § 182 des Reichsgesetzes über die Angelegenheiten der freiwilligen Gerichtsbarkeit und der Art. 43 bis 48 dieses Gesetzes finden entsprechende Anwendung.

Eine Ausfertigung können, sofern nicht in der Urkunde oder durch eine besondere Erklärung gegenüber dem Gericht oder dem Notar eine abweichende Bestimmung getroffen ist, diejenigen Personen fordern, auf deren Antrag die Urkunde aufgenommen worden ist. Wer eine Ausfertigung fordern kann, ist auch berechtigt, eine einfache oder beglaubigte Abschrift zu verlangen und die Urschrift einzusehen. Inwieweit anderen Personen eine einfache oder beglaubigte Abschrift zu erteilen oder die Einsicht der Urschrift zu gestatten ist, bestimmt sich auch für notarielle Urkunden nach den Vorschriften des § 34 des Reichsgesetzes über die Angelegenheiten der freiwilligen Gerichtsbarkeit. Die Vorschrift des Art. 52 findet entsprechende Anwendung.

Das Reichsrecht enthält keine Bestimmungen darüber, wer eine Ausfertigung fordern kann. In Preußen gilt für rechtsgeschäftliche Urkunden Art. 49. Bei nicht rechtsgeschäftlichen Urkunden ist der Kreis der Personen, die eine Ausfertigung fordern können, durch Abs. 2 Art. 61 bestimmt. Zu den Berechtigten gehören auch die Rechtsnachfolger, die gesetzlichen Vertreter und die Erben des Berechtigten. Verweigert der Notar die Erteilung der Ausfertigung, so ist hier im Gegensatz zum Beschwerderecht bei rechtsgeschäftlichen Urkunden nur Beschwerde im Aufsichtswege zulässig.

Der in Abs. 2 angezogene § 34 RFGG. lautet:

„Die Einsicht der Gerichtsakten kann jedem insoweit gestattet werden, als er ein berechtigtes Interesse glaubhaft macht. Das gleiche gilt von der Erteilung einer Abschrift; die Abschrift ist auf Verlangen zu beglaubigen."

Ein solches Interesse haben z. B. die Gesellschafter bei Aufnahme eines Protokolls über eine Generalversammlung.

Art. 62. Wechselproteste werden den Auftraggebern in Urschrift ausgehändigt. Die beglaubigten Abschriften der Wechselproteste für das Protestregister sind stempelfrei.

Vgl. hierzu Staub-Strantz, Wechselordnung, 10. Aufl. Bemerk. zu Art. 87 ff.

Vierter Titel.

Äußere Form und Vernichtung der Urkunden.

Art. 63. Umfaßt die Urschrift einer von einem Notar aufgenommenen Urkunde allein oder mit den Anlagen mehrere Bogen, so sollen diese entweder mit fortlaufenden Zahlen versehen und von dem Notar einzeln unterschrieben oder durch Schnur und Siegel verbunden werden.

Umfaßt die Ausfertigung, die beglaubigte Abschrift oder die den Beteiligten auszuhändigende Urschrift einer unter die Vorschriften des zweiten oder dritten Titels fallenden gerichtlichen oder notariellen Urkunde allein oder mit ihren Anlagen mehrere Bogen, so sollen diese durch Schnur und Siegel verbunden werden.

1. Abs. 1 bezieht sich auf solche Urschriften, welche in der Verwahrung des Notars bleiben oder, wie Testamente, in Verwahrung des Gerichts gelangen. Hier hat der Notar die Wahl zwischen Bogenzählung und Verbindung mit Schnur und Siegel. Auf die erste Seite eines jeden Bogens ist entweder am Kopf oder unten der Vermerk zu setzen: Bogen 1, Bogen 2 usw. Zu zählen sind also die Bogen, nicht die Blätter. Ebenso ist der Bogen, nicht das Blatt, vom Notar zu unterschreiben, und zwar am Ende der auf jedem Bogen stehenden Niederschrift. Anlagen sind wie Bogen zu behandeln.

2. Bei den in Abs. 2 genannten Urkunden ist nur die Form der Verbindung durch Schnur und Siegel gestattet.

Über die hier genannten, den Beteiligten auszuhändigenden Urschriften vgl. z. B. Art. 44. Erfolgt in diesem Falle die Aushändigung der Urschrift erst später und war zunächst Bogenzählung gewählt worden, so muß jetzt die Urkunde bei der Aushändigung außerdem durch Schnur und Siegel verbunden werden.

Bei einer Unterschriftsbeglaubigung wird Abs. 2 des Art. 63 angewendet, wenn sich der Beglaubigungsvermerk auf mehrere Bogen erstreckt oder wenn er auf einem anderen Bogen als die beglaubigte Unterschrift steht, oder wenn der Antragsteller mehrere Bogen einer Urkunde vorlegt und erklärt, daß sich die Unterschrift auf den auf mehreren Bogen befindlichen Inhalt bezieht.

Das Gesetz spricht von Siegel, Stempel genügt also nicht. Die ganze Vorschrift ist eine Sollvorschrift; ihre Nichtanwendung kann aber die Beweiskraft der Urkunde schmälern.

Art. 64. Die von den Notaren ausgestellten Urkunden und die Eintragungen in die Register der Notare sowie die gerichtlichen Urkunden, auf welche die Vorschriften des zweiten oder dritten Titels Anwendung finden, sollen deutlich und ohne Abkürzungen geschrieben, es soll in ihnen nichts radiert oder sonst unleserlich gemacht werden.

Zusätze sollen am Schlusse oder am Rande beigefügt und im letzteren Falle von den mitwirkenden Personen besonders unterzeichnet werden. In entsprechender Weise sollen auch andere Änderungen beurkundet werden. Auf Änderungen geringfügiger Art finden diese Vorschriften keine Anwendung.

Wird eine Schrift nach § 176 Abs. 2 des Reichsgesetzes über die Angelegenheiten der freiwilligen Gerichtsbarkeit dem Protokoll als Anlage beigefügt, so bedarf es einer Unterzeichnung der in der eingereichten Schrift sich findenden Änderungen nicht, wenn aus dem Protokolle hervorgeht, daß die Änderungen genehmigt worden sind.

1. Abs. 1 gilt sowohl für Urschriften als auch für Ausfertigungen und beglaubigte Abschriften.

Werden Durchstreichungen vorgenommen, so muß das Durchstrichene noch lesbar sein. Auch gebräuchliche Abkürzungen, wie „z. B.", sind zu vermeiden. Unterpunktieren ist nicht zulässig. Zahlen brauchen nicht in Buchstaben geschrieben zu werden, wenn dies auch bei Wichtigkeit der Zahlen zu empfehlen ist.

Zusätze und Änderungen dürfen nur so erfolgen, daß die Vorschriften des § 177 RFGG. über Vorlesung, Genehmigung und Unterzeichnung des Protokolls beobachtet werden (vgl. die Erläuterungen zu § 177 RFGG.).

Zusätze sollen von den mitwirkenden Personen besonders unterzeichnet werden, also nicht von den Beteiligten. Zu den mitwirkenden Personen gehören außer dem Notar auch der zugezogene zweite Notar und die Zeugen.

Wird dem Protokoll eine Anlage beigefügt, so gelten auch für die Anlage die Vorschriften des Abs. 1 und 2 Art. 64. Abs. 3 läßt nur zu, daß eine Unterzeichnung der in der Anlage befindlichen Änderungen unterbleiben darf, wenn sie im Protokoll selbst genehmigt worden sind.

Zusätze und Änderungen in der Urschrift werden bei der Ausfertigung gleich in den Kontext derselben aufgenommen, werden also in dieser nicht mehr als solche kenntlich gemacht.

Da Abs. 2 von der besonderen Unterzeichnung durch die mitwirkenden Personen spricht, so kann Art. 64 auf Ausfertigungen und beglaubigte Abschriften nicht bezogen werden. In diesen dürfen also Zusätze und Änderungen nicht gemacht werden.

2. Entgegen der AllgVerf. vom 12. Februar 1905 (JMBl. 53) und den Ausführungsbestimmungen vom 25. Januar 1912 (JMBl. 103) werden vielfach nicht zugelassene Farbbänder und Farbkissen von blauer statt schwarzer Farbe sowie Schreibmaschinendurchschläge zu Verhandlungen und beglaubigten Abschriften benutzt. Jedoch zur Herstellung von solchen beglaubigten Abschriften, die nach § 9 GBO. bei den Grundakten aufzubewahren sind, können erste oder zweite Durchschläge benutzt werden (vgl. JMBl. 24, 228). Das Heften der Urkunden ist zu empfehlen. Anlagen werden zweckmäßig durch Vermerk des Notars als solche nach Datum und Nummer des Notariatsregisters bezeichnet. Es ist zu vermeiden, sie zwischen die Protokolle zu heften.

Art. 65. Gerichtliche und notarielle Urkunden können nach Maßgabe der Anordnungen des Justizministers vernichtet werden.

Notariatsurkunden dürfen weder vom Notar noch vom Gericht vernichtet werden. Dies gilt auch von den Notariatsregistern.

Fünfter Abschnitt.

Verfahren bei der freiwilligen gerichtlichen Versteigerung von Grundstücken.

Abgedruckt oben S. 43.

Sechster Abschnitt.

Amtsstellung der Notare.

Art. 77. Zur Bekleidung des Amtes eines Notars ist befähigt, wer in einem deutschen Bundesstaate die Fähigkeit zum Richteramt erlangt hat.

Art. 78. Die Notare werden von dem Justizminister auf Lebenszeit ernannt.

Die Ernennung eines Rechtsanwalts zum Notar kann für die Zeit erfolgen, während welcher er bei einem bestimmten Gerichte zur Rechtsanwaltschaft zugelassen ist.

Art. 79. Jedem Notar wird bei seiner Ernennung ein Amtssitz angewiesen. Innerhalb des Amtssitzes hat er seine

Geschäftsräume zu halten; mehrere Geschäftsstellen darf er nicht halten.

In Orten, die in mehrere Amtsgerichtsbezirke geteilt sind, wird dem Notar innerhalb des Ortes einer dieser Bezirke als Amtssitz angewiesen. Erfolgt die Teilung erst nach der Ernennung des Notars, so gilt innerhalb des Ortes derjenige Amtsgerichtsbezirk, in welchem der Notar seine Geschäftsräume hält, als Amtssitz; in diesem Falle ist der Notar befugt, innerhalb des Ortes den Amtssitz zu wechseln.

In Städten von mehr als hunderttausend Einwohnern kann dem Notar eine bestimmt begrenzte Gegend der Stadt als Amtssitz angewiesen werden.

Der Notar ist nicht verpflichtet, an dem Amtssitz zu wohnen. Aus § 92 II 10 ALR. ergibt sich jedoch, daß der Notar innerhalb der politischen Gemeinde wohnen muß, in der er seinen Amtssitz hat.

Vom Amtssitz ist der Amtsbezirk zu unterscheiden. Vgl. darüber Art. 80.

Art. 80. Der Amtsbezirk eines Notars umfaßt den ganzen Oberlandesgerichtsbezirk, in welchem ihm der Amtssitz angewiesen ist.

Über die Tätigkeit des Notars außerhalb seines Oberlandesgerichtsbezirkes vgl. Art. 39.

Art. 81. Der Notar hat, sofern er nicht schon bei seiner Ernennung preußischer Staatsbeamter ist, vor dem Präsidenten des Landgerichts, in dessen Bezirk ihm der Amtssitz angewiesen ist, oder vor einem von diesem beauftragten Richter den Diensteid zu leisten. Vor der Erfüllung dieser Verpflichtung soll er keine Amtshandlungen vornehmen.

Der Notar hat seine bei Amtshandlungen anzuwendende Unterschrift dem Landgerichtspräsidenten einzureichen.

Die Notare sind höhere Justizbeamte. Ist dem Notar der Titel Justizrat oder Geheimer Justizrat verliehen, so darf er ihn auch in seiner Amtstätigkeit führen, dagegen nicht seinen früheren Titel, z. B. Amtsgerichtsrat a. D.

Art. 82. Der Notar bedarf zur Übernahme eines unbesoldeten Amtes in der Gemeindeverwaltung oder der Gemeindevertretung nicht der Genehmigung seiner Aufsichtsbehörde.

Das gleiche gilt von der Übernahme der Mitgliedschaft in dem Vorstand oder in dem Aufsichtsrat einer Versicherungsgesellschaft auf Gegenseitigkeit oder einer eingetragenen Genossenschaft oder in dem Aufsichtsrat einer Gesellschaft mit beschränkter Haftung.

Nach § 1 des Gesetzes vom 10. Juni 1874 (Gesetzsammlung S. 244) dürfen unmittelbare Staatsbeamte ohne Genehmigung des vorgesetzten Ressortministers nicht Mitglieder des Vorstandes, Aufsichts- oder Verwaltungsrates von Aktien-, Kommandit- oder Bergwerksgesellschaften werden und nicht in Komitees zur Gründung solcher Gesellschaften eintreten. Nach § 4 dieses Gesetzes finden aber diese Vorschriften auf Notare keine Anwendung. Dagegen darf der Notar ohne Genehmigung nur in den Aufsichtsrat einer Gesellschaft mit beschränkter Haftung eintreten, nicht aber Geschäftsführer einer solchen sein. Der Genehmigung bedarf es auch zur Übernahme eines staatlichen Nebenamtes oder einer fortlaufend besoldeten amtlichen Nebenbeschäftigung im Staats- oder Gemeindedienst, desgleichen zum Betriebe eines Gewerbes, sofern derselbe nicht mit der Bewirtschaftung eines dem Notar gehörigen landwirtschaftlichen Grundstücks verbunden ist. Auch wenn die Ehefrau des Notars oder die in väterlicher Gewalt stehenden Kinder oder andere Mitglieder des Hausstandes des Notars ein Gewerbe betreiben wollen, ist die Genehmigung erforderlich (vgl. Obereck S. 32).

Privat- und Nebenbeschäftigungen, z. B. als Schriftsteller, Repetitor, Testamentsvollstrecker, unbesoldetes Mitglied der Gemeindeverwaltung oder Kirchengemeinde sind dem Notar gestattet. Auch zur Übernahme von Vormundschaften, Pflegschaften ist eine Genehmigung nicht erforderlich (vgl. Art. 72 Abs. 3 des AG. z. BGB).

Soweit Genehmigung erforderlich ist, ist der Oberlandesgerichtspräsident bzw. Kammergerichtspräsident dafür zuständig.

Art. 83. Der Notar darf seine Dienste nicht ohne triftigen Grund verweigern. Nimmt er einen Auftrag nicht an, so ist er verpflichtet, die Ablehnung dem Auftraggeber unverzüglich anzuzeigen.

Hat jemand nach § 14 des Reichsgesetzes über die Angelegenheiten der freiwilligen Gerichtsbarkeit oder nach Art. 1 Satz 1 dieses Gesetzes Anspruch auf Bewilligung des Armenrechtes, so hat ihm der Notar seine Dienste gebührenfrei zu gewähren.

1. Zur Ablehnung ist der Notar z. B. berechtigt bei Krankheit, Überhäufung mit Geschäften, Inanspruchnahme zur Nachtzeit oder an Sonn- und Feiertagen, es sei denn, daß der Fall dringlich ist; auch kann dem Notar nicht zugemutet werden, sich in eine offenbare Lebensgefahr zu begeben (bestr.). Gegen die Ablehnung des Notars gibt es nur Beschwerde an die Aufsichtsbehörde.

Hinsichtlich der baren Auslagen ist auch die arme Partei nicht nur zahlungs-, sondern auch vorschußpflichtig.

2. Für seine Amtsgeschäfte (vgl. hierzu Obereck S. 115 ff.) haftet der Notar nach § 839 BGB., hinsichtlich seiner Gehilfen und Vertreter nur für

culpa in eligendo (§ 831 BGB.). Die Verjährungsfrist beträgt drei Jahre (§ 852 BGB.). Für seine nichtamtlichen Geschäfte haftet der Notar nach Vertragsrecht, für seine Gehilfen nach § 278 BGB., die Verjährungsfrist beträgt dreißig Jahre (die Verjährungsfrist von fünf Jahren nach § 32a RNO. gilt für ihn nicht!). Bei Amtsgeschäften haftet der Notar nicht nur dem Auftraggeber, sondern auch dritten Personen. Amtsgeschäfte sind die Beurkundung von Rechtsgeschäften und Rechtsvorgängen. Entwurf einer Urkunde und Beglaubigung der Unterschrift sowie der bloße, eine spätere notarielle Beurkundung vorbereitende Entwurf (letzeres bestr.), die Stellung von Anträgen bei Gerichten und anderen Behörden auf Grund der vom Notar vorgenommenen Beurkundungen, Erteilung vollstreckbarer Ausführungen notarieller Urkunden, Vermehrung der im Art. 96 angegebenen Gelder, geldwerten Papiere und Kostbarkeiten, Verwahrung von Aktien gemäß § 255 Abs. 2 HGB.

Art. 84. Auf Amtshandlungen des Notars, die nicht die Beurkundung eines Rechtsgeschäfts zum Gegenstande haben, finden die Vorschriften, die in den §§ 6—9 des Reichsgesetzes über die Angelegenheiten der freiwilligen Gerichtsbarkeit in bezug auf die Ausschließung des Richters, in bezug auf seine Befugnis, sich wegen Befangenheit der Ausübung seines Amtes zu enthalten, sowie in bezug auf die Gerichtssprache und die Dolmetscher getroffen sind, entsprechende Anwendung.

1. Über die Frage, welche Amtshandlungen nicht die Beurkundung eines Rechtsgeschäftes zum Gegenstand haben vgl. oben Vorbemerkungen 2 und 3 zum zehnten Abschnitt des RFGG.

2. Die einschlägigen Vorschriften des Reichsgesetzes über die Angelegenheiten der freiwilligen Gerichtsbarkeit sind folgende:

§ 6. Ein Richter ist von der Ausübung des Richteramtes kraft Gesetzes ausgeschlossen:

1. in Sachen, in denen er selbst beteiligt ist oder in denen er zu einem Beteiligten in dem Verhältnis eines Mitberechtigten oder Mitverpflichtigten steht;

2. in Sachen seiner Ehefrau, auch wenn die Ehe nicht mehr besteht;

3. in Sachen einer Person, mit der er in gerader Linie oder im zweiten Grade der Seitenlinie verwandt oder verschwägert ist;

4. in Sachen, in denen er als Vertreter eines Beteiligten bestellt oder als gesetzlicher Vertreter eines solchen aufzutreten berechtigt ist.

Ein Richter kann sich der Ausübung seines Amtes wegen Befangenheit enthalten. Die Ablehnung eines Richters ist ausgeschlossen.

§ 6 findet sowohl auf Notare als auch auf Dolmetscher (vgl. § 9 letzter Satz RFGG.) Anwendung. Was daher im folgenden von Notaren gesagt ist, gilt auch entsprechend für Dolmetscher.

Die Ausschließungsgründe:

I.

Der Begriff der Beteiligung hat hier einen durchaus anderen Sinn als bei der Beurkundung von Rechtsgeschäften (vgl. zu § 163 RFGG.). Nach der herrschenden Meinung ist als Beteiligter im Sinne des § 6 der Notar dann anzusehen, wenn seine Rechte und Pflichten unmittelbar durch die Amtshandlung beeinflußt werden. Auf die formelle Beteiligung bei Abgabe von Erklärungen zu dem Notariatsakt kommt es nicht an. Die Beteiligung muß noch bestehen; auf eine frühere Beteiligung kommt es nicht an. Eine unmittelbare Beteiligung liegt auch dann vor, wenn das von dem Notariatsakt betroffene Recht des Notars noch bedingt oder betagt ist. Er ist daher bei einer Nachlaßangelegenheit beteiligt, wenn er Nacherbe ist. Der eigenen Berechtigung und Verpflichtung des Notars steht nach § 6 Nr. 1 die Mitberechtigung und Mitverpflichtung gleich.

Durch jene Begriffsbestimmung läßt sich jedoch eine in allen Fällen befriedigende Entscheidung nicht finden, wie sich aus den folgenden Darlegungen ergeben wird. Die Fragen sind sehr bestritten.

a) Generalversammlungen. Beteiligt sind die Aktionäre oder sonstigen Mitglieder einer juristischen Person, welche in Person oder durch einen Vertreter an der Versammlung tätig teilnehmen. (Der auftretende Bevollmächtigte eines Mitgliedes ist hier nicht Beteiligter; vgl. dagegen § 170 Nr. 1 RFGG.) Es genügt nicht, daß das Mitglied in der Versammlung erscheint. Ist also der Notar Aktionär, so ist er von der Beurkundung ausgeschlossen, wenn er an der Abstimmung teilnimmt oder sich sonst in der Versammlung, z. B. durch Anträge oder Ausführungen betätigt. Jastrow S. 189 nimmt an, daß der Notar, auch wenn er sich nicht derartig in der Versammlung betätige, nicht beurkunden dürfe. Er sei zwar nicht Beteiligter, aber er stehe zu den Beteiligten im Verhältnis eines Mitberechtigten und Mitverpflichteten, da die Beschlüsse z. B. über Verteilung der Dividende auch die nichtteilnehmenden Mitglieder unmittelbar berechtigten und verpflichteten. Diese Ansicht ist schon deswegen nicht zutreffend, weil die Aktionäre in keinem Rechtsverhältnis zueinander stehen. Dagegen liegt ein Ausschließungsgrund auch ohne tätige Teilnahme aus dem Gesichtspunkte der „Beteiligung" vor, wenn es sich um Beschlüsse handelt, die nicht alle Mitglieder gleichmäßig treffen, sondern in den Kreis der persönlichen Rechte und Pflichten eingreifen. Die Verteilung des Reingewinns, die Erhöhung des Kapitals gehören daher nicht zu den Beschlüssen, die den Notar von der Beurkundung ausschließen, wohl aber z. B. die Kaduzierung seines Geschäftsanteils oder seiner Aktie, seine Wahl in den Vorstand oder Aufsichtsrat. Deshalb kann auch nicht der Ansicht Oberneds S. 156 beigetreten werden, daß der Notar stets ausgeschlossen sei, wenn er Mitglied einer Genossenschaft ist, weil er für deren Verpflichtungen beschränkt oder unbeschränkt hafte, oder wenn er Anteile einer Gesellschaft mit beschränkter Haftung besitzt, weil er für die nichtgezahlten Beträge von Stammeinlagen anderer Gesellschafter mithafte. Vielmehr kann die Frage nach den vorstehenden Ausführungen immer nur von Fall zu Fall je nach dem Gegenstande der Beschlüsse entschieden werden. Die hier vertretene Ansicht entspricht dem Willen des Gesetzgebers, der auf eine möglichste Einschränkung der Ausschließungsgründe gerichtet ist (vgl. Denkschrift S. 33).

Zu den Beteiligten gehören ferner die Gesellschaftsorgane und die Leiter der Versammlung. Über eine Ausnahme auf Grund der §§ 22, 24 des Wassergenossenschaftsgesetzes s. Jastrow S. 188, 2ff.

Über die Vertretung eines Mitgliedes durch den Notar als Bevollmächtigten oder als gesetzlichen Vertreter s. unter IV.

Handelt es sich nicht um die Mitgliedschaft bei einer juristischen Person, sondern bei einer offenen Handelsgesellschaft, Kommanditgesellschaft, so ist der Notar gemäß § 6 Nr. 1 von der Beurkundung aller Beschlüsse ausgeschlossen.

b) Unterschriftsbeglaubigung. Der Notar kann seine eigene Unterschrift nicht beglaubigen. Bei der Unterschriftsbeglaubigung ist nach der früher von Oberneck vertretenen und von Jastrow I, 187, 2bb u. a. angenommenen Ansicht nur derjenige beteiligt, dessen Unterschrift beglaubigt werden soll. Auf den Inhalt der Urkunde komme es nicht an, selbst wenn die Urkunde vom Notar selbst entworfen worden sei, denn die Amtshandlung bestehe nur in der Beglaubigung, und nur die Unterschrift sei Gegenstand der Beglaubigung, nicht die Erklärung über der Unterschrift. Das Reichsgericht (vgl. RGZ. 93, 68 und JW. 17, 538) versteht dagegen unter Sache i. S. des § 6 RFGG. das sich aus dem Inhalt und Zweck der Erklärung ergebende Sachverhältnis. Dieser Ansicht hat sich jetzt Oberneck S. 157 (vgl. ferner Oberneck in DNotVer. 25, 189) angeschlossen. Abgesehen von dem seltenen Falle, daß der Notar von dem Inhalt der Urkunde keine Kenntnis erhält (vgl. Art. 60 PrFGG.), darf daher der Notar, wenn er Mitglied des Vorstandes einer Gesellschaft ist, in Angelegenheiten der Gesellschaft nicht die Unterschriften der anderen Vorstandsmitglieder und der Mitglieder des Aufsichtsrats beglaubigen. Ist der Notar Mitglied des Aufsichtsrats, so darf er infolge seiner Überwachungspflicht nicht die Unterschriften anderer Mitglieder des Aufsichtsrats oder von Mitgliedern des Vorstandes beglaubigen. Die Eigenschaft als Aktionär hindert den Notar an der Beglaubigung der Unterschrift der Vorstands- oder Aufsichtsratsmitglieder nicht, es sei denn, daß der Inhalt der Erklärung in den Kreis seiner persönlichen Rechte und Pflichten eingreift (vgl. die Ausführungen zu a).

Der Prozeßbevollmächtigte darf die Unterschrift unter der auf ihn lautenden Prozeßvollmacht nicht beglaubigen.

c) Die eidesstattliche Versicherung zwecks Erlangung eines Erbscheines. Beteiligt ist hier nicht nur derjenige, der die Erklärung abgibt, sondern auch die Erben und Erbinteressenten. Daher kann der Notar, der Miterbe ist, nicht die eidesstattliche Versicherung eines anderen Miterben aufnehmen.

d) Notarielle Nachlaßteilung. Beteiligt sind diejenigen, die nach § 86 Abs. 2 RFGG. antragsberechtigt sind, sowie diejenigen, welche von ihnen als Beteiligte nach § 87 RFGG. in das Verfahren gezogen werden. Bei Erbauseinandersetzungen richten sich jedoch die Ausschließungsgründe auch nach §§ 170, 171 RFGG., da sie auf Vereinbarungen beruhen (so Oberneck S. 154). Muster für Erbteilungsverfahren s. Formularbuch S. 794 ff., vgl. auch Dorst S. 538 ff. Über die Gebühren vgl. § 11 GebO. f. Not.

e) Beim Wechselprotest sind Beteiligte die Personen, für und gegen welche protestiert wird, sowie alle Wechselverpflichteten. Der Domiziliat ist derjenige, gegen welchen protestiert wird. Der Notar ist daher z. B. ausgeschlossen, wenn seine Ehefrau Inhaber oder Akzeptant des Wechsels ist.

f) Verlosungen darf der Notar beurkunden, selbst wenn er ein Los besitzt (vgl. auch Oberneck S. 154). Das Protokoll ist in Preußen mit 30 RM. zu verstempeln. Der Notar muß sich die erforderliche staatliche Genehmigung zur Veranstaltung der Verlosung nachweisen lassen. Über die Beurkundung der Auslosung oder Vernichtung von Wertpapieren vgl. § 53 BankG. vom 14. März 1875, Muster bei Weißler, Formularbuch 16. Aufl. S. 230. Über die Gebühren s. § 46 GKG., über den Stempel S. 28.

II.

Um die Sache seiner **Ehefrau** handelt es sich, wenn die Ehefrau im Sinne von Nr. 1 beteiligt, also im Sinne der Ausführungen zu I allein- oder mitberechtigt oder mitverpflichtet ist. A. M. Jastrow, der Ausschließung nicht annimmt, wenn die Ehefrau nur zu den Mitberechtigten oder Mitverpflichteten gehört.

Nicht mehr bestehen kann nur eine Ehe, welche rechtsgültig bestanden hat und durch Tod, Scheidung oder durch Wiederverheiratung im Falle der Todeserklärung aufgelöst ist. Daher gelten die Ausschließungsgründe der Nr. 2 nicht für Ehen, die nach § 1324 BGB. nichtig sind oder nach §§ 1325 bis 1329 nichtig sind und für nichtig erklärt oder aufgelöst sind. Anfechtbare Ehen (§ 1330 BGB.) sind dann kein Ausschließungsgrund mehr, wenn sie auf Grund einer Anfechtungsklage durch Urteil für nichtig erklärt oder nach Erhebung der Anfechtungsklage aufgelöst worden sind.

Das Verlöbnis ist kein Ausschließungsgrund.

III.

Verwandte und Verschwägerte. Auch hier bewirkt es keinen Unterschied, ob dieselben allein- oder mitberechtigt oder mitverpflichtet sind. Die Grade der Verwandtschaft und Verschwägerschaft stimmen mit § 170 Nr. 3 RFGG. überein (s. die Bemerkungen zu diesem Paragraphen).

IV.

Vertretung. Dieser Ausschließungsgrund gilt in denjenigen Sachen, in denen der Notar als gewählter Vertreter, z. B. Generalbevollmächtigter eines Beteiligten bestellt oder als gesetzlicher Vertreter (z. B. der Vater für ein eheliches Kind, der Vormund für ein Mündel) eines solchen aufzutreten berechtigt ist. Der Gegenvormund ist nicht Vertreter des Kindes.

Jastrow S. 190 nimmt an, daß der Notar in diesen Fällen von der Beurkundung ausgeschlossen sei, gleichviel ob er bei dem Akte als Vertreter auftrete oder nicht. Oberneck S. 156 unterscheidet zwischen gewillkürter und gesetzlicher Vertretung. Bei Versammlungsbeschlüssen z. B. sei der Notar als gesetzlicher Vertreter ausgeschlossen, auch wenn er an der Versammlung nicht teilnehme, als Bevollmächtigter nur, wenn er in dieser Eigenschaft für das Mitglied in der Versammlung auftrete. Beide Ansichten gehen zu weit. Denn Voraussetzung für die Ausschließung ist doch stets, daß es sich um die Vertretung eines Beteiligten handelt. Ist der Vertretene nicht als Beteiligter anzusehen, so kann der Notar die Beurkundung vornehmen. Beteiligung setzt aber, wie oben zu Ia ausgeführt ist, bei Generalversammlungen eine tätige Teilnahme oder unabhängig davon eine Beschlußfassung über Gegenstände voraus, die den Vertretenen persönlich berühren. Die Ansicht Oberneds führt dazu, daß der Notar, wenn er gesetzlicher Vertreter eines Aktionärs ist, auch in Fällen ausgeschlossen ist, wo er, wenn er selbst Aktionär ist, beurkunden darf.

Der zum Generalbevollmächtigten bestellte Notar ist nur dann ausgeschlossen, wenn er in dem einzelnen Falle auf Grund der Generalvollmacht für den Machtgeber handelt. Er kann die Unterschrift des Machtgebers beglaubigen. Auch diese Fragen sind sehr bestritten. Über die Ausschließung des zum Generalbevollmächtigten bestellten Notars bei der Beurkundung von Rechtsgeschäften s. oben Note 1 zu § 170 RFGG.

Die Tatsache, daß der Notar einen Beteiligten vorher beraten hat, ist kein Ausschließungsgrund im Sinne des § 6 Nr. 4. Eine frühere, aber nicht mehr bestehende Vertretung bildet nach der klaren Fassung des Gesetzes keinen Ausschließungsgrund.

Die **Wirkung der Ausschließung** behandelt § 7:

„Gerichtliche Handlungen sind nicht aus dem Grunde unwirksam, weil sie von einem örtlich unzuständigen Gericht oder von einem Richter vorgenommen sind, der von der Ausübung des Richteramtes kraft Gesetzes ausgeschlossen ist."

Im Gegensatz zur Beurkundung von Rechtsgeschäften erzeugen die von einem nach § 6 ausgeschlossenen Notar vorgenommenen Amtshandlungen, welche nicht die Beurkundung von Rechtsgeschäften zum Gegenstande haben, nicht Ungültigkeit der Amtshandlungen. Insofern kann die Nichtbeachtung dieser Ausschließungsgründe nur zu einem Einschreiten der Aufsichtsbehörde führen.

3. Gerichtssprache und Dolmetscher bei Amtshandlungen des Notars, welche nicht die Beurkundung eines Rechtsgeschäftes zum Gegenstand haben.

I. Gesetz über die Angelegenheiten der freiwilligen Gerichtsbarkeit.

§ 8. Auf das gerichtliche Verfahren finden die Vorschriften des Gerichtsverfassungsgesetzes über die Gerichtssprache, über die Sitzungspolizei und über die Beratung und Abstimmung entsprechende Anwendung, die Vorschriften über die Gerichtssprache mit den sich aus dem § 9 ergebenden Abweichungen.

§ 9. Der Zuziehung eines Dolmetschers bedarf es nicht, wenn der Richter der Sprache, in der sich die beteiligten Personen erklären, mächtig ist; die Beeidigung des Dolmetschers ist nicht erforderlich, wenn die beteiligten Personen darauf verzichten. Auf den Dolmetscher finden die Vorschriften des § 6 entsprechende Anwendung.

Die beteiligten Personen sind diejenigen, deren Erklärung übersetzt werden soll.

Nach der herrschenden Meinung braucht der Verzicht, von dem § 9 spricht, nur von den fremdsprachigen Personen, nicht von allen am Akte beteiligten Personen gefordert werden. Über die Ausschließung des Dolmetschers s. oben die Bemerkungen zu § 6.

Der oben abgedruckte § 7 des Gesetzes über die freiwillige Gerichtsbarkeit ist zwar auf Dolmetscher nicht ausdrücklich für anwendbar erklärt. Jedoch wird allgemein angenommen, daß § 7 auch für Dolmetscher gilt, die Zuziehung eines kraft Gesetzes ausgeschlossenen Dolmetschers also Ungültigkeit des Aktes nicht zur Folge hat.

II. Gerichtsverfassungsgesetz.

Fünfzehnter Titel.

Gerichtssprache.

§ 184. Die Gerichtssprache ist deutsch.

§ 185. Wird unter Beteiligung von Personen verhandelt, welche der deutschen Sprache nicht mächtig sind, so ist ein Dolmetscher zuzuziehen. Die Führung eines Nebenprotokolls in der fremden Sprache findet nicht statt; jedoch sollen Aussagen und Erklärungen in fremder Sprache, wenn und soweit der Richter dies mit Rücksicht auf die Wichtigkeit der Sache für erforderlich erachtet, auch in der fremden Sprache in das Protokoll oder in eine Anlage niedergeschrieben werden. In den dazu geeigneten Fällen soll dem Protokoll eine durch den Dolmetscher zu beglaubigende Übersetzung beigefügt werden.

Die Zuziehung eines Dolmetschers kann unterbleiben, wenn die beteiligten Personen sämtlich der fremden Sprache mächtig sind.

§ 185 geht nicht so weit, wie die entsprechende Vorschrift des § 179 RFGG. für rechtsgeschäftliche Akte, denn nach § 179 muß ein Dolmetscher schon dann zugezogen werden, wenn ein Beteiligter auch nur erklärt, daß er der deutschen Sprache nicht mächtig sei, während § 185 des Gerichtsverfassungsgesetzes es dem Notar überläßt, ob nach seiner Überzeugung eine Person der deutschen Sprache nicht mächtig ist.

Für Notare gilt statt des Abs. 2 der § 9 RFGG.

§ 186. Zur Verhandlung mit tauben oder stummen Personen ist, sofern nicht eine schriftliche Verständigung erfolgt, eine Person als Dolmetscher zuzuziehen, mit deren Hilfe die Verständigung in anderer Weise erfolgen kann.

Die in diesem Paragraphen über die Verhandlung mit stummen Personen gegebenen Vorschriften stimmen mit denen des § 178 RFGG. für rechtsgeschäftliche Akte nur insofern nicht überein, als hier in § 186 des Gerichtsverfassungsgesetzes über den Inhalt des Protokolls im Gegensatz zu § 178 Abs. 2 RFGG. Vorschriften nicht gegeben sind.

Was die Verhandlung mit tauben Personen betrifft, so weicht hier die Regelung von dem Verfahren bei rechtsgeschäftlichen Akten insofern ab, als bei rechtsgeschäftlichen Akten für Taube, die nicht lesen können, kein Dolmetscher, sondern nur eine Vertrauensperson zuzuziehen ist (vgl. Art. 41 Abs. 2 PrFGG.). Das Recht der beteiligten Personen, auf die Beeidigung des Dolmetschers zu verzichten, bezieht sich nur auf den Fall des § 185 des Gerichtsverfassungsgesetzes (Verhandlung mit fremdsprachigen Personen). Für § 186 gibt es einen solchen Verzicht nicht. Über die „schriftliche" Verständigung mit Stummen vgl. § 178 RFGG., mit Tauben Art. 41 PrFGG.

§ 188. Personen, welche der deutschen Sprache nicht mächtig sind, leisten Eide in der ihnen geläufigen Sprache.

§ 189. Der Dolmetscher hat einen Eid dahin zu leisten: daß er treu und gewissenhaft übertragen werde.

Ist der Dolmetscher für Übertragungen der betreffenden Art im allgemeinen beeidigt, so genügt die Berufung auf den geleisteten Eid.

Abs. 2 stimmt mit den Vorschriften für rechtsgeschäftliche Akte insofern nicht überein, als es bei der Beurkundung von Rechtsgeschäften im Falle einer allgemeinen Beeidigung einer Berufung auf den geleisteten Eid nicht bedarf; dagegen ist nach § 189 diese Berufung notwendig. Jastrow weist mit Recht darauf hin, daß dies besonders bei der Erbeslegitimation zu beachten ist.

§ 189 gilt sowohl für § 185 als auch für § 186.

Wird § 189 nicht beachtet, so ist der Akt nichtig.

Art. 85. In einer Sache, in der mehrere Personen beteiligt sind, soll der Notar, der in dieser Sache für einen der Beteiligten als Prozeßbevollmächtigter tätig ist oder gewesen ist, keine Amtshandlungen vornehmen, wenn einer der Beteiligten widerspricht. Der Notar soll den Beteiligten von einem solchen Widerspruchsgrund unverzüglich Mitteilung machen; der Widerspruch ist nur zulässig, wenn er unverzüglich nach der Mitteilung erfolgt.

Der Notar ist nicht verhindert, die Vertretung als Rechtsanwalt in einem Prozesse zu übernehmen, der sich aus der notariellen Tätigkeit ergeben hat. Der Rechtsanwalt ist verpflichtet, ein Mandat niederzulegen, wenn er als Notar bei Geschäften mitgewirkt hat, die dem Interesse seiner Partei zuwiderliefen (vgl. RGZ. 23 S. 264).

Die Voraussetzungen des Art. 85 liegen bereits dann vor, wenn der Notar das Mandat zur Prozeßführung angenommen hat, nicht dagegen, wenn es sich nur um Erteilung eines Rates gehandelt hat. Ist der Notar Generalbevollmächtigter einer Person, so sind die Voraussetzungen des Art. 85 erst dann gegeben, wenn der Notar auf Grund der Generalvollmacht die Vertretung in einem Prozesse übernommen hat.

Es ist für die Anwendung des Art. 85 gleichgültig, in welchem Verfahren der Notar als Prozeßbevollmächtigter tätig war. Darunter fällt also auch ein schiedsgerichtliches, ein Verwaltungsstreitverfahren, eine Privatklage, die Vertretung des Nebenklägers.

Art. 86. Wird bei einer Amtshandlung des Notars die Beeidigung eines Dolmetschers erforderlich, so erfolgt sie durch das Amtsgericht, in dessen Bezirk der Notar seinen Amtssitz hat oder die Tätigkeit des Dolmetschers stattfinden soll. In dringenden Fällen kann die Beeidigung auch durch den Notar erfolgen; die Beeidigung ist nicht deshalb unwirksam, weil der Fall nicht dringlich war.

Diese Vorschrift bezieht sich sowohl auf Beurkundung von Rechtsgeschäften als auch auf diejenige von anderen Gegenständen. Eine Ausnahme gilt außer für dringende Fälle auch für das Teilungsverfahren, denn nach Art. 23 gehen die dort angegebenen Verrichtungen des Amtsgerichts auf den Notar über. Über die Arten beeidigter Dolmetscher in Preußen und ihre Beeidigung (vgl. oben S. 33 und Formularbuch S. 356 Anm. 1).

Die Beeidigung des Dolmetschers muß der Notar im Protokoll beurkunden. Der Eid wird beispielsweise wie folgt zu lauten haben:

„Ich schwöre, daß ich bei dem heute vorzunehmenden notariellen Akte mit dem ... als Dolmetscher der französischen Sprache treu und gewissenhaft übertragen werde."

Art. 87. Die Notare sind zuständig, Siegelungen und Entsiegelungen im Auftrage des Gerichts oder des Konkursverwalters vorzunehmen.

Die Siegelung oder Entsiegelung ist zu beurkunden. Da es sich nicht um die Beurkundung eines Rechtsgeschäftes handelt, gelten die Vorschriften des Art. 53ff. Der Notar kann auch von Privatpersonen mit einer Siegelung beauftragt werden. Was die Ausschließungsgründe betrifft (vgl. Art. 84), so ist der, für und der, gegen den Siegelung erfolgt, beteiligt. Muster s. bei Dorst S. 531. Über die Gebühren vgl. §§ 48, 51 GKG.

Art. 88. Die Vorschriften, nach denen die Notare noch zu anderen als den in diesem und in dem zweiten und vierten Abschnitte bezeichneten Geschäften zuständig sind, bleiben unberührt.

Vgl. z. B. §§ 61 und 70 GBO. (Herstellung von Teilhypothekenbriefen)

Art. 89. Der Notar soll in Ansehung von Geschäften, die er beurkundet, keine Gewährleistung übernehmen.

Notare, die ihren Amtssitz in Ostfriesland und Harlingerland sowie im Regierungsbezirk Osnabrück haben, dürfen die Gewähr für die von ihnen auf Grund einer Versteigerung zu erhebenden Kauf- oder Pachtgelder übernehmen, falls es sich um Gegenstände handelt, die sich in diesen Landesteilen befinden.

Art. 90. Der Notar hat, soweit nicht das Gesetz ein anderes bestimmt, über die Verhandlungen, bei denen er mitgewirkt hat, Verschwiegenheit zu beobachten, es sei denn, daß die in der Sache Beteiligten ihn von dieser Verpflichtung entbinden.

Die Verpflichtung zur Verschwiegenheit umfaßt alle Tatsachen, die dem Notar bei seiner amtlichen oder halbamtlichen Tätigkeit, z. B. bei der Raterteilung, anvertraut werden. Sind mehrere bei einer Sache beteiligt, so müssen alle den Notar von der Verpflichtung zur Verschwiegenheit entbinden; eine Trennung der Interessen wird in der Praxis kaum möglich sein. Soll der Notar als Zeuge vernommen werden, so ist die Genehmigung der vorgesetzten Behörde einzuholen (vgl. §§ 11, 12 RBG.). Auch im Konkurse kann in der Regel nur der Gemeinschuldner den Notar von der Verpflichtung zur Verschwiegenheit entbinden. Handelt es sich aber um die Aufklärung von Tatsachen, die für die Konkursmasse von Bedeutung sind und die Tätigkeit des Konkursverwalters beeinflussen, so geht das Recht, den Notar von der Verpflichtung zur Verschwiegenheit zu entbinden, auf den Konkursverwalter über, wenn nicht in der Person des Gemeinschuldners liegende besondere Rücksichten eine solche Befugnis des Konkursverwalters ausschließen (vgl. RGZ. 59 S. 87).

Ausnahmen von der Verpflichtung zur Verschwiegenheit enthalten namentlich die Steuergesetze, vgl. z. B. § 192 RAO. und die Bemerkungen zu Art. 52. Im Strafprozeß entscheidet § 53 StPO. Über Anzeigepflicht auf Grund des Gesetzes zum Schutze der Republik vgl. § 5 des Ges. vom 21. Juli 1922, vgl. ferner § 139 StGB., § 9 des Ges. gegen den Verrat militärischer Geheimnisse vom 3. Juli 1893. Über Anzeigepflicht an den Registerrichter s. den Abschnitt „Handelsregister" a. E.

Art. 91. Das Recht der Aufsicht steht zu:

1. dem Justizminister hinsichtlich aller Notare;

2. dem Präsidenten des Oberlandesgerichts hinsichtlich der Notare des Oberlandesgerichtsbezirks;
3. dem Präsidenten des Landgerichts hinsichtlich der Notare, welche ihren Amtssitz in dem Landgerichtsbezirke haben.

Art. 92. Die Notare sind verpflichtet, den Beamten, welchen das Recht der Aufsicht zusteht, sowie den von diesen beauftragten richterlichen Beamten auf Verlangen die Urkunden und Register zur Einsicht vorzulegen.

Ob der Notar verpflichtet ist, dem mit der Prüfung betrauten Beamten seine Akten zur Prüfung in dessen Wohnung zu überlassen, ist bestritten. Dafür: der Erlaß des preuß. Justizministers vom 12. Mai 1915 und Behre S. 11, dagegen: der Vorstand des Deutschen Notarvereins, vgl. DNotVer. 1920 S. 124; 1921 S. 368 und Oberneck S. 35.

Art. 93. Die Vorschriften des § 21 des Gesetzes, betreffend die Abänderung von Bestimmungen der Disziplinargesetze vom 9. April 1879 (Gesetzsamml. S. 345) werden auf den ganzen Umfang der Monarchie ausgedehnt.

Die Vorschriften des § 13 des Gesetzes, betreffend die Dienstvergehen der Richter usw. vom 7. Mai 1851 (Gesetzsamml. S. 218), und der §§ 23, 24 des Gesetzes, betreffend die Abänderung von Bestimmungen der Disziplinargesetze, finden bei der Aufsicht über die Notare entsprechende Anwendung.

Die Bestimmungen des Gesetzes vom 7. Mai 1851 betreffen die Dienstvergehen der Richter (GS. S. 218), in der Fassung der Gesetze vom 26. März 1856 und 9. April 1879 (GS. S. 201 und 345). Für das Disziplinarverfahren gegen Notare kommen die Vorschriften der §§ 17—50 des Gesetzes vom 7. Mai 1851, §§ 2—7, 66, 77, 100 des Gesetzes vom 21. Juli 1852 (GS. S. 465), §§ 4—11, 21—24 des Gesetzes vom 9. April 1879 (Art. 94. 103 PrFGG.) in Betracht.

Eine Maßregel ohne disziplinarischen Charakter ist die Rüge und die Ermahnung, die nach § 23 des Gesetzes vom 9. April 1879 dem Notar erteilt werden kann. Dagegen ist die einem Notar vom Landgerichtspräsidenten erteilte förmliche Mahnung eine Maßregel disziplinarischen Charakters (vgl. § 13 des Gesetzes vom 7. Mai 1851).

Gegen die Ermahnung kann der Notar die Einleitung der Disziplinaruntersuchung gegen sich selbst beantragen oder Beschwerde erheben. Vgl. § 23 Abs. 2 des Gesetzes vom 9. April 1879 und § 85 AGGVG. Gegen die Ermahnung hat der Notar nicht das Recht der Beschwerde, sondern nur das Recht der Einleitung der Disziplinaruntersuchung gegen sich selbst. Vgl. § 24 des Gesetzes vom 9. April 1879.

Art. 94. Die Strafen, auf die das Disziplinargericht zu erkennen befugt ist, sind:

1. Warnung;
2. Verweis;
3. Geldstrafe bis zu dreitausend Mark, allein oder in Verbindung mit einem Verweise;
4. Verlust des Amtes oder Dienstentlassung; auf den Verlust des Amtes ist zu erkennen, wenn das Gericht den Verurteilten nicht für unwürdig erachtet, an einem anderen Orte wiederangestellt zu werden.

Die Disziplinarbehörden sind die Disziplinarsenate bei den Oberlandesgerichten und der große Disziplinarsenat beim Kammergericht.

Art. 95. Der Notar hat ein Register zu führen, in welches die aufgenommenen Verhandlungen, die angefertigten und beglaubigten Entwürfe und die Beglaubigungen von Unterschriften oder Handzeichen sowie die sonstigen Zeugnisse mit Ausnahme der Beglaubigung von Abschriften in ununterbrochener Reihenfolge unter fortlaufenden Nummern einzutragen sind. Das Register ist mit fortlaufenden Seitenzahlen zu versehen und die Zahl der Seiten von dem Amtsgericht, in dessen Bezirk der Notar seinen Amtssitz hat, zu beglaubigen. Die Eintragungen sollen in verschiedenen Spalten den Tag der Ausstellung und den Gegenstand der Urkunde sowie eine Bezeichnung der Beteiligten enthalten. Auf der Urschrift jeder Urkunde sowie auf jeder Ausfertigung oder Abschrift soll der Notar die Nummer angeben, unter der die Urschrift im Register eingetragen ist.

Die Vorschriften des Abs. 1 finden auf Wechselproteste keine Anwendung.

1. Der Gegenstand muß genau bezeichnet werden. Vermerke wie: „Vertrag, Vertragsangebot und dgl." genügen nicht; es ist also z. B. einzutragen: „Vertrag über Errichtung der .... G. m. b. H.", „Gründung der .... A.-G.", „Kaufvertrag und Auflassung". Handelt es sich nicht um eine notarielle Beurkundung, sondern um Entwürfe und Beglaubigungen, so ist ausdrücklich zu vermerken: Entwurf und Beglaubigung, also z. B. „Bewilligung der Löschung einer Hypothek. Entwurf und Beglaubigung".

Werden Erklärungen von Vertretern beurkundet, so sind als Beteiligte nicht die Vertreter, sondern der Vertretene aufzuführen (vgl. § 2 II Abs. 2 Allg. Verf. vom 21. Dezember 1899 und 19. Januar 1906). Es sind daher die Namen der vertretenen natürlichen Personen und die Firmen der vertretenen juristischen Personen (z. B. der Aktiengesellschaften bei Generalversammlungen) im Register zu vermerken. Beglaubigungen von Abschriften sind in das Register nicht einzutragen und erhalten daher auch keine Nummer. Radierungen und Abkürzungen sind zu vermeiden. Das Namensverzeichnis ist sorgfältig zu führen; nur wo eine Urkunde weder in Urschrift noch in Abschrift zu den Notariatsakten zu nehmen ist, namentlich also bei der bloßen Beglaubigung von Unterschriften, steht es im Ermessen des Notars, die Beteiligten in das Namensverzeichnis aufzunehmen. Bei Unterschriftsbeglaubigungen hat das sog. Retentum den Namen, Stand und Wohnort der Beteiligten, den Wert des Gegenstandes und alle sonstigen für die Berechnung und Einforderung der Kosten erforderlichen Angaben zu enthalten (§ 2a der Allg. Verf. vom 21. Dezember 1899 und 19. Januar 1906). Ein Vermerk über die Feststellung der Identität ist zweckmäßig. Bei Versteigerungen oder öffentlichen Verpachtungen ist nur die Angabe des Versteigerers oder Verpächters erforderlich. Bei Auseinandersetzungen ist die Masse zu bezeichnen, bei Nachlaßmassen der Namen des Erblassers. Alle Schriftstücke des Finanzamtes, welche die Benachrichtigung, die Festsetzung der Stempel und Steuern betreffen, sind den betreffenden Urkunden vorzuheften. Die Stempelspalte braucht bis auf weiteres nicht mehr ausgefüllt zu werden (vgl. JMBl. 23 S. 724). Auf dem Titelblatt des Notariatsregisters sind der Name des Notars und sein Amtssitz anzugeben. Das Amtsgericht, in dessen Bezirk der Notar seinen Amtssitz hat, hat die Zahl der Seiten zu bezeugen. Verändert der Notar seinen Amtssitz, so hat er seinen neuen Amtssitz und den Tag des Dienstantritts auf dem Titelblatt zu vermerken.

2. Über Wechselproteste s. Art. 88 WO. Die Wechsel- und Scheckprotestsammelakten sind zu heften und die Protokollabschriften innerhalb eines jeden Bandes fortlaufend zu numerieren. Vorgeschrieben ist Angabe über die verwendeten Stempel. Nach dem Wechselsteuergesetz vom 10. August 1923, Verordnung vom 3. Januar 1924 und Gesetz vom 10. August 1925 (vgl. RGBl. 1924 I S. 22 und 1925 I S. 242) beträgt die Steuer 0,10 RM. für je 100 RM. der Wechselsumme, angefangene 100 RM. werden für voll gerechnet. Bei Wechseln, die auf einen bestimmten Zahlungstag lauten, erhöht sich die Steuer, wenn die Fälligkeit des Wechsels später als drei Monate und fünf Tage nach dem Ausstellungstage eintritt, auf 0,20 RM. für je 100 RM.; wenn die Fälligkeit später als ein Jahr nach dem Ausstellungstage eintritt, auf 0,30 RM. für je 100 RM. Schecks sind von der Wechselsteuer befreit, wenn sie den §§ 1, 2, 7, 25, 26 ScheckG. (RGBl. 08, 71) entsprechen. Solange sie noch nicht mit einem inländischen Indossament versehen sind, dürfen inländische Wechsel vom Aussteller und ausländische vom ersten inländischen Inhaber noch unversteuert zur Annahme verschickt oder vorgelegt werden. Der inländische Akzeptant darf aber weder diese Wechsel noch Blankoakzepte unversteuert aus der Hand geben. Daher ist die Meinung irrig, inländische angenommene Wechsel und Blankoakzepte brauchten nicht versteuert zu werden, wenn sie, wie in der Regel Depotwechsel, nicht giriert oder in Zahlung gegeben werden. Der Notar hat beim Protest einen Protokollstempel von 3 Reichsmark zu verwenden, es sei denn, daß der Wechselbetrag 150 Reichsmark nicht übersteigt.

Art. 96. Die Notare haben nach Maßgabe der Anordnungen des Justizministers ein besonderes Verwahrungsbuch über die bei ihnen eingehenden fremden Gelder, geldwerten Papiere und Kostbarkeiten zu führen.

Über die Führung des Verwahrungsbuches sind verschiedene Verfügungen ergangen, zuletzt die Verfügung vom 6. November 1922 (JMBl. 22, 474). Danach gilt jetzt folgendes:

1. **In das Verwahrungsbuch sind alle fremden Gelder, geldwerten Papiere und Kostbarkeiten einzutragen,** welche dem Notar in Erwartung eines vor ihm zu errichtenden Rechtsgeschäftes oder zur notariellen Verwahrung eingehändigt werden.

Zu den geldwerten Papieren sind alle Wertpapiere zu rechnen, welche einen Börsenkurs oder Marktpreis haben, desgleichen Sparkassenbücher, Bankdepotscheine, nicht aber Hypothekenbriefe, Grundschuldbriefe, Rentenschuldbriefe und Wechsel.

Als fremde Gelder im Sinne dieser Verfügung sind auch diejenigen Gelder anzusehen, welche bei dem Notar in der Weise hinterlegt werden, daß das Eigentum auf ihn übergeht.

2. **Wertpapiere, Kostbarkeiten und auf Verlangen des Hinterlegers auch fremde Gelder sind gesondert aufzubewahren.** Die hinterlegten Werte sind in besonderen Hüllen (Beutel, Papierumschlag und dgl.) sicher zu verwahren. Auf der Hülle ist die laufende Einnahmenummer des Verwahrungsbuchs und der Inhalt anzugeben (Hüllenverwahrung).

Diejenigen fremden Gelder, deren gesonderte Aufbewahrung nicht verlangt wird, sind entweder unter Beobachtung der vorstehenden Vorschriften gesondert aufzubewahren oder einem sicheren Bankkonto zuzuführen, das zum Unterschiede von dem Privatkonto des Notars als Sonderkonto für fremde Gelder eingerichtet sein muß. Der Notar darf über Beträge dieses Kontos, abgesehen von Zinsbeträgen, nur verfügen, wenn er sie unverzüglich dem Empfangsberechtigten zuführt. Sind dem Notar auf sein Privatkonto (Bank, Postscheckkonto usw.) fremde Gelder überwiesen, so bedarf es der Abführung an das Sonderkonto nicht, wenn der Notar jederzeit in der Lage ist, entweder einen gleich hohen Betrag bar vorzuzeigen oder nachzuweisen, daß er über einen solchen Betrag ein sofort verfügbares Privatguthaben bei einer sicheren Bank oder einem Postscheckamte hat.

3. Das **Verwahrungsbuch** enthält, nach der Zeitfolge geordnet, die sämtlichen Einnahmen und Ausgaben der zur Verwahrung genommenen Gelder und Wertsachen. Die Eintragung ist noch am Tage des Eingangs oder der Ausgabe unter einer durch das Kalenderjahr fortlaufenden Nummer zu bewirken. Wertpapiere und Kostbarkeiten sind in die Spalte 4 einzutragen. Wertpapiere sind nach der Gattung, dem Nennbetrage, der Stückzahl, den Serien und den Nummern zu bezeichnen. Werden mit den Wertpapieren Zins-, Renten-, Gewinnanteilscheine oder Erneuerungsscheine (Talons) übergeben, so ist dies durch Angabe der Fälligkeitstermine oder Nummern näher zu bezeichnen.

Die Geldbeträge in Spalte 5 sind in Ziffern einzuschreiben.

Jede Eintragung in Einnahme oder Ausgabe ist von dem Notar in Spalte 9 eigenhändig zu unterzeichnen. Abänderungen und Rasuren sind unstatthaft.

Etwa untergelaufene **Irrtümer** sind durch einen **Nachtragsvermerk** in der entsprechenden Spalte und, falls der dort zur Verfügung stehende Raum zur Angabe des Grundes nicht ausreicht, in Spalte 7 richtigzustellen. Außerdem dient die Spalte 7 auf der Einnahmeseite zur Eintragung besonders wichtiger Angaben, die in Spalte 1 bis 6 nicht vorgesehen sind, wie z. B. zum Hinweis auf die Nummer des Notariatsregisters, auf die laufende Ausgabenummer und zur Bezeichnung der Masse, während sie auf der Ausgabeseite für die Empfangsbescheinigung des Empfängers benutzt werden kann. Die Eintragungen in Spalte 5 der „Einnahme" und „Ausgabe" sind seitenweise aufzurechnen; das Ergebnis einer Seite ist auf die folgende zu übertragen.

4. Die **Belege über die Herausgabe** sind mit der Nummer der Spalte 1 der „Ausgabe" zu bezeichnen und in der Ordnung der Nummernfolge in einem besonderen Beleghest aufzubewahren. Wird die Empfangsbescheinigung in einer Notariatsverhandlung beurkundet, so ist in der Spalte 7 der Ausgabe auf diese Urkunde zu verweisen.

5. Jede durch Herausgabe erledigte Nummer ist **rot zu unterstreichen**. Sind die sämtlichen Eintragungen einer Seite erledigt, so ist diese mit Rotstift zu durchstreichen.

6. Über die **Gebühren** s. § 14 GebO. f. Not.

Art. 97. Für die Zeit, während welcher ein Notar beurlaubt oder durch Krankheit oder sonst verhindert ist, seine Geschäfte wahrzunehmen, kann er die sein Amt betreffenden Akten (Urschriften, Register usw.) einem anderen Notar im Bezirk desselben oder eines benachbarten Amtsgerichts in Verwahrung geben. Hiervon hat er dem Amtsgericht seines Amtssitzes Mitteilung zu machen. Er kann diesem Amtsgericht auch die Verwahrung überlassen.

Die **Beurlaubung** des Notars ist durch die Verf. des preuß. Justizministers vom 7. Januar 1914 (JMBl. 14, 9) und vom 24. April 1922 (JMBl. 22, 150) geregelt: Zu Reisen innerhalb ihres **Amtsbezirks** bedürfen die Notare eines Urlaubs nur für die Zeit, um die ihre Abwesenheit von ihrem Amtssitze die Dauer eines Monats überschreitet. Bis zur Dauer einer Woche können sich die Notare selbst beurlauben. Über Urlaubsgesuche bis zu drei Monaten entscheidet der Landgerichtspräsident, bis zu sechs Monaten der Oberlandesgerichtspräsident, darüber hinaus der Justizminister.

Vgl. auch Art. 43 PrFGG.

Art. 98. Hat ein Notar für die Zeit, während welcher er beurlaubt oder verhindert ist, seine Geschäfte wahrzunehmen, die Verwahrung seiner Akten in der im Art. 97 bezeichneten Art nicht veranlaßt, so hat, falls ein Antrag auf Erteilung einer Ausfertigung aus den Akten des Notars oder auf Erteilung einer Abschrift oder auf Gewährung der Einsicht gestellt wird, das Amtsgericht, in dessen Bezirk der Notar seinen Amtssitz hat, die Dienstakten in Verwahrung zu nehmen, bis der Notar die Geschäfte wieder übernimmt.

Art. 99. Der Justizminister kann einem Notar auf dessen Antrag für die Dauer einer Krankheit sowie für die Dauer einer durch erhebliche Gründe gerechtfertigten Abwesenheit oder anderweitigen Verhinderung einen Vertreter bestellen. Zum Vertreter darf nur bestellt werden, wer von dem Notar vorgeschlagen und zur Übernahme der Vertretung bereit ist. Ist der Notar durch die Krankheit verhindert, den Antrag zu stellen oder einen Vertreter vorzuschlagen, so kann ein nach § 1910 des Bürgerlichen Gesetzbuches bestellter Pfleger diese Handlungen für ihn vornehmen.

Der Vertreter muß zum Richteramte befähigt sein. Er hat vor dem Beginn der Vertretung seine bei den Notariatsverhandlungen anzuwendende Unterschrift dem Landgerichtspräsidenten einzureichen und, sofern er nicht schon preußischer Staatsbeamter ist, vor dem Landgerichtspräsidenten oder einem beauftragten Richter den Diensteid zu leisten. Vor der Erfüllung dieser Verpflichtung soll er keine Amtshandlungen vornehmen. Ist er schon einmal als Vertreter eines Notars beeidigt worden, so genügt es, wenn er auf den früher geleisteten Eid verwiesen wird.

Die Bestellung des Vertreters kann jederzeit widerrufen werden.

Zur Bestellung eines Vertreters ist ermächtigt (vgl. A. V. vom 24. April 1922, JMBl. 22, 148 ff.):

a) Der Landgerichtspräsident, dessen Dienstaufsicht der zu vertretende Notar untersteht, bis zur Dauer von drei Monaten, wenn die Vertretung einem Rechtsanwalt oder Notar übertragen werden soll, der als Rechtsanwalt im Bezirke desselben Landgerichts zugelassen ist oder als Notar der Dienstaufsicht desselben Landgerichtspräsidenten untersteht. Die Landgerichtspräsidenten in Berlin sind ermächtigt, auch Anwälte, die bei einem zu dem Bezirk eines anderen Berliner Landgerichts gehörigen Gericht ihre Stammzulassung haben, zu Notarvertretern zu bestellen, haben jedoch von einer solchen Vertreterbestellung dem Präsidenten desjenigen Landgerichts unverzüglich Mitteilung zu machen, in dessen Bezirk der Vertreter seine Stammzulassung hat;

b) im übrigen der Oberlandesgerichtspräsident, wenn die Vertretung einem Notar, Rechtsanwalt oder Gerichtsassessor übertragen werden soll, bis zur Dauer von sechs Monaten.

Die Bestellung des Vertreters kann jederzeit widerrufen werden.

Art. 100. Der Anfang sowie die Beendigung der Vertretung ist im Notariatsregister von dem Notar oder dessen Vertreter zu vermerken; die Beendigung der Vertretung ist dem Landgerichtspräsidenten anzuzeigen.

Die Vermerke werden folgendermaßen zu fassen sein:

„Von hier ab beginnt die Vertretung des Notars durch den Rechtsanwalt ...."

und:

„Hier endet die Vertretung des Rechtsanwalts ...."

Es ist nicht vorgeschrieben, daß der Notar oder der Vertreter diese Vermerke unterschreiben. Rechtsfolgen ergeben sich aus der Unterlassung nicht.

Art. 101. Der Vertreter versieht das Amt des Vertretenen unter dessen und seiner eigenen Verantwortlichkeit und auf dessen Kosten. Er hat seiner Unterschrift einen ihn als Vertreter kennzeichnenden Zusatz beizufügen und das Dienstsiegel des Vertretenen zu gebrauchen.

Der Vertreter soll, unbeschadet der aus seiner Person sich ergebenden Hinderungsgründe, auch insoweit keine Amtshandlungen vornehmen, als der von ihm vertretene Notar ausgeschlossen sein würde.

Die Amtshandlungen des Vertreters sind nicht deshalb ungültig, weil die für seine Bestellung nach Art. 99 Abs. 1 erforderlichen Voraussetzungen zur Zeit der Bestellung nicht vorhanden waren oder später weggefallen sind.

Der Vertretene soll während der Dauer der Vertretung keine Amtshandlungen vornehmen.

Die Zeichnung durch den Vertreter wird in folgender Weise zu erfolgen haben:

„A, Rechtsanwalt als bestellter Vertreter des Notars B."

Wird der Zusatz nicht oder nicht ordnungsmäßig gemacht, so hat dies die Nichtigkeit des Aktes nicht zur Folge. Der Vertreter ist von Amtshandlungen ausgeschlossen, soweit die in den §§ 170—172 RFGG. und Art. 84 bis 85 PrFGG. in Verbindung mit § 6 ff. RFGG. ersichtlichen Hinderungsgründe in seiner Person oder in der Person des vertretenen Notars vorliegen. Soweit jedoch die Hinderungsgründe sich aus der Person des vertretenen Notars ergeben, sind die dennoch vorgenommenen Beurkundungen und sonstigen Amtshandlungen gültig. Nichtigkeit tritt nur ein, wenn die Hinderungsgründe in der Person des Vertreters vorliegen und nach den eben erwähnten Vorschriften die Unwirksamkeit der Amtshandlung zur Folge haben.

Sind bei einem Akte Zeugen zuzuziehen, so ist der Vertreter nicht behindert, Gehilfen oder Gesinde des vertretenen Notars zuzuziehen, nur sein eigenes Gesinde und seine eigenen Gehilfen darf er nicht zuziehen (das erstere ist jedoch bestritten; vgl. Jastrow Anm. 8 zu Art. 101).

Art. 102. Bei dem Ausscheiden oder dem Tode sowie bei der Versetzung eines Notars in einen anderen Amtsgerichtsbezirk hat das Amtsgericht, in dessen Bezirk der Notar seinen Amtssitz hatte, die das Amt des Notars betreffenden Papiere (Urschriften, Register usw.) in Verwahrung zu nehmen. Dem Präsidenten des Landgerichts, in dessen Bezirk der Notar seinen Amtssitz hatte, ist hiervon Anzeige zu machen.

Bei dem Ausscheiden oder dem Tode eines Notars hat das im Abs. 1 bezeichnete Amtsgericht das Dienstsiegel des Notars zum Zwecke der Vernichtung an sich zu nehmen; dasselbe gilt von Dienstsiegeln, die infolge einer Versetzung des Notars unbrauchbar geworden sind.

Art. 103. Wird ein Notar vom Amte vorläufig enthoben, so hat der Präsident des Landgerichts zu bestimmen, ob während der Dauer der Enthebung alle Papiere an das Amtsgericht abgegeben oder diesem nur das Register nebst dem Dienstsiegel ausgeliefert und die Urschriften, deren Einsichtnahme verlangt oder von denen eine Ausfertigung oder eine Abschrift gefordert wird, behufs der Gewährung der Einsicht oder behufs der Erteilung der Ausfertigung oder der Abschrift vorgelegt werden sollen.

II. Besonderer Teil.

Die Beurkundung einzelner Rechtsgeschäfte und anderer Rechtsvorgänge.

A. Bürgerliches Recht.

1. Leibrentenvertrag.

Wird der Notar damit betraut, einen Leibrenten- oder Rentenvertrag zu beurkunden, so ist zunächst festzustellen, ob für die Verpflichtung zur Gegenleistung oder die Gegenleistung selbst notarielle oder gerichtliche Beurkundung vorgeschrieben ist, was z. B. der Fall ist bei dem Versprechen einer Leibrente gegen Hingabe eines Grundstücks. Auch andere Fälle sind nach dem Bürgerlichen Gesetzbuch denkbar, so unter den Voraussetzungen der §§ 311, 2371 BGB., dann bedarf das Leibrentenversprechen, als Bestandteil des gesamten Vertrages, trotz § 761 BGB. der notariellen Beurkundung (RGZ. 65, 39). Wenn diese Fälle nicht vorliegen, genügt nach § 761 BGB. schriftliche Erteilung des Leibrentenversprechens. Hierdurch tritt eine bedeutende Ersparnis an Stempel ein. Das einseitige schriftliche Versprechen einer Rente ist nach Tarifstelle 14 als Schuldverschreibung mit $^1/_6$ % zu verstempeln, während der Stempel für einen beurkundeten Leibrentenvertrag nach Tarifstelle 8 2% beträgt. Der Stempel ist nicht nach dem Werte der Gegenleistung, sondern nach dem Kapitalwerte der Rente zu berechnen. Bei Renten auf Lebenszeit erfolgt die Wertermittlung nach § 6 Abs. 10—11 des Stempelgesetzes; bei Renten auf bestimmte Zeit ist der Wert nach der zu § 6 Abs. 12 beigegebenen Hilfstabelle zu ermitteln. Ist die Rente nicht auf Lebenszeit des Gläubigers, sondern auf einen sonstigen unbestimmten Zeitraum versprochen, so ist gemäß § 6 Abs. 9 der Kapitalwert nach dem $12^1/_2$ fachen Jahreswert der Rente zu berechnen. Vergünstigungen für den Ehegatten und nahe Verwandte enthält Abs. 10 Satz 2 des § 6 des Gesetzes. Über Rentenverträge für den Fall der Ehescheidung s. oben S. 27 Nr. 3. Ein Vertrag im Sinne der Tarifst. 8 liegt nicht vor, wenn ein gesetzlicher Anspruch auf die Rente besteht (vgl. §§ 843, 844, 1612 BGB., § 7 d. RHaftpflichtges.). Dann kommt nur ein Stempel von 3 RM. nach Tarifst. 12, 17, 18 in Frage.

2. Sicherungsübereignung.

1. Die Sicherheitsübereignung hat zum Inhalt, durch vorübergehende Übertragung des Eigentums an Sachen oder Rechten dem Erwerber für eine Forderung Sicherheit zu verschaffen. Der Erwerber ist verpflichtet, die Sachen oder Rechte zurückzuübertragen, sobald die Forderung getilgt ist. Nach ständiger Rechtsprechung (RGZ. 57, 175; 59, 147) ist die Sicherungsübereignung zulässig, auch zur Sicherung künftiger Forderungen (Warneyer, Rspr. RG. 59 Nr. 267. Über die Unzulässigkeit einer vollstreckbaren Notaraitsurkunde bei künftigen Ansprüchen s. S. 189). Nur darf sie nicht eine verschleierte Verpfändung sein. Nach der Rechtsprechung muß der Wille der Beteiligten ernstlich darauf gerichtet sein, das Eigentum zwecks Sicherung

zu übertragen. Die Rechtsprechung nimmt keine ernstliche Eigentumsübertragung an, wenn z. B. eine gesamte Einrichtung ohne nähere Bezeichnung der einzelnen Stücke übertragen wird oder ein auffälliges Mißverhältnis zwischen dem Werte der Sachen und der zu sichernden Forderung besteht. Auch unpfändbare Sachen (aber nicht unpfändbare Forderungen) können zur Sicherheit übereignet werden, jedoch ist dies besser zu vermeiden. Bei Abfassung solcher Sicherungsübereignungsverträge sind die übereigneten Gegenstände möglichst genau, auch der Wert derselben, anzugeben. Man hebe hervor, was für den Fall der Tilgung der Forderung vereinbart ist, ob das Eigentum z. B. unter der auflösenden Bedingung der Tilgung übertragen wird, also bei Eintritt der Bedingung von selbst an den Veräußerer zurückfällt oder ob der Erwerber obligatorisch verpflichtet ist, das Eigentum zurückzuübertragen. Wird nur der mittelbare Besitz der Sachen dem Erwerber übertragen (§ 930 BGB.), so muß gemäß § 868 BGB. mit dem Gläubiger ein Rechtsverhältnis vereinbart werden, durch welches der Schuldner die Sachen als Nießbraucher, Pächter, Verwahrer oder auf Grund eines ähnlichen Verhältnisses im Besitze behält. Meistens wird das Rechtsverhältnis der Leihe vereinbart, besonders bei Gegenständen, deren Gebrauch der Veräußerer nicht entbehren kann. Es empfiehlt sich auch, eine Vereinbarung über die Versicherung gegen Feuersgefahr und Einbruchsdiebstahl zu treffen, ferner darüber, ob dem Gläubiger das Recht zustehen soll, die Herausgabe der Gegenstände zu verlangen und sie auf Kosten des Schuldners zu verkaufen, wenn dieser seinen Verpflichtungen nicht nachkommt.

2. Die Sicherungsübereignung an einem **Sachinbegriff**, z. B. Warenlager, ist grundsätzlich ebenfalls zulässig. Jedoch sind solche Sicherungsübereignungen von der Rechtsprechung als gegen die Sitten verstoßend oder auch aus dem Gesichtspunkte der Gläubigerbenachteiligung für rechtsunwirksam erklärt worden, wenn das ganze Vermögen (Geschäft) übereignet und das Geschäft unter dem Schein der Kreditwürdigkeit fortgeführt wird, oder wenn der Schuldner übermäßig in seiner wirtschaftlichen Freiheit beschränkt wird. Vgl. ferner § 419 BGB. Jedenfalls ist bei der Übereignung eines Sachinbegriffs Vorsicht um so mehr geboten, als der Gläubiger, der zur Täuschung der übrigen Gläubiger seines Schuldners beiträgt, von diesen persönlich haftbar gemacht werden kann (§ 826 BGB.).

3. **Kosten- und Stempelfragen.** Die Mehrheit der Erklärungen und die Verschiedenheit der Gegenstände führen nach § 39 PrGKG. zu einer Erhöhung des Wertes. Kostenrechtlich ist es ohne Belang, ob zwischen mehreren Erklärungen ein innerer Zusammenhang besteht. Kreditvertrag und Sicherungsübereignung sind verschiedene Gegenstände. Bei beiden handelt es sich um einen zweiseitigen Vertrag, also um Erklärungen, die demselben Gebührensatze unterliegen. Die Gebühren sind daher nach dem zusammengerechneten Werte beider Erklärungen zu berechnen. Handelt es sich z. B. um Einräumung eines Kredits von 100000 Reichsmark und um Sicherungsübereignung eines Warenlagers im Werte von 200000 Reichsmark, so ist ein Gegenstandswert von 300000 Reichsmark der Gebührenberechnung zugrunde zu legen (vgl. Beschluß d. KG. in DNotV. 25, 85).

Die sog. fiduziarischen Rechtsgeschäfte sind keine lästigen Verträge oder Veräußerungsgeschäfte im Sinne der Tarifstelle 7. Solche Verträge unterliegen mangels einer besonderen Tarifstelle nur dem allgemeinen Vertragsstempel, also nicht dem Kaufstempel, auch nicht dem Sicherungsstempel (Heinitz, Stempelsteuergesetz 3. Auflage S. 430 und 431). Denn bei den sog. fiduziarischen Rechtsgeschäften werden regelmäßig Vermögensleistungen gegeneinander nicht ausgetauscht; der eine Teil erhält das ihm Hinzugebende ohne Gegenleistung. Zum Wesen der lästigen Verträge gehört aber, daß eine Gegenleistung ausbedungen wird. Wird mit dem fiduziarischen Rechtsgeschäft eine Schuldverpflichtung oder ein Schuldbekenntnis abgegeben, wegen deren die Sicherung stattfindet, so ist auch der Schuldverschreibungsstempel zu verwenden (Tarifstelle 14 I).

4. Muster.

Zwischen

dem Kunsthändler Adolf Müller in Berlin, ...

und

dem Fabrikbesitzer Carl Friedrich in Berlin, ...

wird folgender Vertrag geschlossen:

§ 1.

Herr Müller bekennt, von Herrn Friedrich am 10. Mai 1925 ein bares Darlehen von 5000 RM. erhalten zu haben. Er verpflichtet sich, diese 5000 RM. mit .....% jährlich zu verzinsen und die Zinsen stets vierteljährlich nach dem Ablaufe eines Kalendervierteljahres zu entrichten. Herr Müller verpflichtet sich, das Kapital von 5000 RM. in jährlichen Raten von 1000 RM., fällig am 1. Februar jedes Jahres, zu tilgen; er ist jedoch jederzeit berechtigt, das ganze Kapital oder den jeweiligen Restbetrag auf einmal zurückzuzahlen. Werden die Zinsen und die auf das Kapital zu leistenden Zahlungen nicht innerhalb einer Woche nach der Fälligkeit entrichtet, so ist Herr Friedrich berechtigt, das Kapital sofort zurückzufordern.

§ 2.

Zur Sicherheit für die in § 1 bezeichnete Forderung übereignet Herr Müller Herrn Friedrich die in dem anliegenden Verzeichnis aufgeführten Gegenstände. Die Vertragsparteien sind darüber einig, daß hiermit das Eigentum an diesen Gegenständen auf Herrn Friedrich übergeht. Die Übergabe wird dadurch ersetzt, daß Herr Müller die Gegenstände für Herrn Friedrich aufbewahrt. Die Aufbewahrung erfolgt unentgeltlich. Ferner wird Herrn Müller das Recht eingeräumt, die Gegenstände in seiner Gemäldehandlung auszustellen und im Rahmen des ordnungsmäßigen Geschäftsbetriebes für sich zu veräußern. Zum Ausgleich ist aber Herr Müller verpflichtet, die in Abgang gekommenen Stücke durch andere zu ersetzen. Letztere sind dann stets in das Verzeichnis einzutragen. Die Vertragsparteien sind darüber einig, daß ein für allemal die Ersatzstücke an die Stelle der in Abgang gekommenen treten und zu den Gegenständen gehören, auf die sich in Gemäßheit dieses Vertrages das Eigentum des Herrn Friedrich erstreckt. Was vorstehend über die Aufbewahrung, Benutzung und Verwertung der in dem anliegenden Verzeichnis aufgeführten Gegenstände vereinbart ist, gilt auch ein für allemal für die Ersatzstücke. Solange Herr Müller den in diesem Vertrage übernommenen Verpflichtungen nachkommt, ist Herr Friedrich nicht berechtigt, Herrn Müller die in § 2 hinsichtlich der Gegenstände eingeräumten Rechte zu entziehen.

Sobald Herr Friedrich wegen seiner Forderung von 5000 RM. nebst den Zinsen befriedigt ist, verpflichtet er sich, die übereigneten Gegenstände an Herrn Müller zurückzuübertragen.

§ 3.

Für den Fall, daß Herr Müller seine Zahlungsverpflichtungen nicht erfüllt, ist Herr Friedrich berechtigt, die Herausgabe der Gegenstände zu verlangen, wegen seiner zu dieser Zeit noch bestehenden Forderung aus den übereigneten Gegenständen Befriedigung zu suchen und die Gegenstände bis zur Höhe der Forderung zuzüglich der Kosten im Wege der öffentlichen Versteigerung oder, wenn Herr Müller damit einverstanden ist, freihändig zu veräußern. Der nach Befriedigung des Herrn Friedrich sich etwa ergebende Überschuß ist an Herrn Müller abzuführen.

Herr Müller verpflichtet sich, die Herrn Friedrich übereigneten Gegenstände und die Ersatzstücke auf seine Kosten gegen Feuersgefahr und Einbruchdiebstahl versichert zu halten und dies Herrn Friedrich jederzeit nachzuweisen. Von etwaiger Pfändung der Gegenstände hat er Herrn Friedrich unverzüglich Nachricht zu geben. Die zur Erzielung der Freigabe aufzuwendenden Kosten trägt Herr Müller. Bei Nichterfüllung dieser Verpflichtungen stehen Herrn Friedrich die in Absatz 1 dieses Paragraphen angegebenen Rechte zu.

§ 4.

Kosten und Stempel dieses Vertrages trägt Herr Müller.

3. Die Veräußerung von Grundstücken.

1. Die Vorschriften des § 313 BGB. finden auf **alle Verträge** Anwendung, **in denen eine Verpflichtung zur Übereignung eines Grundstückes übernommen wird.** Sie beschränken sich nicht auf solche Fälle, in denen sich jemand verpflichtet, das Grundstück dem Vertragsgegner zu überlassen, sondern sie findet auch Anwendung auf solche Fälle, in denen sich der eine Teil dem Vertragsgegner gegenüber verpflichtet, an dritte Personen das Grundstück zu übereignen. Auch dann ist § 313 anzuwenden, wenn die Verpflichtung zur Veräußerung nicht den Hauptgegenstand des Vertrages bildet (also reine Kauf- oder Tauschverträge), sondern eine solche Verpflichtung in Verträgen andern Inhalts, z. B. in Gesellschaftsverträgen, Vergleichen, Erbteilungen, Verkäufen von Handelsgeschäften übernommen wird. Auch Vorverträge zu den genannten Verträgen unterliegen der Form des § 313. Wenn das Reichsgericht als Grundsatz aufstellt, daß die Form des § 313 BGB. zu beachten ist, wenn die Übertragung von Grundeigentum den Inhalt, nicht bloß das Ziel der Vereinbarung bildet (vgl. RGZ. 108, 62), so beweisen die zahlreichen Streitfragen, daß damit nicht viel gewonnen ist. Die Folgen, die der Praktiker daraus zu ziehen hat, ergeben sich von selbst. Dennoch sei auf die folgenden einzelnen Fälle hingewiesen:

Der Formvorschrift des § 313 BGB. unterliegen insbesondere:

a) Der Vertrag über Einräumung eines persönlichen oder des bei Rentengütern nach Art. 29 preuß. AG. zum BGB. zulässigen dinglichen Wiederkaufsrechts, über Einräumung eines persönlichen oder dinglichen

Vorkaufsrechts an einem Grundstück (RGZ. 107, 39; JW. 54, 1111 ff.). Die Formvorschrift gilt nur für das **Kausalgeschäft**. Die dingliche Einigung über ein solches Recht ist nach § 873 BGB. formfrei. Hinsichtlich der **Grunderwerbsteuer** s. unten S. 111;

b) die Umwandlung von Miteigentum in Gemeinschaft zur gesamten Hand und umgekehrt (RGZ. 65, 94; 57, 434), z. B. wenn Miteigentümer eine Gesellschaft begründen oder wenn die Miterben einander ein Miteigentum zu Bruchteilen am Nachlaßgrundstück einräumen;

c) der sog. Parzellierungsvertrag, d. h. ein Gesellschaftsvertrag mit dem Zwecke, Grundstücke für die Gesellschaft zu erwerben und unter Zerteilung mit Vorteil weiter zu veräußern;

d) die **Veräußerung eines Handelsgeschäfts**, zu dem ein **Grundstück** gehört;

e) das einseitige Verkaufsversprechen (vgl. Dorst S. 180).

Der **Formvorschrift** des § 313 unterliegen **nicht**:

a) ein Vertrag, durch den sich jemand verpflichtet, das Eigentum an einem Grundstück zu erwerben;

b) ein Vertrag, durch den jemand den Auftrag übernimmt, für einen anderen ein Grundstück zu erwerben.

Verpflichtet sich **dagegen** jemand, ein Grundstück zu erwerben und dann dem anderen zu übertragen, so ist die Formvorschrift des § 313 zu beachten;

c) ein Vertrag, durch den jemand die **Rechte** aus einem **Vertragsantrage** (vgl. unten S. 90 a. E.), seinen Anspruch auf Auflassung, die Rechte aus dem Meistgebot **abtritt**;

d) die vollständige Aufhebung eines Grundstücksveräußerungsvertrags;

e) ein Abkommen, durch das ein Grundstück von einer Gesamthandgemeinschaft an eine andere zwischen **denselben** Personen bestehende Gesamthandgemeinschaft, z. B. aus einer Erbengemeinschaft in eine offene Handelsgesellschaft übertragen wird;

f) ein **Vergleich**, der bei Streitigkeiten über die Erfüllung eines Grundstücksveräußerungsvertrags abgeschlossen wird. **Dagegen** ist die Formvorschrift des § 313 zu beobachten, wenn in dem Vergleiche die Verpflichtung zur Übertragung des Eigentums an einem Grundstücke von **neuem** eingegangen oder wesentlich verschärft wird (RGZ. 109, 23 ff.);

g) die **satzungsmäßige** Verpflichtung eines gemeinnützigen Bauvereins (eingetragene Genossenschaft), ein von ihm bebautes Grundstück einem Mitgliede zu übereignen (RGZ. 110, 241);

h) der Verkauf eines Hauses auf **Abbruch** ohne gleichzeitige Veräußerung des Grundstücks. **Stempelpflichtig** ist ein solcher Vertrag nach Tarifstelle 7 des PrStG.;

i) ein Vertrag über ein **ausländisches** Grundstück, auch wenn er im Inlande zwischen Inländern abgeschlossen wird;

k) ein im **Auslande** über **inländische**, also in Deutschland belegene Grundstücke abgeschlossener Vertrag, wenn am Errichtungsorte im Auslande für derartige Verträge keine Form vorgeschrieben ist. Dies folgt aus Art. 11 Abs. 1 Satz 2 EG. z. BGB. Die **Auflassung aber** bedarf der Form nach deutschem Recht (RGZ. 79, 78; vgl. auch Jur. Rundschau 1925 S. 402 ff.);

l) ein Gesellschaftsvertrag, nach welchem Grundstücke, die auf den Namen eines Gesellschafters eingetragen sind, auf dessen Namen eingetragen bleiben, im inneren Verhältnis der Gesellschafter aber zum Gesellschaftsvermögen gehören sollen (JW. 25, 1634);

m) ein Vertrag, durch den bei Auflösung einer offenen Handelsgesellschaft der eine Gesellschafter beim Vorhandensein von Gesellschaftsgrundstücken das Geschäft mit Aktiven und Passiven übernimmt (vgl. § 738 BGB. und JW. 54, 1751).

2. Der Form des § 313 unterliegt der ganze Vertrag, also nicht nur der einzelne, auf die Veräußerung gerichtete Bestandteil, sondern auch alle andern Abreden, aus denen nach dem Willen der Parteien der Vertrag sich zusammensetzt. Unerheblich ist daher, ob die Abrede einen wesentlichen Bestandteil des Vertrages betrifft. Ist eine solche nach dem Willen der Parteien einen Teil des Vertrages ausmachende Abrede, z. B. eine einzelnen Vertragspartnern versprochene Sondervergütung (JW. 54, 1751) nicht beurkundet, so ist der ganze Vertrag nichtig.

Nicht formbedürftig sind aber solche Vereinbarungen, die nur aus Anlaß der Grundstücksveräußerung getroffen werden und weder mit der Eigentumsübertragung noch mit der Gegenleistung im innern Zusammenhang stehen, z. B. die Übernahme der Bürgschaft für die Kaufschuld oder auch die Übernahme der Schuld des Käufers durch einen Dritten. Ist gleichzeitig mit dem Veräußerungsvertrage ein anderes Rechtsgeschäft abgeschlossen, das sich äußerlich nicht als Teil jenes Vertrages, sondern als selbständiges Rechtsgeschäft darstellt, z. B. ein Mietvertrag oder Bierbezugvertrag, so muß der Notar feststellen, worauf der Parteiwille gerichtet war, ob das Nebengeschäft Bestandteil des Grundstücksveräußerungsvertrages sein sollte oder nicht. Sind die beiden Rechtsgeschäfte in äußerlich getrennten Urkunden abgeschlossen worden, so ist zu vermuten, daß die Parteien die verschiedenen Geschäfte als für sich bestehend gewollt haben. Besteht aber zwischen den beiden Geschäften nicht nur ein wirtschaftlicher, sondern auch ein rechtlicher Zusammenhang, so genügt es nicht, daß jedes Geschäft formgerecht aufgenommen worden ist, sondern es muß in einer der Urkunden auf den Zusammenhang der beiden Geschäfte hingewiesen werden (vgl. RGZ. 103, 295; JW. 53, 1507; Jur. Rundschau 13, 597).

Notwendig ist auch, daß alle Vertragsabreden so beurkundet werden, wie sie in Wirklichkeit vereinbart sind. Hiervon abweichende Vereinbarungen machen den Vertrag ungültig. Der Vertrag ist z. B. nichtig, wenn zum Schein ein höherer Kaufpreis bestimmt wird. Es liegt eben kein Kaufvertrag zu dem niedrigeren Preise vor. Dagegen macht die unrichtige Bezeichnung eines Grundstücks den Vertrag nicht ungültig (vgl. hierzu RGZ. 109, 334). Die Abreden über den Betrag der Gegenleistung des Erwerbers müssen lückenlos beurkundet werden. Es muß also z. B. angegeben werden, was bar zu bezahlen ist und falls eine Aufrechnung stattfindet, wie die Aufrechnung erfolgen soll. Auch das Versprechen einer Vertragsstrafe z. B. für den Fall des Rücktritts muß beurkundet werden. Nachträgliche Abänderungen eines Grundstücksveräußerungsvertrages bedürfen dann der Form des § 313, wenn sie einen Bestandteil des Vertrages betreffen, z. B. die Art und Weise der Berichtigung des Kaufpreises oder die Bedingungen der Eigentumsübertragung, so die Abrede, daß die Auflassung zu einem andern Zeitpunkt als dem ursprünglich vereinbarten erfolgen, die dem Käufer zur Entgegennahme der Auflassung gesetzte Frist verlängert werden oder daß der Kaufpreis nicht durch Barzahlung, sondern durch Aufrechnung getilgt werden soll (vgl. RGZ. 76, 33; 107, 349). Formfrei sind nachträgliche Abreden immer dann, wenn sie nach erfolgter Veräußerung und Auflassung getroffen werden, da dann eine Verpflichtung zur Veräußerung nicht mehr in Frage steht (RGKomm. zum BGB. Anm. II zu § 313 BGB.). Formfrei ist auch die nachträgliche Stundung des Kaufpreises (LeipzZ. 24, 332).

Über die Frage, ob der Verkäufer die auf Grund eines formungültigen Kaufvertrages abgegebene Auflassungserklärung bis zur Eintragung des Eigentumsüberganges kondizieren kann, und ob der Käufer demgegenüber ein Zurückbehaltungsrecht wegen des von ihm entrichteten Kaufpreises geltend machen kann, vgl. RGZ. 108, 329. Über eine vom Verkäufer beantragte einstweilige Verfügung des Inhalts, daß der Käufer bis zur Erledigung des schwebenden Prozesses alle Schritte zu unterlassen hat, die auf seine Eintragung als Eigentümer des Grundstücks abzielen, vgl. DNotV. 23, 158 ff.

3. Bei der Beurkundung des Veräußerungsvertrags müssen die Grundstücke so bezeichnet werden, daß sie genau bestimmt sind. Einer Bezeichnung des Grundbuchs bedarf es nicht, dagegen ist eine solche für die Auflassungsverhandlung erforderlich (§ 28 GBO.).

Ist eine Frau Veräußerer und noch minderjährig, so vergesse man nicht, die Zustimmung des gesetzlichen Vertreters, auch die des Vormundschaftsgerichts einzuholen. Ehemännliche Zustimmung reicht in solchem Falle nicht aus. Beim Erwerbe durch eine minderjährige Frau genügt die Mitwirkung des gesetzlichen Vertreters. Die Zustimmung des Ehemanns ist hier nicht erforderlich. Ein Grundstückserwerbsvertrag, den ein Vater als gesetzlicher Vertreter seines minderjährigen Kindes abschließt, bedarf der vormundschaftsgerichtlichen Genehmigung auch dann nicht, wenn auf dem gekauften Grundstück ruhende Hypotheken zur Begleichung des Kaufpreises übernommen werden, oder wenn für den gestundeten Teil des Erwerbspreises eine Hypothek bestellt wird (vgl. RGZ. 110, 173). Bei Ausländern entscheidet über die Frage, ob die vormundschaftsgerichtliche Genehmigung erforderlich ist, das Heimatsrecht (RGZ. ebenda; vgl. dort auch über die Frage der Anwendbarkeit des § 1829 Abs. 2 BGB.). Sind auf der Käuferseite mehrere Beteiligte, so muß das Beteiligungsverhältnis angegeben werden (§ 48 GBO.), Bruchteil- oder Gemeinschaftsverhältnis, die Angabe „zu gleichen Rechten und Pflichten" genügt nicht (Bl. f. RPfl. 35, 103). Mit Rücksicht auf §§ 747 und 748 BGB. empfiehlt es sich klarzustellen, ob und inwieweit unter den Erwerbern das **Recht, Aufhebung der Gemeinschaft zu verlangen, ausgeschlossen werden soll**. Eine solche Vereinbarung läßt sich nach Maßgabe des § 1010 BGB. verdinglichen. Es empfiehlt sich auch festzustellen, ob und inwieweit dem Miterwerber ein **Vorkaufsrecht einzuräumen** ist. Behält sich Verkäufer das Recht des Wiederkaufs vor, so hat dies keine dingliche Wirkung. Um Dritten gegenüber wirksam zu sein, muß eine Vormerkung zur Sicherung des Rückauflassungsanspruches bewilligt und beantragt werden. Über das dingliche Vorkaufsrecht s. §§ 1094 ff. BGB.

Wenn Hypotheken, Grundschulden oder Rentenschulden nicht übernommen werden sollen, so bringe man dies im Vertrage zum Ausdruck. Die Kenntnis des Käufers von solchen Belastungen befreit den Verkäufer nicht von der Verpflichtung zu ihrer Beseitigung (§ 439 BGB.). Auch die Gewährleistungspflicht ist mit den Beteiligten zu erörtern. Die Formel „wie besehen" schließt nur die Haftung für äußerlich erkennbare Mängel aus. Was das Zubehör betrifft, so ist im Zweifel anzunehmen, daß sich die Veräußerung darauf erstrecken soll (§ 926 BGB.).

Werden Hypothekenschulden übernommen, so ist darauf zu achten, von welchem Zeitpunkt ab der Käufer die Zinsen übernimmt. Ferner ist eine Erklärung der Beteiligten darüber herbeizuführen, ob bei der Mitveräußerung eines Unternehmens die auf dem Betriebe ruhenden Steuern übernommen werden oder bezahlt sind. Nach § 96 RAO. haftet der Erwerber der Steuerbehörde gegenüber für die laufenden und die festgesetzten rückständigen Steuern, wenn die Steuerpflicht auf dem Betriebe ruht. Falls für den Restkaufpreis eine Hypothek bewilligt wird, so muß bei mehreren Verkäufern das Beteiligungsverhältnis angegeben werden (§ 48 GBO.). Gehört das Grundstück zum Gesamtgut und ist nur ein Ehegatte eingetragen, so muß das Grundbuch vorher berichtigt werden. Bei der Veräußerung eines Grundstücks durch den befreiten Vorerben ist es zweckmäßig, daß die Nacherben die Löschung des für sie in Abteilung II des Grundbuchs eingetragenen Nacherbenrechts bewirken.

Wenn der Verkäufer und der Käufer eines Grundstücks arglistig zusammengewirkt haben, um den älteren persönlichen Anspruch eines Käufers auf Übertragung des Grundstücks zu vereiteln, so ist der Kaufvertrag deshalb nicht nach § 138 BGB. nichtig. Wohl aber kann auf Grund des § 826 BGB. der erste Käufer von dem inzwischen als Eigentümer eingetragenen zweiten Käufer die Auflassung unmittelbar an sich verlangen (RG. in „Das Recht" 25, 397).

4. Antrag und Annahme. Grundstücksveräußerungsverträge können auch in zwei Teile zerlegt werden, die als Antrag und Annahme beurkundet werden. Falls nur eine einseitige Verpflichtung bezweckt und beurkundet wird, also Vertragsanträge beurkundet werden sollen, so bringe man dies dadurch zum Ausdruck, daß man erklärt, es werde der Abschluß eines Kaufvertrages „angeboten" (vgl. Formularbuch S. 360). Der Kaufvertrag wird dann so aufgenommen, als wenn beide Teile zugegen wären. Für die Annahme wird gewöhnlich eine Frist gesetzt. Im Zweifel ist innerhalb der gesetzten Frist das Angebot nicht nur anzunehmen, sondern auch dem andern mitzuteilen. Es ist daher zum Ausdruck zu bringen, ob lediglich die Annahme oder auch die Mitteilung der Annahme innerhalb der Frist erfolgt sein muß. Wenn letzteres nicht der Fall sein soll, so empfiehlt es sich, einen Zusatz zu machen: „Die Mitteilung von der Annahme kann auch nach Ablauf der Frist formlos erfolgen." Kommen mehrere Personen auf der andern Seite in Betracht, so müssen sämtliche Annahmeberechtigten innerhalb der gesetzten Frist annehmen, es sei denn, daß ausdrücklich in dem Vertragsangebot erklärt ist, daß zur Perfektion schon die Annahme auch nur eines Berechtigten genügt. Gehört zu den Annahmeberechtigten ein Bevormundeter und bedarf der Vertragsabschluß der vormundschaftlichen Genehmigung, so muß im Zweifel auch die Mitteilung der Genehmigung seitens des Vormundes an den Antragenden in der Frist erfolgen. Da das Recht aus einem Vertragsantrag nicht ohne weiteres übertragbar ist (vgl. Komm. RG. z. BGB. Note 2 zu § 145), so empfiehlt es sich, bei der Beurkundung dem Annahmeberechtigten die Befugnis zur Abtretung einzuräumen. Über die Grunderwerbsteuer, insbesondere im Falle der Befugnis zur Benennung eines Dritten s. S. 105.

Zur Sicherung der Rechte des Antragsempfängers kann die Eintragung einer **Vormerkung** im Grundbuche bewilligt werden (vgl. §§ 883 ff., 885 BGB.). Über Stempelfragen s. S. 29. Durch die Eintragung einer

Vormerkung wird das Grundbuch nicht gesperrt, der Verpflichtete bleibt zu Verfügungen, z. B. Hypothekenbestellungen, befugt; wenn jedoch der vorgemerkte Anspruch endgültigen Charakter erlangt, sind die der Vormerkung folgenden Eintragungen im Grundbuch insoweit unwirksam, als sie den Anspruch vereiteln oder beeinträchtigen würden. Bei der Gefahr, die für den Erwerber durch den zwischen Auflassung und Eintragung liegenden Zeitraum entsteht, ist die Eintragung einer Vormerkung zur Sicherung seines Rechtes auf Übertragung des Eigentums oft geboten. Daß trotz der Auflassung eine solche Vormerkung zulässig sei, ist wiederholt entschieden worden (vgl. Beschluß des Landgerichts I Berlin vom 18. Oktober 1924 16 T 149. 24). Die Gefahr ist um so größer, weil in der Praxis der Gerichte vielfach die Ansicht vertreten wird, daß dem Eintragungsantrage, dem nicht zugleich der Nachweis der erforderlichen Genehmigung und die Grunderwerbsteuerbescheinigung beigefügt werden, der Rang nicht gewahrt wird.

Wenn die Eintragung einer Vormerkung auf Grund einer einstweiligen Verfügung erfolgt, muß eine Gefährdung des Anspruchs nicht glaubhaft gemacht werden (§ 885 BGB.). Als Vollziehung (§ 936 ZPO.) gilt der Antrag auf Eintragung oder der Eingang des Ersuchens des Gerichts um Eintragung beim Grundbuchamt (§§ 39 GBO., 941 ZPO.). Die Zustellung der einstweiligen Verfügung muß **innerhalb einer Woche** nach der Vollziehung an den Antragsgegner erfolgen (§§ 929 Abs. 3, 936 ZPO.) und innerhalb der Vollziehungsfrist von einem Monat (§ 929 Abs. 2 ZPO.). Die Eintragung in das Grundbuch muß so bewirkt werden, daß sich die **Art und der Umfang des gesicherten Anspruchs und die Grundlage** (Bewilligung oder einstweiligen Verfügung) daraus ergibt (vgl. § 885 BGB.). In der Bewilligung muß also der Grund des Anspruchs (z. B. Kaufvertrag) angegeben werden. Gemäß § 22 GBO. kann die Löschung einer nichtigen Vormerkungseintragung herbeigeführt werden. Dem Gläubiger einer Vormerkung steht der Schutz des öffentlichen Glaubens jedenfalls nicht zur Seite, wenn die Vormerkung auf Grund einer einstweiligen Verfügung eingetragen ist. Wenn also das Grundstück dem Schuldner nicht zusteht, ist eine solche Vormerkung unwirksam. Bei Eintragung einer Vormerkung auf Grund einer Bewilligung ist die Frage bestritten. Für den Schutz des Gläubigers RG. in JW. 54, 1415; vgl. ferner Staudinger V 3 zu § 883 BGB., Güthe-Triebel Note 14 zu § 25 GBO.

5. **Vollmachten im Grundstücksverkehr** s. S. 20 d, 105, 107.

6. **Die Auflassung.** Persönliche Anwesenheit ist bei der Auflassung erforderlich; daher ist die Auflassung im Wege von Angebot und Annahme nicht statthaft; dagegen ist eine Stellvertretung und auch eine Vertretung ohne Vertretungsmacht zulässig; letztere wird durch die nachträgliche Genehmigung des Eigentümers wirksam. Die Genehmigung kann formlos erfolgen, muß aber beglaubigt sein (§ 29 GBO.). Gesetzliche Vertreter müssen die öffentlichen Urkunden über ihre Ernennung beibringen (z. B. Konkursverwalter, Vormund, Nachlaßpfleger, Nachlaßverwalter). Die Auflassung verträgt keine Bedingung, auch keine Befristung. Der Vorbehalt einer Genehmigung durch das Vormundschaftsgericht oder einer Zustimmung, z. B. von Miterben, fällt nicht darunter. Auch ist es keine Zeitbestimmung, wenn die Auflassung unbedingt erklärt, aber in der Verhandlung bestimmt wird, daß die Ausfertigung der Auflassungsurkunde erst nach einer bestimmten Zeit dem Grundbuchamt eingereicht werden soll. Ein bestimmter Inhalt für die Auf-

lassungserklärung ist nicht vorgeschrieben. Es genügt, wenn die Beteiligten erklären, daß sie über den Eigentumsübergang einig sind. Ein Antrag auf die Eintragung der Rechtsänderung ist daher nicht erforderlich. Üblich ist die Formel: „Der Eigentümer bewilligt die Eintragung des Erwerbers als Eigentümer und der Erwerber beantragt diese Eintragung." Die Beteiligten sind darauf hinzuweisen, daß nicht durch die Auflassung, sondern erst durch die Eintragung des Eigentumswechsels im Grundbuche der Übergang des Eigentums auf den Erwerber eintritt. Im Falle der Verurteilung zur Abgabe der Auflassungserklärung kommt die Einigung dadurch zustande, daß der andere Teil unter Vorlegung des rechtskräftigen Urteils seine Einwilligungserklärung in Protokollform vor dem Notar oder dem Richter abgibt (RGZ. 76, 409). Ist ein Grundstück verkauft und aufgelassen und hat der Erwerber das Grundstück weiterverkauft und aufgelassen, so kann ohne seine Eintragung der Dritte unmittelbar als Eigentümer eingetragen werden, weil grundsätzlich in der ersten Auflassung die Einwilligung zu weiteren Auflassungen des Erwerbers liegt.

Auflassungen von in Bayern belegenen Grundstücken kann nur ein bayerischer Notar vornehmen, dagegen kann der obligatorische Vertrag vor andern deutschen Notaren abgeschlossen werden. Dasselbe gilt für Baden, Hessen, Anhalt. In Württemberg, Oldenburg, Lippe, Hamburg ist für die Auflassung nur das Grundbuchamt der belegenen Sache zuständig. Nach § 61 der Thüringischen AGO. zum BGB. kann die Auflassung außer vor dem Grundbuchamt vor jedem deutschen ordentlichen Gericht oder Notare erfolgen, jedoch kann jeder Teil verlangen, daß die Auflassung vor dem Grundbuchamt erfolgt.

Eine Auflassung ist zum Eigentumserwerbe nicht erforderlich:

a) wenn eine offene Handelsgesellschaft, der ein Grundstück gehört, durch Eintritt eines Kommanditisten zur Kommanditgesellschaft wird, oder wenn umgekehrt eine Kommanditgesellschaft in eine offene Handelsgesellschaft umgewandelt wird;

b) wenn ein Grundstück einer offenen Handelsgesellschaft, die durch Erwerb eine andere Firma annimmt, auf die neue Firma umgeschrieben werden soll. Das gleiche gilt, wenn das einer offenen Handelsgesellschaft gehörige Grundstück einer anderen aus denselben Personen gebildeten offenen Handelsgesellschaft übertragen werden soll (JW. 99, 320 Nr. 48);

c) wenn ein Gesellschafter aus einer Gesellschaft des BGB. oder offenen Handelsgesellschaft oder Kommanditgesellschaft, der ein Grundstück gehört, ausscheidet, da sein Anteil am gesamten Gesellschaftsvermögen den Anteilen der andern Gesellschafter kraft Gesetzes zuwächst, oder wenn bei Auflösung einer nur aus zwei Gesellschaftern bestehenden offenen Handelsgesellschaft, der ein Grundstück gehört, der eine Gesellschafter das gesamte Gesellschaftsvermögen übernimmt (RGZ. 60, 156; 65, 234; JW. 54, 1751); a. M. KGJ. 24 A 110, 25 A 73;

d) wenn bei Miterbengemeinschaft einem der Miterben von den übrigen der gesamte Nachlaß übertragen wird oder wenn ein Miterbe seinen Anteil am Nachlaß auf einen andern Miterben oder auf einen Dritten überträgt. Denn hierbei ist Gegenstand der Veräußerung nicht ein Bruchteil seines Eigentums an dem zum Nachlaß gehörenden Grundstück, sondern der Anteil am gesamten Nachlaß gemäß § 2033 Abs. 1 BGB.

Dagegen ist Auflassung in folgenden Fällen erforderlich:

a) bei dem Erwerb eines zur Erbschaft gehörigen Grundstücks durch den Erbschaftskäufer, auch wenn er vom Alleinerben erwirbt;

b) wenn bei Aufhebung der allgemeinen Gütergemeinschaft ein zum Gesamtgut gehörendes Grundstück einem Ehegatten zum Alleineigentum übertragen wird;

c) wenn einem Miterben ein Grundstück als Vorausvermächtnis zugewendet ist;

d) wenn ein zum Nachlaß gehörendes Grundstück einem oder einigen Miterben von den andern überlassen wird;

e) wenn ein Grundstück von einem oder von mehreren, die Miteigentümer sind, in eine Gesellschaft des BGB., oder in eine offene Handelsgesellschaft oder in eine Kommanditgesellschaft eingebracht wird;

f) wenn von Gründern einer Gesellschaft m. b. H. Grundstücke in diese eingebracht werden;

g) wenn mehrere Miteigentümer eine offene Handelsgesellschaft unter sich allein errichten und in diese das Grundstück einbringen;

h) wenn ein Grundstück von einer offenen Handelsgesellschaft an einen Gesellschafter zum Sondereigentum übertragen werden soll. Denn an die Stelle der Gemeinschaft soll dann der einzelne als Eigentümer treten;

i) aus dem gleichen Grunde, wenn die bisherigen Gesellschafter oder Miterben Miteigentümer des Grundstücks nach Bruchteilen werden sollen;

k) wenn bei der Umwandlung einer Kommanditgesellschaft auf Aktien in eine einfache Kommanditgesellschaft und umgekehrt das der einen Gesellschaft gehörende Grundstück auf die andere übertragen werden soll.

l) für die Übertragung des Eigentums seitens Erstehers eines Grundstücks im Zwangsversteigerungsverfahren nach der Erteilung des Zuschlags (§ 130 ZVG.).

7. **Die behördliche Genehmigung.** a) Nach der Bekanntmachung vom 15. März 1918 (RGBl. S. 123) ist beim Verkauf von landwirtschaftlichen Grundstücken, die über 5 ha groß sind, eine Genehmigung der zuständigen Behörde (Landrat) erforderlich (vgl. JW. 54, 1154). Das gilt auch für einen Vertrag, durch den die Bäume gewisser Waldflächen eines landwirtschaftlichen Grundstücks verkauft werden (RGZ. 109, 190). Nach RGZ. 81, 23 kann im Gegensatz zum Standpunkte des Kammergerichts die behördliche Genehmigung zur Veräußerung und Auflassung auch nachträglich erteilt werden. Bei Veräußerung mehrerer landwirtschaftlicher Grundstücke desselben Eigentümers, von dem jedes unter 5 ha groß ist, die zusammen aber mehr als 5 ha ausmachen, ist Genehmigung nur erforderlich, wenn sie eine wirtschaftliche Einheit bilden. Wird an einem landwirtschaftlichen Grundstücke von über 5 ha ein Vorkaufsrecht eingeräumt, so bedarf die Bestellung des Vorkaufsrechtes nicht der Genehmigung (vgl. Peisel in DNotV. 24, 404). Die einmal erteilte Genehmigung kann nicht zurückgenommen werden (RGZ. 103, 107; vgl. aber auch unten S. 96). Ein ablehnender Bescheid, der rechtskräftig geworden ist, kann nicht nachträglich geändert werden (RGZ. 102, 1). Der Verkäufer, der die Erteilung der Genehmigung arglistig hintertrieben hat, kann aus dem Gesichtspunkte des Schadensersatzes auf Erfüllung des Vertrages in Anspruch genommen werden (RGZ. 110, 356).

b) **Das gemeinnützige Siedlungsunternehmen** hat das Vorkaufsrecht auf die in seinem Bezirke belegenen landwirtschaftlichen Grundstücke im Umfange von 25 ha aufwärts oder Teile von solchen Grundstücken (vgl. § 4 des Ges. vom 11. Aug. 1919, RGBl. S. 1429). Das Vorkaufsrecht kann durch Bestimmung der Landeszentralbehörde auf kleinere Grundstücke ausgedehnt werden. In Preußen ist dies nicht geschehen.

Gemeinnützige Siedlungsunternehmen sind in Preußen:

a) die Ostpreußische Landgesellschaft in Königsberg i. Pr., Theaterstraße 4, für die Provinz Ostpreußen;

b) die Landgesellschaft eigene Scholle in Frankfurt a. O., Halbestadt 7, für die Provinz Brandenburg;

c) die Pommersche Landgesellschaft in Stettin, Arndtstraße 18a, für die Provinz Pommern;

d) die Schlesische Landgesellschaft in Breslau, Grünstraße 46, für die Provinz Niederschlesien;

e) die Oberschlesische Landgesellschaft in Oppeln für die Provinz Oberschlesien;

f) die Siedlungsgesellschaft Sachsenland in Halle a. S., Hagenstraße 2, für die Provinz Sachsen;

g) die Schleswig-Holsteinische Höfebank in Kiel, Sophienstraße 5, für die Provinz Schleswig-Holstein;

h) die Hannoversche Siedlungsgesellschaft in Hannover, am Klevertor 2, für die Provinz Hannover;

i) die Siedlungsgesellschaft „Rote Erde" in Münster i. Westf., Elisabethstraße 2, für die Provinz Westfalen;

k) die Siedlungsgesellschaft Rheinische Heimat in Bonn, Endenicher Allee 60, für die Rheinprovinz;

l) die Siedlungsgesellschaft Hessische Heimat in Kassel für den Regierungsbezirk Kassel;

m) die Nassauische Siedlungsgesellschaft in Wiesbaden für den Regierungsbezirk Wiesbaden;

n) die Landgesellschaft Aktiengesellschaft Berlin, Dessauerstraße 39/40, für die Grenzmark.

Die Güter von 100 und mehr Hektar (große Güter) werden zu Landlieferungsverbänden zusammengeschlossen. Der Landlieferungsverband hat nach § 14 des Gesetzes an Stelle des gemeinnützigen Siedlungsunternehmens das Vorkaufsrecht auf alle großen Güter seines Bezirkes, und zwar nicht nur bei Veräußerungen des ganzen Gutes oder von Teilen, die größer als 100 ha sind, sondern auch bei kleineren Teilen. In Preußen sind solche Landlieferungsverbände für folgende Provinzen gebildet:

Ostpreußen (Königsberg i. Pr., Landhofmeisterstraße 8/9);
Brandenburg (Berlin W, Margaretenstraße 13);
Pommern (Stettin, Arndtstraße 18a);
Niederschlesien und Oberschlesien (Breslau I, Taschenstraße 18);
Sachsen (Halle a. S., Hagenstraße 2);
Schleswig-Holstein (Kiel, Martensdamm 2);
für 19 Kreise der Provinz Hannover (Hannover, Am Schiffgraben 6);
für sechs Kreise der Provinz Hessen-Nassau (Kassel) und
für die Grenzmark (Berlin W, Margaretenstraße 13).

Die Frist zur Ausübung des Vorkaufsrechtes beträgt drei Wochen; ist der veräußerte Teil größer als 200 ha, sechs Wochen (§ 7 des Gesetzes).

Die Frist beginnt mit dem Tage, an dem der Vorkaufsberechtigte durch den Eigentümer, den Käufer oder das Grundbuchamt von dem Inhalt des abgeschlossenen Vertrages Kenntnis erhalten hat. Es ist also stets zu prüfen, ob die Mitteilung an das gemeinnützige Siedlungsunternehmen oder an den Landlieferungsverband zu richten ist. Der Notar gilt als ermächtigt, den Antrag auf Genehmigung zu stellen (RGZ. 110, 356). Der Inhalt des Kaufvertrages ist, wenn auch nicht wörtlich, mitzuteilen. Eine Ausfertigung ist nicht vorgeschrieben.

Die nach der obenerwähnten Bekanntmachung vom 15. März 1918 über den Verkehr mit landwirtschaftlichen Grundstücken erforderliche Genehmigung wird durch das Reichssiedlungsgesetz nicht berührt. Erst muß also diese Genehmigung herbeigeführt werden. Um der Mitteilungspflicht zu genügen, muß der Eigentümer oder Käufer auch diese Genehmigung dem gemeinnützigen Siedlungsunternehmen oder dem Landlieferungsverband nachweisen. Die Mitteilung des genehmigenden Landrats genügt nicht, um die Frist des § 7 des Gesetzes in Lauf zu setzen. Es empfiehlt sich, den Tag der Übergabe des Grundstücks an den Käufer soweit hinauszuschieben, daß inzwischen die Entscheidung über die Genehmigung und über das Vorkaufsrecht erfolgt ist. Beim Verkauf an eine Körperschaft des öffentlichen Rechts und an nahe Verwandte (s. hierüber § 6 des Gesetzes) ist die Ausübung des Vorkaufsrechtes ausgeschlossen. Für den Nachweis, daß das gesetzliche Vorkaufsrecht nicht ausgeübt worden ist, gilt die Vorschrift des § 29 GBO. nicht.

c) Das preußische Gesetz über den Verkehr mit Grundstücken vom 10. Februar 1923 (PrGS. 23 S. 25 u. 160) ist durch Gesetz vom 20. Juli 1925 (PrGS. 25 S. 93) für künftige Rechtsgeschäfte außer Kraft gesetzt worden. Dieses Gesetz ist am 4. August 1925 in Kraft getreten. Das Kammergericht hat das Gesetz für rechtsgültig erklärt. Das Kammergericht hat die gegen die Gültigkeit des Gesetzes erhobenen Einwände mit der Begründung zurückgewiesen, daß das Gesetz den § 15 Abs. 2 des Gesetzes vom 10. Februar 1923 authentisch interpretiere, was zur Folge habe, daß ungenehmigte Eintragungen einen Eigentumserwerb von vornherein nicht begründeten, die Beseitigung dieser Eintragung also einer Enteignung nicht gleichkomme. Was die Rückwirkung betrifft, so sind durch das Gesetz alle Rechtsgeschäfte, bei denen die Rechtsänderung am 16. Februar 1923 noch nicht durch Eintragung im Grundbuch vollzogen war, der Genehmigung unterworfen. Ist also das Veräußerungsgeschäft und die Auflassung zwischen dem 1. Januar und 16. Februar 1923, die Eintragung im Grundbuche aber nach dem letzteren Zeitpunkt erfolgt, so ist das Geschäft genehmigungspflichtig. Ist das Rechtsgeschäft rechtswirksam vor dem 1. Januar 1923 abgeschlossen worden, so bedarf es keiner Genehmigung, mag auch die Auflassung und die Eintragung im Grundbuche nach dem 16. Februar 1923 erfolgt sein.

Soweit es hiernach an der vorgeschriebenen Genehmigung fehlt, kann der Verkäufer noch jetzt, trotz der Eintragung des Käufers im Grundbuche, die Unwirksamkeit der Eigentumsübertragung geltend machen. Um zu verhindern, daß das Grundstück von dem Käufer an einen gutgläubigen Dritten weiterveräußert wird, muß der Verkäufer auf Grund einer einstweiligen Verfügung die Eintragung eines Widerspruchs im Grundbuch erwirken. Ist auf Grund des § 11 des Sperrgesetzes vom 10. Februar 1923 auf Antrag des zuständigen Bezirksamtes ein Widerspruch im Grundbuch eingetragen worden, so hat das Grundbuchamt die Richtigkeit des von der Behörde angenommenen Standpunktes nicht zu prüfen, vielmehr dem Ersuchen selbst dann stattzugeben, wenn es von der Genehmigungsbedürftigkeit nicht überzeugt ist. Die Löschung des Widerspruchs kann in diesem Falle nur auf Grund eines Ersuchens der Behörde in Frage kommen (so Beschluß des Kammergerichts, 1 X 496/25, und „Recht" 1924 Nr. 51). Für den Antrag auf Genehmigung kann der Notar keine Gebühr erheben (vgl. Ring, Jahrbuch 1, 95). Wird die Genehmigung versagt, so kann die Partei, welche die Kosten der Beurkundung und die Grunderwerbsteuer bereits bezahlt hat, die Hälfte von der andern Partei erstattet verlangen (vgl. § 426 BGB.).

Ein Kapitel für sich sind die sog. Schwarzverträge, bei denen der Preis unrichtig beurkundet worden ist. Das Reichsgericht steht auf dem Standpunkte, daß für diese Verträge, falls nicht am 16. Februar 1923 der Erwerber als Eigentümer im Grundbuch eingetragen war, die Genehmigung erforderlich sei. Das Geschäft sei nicht nichtig, sondern unwirksam. Danach bestehe ein Schwebezustand. Die Wirksamkeit des Rechtsgeschäfts hänge von der Entscheidung der Behörde ab. Bis dahin seien die Parteien gebunden. In dem Urteil vom 8. Juli 1925 (V 603/24) hat das Reichsgericht diese Ansicht damit begründet, daß die Behörde das Veräußerungsgeschäft nicht habe genehmigen können, weil sie von dem wahren Inhalt desselben keine Mitteilung erhalten habe. Von diesem Standpunkt aus erübrigt sich eine Prüfung der sehr bestrittenen Frage, ob die Behörde die erteilte Genehmigung zurücknehmen kann. Dieser Ansicht des Reichsgerichts, die auch mit den in RGZ. 103, 104 entwickelten Grundsätzen nicht in Einklang steht, kann nicht beigetreten werden. Die Genehmigung ist ein staatlicher Hoheitsakt, der nach öffentlichem Rechte zu beurteilen ist. Die unrichtige Angabe des Kaufpreises vermag an der Tatsache nichts zu ändern, daß das zwischen bestimmten Personen über ein bestimmtes Grundstück abgeschlossene Veräußerungsgeschäft die Genehmigung erhalten hat. Auch das Sperrgesetz bietet für die Ansicht des Reichsgerichts keine Grundlage. Denn da es durch besondere Vorschriften (vgl. § 6 des Gesetzes über den Verkehr mit Grundstücken) die Richtigkeit der Angaben über den Inhalt des Vertrages sicherzustellen sucht, so hätte nichts näher gelegen, als auszusprechen, ob und unter welchen Voraussetzungen die Genehmigung als nicht erteilt anzusehen sei. Es kann daher nur in Frage kommen, ob, mit welcher Wirkung und wie lange die Genehmigung zurückgenommen werden kann. Diese Möglichkeit wird jedenfalls in der Literatur und Rechtsprechung für den Fall verneint, daß bereits Rechte dritter Personen entstanden sind (vgl. Kormann, System der rechtsgeschäftlichen Staatsakte S. 341 ff.; OVG. 33, 232 und Rechtsentscheid des Kammergerichts vom 17. November 1924, abgedruckt im JW. 54, 121).

Übrigens bleibt bei dem Urteile des Reichsgerichts die Frage offen, ob auch bei Unrichtigkeit anderer Kaufbedingungen die Genehmigung als nicht erteilt anzusehen sei, und bejahendenfalls, ob dies nur für „wesentliche" Kaufbedingungen zu gelten habe, wobei wieder zu entscheiden wäre, was als „wesentlich" zu betrachten sei.

d) Nach der Verordnung der preußischen Staatsregierung vom 25. März 1920 über die Genehmigung von Grunderwerb durch außerpreußische juristische Personen (GS. S. 85) wird die gemäß Art. 7 § 2 Abs. 1 AG. zum BGB. erforderliche Genehmigung juristischen Personen, die ihren Sitz außerhalb Preußens in einem andern deutschen Lande haben, von den Regierungspräsidenten, in Berlin von dem Polizeipräsidenten erteilt. Würde die juristische Person, wenn sie am Orte des zu erwerbenden Grundstücks ihren Sitz hätte, einer anderen staatlichen Aufsichtsbehörde als dem Regierungs- (Polizei-) Präsidenten unterstehen, so ist diese andere Behörde für die Genehmigung zuständig.

8. Eine erhebliche Erschwerung des Grundstücksverkehrs wird dadurch eintreten, daß nach dem **Industriebelastungs-Gesetz** vom 30. August 1924 (RGBl. II S. 257) § 43 Abs. 1 Satz 4 vor der Veräußerung des Grundstücks die Höhe der Zins- und Tilgungsbeträge, für die das Grundstück in Zukunft für die Industriebelastung haftet, in das Grundbuch einzutragen ist. Der Grundbuchrichter muß daher vor der Umschreibung des Eigentums feststellen, ob und in welcher Höhe das Grundstück nach dem Industriebelastungs-Gesetze belastet ist. Dieser Nachweis wird nach der 2. Durchführungsverordnung zum Industriebelastungs-Gesetz vom 5. Dezember 1924 (RGBl. II S. 429) § 13 durch eine Bescheinigung der Bank für Deutsche Industrieobligationen geführt. Nach § 12 derselben Durchführungsverordnung ist diese Bestimmung noch nicht wirksam geworden. Es ist aber damit zu rechnen, daß dies in den nächsten Monaten geschehen wird. Über die Einzelheiten des Verfahrens vgl. die ausführliche Darstellung von Heinrich in DNotV. 25, 259 ff.

9. **Kosten und Stempel.** Für die Gebührenberechnung ist der vereinbarte Kaufpreis *zuzüglich* des Wertes der vorbehaltenen Nutzungen (z. B. einer Dienstbarkeit) und der ausbedungenen Leistungen (z. B. eines Altenteils) maßgebend, sofern er höher ist als der gemeine Wert (§ 20 PrGKG.). Zu den ausbedungenen Leistungen gehört auch die Übernahme der *ganzen* Grunderwerbsteuer durch den Käufer in Ansehung der Hälfte, ferner die Übernahme der Wertzuwachssteuer durch den Käufer, da diese an sich dem Verkäufer zur Last fällt.

Notariatsurkunden, in denen ausschließlich Grundstücksveräußerungsverträge oder Auflassungen beurkundet werden, sind nach dem PrStStG. Tarifstelle 12 II Abs. 2 stempelfrei. *Bürgschaften* für das Restkaufgeld sind auch dann stempelfrei, wenn sie in einer besonderen Urkunde übernommen werden.

Über die Zerlegung des in einem Grundstückskaufvertrage vereinbarten Preises auf die einzelnen zu überlassenden Gegenstände vgl. unten Anm. 1 und 2 zu § 12 des Grunderwerbsteuergesetzes (vgl. auch PrStStG. Tarifstelle 7b). Ist vereinbart, daß der Kaufpreis ganz oder teilweise an einen Dritten gezahlt werden soll, so liegt keine besondere stempelpflichtige Abtretung vor (KGJ. 38B, S. 53). Ist eine Vertragsstrafe vereinbart, so ist dafür ebenfalls kein Stempel zu entrichten.

Der Landtag hat am 30. Juni 1925 folgende Entschließung angenommen:

„das Staatsministerium zu ersuchen, dafür Sorge zu tragen, daß für diejenigen Rechtsgeschäfte, welche den Rückkauf der in den Jahren 1922 bis 1924 aus Gründen persönlicher Not veräußerten Grundstücke zum Gegenstande haben und künftig bis zum Ende des Jahres 1926 abgeschlossen werden, ganz oder teilweise Befreiung von allen Steuern, Verwaltungs- und sonstigen Gebührnissen gewährt wird, sofern der Erwerber der frühere Eigentümer, der Ehegatte oder dessen Kinder sind und *die besonderen Umstände des Falles* die Befreiung billig erscheinen lassen."

Nach der Ordnung betreffend die **Erhebung einer Kreissteuer** von dem Grundstückszubehör bei der Veräußerung von Grundstücken im Kreise Teltow vom 8. Juli 1924, veröffentlicht im Teltower Kreisblatt vom 12. August 1924, wird bei der Veräußerung von Grundstückszubehör (Inventar, Gerätschaften, Maschinen, Vorräte, Erzeugnisse, Viehbestand usw.) sowie von Warenlagern, Einrichtung, Firmenbezeichnung oder Schutzmarke eines auf dem Grundstücke befindlichen kaufmännischen oder gewerblichen Betriebes eine Steuer erhoben, die 8 % des Preises bzw. Wertes der genannten Gegenstände beträgt.

Auch andere Kreise haben derartige Steuerordnungen erlassen. Sie sind gültig, da sie Gegenstände betreffen, die der Grunderwerbssteuer nicht unterworfen sind (vgl. Erl. zu § 11 PrStStG.). § 154 Abs. 2 RAO. steht nicht entgegen, da diese Bestimmung nur eine Bewertungsvorschrift ist (a. M. Sternberg, DNotV. 25, 158).

Anhang.

I. Grunderwerbsteuergesetz.

RGBl. 1919 S. 1617, 2. Steuernotverordnung Art. VIII Nr. 3 (RGBl. 1923 I S. 1223); RGBl. 1925 I S. 242.

§ 1. Beim Übergange des Eigentums an inländischen Grundstücken wird eine Grunderwerbsteuer erhoben. Dem Übergange des Eigentums steht gleich der Erwerb von herrenlosen Grundstücken.

Der Eigentumsübergang (vgl. § 4) vollzieht sich entweder durch Rechtsgeschäft: Auflassung und Eintragung in das Grundbuch oder kraft Gesetzes: Erwerb in der Zwangsversteigerung, Ersitzung (§§ 900, 927 BGB.), Enteignung, Erbgang, Eingehung oder Aufhebung der ehelichen Gütergemeinschaft (vgl. jedoch die Befreiungsvorschrift § 8 Nr. 1 und 2).

Über gleichgestellte Rechtsvorgänge s. § 6, über den Eigentumsübergang bei Personenvereinigungen s. § 3. Zu den Bestandteilen eines Grundstücks gehören nicht diejenigen Sachen, die nur zu einem vorübergehenden Zwecke mit dem Grundstück verbunden sind, z. B, Gerüste, Gebäude für eine einzelne Ausstellung (vgl. § 95 BGB.). Ebensowenig ist Zubehör der Grunderwerbssteuer unterworfen (vgl. auch die Erl. zu § 11).

Wenn ein Treuhänder das Eigentum an dem Grundstück an den Treugeber überträgt, so ist diese Übertragung steuerpflichtig (vgl. DNotV. 24, 10).

§ 2. Den Grundstücken stehen Berechtigungen gleich, auf welche die Vorschriften des bürgerlichen Rechtes über Grundstücke Anwendung finden; ausgenommen sind unbewegliche Bergwerksanteile.

Hierher gehören Erbbaurechte, Erbpachtrechte, Fischereigerechtigkeiten.

§ 3. Werden alle Anteile einer Personenvereinigung (einer Aktiengesellschaft, Kommanditgesellschaft auf Aktien,

Gesellschaft mit beschränkter Haftung, Gewerkschaft, offenen Handelsgesellschaft, Gesellschaft de bürgerlichen Rechtes, Genossenschaft usw.), zu deren Vermögen Grundstücke gehören, in der Hand eines Teilhabers vereinigt oder, nachdem sie in der Hand eines Teilhabers vereinigt sind, auf einen andern übertragen, so wird die Vereinigung oder Übertragung dem Übergange des Eigentums an dem Grundstück gleichgeachtet. Ehegatten sowie Eltern und Kinder gelten im Sinne dieser Vorschrift als eine Person.

1. Um ein klares Bild darüber zu gewinnen, wie die Grunderwerbsteuer in bezug auf Grundstücke, die im **Eigentum von Personenvereinigungen** stehen, geregelt ist, empfiehlt es sich bereits hier, § 460 der Reichsabgabenordnung heranzuziehen. Durch § 460 ist § 15 des Grunderwerbsteuergesetzes aufgehoben und durch nachstehende Vorschrift ersetzt worden:

Geht ein Grundstück, das mehreren zur gesamten Hand gehört, an einen oder mehrere Mitberechtigte über, so wird die Steuer so berechnet, als ob die Beteiligten nach Bruchteilen berechtigt wären; der Bruchteil der Erwerber bleibt unberücksichtigt. Die Höhe der Bruchteile ist nach den Anteilen zu bestimmen, zu denen die Beteiligten an dem Vermögen zur gesamten Hand berechtigt sind, oder nach Verhältnis dessen, was ihnen bei Auflösung der Gemeinschaft zufallen würde.

Abs. 1 gilt insoweit nicht, als die Anteilsberechtigung des Erwerbers, oder wenn die Erben eines Mitberechtigten oder Gesellschafters Erwerber sind, die Anteilsberechtigung des Erblassers nach dem Inkrafttreten dieses Gesetzes durch den Erwerb von Anteilen anderer Mitberechtigter oder Gesellschafter mittels Rechtsgeschäfte unter Lebenden begründet worden ist.

Die Vorschrift des Abs. 1 gilt sinngemäß, wenn eine Gemeinschaft zur gesamten Hand ein Grundstück von einem Mitberechtigten erwirbt. Der nach Abs. 1 zu ermittelnde Anteil des Veräußerers bleibt unberücksichtigt.

Es sind folgende Fälle zu unterscheiden:

a) **Bruchteilsgemeinschaft.** Bei der Bruchteilsgemeinschaft sind alle Teilhaber zu einem bestimmten Bruchteil, d. h. ideellen Anteil beteiligt, wobei im Zweifel anzunehmen ist, daß die Bruchteile gleich groß sind (vgl. §§ 741, 742 BGB.). Nach § 747 BGB. kann jeder Teilhaber über seine Anteile verfügen. Wenn also mehrere derartige Teilhaber ein Grundstück gleichzeitig veräußern oder erwerben, so liegen soviel Steuerfälle vor, als

Bruchteile veräußert oder erworben werden. Die Übertragung jedes einzelnen Bruchteils ist als ein besonderer Steuerfall zu behandeln (vgl. RFH. 5, 19; 8, 282).

b) Ist die Personenvereinigung eine **juristische Person**, wie Aktiengesellschaft, Aktien-Kommanditgesellschaft, Gesellschaft m. b. H., Genossenschaft, Gewerkschaft, so ist zu unterscheiden:

Erwirbt die juristische Person Allein- oder Bruchteilseigentum, so gilt nichts anderes als bei den Veräußerungsgeschäften natürlicher Personen.

Ist eine juristische Person Eigentümerin eines Grundstücks, so ist ein Wechsel im Personenbestande, wenn z. B. ein Teilhaber seine Anteile an der Grundstücke besitzenden Gesellschaft veräußert, nicht als Eigentumsübergang an dem Grundstück anzusehen, denn juristische Personen sind verschieden von ihren Trägern. Trotzdem läßt § 3 die Steuerpflicht eintreten, wenn alle Anteile der juristischen Person in der Hand eines Teilhabers vereinigt werden oder, nachdem sie in der Hand eines Teilhabers vereinigt sind, auf einen andern übertragen werden.

Erwerber kann eine natürliche Person, eine juristische Person, eine Gemeinschaft zur gesamten Hand sein. Die Vereinigung oder Übertragung wird dem Übergange des Eigentums an dem Grundstücke gleichgeachtet. Der Veräußerer und Erwerber haften für die Steuer als Gesamtschuldner (bestritten). Wenn also jemand alle Anteile einer Grundstücke besitzenden Gesellschaft m. b. H. durch Erwerb des noch ausstehenden Restes oder, falls er vorher keinen Anteil besaß, durch gleichzeitigen Erwerb aller Anteile auf sich vereinigt, so ist die Steuer nicht nach Verhältnis des oder der zuletzt hinzugekommenen Anteile, sondern nach dem Werte des ganzen Grundstücks zu berechnen (vgl. RFH. 7, 145). Dagegen hat der Erwerber, wenn er eine Umschreibung des Eigentums an dem Grundstücke der Gesellschaft m. b. H. später auf sich persönlich im Grundbuche herbeiführt, nicht nochmals die Grunderwerbsteuer zu entrichten (vgl. RFH. in JW. 54, 850). § 3 setzt voraus, daß die Geschäftsanteile einer Gesellschaft m. b. H. sich juristisch in einer Hand vereinigen. Werden also die Geschäftsanteile an mehrere Personen übertragen, so kann § 3 keine Anwendung finden, mögen auch die mehreren Erwerber wirtschaftlich eine Einheit bilden, z. B. wenn eine Gesellschaft, die mehrere Anteile der Gesellschaft m. b. H. erworben hat, wirtschaftlich nur die Verkaufsstelle der andern Erwerberin ist. § 6 kommt hier nicht zur Anwendung (vgl. Mrozek, Steuerrechtsprechung Note 4 zu § 3).

Bei der Verschmelzung zweier Aktiengesellschaften tritt keine Grunderwerbsteuerpflicht ein, wenn zu dem Vermögen der übernehmenden Gesellschaft Grundstücke gehören, mag auch die übernehmende Gesellschaft ihre Firma ändern. Gehören dagegen Grundstücke zu dem Vermögen der übertragenden Gesellschaft, so ist die Grunderwerbsteuer zu entrichten (vgl. RFH. 12, 209).

Ehegatten, Eltern und Kinder gelten bei der Anwendung des § 3 als eine Person. Während also nach Satz 1 der Eintritt der Steuerpflicht voraussetzt, daß alle Anteile in der Hand eines Teilhabers vereinigt oder die also vereinigten Anteile auf einen andern übertragen werden, ist nach Satz 2 ein Steuerfall schon dann gegeben, wenn eine Vereinigung der Anteile in der Hand mehrerer Teilhaber oder eine Übertragung der vereinigten Anteile auf mehrere andere Personen stattgefunden hat, vorausgesetzt, daß diese Mehrheit von Teilhabern oder andern Personen zueinander im

Verhältnis von Ehegatten oder von Eltern und Kindern steht (RFH. 7, 231). Erwirbt später einer von diesen alle Anteile, so tritt keine erneute Steuerpflicht ein.

§ 3 verlangt die Übertragung sämtlicher Anteile. *Trotzdem* wird die Steuerpflicht eintreten, wenn der Veräußerer einige Anteile behält oder die Anteile auf mehrere Personen übertragen werden, sofern dies geschieht, *um die Grunderwerbsteuer zu sparen* (vgl. §§ 4 und 5 RAbgO.).

c) **Gemeinschaft zur gesamten Hand.** Keine Gemeinschaft nach Bruchteilen, sondern eine Gemeinschaft zur gesamten Hand liegt vor, wenn die Teilhaber *nur gemeinschaftlich* über das Grundstück verfügen können. Kein Teilhaber hat einen bestimmten Anteil an dem Grundstück. Diese Gesamthandgemeinschaften sind folgende: Gesellschaft des bürgerlichen Rechts (§§ 705 ff. BGB.), ein nichtrechtsfähiger Verein (§ 54 BGB.), Erbengemeinschaft, eheliche Gütergemeinschaft, offene Handelsgesellschaft (§ 105 HGB.), Reederei (§ 489 HGB.), die Gewerkschaft älteren Rechts.

Die bloße *Änderung im Personenstande* durch Eintritt oder Austritt einzelner Teilhaber, ohne daß die Gemeinschaft aufgelöst wird, erzeugt nicht die Verpflichtung zur Zahlung der Grunderwerbsteuer. Daher ist die Übertragung eines *Erbanteils*, wenn zum Nachlasse Grundstücke gehören, nicht grunderwerbsteuerpflichtig (RFH. 12, 71). Wenn dagegen ein einer Gemeinschaft zur gesamten Hand, z. B. einer *offenen Handelsgesellschaft* gehöriges Grundstück *auf einen*, z. B. einen Gesellschafter einer offenen Handelsgesellschaft *oder mehrere Mitberechtigte* übertragen wird, so ist die Grunderwerbsteuer zu entrichten. Steuerrechtlich wird es so angesehen, als wenn die Beteiligten nach Bruchteilen berechtigt gewesen wären. Die Höhe der Bruchteile wird nach dem Verhältnis der Anteile der Beteiligten an dem Gemeinschaftsvermögen oder nach Verhältnis dessen, was ihnen bei Auflösung der Gesellschaft zufallen würde, berechnet. Der Steuer wird *nur derjenige Teil* unterworfen, den der Teilhaber *hinzuerwirbt*: der Teil, den er bereits besessen hat, wird nicht mitgerechnet. Ebenso besteht die Steuerpflicht, wenn zwei Personen, die je zur Hälfte Eigentümer eines Grundstücks sind, dieses Grundstück *auf die aus ihnen* bestehende *offene Handelsgesellschaft* übertragen. Die Übertragung jedes Bruchteils auf die offene Handelsgesellschaft ist als besonderer Steuerfall zu behandeln. Bei der Berechnung der Steuer bleibt bei jedem der beiden Bruchteile der Anteil unberücksichtigt, der dem Anteil des betreffenden Gesellschafters an der offenen Handelsgesellschaft entspricht. Wenn beide Gesellschafter an der Gesellschaft zur Hälfte beteiligt sind, so bleibt bei jedem Bruchteil die Hälfte des Wertes außer Betracht (so RFH. 17, 40 in Abweichung von RFH. 5, 182).

Eine *Gewerkschaft neueren Rechts* gehört nicht zu den Gemeinschaften zur gesamten Hand. Gründet also eine Berggewerkschaft mit jemand eine neue Gewerkschaft, so muß das der Berggewerkschaft gehörige Bergwerk an die neue Gewerkschaft aufgelassen werden. Auch wenn die veräußernde Gewerkschaft an der neuen Gewerkschaft zu 99/100 beteiligt ist, ist die Grunderwerbsteuer nach dem vollen Werte zu erheben (RFH. 9, 337).

2. Über *Erlaß oder Erstattung* der Steuer vgl. zu § 23 des Gesetzes, über die *Mitteilungspflicht* des Notars zu § 25 des Gesetzes.

§ 4. Die Steuerpflicht wird begründet durch die Eintragung der Rechtsänderung in das Grundbuch oder, wenn es einer solchen zum Übergange des Eigentums nicht bedarf, durch den Vorgang, der die Rechtsänderung bewirkt.

Sofern das Grundbuch noch nicht als angelegt anzusehen ist, tritt an die Stelle der Eintragung die Umschreibung in öffentlichen Büchern.

Vgl. die Bemerkungen zu § 1.

§ 5. (Abs. 1.) Ein zur Übertragung des Eigentums verpflichtendes Veräußerungsgeschäft wird steuerpflichtig, wenn der Übergang des Eigentums nach Ablauf eines Jahres nach Abschluß dieses Veräußerungsgeschäfts nicht erfolgt ist.

(Abs. 2.) Ist die Steuerpflicht nach Abs. 1 eingetreten und erfolgt sodann der Eigentumsübergang (§ 4), so wird die Steuer für diesen nur insoweit erhoben, als sie die Steuer des Abs. 1 übersteigt.

(Abs. 3.) Liegen mehrere Veräußerungsgeschäfte innerhalb eines Jahres vor und führt eines von ihnen vor Ablauf des Jahres zum Eigentumsübergange (§ 4), so tritt gleichzeitig mit der Steuerpflicht des Eigentumsüberganges die Steuerpflicht derjenigen Veräußerungsgeschäfte ein, die dem zur Ausführung kommenden Veräußerungsgeschäfte vorangehen und ihrerseits nicht zum Eigentumsübergange geführt haben.

(Abs. 4). Als Veräußerungsgeschäfte im Sinne des Abs. 1 sind auch anzusehen:

1. die Übertragung der Rechte der Erwerber aus Veräußerungsgeschäften;
2. die Übertragung von Rechten aus Anträgen zur Schließung eines Veräußerungsgeschäfts, die den Veräußerer binden, sowie aus Verträgen, durch die nur der Veräußerer zur Schließung eines Veräußerungsgeschäfts verpflichtet wird;
3. nachträgliche Erklärungen des aus einem Veräußerungsgeschäfte berechtigten Erwerbers, die Rechte für einen Dritten erworben oder die Pflichten für einen Dritten übernommen zu haben;
4. die Abtretung der Rechte aus dem Meistgebote und die Erklärung des Meistbietenden, daß er für einen anderen geboten habe;

5. Rechtsgeschäfte, durch die jemand ermächtigt wird, ein Grundstück ganz oder teilweise auf eigene Rechnung zu veräußern.

1. Zu Abs. 1 und 2.

Dem Übergange des Eigentums durch Auflassung und Eintragung geht regelmäßig ein zur Übertragung des Eigentums verpflichtendes Veräußerungsgeschäft, z. B. Kauf, Tausch, voraus. Grundsätzlich ist die Steuer an den Eigentumsübergang geknüpft (§ 1). Das Veräußerungsgeschäft wird jedoch steuerpflichtig, wenn binnen Jahresfrist seit Abschluß des Veräußerungsgeschäftes der Eigentumsübergang nicht erfolgt ist. Erfolgt also die Eintragung des Erwerbers später als 12 Monate nach der Veräußerung, so ist der Eigentumserwerb unabhängig von der für das Veräußerungsgeschäft entstandenen Steuerschuld zu versteuern. Auf diese Steuer wird aber die Steuer für das Veräußerungsgeschäft angerechnet (§ 5 Abs. 1 und 2). Nach der Entsch. des RFH. 14 S. 226 u. 329 (vgl. auch JW. 54, 1161 f.) ist auf Grund des § 5 Abs. 2 die Steuer nur von dem Wertzuwachs zu zahlen, den das Grundstück zwischen dem Abschluß des Veräußerungsgeschäfts und dem Eigentumsübergang erfahren hat. Der wirkliche Wert des Grundstücks zu diesen beiden Zeitpunkten ist zu ermitteln. Eine Beziehung zwischen den beiden Steuern aus Abs. 1 und 2 besteht nur insoweit, als beide zusammen den Betrag der Steuer, welche nach § 4 vom Eigentumsübergange zu erheben sein würde, nicht übersteigen dürfen (§ 5 Abs. 2). Mag deshalb auch für die Steuer aus Abs. 1 durch rechtskräftige Veranlagung der maßgebende Grundstückswert bestimmt sein, so kann der Steuerpflichtige für die Steuer aus Abs. 2 immer noch den Nachweis führen, daß damals ein zu niedriger Wert zugrunde gelegt sei, der Wertzuwachs daher von dem Ausgangspunkt eines höheren Wertes aus zu berechnen sei. Der RFH. bemißt den gemeinen Wert eines großstädtischen Grundstücks während der Inflationszeit in der Regel mit 15 % des Vorkriegswertes (vgl. JW. 54, 2039).

Ist ein Veräußerungsgeschäft unter einer aufschiebenden Bedingung abgeschlossen oder befristet, so gilt es erst mit dem Eintritte der Bedingung oder des Termins als abgeschlossen. Das gleiche gilt, wenn seine Wirksamkeit von einer Genehmigung z. B. des Vormundschaftsgerichtes abhängt. Solange diese nicht erteilt ist, beginnt die einjährige Frist nicht zu laufen (RFH. 17, 46).

Über Aufhebung, Rückgängigmachung und Nichtigkeit eines Veräußerungsgeschäftes vgl. § 23 des Gesetzes.

2. Zu Abs. 3.

Liegen mehrere Veräußerungsgeschäfte innerhalb eines Jahres vor, so ist zu unterscheiden:

a) Der Eigentumsübergang erfolgt nicht innerhalb eines Jahres. Dann wird jedes Geschäft für sich nach Ablauf eines Jahres besteuert, gleichviel, ob die mehreren Geschäfte in einem inneren Zusammenhange stehen oder nicht (vgl. RFH. 7, 270). **Beispiel:** A verkauft am 11. Juli sein Grundstück an B und dasselbe Grundstück am 11. November an C. Für den Verkauf an B tritt die Steuerpflicht am 11. Juli, für den Verkauf an C am 11. November des nächsten Jahres ein.

b) Eines der mehreren Veräußerungsgeschäfte führt innerhalb eines Jahres nach Abschluß des ersten Geschäftes zum Eigentumsübergange. Dann ist der Eigentumsübergang steuerpflichtig, während das Veräußerungsgeschäft, das zum Eigentumsübergang geführt hat, steuerfrei ist. Beispiel: A verkauft sein Grundst"ck am 14. März an B, B verkauft es am 16. Mai an C, C verkauft es am 12. Dezember an D und veranlaßt, daß das Eigentum unmittelbar von A auf D durch Auflassung und Eintragung übergeht. Dann werden neben der Eigentumsübertragung die vorangegangenen Veräußerungsgeschäfte von A an B, und von B an C steuerpflichtig. Dagegen ist der Kaufvertrag zwischen C und D derjenige, der zum Eigentumsübergange geführt hat, und bleibt daher steuerfrei. Die Steuerpflicht für die vorangegangenen Veräußerungsgeschäfte tritt nur ein, wenn sie zeitlich früher abgeschlossen sind als das zur Ausführung kommende schuldrechtliche Geschäft. Beispiel: A verkauft sein Grundstück am 2. März an B, am 6. Mai an C, C am 28. Oktober an D. Die Auflassung erfolgt von A an C am 25. Mai. Dann wird außer der Übereignung von A an C der Vertrag zwischen A und B steuerpflichtig, dagegen das zwischen C und D abgeschlossene Geschäft erst am 28. Oktober des nächsten Jahres. Der Verkauf von B an C ist nicht steuerpflichtig, weil er zum Eigentumsübergang geführt hat. Um die Steuerpflicht für die vorausgegangenen Veräußerungsgeschäfte zu begründen, ist aber außerdem erforderlich, daß sie mit demjenigen Veräußerungsgeschäft, das zur Ausführung kommt, im inneren Zusammenhange stehen (sog. eigentliche Kettengeschäfte). Stehen die vorangegangenen Veräußerungsgeschäfte zu ihm in keinerlei Beziehung, so kommt § 5 Abs. 3 nicht zur Anwendung (RFH. 7, 270). Die vorangegangenen Veräußerungsgeschäfte müssen außerdem formgerecht (§ 313 BGB.) abgeschlossen sein, jedoch wird der Formmangel durch die nachfolgende Auflassung und Eintragung für alle Glieder der Kette geheilt. Diejenigen Geschäfte, bei denen der innere Zusammenhang mit dem letzten, das zur Ausführung gekommen ist, fehlt, werden für sich nach § 5 Abs. 1 behandelt (RFH. 7, 270).

Steuerbefreiungen, z. B. aus § 8 Ziff. 3 u. 4 (vgl. Sternberg, DNotV. 25, 199), und -ermäßigungen richten sich bei den Geschäften zu a nach jedem Geschäft für sich, bei den Geschäften zu b (eigentlichen Kettengeschäften) hinsichtlich des Eigentumsüberganges (sachenrechtlichen Geschäftes) nach dem Geschäfte, das zu dem Eigentums"bergange geführt hat. Aus der Steuerfreiheit dieses schuldrechtlichen Geschäftes ergibt sich also die Steuerfreiheit des Eigentumsüberganges. Bei den andern Geschäften richten sich Steuerbefreiungen und Steuerermäßigungen nach jedem Geschäfte für sich (vgl. RFH. 11, 67).

Bei Kettengeschäften haften nach § 20 die an den einzelnen Geschäften eteiligten Personen als Gesamtschuldner für die Steuer.

Die Erklärung des Meistbietenden, im Zwangsversteigerungsverfahren für einen anderen geboten zu haben, ist neben der Abtretung der Rechte aus dem Meistgebot (vgl. § 5 Abs. 4 Ziff. 4) als Veräußerungsgeschäft im Sinne des § 5 Abs. 3 anzusehen. Da bis zum Zuschlag, auch bei einem etwaigen Beschwerdeverfahren, schwerlich ein Jahr hingehen wird (vgl. § 87 ZwangsverstG.), so kommen diese Rechtsvorgänge nur als steuerpflichtige

Zwischengeschäfte in Betracht. Der Zuschlag selbst ist steuerpflichtig nach §§ 1 und 4 des Gesetzes.

3. Zu Abs. 4.

Der **Vertragsantrag** ist kein zur Übertragung des Eigentums verpflichtendes Veräußerungsgeschäft, auch nicht etwa im Sinne des § 5 Nr. 5. **Werden die Rechte** aus dem Antrage von dem Antragsempfänger aber **abgetreten** (vgl. oben S. 90 a. E.) und überträgt der Antragende nach Annahme des Antrags das Eigentum auf den Zessionar, so unterliegt die Übertragung des Eigentums und die Abtretung der Rechte aus dem Antrage der Grunderwerbsteuer (vgl. RFH. 9, 19). Macht z. B. A dem B eine Kaufofferte und tritt B die Rechte aus der Offerte an C ab, nimmt C die Offerte an und überträgt ihm A das Eigentum, so ist der Eigentumsübergang von A auf C und die Abtretung der Rechte von B an C steuerpflichtig; dagegen ist die Offerte von A an B nicht steuerpflichtig, ebensowenig der durch die Annahme der Offerte zwischen A und C zustande gekommene Kaufvertrag, da er dem Eigentumsübergang unmittelbar vorangegangen ist, also zum Eigentumsübergang geführt hat. Voraussetzung der Steuerpflicht ist, daß nicht nur der Abtretungsvertrag, sondern auch die Offerte bei Ablauf des Jahres noch zu Recht besteht (vgl. § 23, b, 4). Die im Kaufangebot über ein Grundstück erlaubte **Benennung eines Dritten** an Stelle des Angebotempfängers ist rechtlich nichts anderes als eine nach § 5 Abs. 4 Ziffer 3 als steuerpflichtiges Veräußerungsgeschäft anzusehende nachträgliche Erklärung des aus einem Veräußerungsgeschäfte berechtigten Erwerbers, die Rechte für einen Dritten erworben und die Pflichten für ihn übernommen zu haben. Diese Vorschrift findet jedoch keine Anwendung auf die nachträglichen Erklärungen eines Bevollmächtigten, der das Veräußerungsgeschäft ausdrücklich im Namen eines von ihm nicht bekanntgegebenen Vollmachtgebers abgeschlossen hat. Es ist eine Frage der Auslegung, ob jemand bei dem Abschluß eines Vertrages im eigenen Namen oder auf Grund einer Vollmacht im Namen des Vertretenen, also als dessen direkter Stellvertreter handelt. Als direkter Stellvertreter ist jemand nicht schon dann anzusehen, wenn er bei dem Rechtsgeschäft zum Ausdruck bringt, daß er als Beauftragter für einen benannten oder unbenannten Dritten handle; denn ein Auftrag kann auch dahin gehen, daß der Beauftragte im eigenen Namen, aber für Rechnung des Auftraggebers, also als sogenannter indirekter Stellvertreter handeln soll. Grundstückkäufe, die jemand als Käufer abschließt, „handelnd im mündlichen Auftrag eines Dritten, den er später benennen wird“, sind im Zweifel dahin zu verstehen, daß die Person selbst zum Erwerb berechtigt sein soll mit der Befugnis, an ihrer Stelle jemand anders als Käufer zu bezeichnen, also steuerpflichtig. Schließt dagegen jemand im Namen eines noch zu benennenden Dritten einen Kaufvertrag ab, so entstehen die Rechte und Pflichten aus dem Vertrage unmittelbar in der Person des Dritten. § 5 Abs. 4 Nr. 3 kommt dann nicht zur Anwendung. Eine direkte Stellvertretung liegt nicht vor, wenn die Beteiligten bei der notariellen Verhandlung darüber einig gewesen sind, daß der andere befugt sein soll, einen beliebigen Dritten zu benennen, auch wenn dieser ihm keinen Auftrag zum Abschluß des Vertrages gegeben hat, sondern erst hinterher als Abnehmer ermittelt wird (vgl. Mrozek, Steuerrechtsprechung Nr. 2 zu § 5 Abs. 4 Nr. 3). Hieraus ergibt sich, wie vorsichtig der Notar bei der Abfassung **derartiger Kauf**verträge und Kaufangebote sein muß.

Die Abtretung der Rechte aus dem Meistgebot ist als ein Veräußerungsgeschäft gemäß Abs. 4 Nr. 4 auch dann anzusehen, wenn der Meistbietende im Versteigerungstermin die Erklärung abgibt, zwar im eigenen Namen, aber für einen andern zu bieten. Vgl. ferner oben die Bemerkungen zu Abs. 3.

Zu Abs. 4 Nr. 5.

Ob die Ermächtigung in Form einer **Vollmacht** oder so verteilt wird, daß der Ermächtigte im eigenen Namen veräußern darf, ist gleichgültig. Vereinbart der Grundstückseigentümer mit einem Makler, daß dieser den über einem bestimmten Betrag hinaus erzielten Überpreis als Provision erhalten soll, so findet die Vorschrift der Nr. 5 auf den Vermittler keine Anwendung, vielmehr entsteht eine Steuerpflicht für den Vermittler nur dann, wenn der Grundstückseigentümer sich ihm gegenüber verpflichtet hat, mit dem ihm von dem Vermittler benannten Dritten unmittelbar einen Kaufvertrag über das Grundstück unter den festgesetzten Bedingungen abzuschließen und der etwaige Mehrerlös dem Vermittler zufallen soll. Daran ändert es nichts, daß wirtschaftlich der Vermittler nur als solcher tätig war. Dieser Fall unterscheidet sich von dem zuerst genannten dadurch, daß sich dort der Eigentümer dem Vermittler gegenüber nicht gebunden hat. Die Rechtsprechung des Reichsfinanzhofes über diese Frage ist nicht ganz zweifelsfrei (vgl. die Entscheidung bei Mrozek, Steuerrechtsprechung Nr. 4 zu Abs. 4 Nr. 5 mit Nr. 7 zu Abs. 3).

Die Tatsache, daß eine **Vollmacht** jemandem **für längere Zeit unwiderruflich** erteilt wird, rechtfertigt für sich allein noch nicht die Anwendung der Vorschrift der Nr. 5, selbst wenn der Bevollmächtigte von den Beschränkungen des § 181 BGB. befreit ist. Es kommt auf die zugrunde liegenden Vereinbarungen an. Diese können auch ergeben, daß ein Steuerfall aus § 6 des Gesetzes vorliegt (vgl. die Erl. zu diesem Paragraphen).

§ 6. Steuerpflichtig ist auch ein Rechtsvorgang, der es ohne Übertragung des Eigentums einem andern ermöglicht, über das Grundstück wie ein Eigentümer zu verfügen.

§ 6 setzt die wirtschaftliche Möglichkeit, über das Grundstück wie ein Eigentümer zu verfügen, voraus, während § 5 Abs. 4 Nr. 5 die rechtliche Möglichkeit voraussetzt. Diese wirtschaftliche Möglichkeit muß aber in rechtsgültiger Weise („Rechtsvorgang") geschaffen sein. Ist der Vertrag, der diese Möglichkeit bietet, wegen Formmangels nichtig, so kann § 6 nicht zur Anwendung kommen.

Die Möglichkeit im Sinne des § 6 ist z. B. gegeben, wenn der eingetragene Eigentümer das Tonausbeutungsrecht auf 30 Jahre einräumt und gleichzeitig dem Vertragsgegner das Grundstück zum Kauf mit dreißigjähriger Annahmefrist mit der Maßgabe anbietet, daß der Kaufpreis durch das für die Überlassung des Tonausbeutungsrechtes geleistete Entgeld beglichen sein soll (RFH. 7, 181). Ähnliche Vereinbarungen sind im Grundstückshandel sehr häufig (vgl. B"thke-Bergschmidt Note 2a zu § 6). Bietet der Eigentümer jemandem mit Bindung auf Jahre sein Grundstück zum Kauf an, räumt er ihm ferner den Nießbrauch ein und erteilt ihm eine für die gleiche

Zeit unwiderrufliche, von den Beschränkungen des § 181 BGB. befreite Auflassungsvollmacht, so liegt ein nach § 6 steuerpflichtiger Rechtsvorgang vor. Denn in solchem Falle hat der Eigentümer den wesentlichen Inhalt seines Eigentums aufgegeben (vgl. auch Ott, Grunderwerbsteuergesetz 2. Aufl. Note 3 zu § 6). Dagegen treffen diese Voraussetzungen nicht zu, wenn einem Hypothekengläubiger der Nießbrauch an dem Grundstück zwecks Befriedigung wegen seiner Forderung und Verwaltungsvollmacht erteilt wird.

Zur Anwendung des § 6 ist nicht notwendig, daß dem anderen Teile das Recht gewährt wird, das Grundstück zu belasten oder zu veräußern.

Die bloße Vollmacht, ein Grundstück zu verkaufen, fällt nicht unter § 6.

Ein Erlaß oder eine Erstattung der Steuer gemäß § 23 Abs. 1a ist auch in den Fällen des § 6 möglich.

Der Berechnung der Steuer ist die Gegenleistung für die Einräumung der Verfügungsmöglichkeit zugrunde zu legen, wenn sie den Wert des Grundstücks übersteigt (vgl. Sternberg, DNotV. 25, 203).

Folgt dem wirtschaftlichen Eigentumsübergang der juristische nach, so kann dieser nicht nochmals besteuert werden (RFH. in JW. 54, 850).

§ 7. Die Besteuerung wird nicht dadurch ausgeschlossen, daß ein nach diesem Gesetze steuerpflichtiger Rechtsvorgang durch einen anderen verdeckt wird.

Ein Beispiel bietet der zu § 3 unter b a. E. behandelte Fall.

§ 8. Die Steuer wird nicht erhoben:

1. beim Erwerbe von Todes wegen oder auf Grund einer Schenkung unter Lebenden (§§ 2, 3 des Erbschaftssteuergesetzes),*) sofern nicht die Form der Schenkung lediglich gewählt ist, um die Grunderwerbsteuer zu ersparen. Bei Schenkungen mit einer Auflage beschränkt sich die Steuerbefreiung auf den Teil des gemeinen Wertes des Grundstücks, der den Wert der Auflage überschreitet;
2. bei der Begründung, Änderung, Fortsetzung und Aufhebung der ehelichen Gütergemeinschaft;
3. beim Erwerb auf Grund von Verträgen, die zwischen Miterben oder Teilnehmern an einer ehelichen oder fortgesetzten Gütergemeinschaft zum Zwecke der Teilung der zum Nachlaß oder zum Gesamtgut gehörenden Gegenstände abgeschlossen werden, sowie beim Erwerb auf Grund eines Zuschlags, der in den vorgenannten Fällen bei Teilung im Wege der Versteigerung einem Miterben oder Teilnehmer erteilt wird;

---

*) Die Textworte: „in der Fassung der Bekanntmachung vom 7. August 1922 — RGBl. I S. 695 —" sind mit Rücksicht auf das Erbschaftssteuergesetz in der Fassung vom 22. August 1925 weggelassen. Der Inhalt der §§ 2 und 3 ist in dem neuen Gesetz unverändert geblieben.

4. beim Erwerbe der Abkömmlinge von den Eltern, Großeltern und entfernteren Voreltern sowie beim Erwerbe der Eltern von den Kindern; den Eltern stehen die Stiefeltern gleich; ebenso die Adoptiveltern, wenn kein Verdacht besteht, daß die Annahme an Kindes Statt zum Zwecke der Steuerhinterziehung vorgenommen ist;
5. beim Einbringen in eine ausschließlich aus dem Veräußerer und dessen Abkömmlingen oder aus diesen allein bestehende Vereinigung. Die Steuerpflicht tritt ein, wenn nachträglich ein Gesellschafter aufgenommen wird, der nicht zu den Abkömmlingen des Veräußerers gehört;
6. beim Einbringen von Nachlaßgegenständen in eine ausschließlich von Miterben gebildete Vereinigung; die Vorschrift der Nr. 5 Satz 2 findet entsprechende Anwendung;
7. beim Austausch im Inland gelegener Grundstücke zum Zwecke der Zusammenlegung (Flurbereinigung), der Ermöglichung einer besseren landwirtschaftlichen Ausnützung von Grundstücken in Gemengelage, der Grenzregelung oder der besseren Gestaltung von Bauflächen (Umlegung) sowie bei Ablösung von Rechten an Forsten, wenn diese Maßnahmen auf der Anordnung einer Behörde beruhen oder von einer gesetzlich hierfür zuständigen oder durch die oberste Landesfinanzbehörde bezeichneten Behörde als zweckdienlich anerkannt werden;
8. beim Austausch von Feldesteilen zwischen angrenzenden Bergwerken und bei der Vereinigung zweier oder mehrerer Bergwerke zum Zwecke der besseren bergbaulichen Ausnutzung, sofern sie nicht zum Zwecke der Steuerersparung erfolgen;
9. bei Grundstücksübertragungen, die der Besiedlung des platten Landes oder der Schaffung gesunder Kleinwohnungen für Minderbemittelte zu dienen bestimmt sind, wenn als Erwerber oder Veräußerer Körperschaften des öffentlichen Rechtes oder solche Personenvereinigungen, die sich mit den genannten Zwecken befassen, beteiligt sind. Die Befreiung der Personenvereinigungen

tritt nur ein, wenn der Reingewinn satzungsgemäß auf eine Verzinsung von höchstens fünf vom Hundert der Kapitaleinlagen beschränkt, bei Auslosungen, Ausscheiden eines Mitgliedes und für den Fall der Auflösung der Vereinigung den Mitgliedern nicht mehr als der Nennwert ihrer Anteile zugesichert und bei der Auflösung der etwaige Rest des Vermögens für gemeinnützige Zwecke bestimmt ist;

10. beim Erwerbe von Grundstücken zwecks Schaffung oder Erweiterung öffentlicher Erholungs-, Wald- und sonstiger Grünanlagen sowie für Zwecke öffentlicher Straßen und Plätze. Falls und insoweit das Grundstück innerhalb einer Frist, die vom Beginne des zweiten Jahres bis zum Ende des fünfzehnten Jahres nach Abschluß des Veräußerungsgeschäftes läuft, für andere Zwecke verwendet wird, erfolgt Nachveranlagung.

Zu den Miterben im Sinne der Nr. 3 und 6 wird der überlebende Ehegatte gerechnet, der mit den Erben des verstorbenen Gatten gütergemeinschaftliches Vermögen zu teilen hat. Die Steuerbefreiungen nach Nr. 3 und 4 kommen auch Ehegatten von Miterben oder Teilnehmern an einer fortgesetzten Gütergemeinschaft sowie Ehegatten von Abkömmlingen zu, wenn sie auf Grund des bestehenden Güterstandes ohne rechtsgeschäftliche Übertragung Miteigentum erwerben.

Das Grunderwerbsteuergesetz kennt keine allgemeine Steuerbefreiung des Reichsfiskus von der Grunderwerbsteuer.

1. Zu Abs. 1 Nr. 1. Vielfach wird zur Umgehung der Steuer als Schenkung bezeichnet, was in Wahrheit Veräußerungsgeschäft ist. Dies trifft z. B. zu, wenn der Schenkungsvertrag die Bestimmung enthält, daß der Beschenkte die auf dem Grundstück lastenden Hypotheken übernimmt (vgl. RFH. 11, 286).

Wird jemandem durch letztwillige Verfügung das Recht eingeräumt, ein Nachlaßgrundstück für einen bestimmten Preis zu erwerben, so ist dies als Vermächtnis des Kaufrechtes anzusehen. Eine völlige Steuerfreiheit nach § 8 Abs. 1 Nr. 1 tritt aber nicht ein. Der den Preis übersteigende Teil des gemeinen Wertes unterliegt der Erbschaftssteuer, aber nicht der Grunderwerbsteuer. Dagegen ist in Höhe des Preises selbst die Grunderwerbsteuer zu entrichten. Wenn aber der einzige Erbe ein Kind oder ein Stiefkind des Vermächtnisgebers ist, so tritt Steuerfreiheit nach § 8 Abs. 1 Nr. 4 ein (Mrozek, Steuerrechtsprechung Nr. 3 zu § 8 Abs. 1 Nr. 1). Über die Schenkung eines Grundstücks unter Vorbehalt des Nießbrauchs s. RFH. 16, 97; vgl. auch RFH. 16, 22

Zu Nr. 2. Ziffer 2 will nur den Eigentumsübergang begünstigen, der kraft der gesetzlichen Gütergemeinschaft nach § 1438 Abs. 2, § 1519

Abs. 2 BGB. ohne rechtsgeschäftliche Übertragung eintritt. Wenn dagegen ein Grundstück auf Grund besonderer, den gesetzlichen Zustand abändernder Vereinbarung in das Gesamtgut fällt, so tritt keine Steuerfreiheit ein (vgl. RFH. 4, 129; 11, 36). Wird bei Begründung der allgemeinen Gütergemeinschaft vereinbart, daß ein Grundstück, welches bisher den Eheleuten je zur Hälfte gehört hat, ganz Vorbehaltsgut der Frau sein soll, so tritt keine Befreiung von der Grunderwerbsteuer ein. Die Steuer ist von der Hälfte des Wertes des Grundstückes zu entrichten (RFH. 11, 36).

Zu Nr. 3. Diese Steuerbefreiung tritt auch dann ein, wenn ein Miterbe in einer von ihm oder einem andern Miterben beantragten Zwangsversteigerung ein zum Nachlaß gehöriges Grundstück erwirbt. Dagegen ist Ziffer 3 nicht anwendbar, wenn die Zwangsversteigerung von einem Nachlaßgläubiger beantragt ist und ein Erbe das Nachlaßgrundstück erwirbt (vgl. Mrozek, Steuerrechtsprechung Nr. 3 und Nr. 4 zu § 8 Abs. 1 Nr. 3). Ist ein Grundstück einmal zu Bruchteilen auf die Erben umgeschrieben, so tritt bei späteren Übertragungen von einem Erben auf den andern Steuerbefreiung nicht ein, denn die Erbengemeinschaft hat aufgehört, sobald Bruchteilseigentum in das Grundbuch eingetragen ist.

Zu Nr. 4. Diese Befreiung gilt auch beim Zuschlag in der Zwangsversteigerung, also wenn z. B. an einen Abkömmling des bisherigen Eigentümers der Zuschlag erteilt wird (vgl. JW. 22, 830, vgl. ferner unten die Bemerkung zu Abs. 2).

Zu Nr. 5. Diese Befreiungsvorschrift ist anwendbar, wenn die Abkömmlinge von allen Veräußerern abstammen, was nur zutrifft, wenn entweder die Veräußerer Eheleute oder wenn sie Verwandte in gerader Linie sind (RFH. 8, 115 und DNotV. 24, 45). Sie findet auch dann Anwendung, wenn die Vereinigung, in die ein Grundstück eingebracht wird, außer dem Veräußerer nur aus einer Gesellschaft m. b. H. besteht, deren Mitglieder ausschließlich Abkömmlinge des Veräußerers sind (RFH. 10, 22 und 17, 40).

Zu Nr. 9. Wenn Körperschaften des öffentlichen Rechts oder Personenvereinigungen, die in § 8 Abs. 1 Nr. 9 des Grunderwerbsteuergesetzes vom 12. September 1919 (RGBl. S. 1617) in Verbindung mit Artikel I § 12 des Gesetzes über die Berücksichtigung der Geldentwertung in dem Steuergesetze vom 20. März 1923 (RGBl. I S. 198) bezeichnet sind, auf ihren Grundstücken gesunde Kleinwohnungen für Minderbemittelte nachweisbar in der Absicht geschaffen haben, die Grundstücke demnächst an Minderbemittelte als Eigenheime zu übertragen, so sind diese Grundstücksübertragungen von der Grunderwerbsteuer nebst Zuschlägen befreit (Verordnung vom 2. Juli 1923 — RGBl. I S. 553 — auf Grund des § 108 Abs. 2 RAO.).

§ 29 des Reichssiedlungsgesetzes vom 11. August 1919 (RGBl. S. 1429) ist durch das Grunderwerbsteuergesetz nicht aufgehoben. Die in § 29 vorgesehene, weiter als § 8 Ziffer 9 gehende Befreiung von der Grunderwerbsteuer ist also bestehengeblieben. Die Steuerfreiheit auf Grund des § 29 tritt jedoch nicht ein, wenn sich ergibt, daß die Versicherung des Siedlungsunternehmens auf einer unrichtigen Rechtsansicht beruht; nur die tatsächlichen Angaben des Siedlungsunternehmens sind für die Steuerbehörde bindend (RFH. 10, 285). Gartengrundstücke und Laubenkolonien fallen nicht unter Nr. 9.

2. **Zu Abs. 2.** Wenn ein Grundstück von den Eltern an den Sohn und dessen Ehefrau, die in Errungenschaftsgemeinschaft leben, durch sog. Gutsübergabevertrag übereignet wird, so treffen die Voraussetzungen des Abs. 2 für die Ehefrau nicht zu, da das Grundstück nicht kraft Gesetzes in das Gesamtgut gefallen ist (vgl. § 1521 BGB.). Deshalb wird der Anteil der Ehefrau besteuert, während der Anteil des Ehemannes nach § 8 Abs. 1 Ziffer 4 frei bleibt.

§ 9 des Grunderwerbsteuergesetzes ist aufgehoben (vgl. RGBl. 23 I S. 1205).

§ 10 regelt die Besteuerung der toten Hand (vgl. Markuse, S. 341 und Böthke-Bergschmidt zu § 10).

Nach **§ 11** wird die Steuer von dem gemeinen Werte des Grundstücks zur Zeit des steuerpflichtigen Rechtsvorganges, im Falle des § 10 zur Zeit des Eintritts der Steuerpflicht berechnet. An die Stelle des gemeinen Wertes tritt in den Fällen der §§ 12—14 des Gesetzes der dort angegebene Betrag. Der Begriff des gemeinen Wertes ist aus §§ 137, 138 RAO. zu entnehmen. Diese Paragraphen lauten:

§ 137. Bei Bewertungen ist, soweit nichts anderes vorgeschrieben ist, der gemeine Wert zugrunde zu legen.

Jede wirtschaftliche Einheit ist für sich zu bewerten und ihr Wert im ganzen festzustellen. Was als wirtschaftliche Einheit zu gelten hat, ist nach den Anschauungen des Verkehrs zu entscheiden; die örtliche Gewohnheit, die tatsächliche Übung sowie die Zweckbestimmung und wirtschaftliche Zusammengehörigkeit oder Abhängigkeit der einzelnen Gegenstände sind zu berücksichtigen.

§ 138. Der gemeine Wert wird durch den Preis bestimmt, der im gewöhnlichen Geschäftsverkehre nach der Beschaffenheit des Gegenstandes unter Berücksichtigung aller den Preis beeinflussenden Umstände bei einer Veräußerung zu erzielen wäre, ungewöhnliche oder lediglich persönliche Verhältnisse sind nicht zu berücksichtigen.

Als lediglich persönliche Verhältnisse sind auch Verfügungsbeschränkungen anzusehen, denen der Steuerpflichtige aus Gründen, die in seiner Person oder der Person seiner Rechtsvorgänger liegen, unterworfen ist. Dies gilt insbesondere für Verfügungsbeschränkungen, die auf letztwilligen Anordnungen beruhen.

Vor Feststellung des gemeinen Wertes ist bei ausländischen Unternehmungen sowie bei gewerblichen und landwirtschaftlichen Neuanlagen auf Antrag des Pflichtigen die für ihn zuständige amtliche Vertretung gutachtlich zu hören.

Die Einräumung eines persönlichen oder binglichen Vorkaufsrechts für den Verkäufer vermindert nicht den gemeinen Wert des Grundstücks (JW. 54, 1810).

Außerdem kommen folgende Vorschriften der RAO. in Betracht:

§ 152. (Abs. 1.) Bei der Bewertung von Grundstücken ist der gemeine Wert zugrunde zu legen.

§ 153. Wie Grundstücke sind Berechtigungen zu bewerten, auf welche die Vorschriften des bürgerlichen Rechtes über Grundstücke Anwendung finden.

Steht das Eigentum am Grund und Boden und an den darauf errichteten Gebäuden verschiedenen Personen zu, so ist der Wert für den Grund und Boden und für das Recht an den Gebäuden je für sich zu ermitteln.

§ 154. Die Bewertung erstreckt sich auf die mit den Grundstücken als solchen verbundenen Rechte und Nutzungen einschließlich der im § 153 Abs. 1 bezeichneten Berechtigungen, wenn diese mit den Grundstücken verbunden sind.

Wird bei Bewertung von Grundstücken als solchen der gemeine Wert zugrunde gelegt, so ist das bewegliche Inventar nicht zu berücksichtigen und der Wert von Maschinen sowie sonstigen Vorrichtungen aller Art, die zu einer Betriebsanlage des Grundstücks verwandt sind, abzurechnen oder nicht zu berücksichtigen. Dies gilt auch dann, wenn es sich um wesentliche Bestandteile handelt.

Danach sind Maschinen und Betriebsanlagen, also Einrichtungen, die der gewerblichen Ausnutzung des Grundstücks dienen und nicht zu den Gebäuden gezählt werden, z. B. Leitungsnetze, von der Grunderwerbsteuer ausgenommen, auch wenn es sich um wesentliche Bestandteile handelt. Dagegen darf der Wert der in das Grundstück eingefügten Sammelheizungs-, Warmwasserversorgungs- und Fahrstuhlanlagen nicht abgezogen werden (RFH. 7, 127). Das gleiche gilt von Badeöfen und Badewannen, wenn das Haus in einer Gegend gelegen ist, wo es Sache des Vermieters ist, solche zu stellen (RFH. 3, 63). Hat sich der Veräußerer den Abbruch eines auf dem verkauften Grundstücke befindlichen Gebäudes vorbehalten, so kommt dessen Wert bei der Berechnung der Steuer nicht in Betracht (RFH. 6, 118).

Beruht der Eigentumsübergang auf einem Veräußerungsgeschäft, so deckt sich der gemeine Wert mit dem Preise, wenn sich die Preisbildung unter normalen Verhältnissen vollzogen hat.

Für die Wertberechnung ist der Zeitpunkt maßgebend, in dem sich der steuerpflichtige Rechtsvorgang ereignet (vgl. hierzu Sternberg in DNotV. 25, 230). Daher ist im Falle des § 5 der Abschluß des Veräußerungsgeschäftes maßgebend, nicht erst die mit Ablauf der Jahresfrist entstehende Steuerpflicht (a. M. Böthke-Bergfeld Note 4a zu § 11).

Vgl. auch die Erläuterungen zu dem folgenden Paragraphen.

§ 12. Ist der Veräußerungspreis höher als der gemeine Wert des Grundstücks, so tritt er an die Stelle des gemeinen Wertes.

Der Veräußerungspreis bestimmt sich nach dem Gesamtbetrage der Gegenleistung, einschließlich der vom Erwerber übernommenen oder ihm sonst infolge der Veräußerung obliegenden Leistungen und der vorbehaltenen oder auf dem Grundstücke lastenden Nutzungen und bei Verträgen über Leistung an Erfüllungs Statt nach dem Werte, zu dem die Gegenstände an Erfüllungs Statt angenommen werden. Die auf einem nicht privatrechtlichen Titel beruhenden Abgaben und Leistungen, die auf dem Grundstück kraft Gesetzes lasten (gemeine Lasten), werden nicht mitgerechnet. Ist einem der Vertragschließenden ein Wahlrecht oder die Befugnis eingeräumt, innerhalb gewisser Grenzen den Umfang der Gegenleistung zu bestimmen, so ist der höchstmögliche Betrag der Gegenleistung maßgebend.

Wenn die Beteiligten zum Zwecke der Steuerersparung einen Teil des Entgelts in die Form einer Vermittlungsgebühr, einer den üblichen Zinssatz erheblich übersteigenden Verzinsung des gestundeten Preises oder einer sonstigen Nebenleistung kleiden, so ist der als Teil des Entgelts anzusetzende Betrag durch Schätzung zu ermitteln.

1. Zu Abs. 1. Eine Verteilung des in einem Grundstückskaufvertrage vereinbarten Preises auf die einzelnen zu überlassenden Gegenstände ist für die Steuerbehörde nicht bindend (denn sie ist in der Regel nur tatsächlicher, nicht rechtsgeschäftlicher Natur). Nur wenn angenommen werden kann, daß die einzelnen Gegenstände gesondert Gegenstand des Vertrages bilden sollten und nur äußerlich in einer Urkunde behandelt worden sind, kann eine wirkliche Vereinbarung von Einzelpreisen angenommen werden.

Wird ein Grundstück zusammen mit einem darauf betriebenen Geschäft (Gastwirtschaft, Sanatorium) veräußert, so ist der Entgelt für das Geschäft, z. B. für Firma, Kundschaft und Ruf, nicht Teil des Preises für das Grundstück. Dagegen ist insoweit, als durch das Geschäft der Wert des Grundstücks gesteigert wird, dieser Betrag für die Berechnung der Grunderwerbsteuer dem Preise für das Grundstück zuzurechnen. Dies gilt namentlich bei konzessionspflichtigen und von den örtlichen Verhältnissen abhängigen Geschäften.

Beim Verkauf einer preußischen Apotheke neueren Rechts, auf die die Kabinettsorder vom 5. Oktober 1846 und der Ministerialerlaß vom 21. Oktober 1846 Anwendung finden, sind nach der Entscheidung des RFH. 8, 9 der Verzicht auf die Betriebserlaubnis und der Übergang der Kundschaft nur den Grundstückswert erhöhende Eigenschaften; daher sind die im Vertrage besonders dafür angesetzten Beträge dem Grundstückspreise hinzuzurechnen.

Zu Abs. 2. Nach § 154 Abs. 2 RAO. ist, wenn bei der Bewertung von Grundstücken als solchen der gemeine Wert zugrunde gelegt wird, das bewegliche Inventar nicht mit zu berücksichtigen. Diese Vorschrift greift auch Platz, wenn nach § 12 GrunderwerbStG. an die Stelle des gemeinen Wertes der Veräußerungspreis tritt (DNotV. 24, 82).

Nach Abs. 2 bestimmt sich der Preis nach dem Gesamtbetrage der Gegenleistuung einschließlich der vom Erwerber übernommenen oder ihm sonst infolge der Veräußerung obliegenden Leistungen. Das Gesetz macht keinen Unterschied, ob diese Leistung mit dem Grundstück zusammenhängt oder nicht. Auch die Übernahme grundstücksfremder Leistungen kann einen Teil der Gegenleistung und damit des Veräußerungspreises bilden (RFH. 7, 184). Beim Verkauf eines Gasthofgrundstückes bildet die für den Verzicht des Verkäufers auf die Wirtschaftskonzession vereinbarte Vergütung einen Teil des steuerpflichtigen Grundstückskaufpreises (vgl. RFH. 4, 158; 8, 9). Wird beim Verkauf eines Gastwirtschaftsgrundstückes die gegenüber einer Brauerei bereits bestehende Verpflichtung zum Bierbezuge vom Erwerber übernommen, so ist diese Übernahme eine Leistung im Sinne des Abs. 2 Satz 1 (JW. 22, 832). Auch die vom Käufer dem Verkäufer erstattete Maklergebühr ist Teil des Kaufpreises (vgl. Sternberg in DNotV. 25, 232).

Verpflichtet sich der Veräußerer eines Grundstücks zur Räumung des Hauses, so ist die dafür ausbedungene Vergütung ein Teil des Grundstückspreises. Hieran ist durch die Wohnungszwangswirtschaft nichts geändert. Erwirbt jemand eine Baustelle von einer preußischen Gemeinde und verpflichtet er sich im Vertrage, die Straßenbaukosten in festbestimmter Höhe zu zahlen, so ist der versprochene Betrag in der Regel kein Teil des Kaufpreises (vgl. DNotV. 24, 83, 85). **Wenn der Käufer die ganze Grunderwerbsteuer übernimmt, so ist die Hälfte der Steuer dem Preise hinzuzusetzen** (RFH. 6, 171; 10, 160). Bei der Steuerberechnung darf nur dem vereinbarten Preise, nicht aber dem gemeinen Werte die halbe Steuer zugerechnet werden (vgl. Entsch. d. RFH. in JW. 54, 2078 Nr. 246). Formel für die Berechnung: $X = \frac{100 . K}{100 - \frac{p}{2}}$. K bedeutet den ziffernmäßig vereinbarten Kaufpreis, X den Gesamtpreis (Kaufpreis + übernommene $^1/_2$ Steuer) und p den Prozentsatz der Abgabe. Wird die ganze Grunderwerbsteuer von dem Verkäufer eines Grundstückes übernommen, so vermindert sich der steuerpflichtige Kaufpreis um die Hälfte der an sich dem Käufer zur Last fallenden Steuer. Die Formel lautet dann: $X = \frac{100 \cdot K}{100 + \frac{p}{2}}$ (vgl. RFH. 6, 178; 10, 160; 13, 13).

§ 13 des Gesetzes behandelt die Steuerbemessung bei der Zwangsversteigerung, **§ 14** ermöglicht eine Ermäßigung der Steuer beim Erwerb eines Grundstücks durch einen Hypothekengläubiger in der Zwangsversteigerung, um durch den Erwerb die Hypothek zu retten. Es müssen die sämtlichen in § 14 angegebenen Voraussetzungen vorliegen. Abs. 1 Nr. 2 enthält in der Fassung einen Flüchtigkeitsfehler. Es muß heißen „oder seinem Ehegatten“, nicht „oder seines Ehegatten“. Soweit § 14 dem Bürgen zugute kommt, muß die Bürgschaft seit einem Jahre vor der ersten Beschlagnahme bestanden haben.

Über **§ 15** s. oben die Erläuterungen zu § 3 S. 99 ff.

§ 16. Beim Tausche von Grundstücken ist die Steuer für jedes Grundstück gesondert zu berechnen.

Wird ein Grundstück gegen ein anderes vertauscht, so liegen zwei Steuerfälle vor. Die Steuer ist also für jedes Grundstück besonders zu berechnen. Es kommt nicht darauf an, zu welchem Zwecke der Tausch stattgefunden hat. Eine Befreiung von der Steuer kann sich jedoch ergeben, wenn es sich z. B. um eine Grenzregelung oder um einen Austausch zur besseren Gestaltung von Bauflächen handelt (§ 8 Abs. 1 Nr. 7 des Gesetzes). Für die Berechnung der Steuer ist der gemeine Wert maßgebend. Geben die Parteien einen Wert an, so ist damit kein Barpreis bestimmt, da ein solcher beim Tausch begrifflich ausgeschlossen ist. Die Angabe hat nur den Zweck, einen Anhalt für die Berechnung der Kosten und Steuern zu gewähren, bindet aber die Steuerbehörde nicht. Beim Tausch ist daher jedes Grundstück als Preis des anderen anzusehen. Die Höhe des Preises bestimmt sich nach dem gemeinen Werte des Grundstücks, das gegen das den Gegenstand der Besteuerung bildende in Tausch gegeben ist. Die Steuer ist für jedes Grundstück gleich hoch, wenn beide gleichwertig sind. Ist dies nicht der Fall, so ist für die Steuerberechnung in jedem der beiden Steuerfälle der Wert des höherwertigen Grundstücks maßgebend (vgl. Entsch. des RFH. vom 24. März 1925 im Deutschen Reichsanzeiger Nr. 114 vom 16. Mai 1925). Ist noch eine Zuzahlung vereinbart, so steht dem einen Grundstück als Preis der Wert des anderen unter Zurechnung des bar zu zahlenden Betrages als Preis gegenüber.

Für die ganze Steuer haften der Veräußerer und der Erwerber als Gesamtschuldner (§ 20 des Gesetzes).

§ 17. Die Steuer beträgt drei vom Hundert, in den Fällen des § 10 zwei vom Hundert des gemeinen Wertes des Grundstücks oder des nach §§ 12 bis 14 an seine Stelle tretenden Betrages.

Über Besteuerung der toten Hand s. § 10. Bei Parzellierungen beträgt die Steuer sechs vom Hundert, s. § 19.

Die Länder und mit Genehmigung der Landesregierung die Gemeinden und Gemeindeverbände können Zuschläge erheben. Die Zuschläge dürfen nach § 36 des Finanzausgleichgesetzes vom 23. Juni 1923 (RGBl. I, 494) nicht mehr als zwei vom Hundert, und wenn eine Wertzuwachssteuer nicht erhoben wird, nicht mehr als vier vom Hundert des steuerpflichtigen Wertes betragen. Vom 1. April 1927 ab werden die Zuschläge auf 2 % beschränkt. Die Zuschläge dürfen nicht erhoben werden, wenn bei der Errichtung einer inländischen Kapitalgesellschaft der in § 3 des Kapitalverkehrsteuergesetzes bezeichneten Art oder bei der Erhöhung ihres Gesellschaftskapitals Grundstücke in die Gesellschaft gegen Gewährung von Gesellschaftsrechten eingebracht werden. Diese Ausnahme gilt nicht bei anderweitigem Erwerbe von Grundstücken durch die Gesellschaft. Ebensowenig wird die Erhebung der Zuschläge ausgeschlossen, wenn das Einbringen der Grundstücke der Gesellschaftssteuer nicht unterliegt, z. B. wenn Grundstücke in die in § 4 des Kapitalverkehrsteuergesetzes bezeichneten Gesellschaften eingebracht werden (vgl. RGBl. 1925 I, 242).

§ 18. Die Steuer wird nicht erhoben, wenn der gemeine Wert des Grundstücks oder der nach den §§ 12 bis 14 an seine Stelle tretende Betrag fünfzig Reichsmark nicht überschreitet.

§ 19 sieht in den Fällen einer planmäßigen Zerschlagung von Grundstücken eine Erhöhung der Steuer um 2 % vor. Nach § 20 haften der Erwerber und der Veräußerer für die Entrichtung der Steuer als **Gesamtschuldner**, bei **Kettengeschäften** die an den einzelnen Geschäften beteiligten Personen. Die §§ 21 und 22 behandeln u. a. Vergünstigungen zugunsten von Kriegsbeschädigten und Hinterbliebenen von Kriegsteilnehmern sowie zugunsten von milden Stiftungen (vgl. RGBl. 1925 I, 242).

§ 23. (Abs. 1.) Die Steuerstelle hat die Steuer auf Antrag zu erlassen oder zu erstatten

a) im Falle der Steuerpflicht nach § 1:

1. bei Nichtigkeit der Auflassung oder des sonstigen den Eigentumserwerb begründenden Rechtsvorganges,
2. bei Rückerwerb des Eigentums infolge Nichterfüllung der Vertragsbedingungen des Veräußerungsgeschäfts,
3. bei Rückerwerb des Eigentums innerhalb zweier Jahre seit der Veräußerung,
4. bei Preisminderung nach den §§ 459, 460 des Bürgerlichen Gesetzbuchs, soweit sie eine Ermäßigung der Steuer zur Folge haben würde;

b) im Falle der Steuerpflicht nach § 5:

1. bei Nichtigkeit des Rechtsgeschäfts,
2. bei Aufhebung des Rechtsgeschäfts durch Vereinbarung oder infolge Ausübung eines vorbehaltenen Rücktrittsrechts,
3. wenn die Veräußerung infolge Nichterfüllung der Vertragsbedingungen rückgängig gemacht wird,
4. wenn der Antrag zur Schließung eines Veräußerungsgeschäfts sowie der nur den Veräußerer bindende Vertrag über Schließung eines Veräußerungsgeschäfts (§ 5 Abs. 4 Ziffer 2) fortgefallen ist, ohne daß das Veräußerungsgeschäft zustande gekommen ist,
5. bei Preisminderung nach den §§ 459, 460 des Bürgerlichen Gesetzbuchs, soweit sie eine Ermäßigung der Steuer zur Folge haben würde.

(Abs. 2.) Der Antrag muß innerhalb eines Jahres vom Tage der Entrichtung oder Beitreibung der Steuer ab gestellt werden. Wird er auf Tatsachen gestützt, die erst nach der Entrichtung oder Beitreibung eingetreten sind, so beginnt die Frist seit dem Tage, an dem der Antragsteller von diesen Tatsachen Kenntnis erhalten hat.

Abs. 1a ist grundsätzlich auch auf die Fälle des § 3 dieses Gesetzes anwendbar, nicht aber, wenn nur ein Teil der übertragenen Geschäftsanteile zurückerworben wird (RFH. 10, 264).

Der Fall des Abs. 1a Nr. 3 liegt nicht vor, wenn der ursprüngliche Grundstückseigentümer alle Geschäftsanteile einer Gesellschaft, der er das Grundstück übereignet hat, in seiner Hand vereinigt und dadurch in die Lage versetzt ist, wirtschaftlich über das Grundstück zu verfügen (vgl. hierzu des näheren DNotV. 24, 88, 89).

§ 24. Die Eintragung des Erwerbers in das Grundbuch darf erst stattfinden, wenn dem Grundbuchamt eine Bescheinigung der Steuerstelle beigebracht ist, daß die Steuer für den Eigentumsübergang gestundet oder ein der voraussichtlichen Höhe der Steuer entsprechender Betrag nach dem Goldwert geleistet oder eine Steuer nicht zu erheben ist. Die näheren Bestimmungen erläßt der Reichsfinanzminister.

Diese Fassung beruht auf Art. VIII der 2. Steuernotverordnung (RGBl. 1923 I, 1223). § 24 gilt auch beim Erwerb von Todes wegen. Dieser ist zwar steuerfrei. Ob ein solcher Erwerb vorliegt, soll aber durch die Steuerbehörde, nicht durch das Grundbuchamt entschieden werden. Gegen den Bescheid der Steuerstelle auf Grund des § 24 ist nur die Beschwerde nach §§ 224, 281 RAO. zulässig. Macht der Steuerpflichtige geltend, daß die Steuer nicht zu erheben sei, ist das Berufungsverfahren gegeben (vgl. Durchführungsbestimmungen vom 17. Januar 1924 — RGBl. I, 33).

§ 25. Den Steuerstellen haben ...... Mitteilung zu machen: ...

3. allgemein die Behörden und Beamten des Reichs, des Landes und der Gemeinden sowie die Notare

von allen von ihnen beurkundeten Rechtsvorgängen, die den Übergang des Eigentums an inländischen Grundstücken zum Gegenstande haben oder zu den im § 5 bezeichneten Rechtsgeschäften gehören.

1. Die **Eintragung des Erwerbers in das Grundbuch** darf also erst stattfinden, wenn dem Grundbuchamt eine **Bescheinigung der Steuerstelle** beigebracht ist, daß die Steuer für den Eigentumsübergang gestundet oder sichergestellt oder die Steuer nicht zur Hebung gelangt. Die Beteiligten sind von dem Notar auf diese Vorschrift hinzuweisen. Die Notare haben den Steuerstellen von allen von ihnen beurkundeten Rechtsvorgängen, die den Übergang des Eigentums oder einer Berechtigung an inländischen Grundstücken (§§ 1, 2, 4 des Gesetzes) zum Gegenstande haben oder zu den in §§ 5, 6 des Gesetzes bezeichneten Rechtsvorgängen gehören, Mitteilung zu machen. Dazu gehören auch Auflassungen. Über Grundstückskauf-

offerten s. oben S. 105. Die Notare haben diese Mitteilungen (Veräußerungsanzeigen) innerhalb einer Frist von 14 Tagen nach der Beurkundung an die mit der Verwaltung der Grunderwerbsteuer betrauten Dienststellen der Stadt- und Landkreise einzusenden, und zwar für jeden von ihnen beurkundeten Rechtsvorgang besonders. In Großberlin sind dies die Bezirkssteuerämter. Die Absendung der Veräußerungsanzeigen ist auf der Urschrift der Urkunde und auf jeder Ausfertigung oder Abschrift mit dem Datum der Absendung und der Unterschrift des Notars zu vermerken. Die Veräußerungsanzeigen sind nach folgendem Muster zu fertigen:

Nr. des Notariatsregisters	Tag der Beurkundung des Rechtsgeschäftes	a) des Veräußerers b) des Erwerbers: Name, Vorname	Stand	Wohnort Straße Haus-Nr.	Des Grundstücks Grundbuchbezeichnung: Band	Blatt	Angabe, ob bebaut oder unbebaut	Art und Tag des zugrunde liegenden Rechtsgeschäfts	Der Verkaufspreis bezw. Wert beträgt: für Liegenschaften und Gebäude ℳ	Pf.	für andere mitverkaufte Gegenstände ℳ	Pf.	Bemerkungen
1	2	3			4		5	6	7		8		9

Statt dieser Veräußerungsanzeige genügt die Übersendung einer Abschrift der Veräußerungsurkunde, diese muß jedoch den nach dem Muster erforderlichen Inhalt der Veräußerungsanzeige enthalten. Die früher vorgeschriebenen Mitteilungslisten brauchen von den Notaren nicht mehr geführt zu werden. Gleichzeitig ist auf Grund des Zuwachssteuergesetzes eine Durchschrift oder ein Durchschlag der für die Grunderwerbsteuer bestimmten Veräußerungsanzeige oder der Veräußerungsurkunde an die Zuwachssteuerstelle zu senden. Werden Grunderwerbsteuer und Zuwachssteuer von einer Stelle oder von einer Behörde, die in einem Gebäude untergebracht sind, bearbeitet, so können die Notare die für die Grunderwerbsteuer und für die Zuwachssteuer bestimmten Anzeigen in einem Umschlage der Grunderwerbsteuerstelle übersenden.

Hat der Notar die **Übertragung eines Anteils einer Gesellschaft m. b. H.** beurkundet, so muß er davon der Zuwachssteuerstelle Mitteilung machen, außer wenn dem Notar die Tatsache offenkundig ist, daß die Gesellschaft m. b. H. keinen Grundbesitz hat oder nicht unter § 3 des Gesetzes fällt. Die Mitteilungen über die Abtretung von Geschäftsanteilen einer Gesellschaft m. b. H. hat durch Übersendung von Monatslisten an die Zuwachssteuerstelle zu erfolgen (vgl. zu den vorstehenden Ausführungen JMBl. 1911, 206 ff.; 1919, 555 und 1922, 39 ff.). Ob seit 11. September 1924, wie bei der Grunderwerbsteuer, die Mitteilungslisten nicht mehr zu führen sind, ist zweifelhaft. Für Aufhebung der Bestimmung Oberneck S. 70.

Der Antrag des Notars auf Erteilung der Grunderwerbsteuerbescheinigung ist nach § 16 RAGebO. gebührenpflichtig, da er als selbständiges Hauptgeschäft anzusehen ist (vgl. Ring, Jahrb. f. Entsch. des Kammergerichts in Kosten-, Miet- und Strafsachen 1, 95).

Die **folgenden Paragraphen des Grunderwerbsteuergesetzes** betreffen Anzeigepflichten, die Festsetzung und Bezahlung der Steuer. Die Strafvorschriften sind durch die 3. Steuernotverordnung vom 14. Februar 1914 anders geregelt; es gelten jetzt nur die Vorschriften der Reichsabgabenordnung.

II. Wertzuwachssteuerordnung der Stadt Berlin

vom 11. April 1924.

a) Darunter fallen nur die nach dem 31. Dezember 1919 liegenden Eigentumsübergänge. Ist das Veräußerungsgeschäft vor diesem Zeitpunkt abgeschlossen, der Eigentumsübergang, d. h. die Eintragung des Eigentums im Grundbuch aber erst nach diesem Zeitpunkt erfolgt, so ist der Eigentumsübergang steuerpflichtig. Nach § 1 Ziff. 3 unterliegt auch die Übertragung von G. m. b. H.-Anteilen, Aktien, Kuxen und Genossenschaftsanteilen der Wertzuwachssteuer, wenn die Gesellschaften die Verwertung von Grundstücken zum Gegenstande haben oder zur Ersparung von Zuwachssteuer gegründet sind. Der Bezirksausschuß Berlin hat diese Bestimmung für ungültig erklärt, die Entscheidung des Oberverwaltungsgerichts steht noch aus. Die Grunderwerbsteuerpflicht, die auf einem Reichsgesetze beruht, wird durch diese Frage nicht berührt.

Als steuerpflichtiger Wertzuwachs gilt der Unterschied zwischen dem auf Reichsmark umgerechneten Erwerbspreise und dem Veräußerungspreise. Die Umrechnung des Erwerbspreises erfolgt in der Weise, daß die Summe der Papiermark lediglich nach dem Dollarkurse in Reichsmark umgerechnet wird (so PrOVG. vom 7. April 1925, PrVerwBl. 46, 461). Über die entgegengesetzte Entscheidung des Bezirksausschusses Berlin, welche die innere Kaufkraft der Papiermark zur Zeit des Erwerbes berücksichtigen will (vgl. Israel in DNotV. 25, 205).

b) Der Preis bestimmt sich nach dem Gesamtbetrag aller Gegenleistungen einschließlich der vom Erwerber übernommenen Hypotheken und sonstigen ihm obliegenden Leistungen. Auch Hypotheken, die nur stillschweigend übernommen werden, werden hinzugerechnet. Bei der Berechnung des Preises werden aber Hypotheken, soweit sie auf Papiermark lauten und seit dem Erwerbe des Grundstücks sich in ihrem Bestande nicht geändert haben, beim Erwerbs- und Verkaufspreis weggelassen. Bei Veränderungen dieser Hypotheken, z. B. Erhöhung oder bei Aufnahme von Hypotheken ist der Wert des Unterschiedes in Reichsmark ausgedrückt dem Verkaufspreise hinzuzurechnen. Zurückgezahlte oder gelöschte Hypotheken sind mit dem aufgewendeten Betrage dem Erwerbspreise hinzuzurechnen.

Zu dem Erwerbspreise des inländischen Veräußerers wird bei einem Erwerb zwischen dem 1. September 1920 und 1. September 1921 die Hälfte und bei einem späteren Erwerb das Doppelte hinzugerechnet. Das kann auch bei ausländischen Veräußerern geschehen.

In der Regel beträgt die Steuer 30 % des Wertzuwachses.

Bei Veräußerung von unbebauten Grundstücken zum Zwecke der Bebauung mit Mietshäusern und Eigenhäusern wird die Steuer bis auf den Betrag von 2 % des Veräußerungspreises zunächst gestundet und dann bis auf diesen Betrag ermäßigt, wenn innerhalb von zwei Jahren nach Eintritt der Steuerpflicht die Gebäude errichtet sind und ihre Gebrauchsabnahme erfolgt ist. Zu den Eigenhäusern gehören auch Villen.

Die gleiche Ermäßigung tritt ein bei der erstmaligen Veräußerung von Grundstücken, die seit dem 1. Januar 1920 zum Zwecke der Bebauung mit Mietshäusern und Eigenhäusern erworben sind und innerhalb von zwei Jahren nach erfolgter Bebauung weiter veräußert werden (Nachtrag vom 14. Februar 1925). Infolgedessen wird in den betreffenden Grundstückskaufverträgen zu vermerken sein, daß die Veräußerung zum Zwecke der Bebauung mit einem Mietshause oder Eigenhause erfolgt. Um die Stundung zu erlangen, muß der Erwerber die selbstschuldnerische Bürgschaft übernehmen; auch muß für den gestundeten Betrag nebst Zinsen Sicherheit geleistet werden. Die Stundung und Ermäßigung kommt nur einem Käufer zustatten, welcher baut. Sie fallen daher fort, wenn er das Grundstück weiterverkauft, mag auch der Weiterverkauf zum Zwecke der Bebauung erfolgen.

c) Steuerpflichtig ist der Veräußerer. Hat der Erwerber vertraglich die Zahlung der Wertzuwachszusteuer übernommen, so äußert dies nur seine Wirkung im Verhältnis der Vertragsparteien untereinander. Der Steuerbehörde gegenüber bleibt immer der Veräußerer der Steuerpflichtige (OVGE. vom 23. Mai 1912; Bd. 62 S. 18). Allerdings kann der Erwerber bis zu 25 % (§ 11 der Steuerordnung) in Anspruch genommen werden, wenn die Steuer von dem Veräußerer nicht beizutreiben ist. Die Steuerbehörde muß aber mit allen Mitteln die Beitreibung versuchen. Die Leistung des Offenbarungseides kann nicht verlangt werden (OVG. vom 22. Januar 1925, PrVerwBl. 37, S. 399). Der Steuerbescheid ist nur dem Veräußerer zuzustellen. Nur diesem steht gegen die Veranlagung der Einspruch, für den keine Form vorgeschrieben ist, zu (§ 69 Preuß. Kommunalabgabegesetzes). Der Einspruch ist binnen vier Wochen seit Zustellung bei der veranlagenden Stelle einzureichen. In dem Einspruch ist anzugeben, ob und inwieweit der Veranlagungsbescheid angefochten wird. Wird nur Ermäßigung verlangt, so ist der Betrag der verlangten Ermäßigung ziffernmäßig anzugeben. Die Angabe, daß zu hoch veranlagt sei, genügt nicht. Gegen die Entscheidung über den Einspruch ist binnen zwei Wochen seit Zustellung Klage im Verwaltungsstreitverfahren, für Stadtgemeinden beim Bezirksausschuß statthaft. Die Klage ist schriftlich einzureichen, sie muß einen bestimmten Antrag enthalten. Die Klage kann auch nicht über die im Einspruch geforderte Ermäßigung hinausgehen. Die Anträge sind entweder auf Freistellung von der Steuer oder Herabsetzung (ziffernmäßige Angabe) zu richten. Gegen die Entscheidung des Bezirksausschusses ist nur das Rechtsmittel der Revision, die an das Oberverwaltungsgericht zu richten ist, zulässig.

Zu bemerken ist noch, daß die Steuerpflicht bereits mit dem Abschluß des Geschäftes, das zur Übertragung des Eigentums verpflichtet, fällig wird und nicht erst beim Eigentumsübergang.

d) Beispiel einer Berechnung.

I. Erwerbspreis.

1.	Zeitpunkt des Abschlusses des Kaufvertrages: 10. November 1922	
2.	Zeitpunkt der Eintragung ins Grundbuch bzw. des die Rechtsänderung bewirkenden Vorganges: 20. Februar 1922	
3.	Erwerbspreis 355000 PM.*), umgerechnet nach einem Dollarkurs am 10. November 1922 von 7655,80 PM.	= 194,75 RM.
3a.	Hierzu ein Zuschlag von 100 %	= 194,75 RM.
4.	Gemeiner Wert ....PM., umgerechnet nach einem Dollarkurs am .... von ....PM.	= ....RM.
4a.	Hierzu ein Zuschlag von .... %.	= ....RM.
5.	Erwerbskosten 8 % des Reichsmarkbetrages zu I, 3 Grunderwerbsteuer	= 1216,— RM.
5a.	Hierzu ein Zuschlag von .... %	= ....RM.
6.	Aufwendungen für Bauten und Verbesserungen (Zusammenstellung und Umrechnung s. unten)	= ....RM.
6a.	Hierzu ein Zuschlag von .... %.	= ....RM.
7.	— Bei unbebauten Grundstücken — Grundstücksabgaben seit 1. November 1923 (Grundsteuer, Straßenreinigungsbeitrag)	= ....RM.
8.	Summe des für die Berechnung maßgebenden Erwerbspreises einschl. der Hinzurechnungen	= 1605,50 RM.

II. Veräußerungspreis.

1.	Veräußerungspreis am 5. Januar 1925	= 4000,— RM.
2.	Veräußerungskosten	= .... RM.
3.	Verbleibt der für die Berechnung maßgebende Veräußerungspreis	= 4000,— RM.
	Hiervon ab der Erwerbspreis nach I, 8	= 1605,50 RM.
		2394,50 RM.
	Hierzu Wertzuwachssteuer, die die Käufer übernommen haben	= 718,35 RM.
		3112,85 RM.
	Hiervon 30 % als Steuer	= 933,85 RM.

4. Bestellung einer Hypothek.

1. Zur **Bestellung** und Eintragung **einer Hypothek** reicht schon die einseitige, nur notariell beglaubigte Bewilligung des Eigentümers aus (§§ 13, 19 GBO.), wenn auch materiell die Einigung der Beteiligten, also Eigentümers und Gläubigers, hinzukommen muß. Die Einigung braucht in der Urkunde nicht angeführt und dem Grundbuchamt nicht nachgewiesen zu werden. Mitwirkung des Gläubigers ist bei Aufnahme der Verhandlung daher nicht erforderlich. Seine Mitwirkung erscheint indessen ratsam; denn eine einseitige Bewilligungserklärung, die nur der Eigentümer einreicht, kann von

*) PM. = Papiermark.

diesem auch wieder einseitig in der Form der §§ 32, 29 GBO. selbst gegen den Willen des anderen Teils bis zur Eintragung zurückgenommen werden, und die Eintragung unterbleibt (vgl. RGZ. 55, 342; 66, 288; 73, 53 zu § 873 BGB.). Das neue Münzgesetz hindert nicht die Eintragung von wertbeständigen, besonders Goldmarkhypotheken (eine Goldmark entspricht dem Preise von $^1/_{2790}$ kg Feingold) und Hypotheken in ausländischer Währung (VO. vom 13. Febr. 1920, RGBl. S. 231), vgl. Beschluß des KG. in JW. 54, 1132. Im letztern Falle bedarf es jedoch der Zustimmung der Landeszentralbehörde (in Preußen des Handelsministers). Gläubiger, die im Auslande wohnen, müssen bei Hypotheken in ausländischer Währung einen im Inlande wohnenden Zustellungsbevollmächtigten ernennen. Bei Umwandlung einer Hypothek in eine solche ausländischer Währung bedarf es auch der Zustimmung der gleich- und nachstehend Berechtigten. Wird eine Hypothek in Reichsmark eingetragen, so ist ein Zusatz: „In jedem Falle ist für jede Reichsmark der Gegenwert von $^1/_{2790}$ kg Feingold zu entrichten" *nicht* zulässig (KG. 1 X 119, 25). Durch die BRVO. vom 28. September 1914 sind die vor dem 31. Juli 1914 getroffenen Vereinbarungen, nach denen eine Zahlung in Gold zu erfolgen hat, bis auf weiteres für nicht verbindlich erklärt worden. Eine gleiche gesetzliche Anordnung hinsichtlich *später* getroffener Vereinbarungen dieses Inhalts ist aber nicht ergangen. Daher ist die sog. *Goldmünzklausel*, d. h. die Vereinbarung, daß Kapital und Zinsen des Gläubigers in Goldmünzen deutscher Währung zu zahlen sind, statthaft und eintragungsfähig. Erfolgt die Vereinbarung hinsichtlich einer schon vorhandenen Hypothek, so ist die Zustimmung der gleich- und nachstehenden Berechtigten dazu erforderlich, da es sich um eine Änderung des Inhalts der Hypothek handelt (RGZ. 108, 177). Dagegen ist die sog. *Goldwertklausel*, d. h. die Vereinbarung, daß auch dann, wenn Goldmünzen nicht mehr Reichswährungsgeld sein sollten, mit den jetzigen Reichsgoldmünzen oder mit Goldmünzen von gleichem Feingehalt zu zahlen sei, nur bei Reallasten, nicht bei Hypotheken eintragungsfähig. Diese Klausel kann nur durch Höchstbetragshypothek gesichert werden (vgl. OLG. 43, 11; RG. in JW. 54, 1483 und dazu ebenda die Bemerkungen von Nußbaum).

Die Kreditgewährung durch *Hypothekenbanken* ist an besondere Vorschriften geknüpft (vgl. Hypothekenbankgesetz vom 13. Juli 1899 — RGBl. S. 375 — und Gesetz vom 14. Juli 1923 — RGBl. I 635). Übrigens sind die Einzelheiten der Darlehnsbedingungen bei fast allen Hypothekenbanken dieselben. Über die *Umlaufsgrenzen* für Pfandbriefe und sonstige Schuldverschreibungen von Hypothekenbanken s. RGBl. 1925 I, 88.

Die Hypothek selbst kann auch als *bedingtes* dingliches Recht, auch unter Setzung eines Anfang- oder Endtermines bestellt werden (vgl. Note 2 zu § 1113 RGKomm. zum BGB.). Hiervon ist die Bestellung einer Hypothek für eine *künftige* oder *bedingte* Forderung zu unterscheiden (§ 1113 BGB. Abs. 2). *Der Gläubiger ist bestimmt* anzugeben; Vorname, Familienname, auch Stand sind anzuführen. Indessen ist auch die Bestellung einer Hypothek für *unbekannte Berechtigte* statthaft, z. B. künftige Abkömmlinge einer bestimmten Person, Nacherben eines bestimmten Verstorbenen. Einen Kaufmann führt man am besten unter seinem Namen und nicht unter seiner Firma an. Nicht statthaft ist die Bestellung einer Hypothek für den Nachlaßpfleger, Testamentsvollstrecker (KGJ. 40 A 141; OLG. 7, 375), auch nicht für eine Vermögensmasse, Konkursmasse, Nachlaßmasse. Nur für Personenvereinigungen, die zwar keine juristischen Personen sind, aber unter ihrem Namen Rechte erwerben können, z. B. offene Handelsgesellschaften, Kommanditgesellschaften (§§ 124, 161 Abs. 2 HGB.) ist Bestellung einer Hypothek statthaft, dagegen nicht für einen nicht rechtsfähigen Verein oder eine Gesellschaft des Bürgerlichen Rechts (§§ 54, 705 BGB.).

Mehrere Personen können Gläubiger einer einheitlichen Hypothek sein, wenn sie hinsichtlich der Forderung in einem Gemeinschaftsverhältnis stehen: Gemeinschaft nach Bruchteilen, Gemeinschaft zur gesamten Hand, Gesamtgläubiger gemäß § 428 BGB. Die sämtlichen Beteiligten sind genau unter Angabe des Gemeinschaftsverhältnisses zu bezeichnen. Liegen diese Voraussetzungen nicht vor, so kann nur für jeden eine besondere Hypothek bestellt werden. Für mehrere Forderungen kann eine einheitliche Hypothek nur bestellt werden, wenn die Forderungen demselben Gläubiger gegen denselben Schuldner zustehen.

Der Geldbetrag und der Grund der Forderung sind anzugeben, z. B. Darlehn, Kaufpreis; Schuldversprechen und Schuldanerkenntnis im Sinne der §§ 780, 781 BGB. reichen aus. Über die Bestellung von Hypotheken für Teilschuldverschreibungen einer Anleihe s. JW. 54, 1777. Beim Zinssatz genügt es, daß er durch einfache Rechnung bestimmbar ist (KGJ. 34 A 270). Es dürfen auch nicht der Anfangspunkt der Verzinsung und die Zinstermine fehlen. Einer besonderen Angabe der Zinslosigkeit bedarf es nicht. Unzulässig ist es, den jeweiligen Bankdiskont oder den jeweiligen Lombardzinsfuß der Reichsbank als Zinssatz zu bestimmen (KGJ. 34 A 279; 32 A 307).

Die Eintragung von **Verzugszinsen oder Zinseszinsen** ist unzulässig. Eine Ausnahme besteht nur für die in § 248 Abs. 2 und § 1115 Abs. 2 angeführten Kreditanstalten. Dagegen kann die in einer bestimmten Geldsumme bestehende Vertragsstrafe für unpünktliche Kapital- oder Zinszahlung eingetragen werden. § 247 BGB., der dem Schuldner allgemein bei Vereinbarung eines höheren Zinssatzes als 6 % ein Kündigungsrecht gewährt, ist außer Kraft gesetzt (RGBl. 1923, 163).

Das Kammergericht hat seinen früheren Standpunkt, daß ein Ehemann zugunsten seiner Ehefrau im gesetzlichen Güterstande keine verzinsliche Hypothek bestellen können, aufgegeben (KGJ. 52 A 180). Der Bruchteil eines Grundstückes kann mit einer Hypothek nur belastet werden, wenn er in dem Anteil eines Miteigentümers besteht (§ 1194 BGB.).

☞ Für dieselbe Forderung können nicht mehrere Hypotheken auf einem Grundstück eingetragen werden. Wird für eine Forderung eine Hypothek an mehreren Grundstücken bestellt (Gesamthypothek, § 1132 BGB.), so empfiehlt es sich im Interesse der Beschleunigung, bei jedem der beteiligten Grundbuchämter anzugeben, an welches Grundbuchamt alle Grundbuchämter den von ihnen gebildeten Brief zur Bildung des Gesamtbriefes mit Schuldurkunde senden, in welcher Reihenfolge dieses Grundbuchamt sein Ersuchen mit Gesamtbrief den einzelnen Grundbuchämtern zur Eintragung der Mithaft senden und welches Grundbuchamt die Kosten einziehen soll (vgl. Ricks, DNotV. 25, 110).

Durch die Ausnahmebestimmung des § 1196 BGB. gestattet das Gesetz die einseitige Bestellung einer Grundschuld, nicht auch einer Hypothek, für den Eigentümer, und zwar nicht nur als Brief-, sondern auch als Buchgrundschuld.

2. Bei Bestellung einer Briefhypothek achte man darauf, daß die im § 1117 Abs. 2 BGB. die Übergabe des Briefes ersetzende Vereinbarung in der Urkunde zum Ausdruck kommt. Die Vereinbarung muß dem Grundbuchamt nachgewiesen werden, wenn sie auch mündlich getroffen sein kann und keiner Form unterliegt. Es ist deshalb erforderlich, daß in der Urkunde erklärt wird, der Hypothekenbrief solle gemäß der getroffenen Vereinbarung von dem Grundbuchamt dem Gläubiger ausgehändigt werden. Das Grundbuchamt ist aber auch berechtigt, diese Vereinbarung in der Form des § 29 GBO. zu fordern. Bei Bestellung einer Buchhypothek darf der Zusatz, daß die Erteilung des Briefes ausgeschlossen ist, nicht fehlen. Hierfür genügt die einseitige Erklärung des Eigentümers. Der Nachweis des Einverständnisses des Gläubigers mit der Briefausschließung (§ 1116 Abs. 2 BGB.) ist nicht erforderlich (KGJ. 20 A 97). Eine Abrede des Eigentümers mit dem Gläubiger, nach welcher dieser berechtigt sein soll, nachträglich einseitig die Aufhebung der Briefausschließung zu erklären, hat keine dingliche Wirkung, ist daher auch nicht eintragungsfähig. Ein solches Recht kann nur als Anspruch auf Änderung des Inhalts der Hypothek durch Bewilligung einer Vormerkung gesichert werden (KGJ. 21 A 117; 28 A 151). Schließlich sei bemerkt, daß auch die Nichtübertragbarkeit einer Hypothek vereinbart werden kann und diese Vereinbarung eintragungsfähig ist (KGJ. 29 A 243).

3. Der **Hypothekenbrief**, der vom Grundbuchamt erteilt wird, muß nach § 56 GBO. die Bezeichnung als Hypothekenbrief enthalten, den Geldbetrag der Hypothek und das belastete Grundstück bezeichnen und mit Unterschrift und Siegel versehen sein. Die Beachtung dieser Vorschriften ist zwingendes Recht.

4. Über die Bestellung einer Hypothek in einer vollstreckbaren Notariatsurkunde s. unten Note 1 in dem Abschnitt über „Die vollstreckbare Notariatsurkunde". Über Stempelfragen s. S. 29.

5. **Abtretung von Hypotheken.** Es gilt der Grundsatz, daß die Forderung nicht ohne die Hypothek, die Hypothek nicht ohne die Forderung übertragen werden kann (§ 1153 BGB.). Daher ist eine rechtsgeschäftliche Erklärung des Inhalts, daß die Forderung unter Vorbehalt der Hypothek oder die Hypothek unter Ausschluß der Forderung abgetreten wird, rechtsunwirksam. Will ein Gläubiger eine Forderung ohne Hypothek übertragen, so muß er zuvor auf die Hypothek verzichten vgl. §§ 1153, 1168 BGB. (RGZ. 45, 186). Eine Ausnahme besteht nur für die **Höchstbetragshypothek**, bei der auch die Forderung allein übertragbar ist, sowie für rückständige Zinsen oder andere Nebenleistungen der Hypothek (§§ 1190 Abs. 4, 1159 BGB.). Die Abtretung einer Hypothek kann auch unter einer Bedingung oder Befristung erfolgen. Auch eine künftige Hypothek ist ganz oder in Teilen übertragbar, in gleicher Weise wie eine künftige Forderung. Den guten Glauben genießt der Erwerber hierbei nicht, weil das abgetretene Recht zur Zeit der Abtretung im Grundbuch noch nicht eingetragen war (RGZ. 74, 416).

Während es zur Abtretung von Buchhypotheken der Einigung über die Abtretung oder einer nach § 29 GBO. ausgestellten Bewilligung des Berechtigten und in beiden Fällen der Eintragung im Grundbuch bedarf, genügt zur Abtretung einer Briefhypothek schon die privatschriftliche Abtretungserklärung und Übergabe des Briefes (§ 1154 Abs. 1 BGB.). Die Parteien können bei Abtretung einer Briefhypothek nicht vereinbaren, daß zur Wirksamkeit der Abtretung noch die Eintragung im Grundbuch erforderlich sei (GruchotsBeitr. 51, 181). Der Übergabe stehen die Ersatzmittel der Übergabe in der rechtlichen Wirkung gleich (§§ 929—931 BGB. und die im § 1117 BGB. Abs. 2 erwähnte Vereinbarung). Die Annahme der Abtretung braucht nicht beurkundet zu werden; ebenso ist die Eintragung der Abtretung in das Grundbuch nicht erforderlich. Die Eingehung der Verpflichtung zur Abtretung einer Hypothek (pactum de cedendo) fällt nicht unter § 1154 BGB., kann also formlos erfolgen. Auch bei einer Briefhypothek ist ein solches pactum de cedendo an keine Form gebunden (RGZ. 54, 148). Eine unbeglaubigte Abtretungsurkunde reicht indes zur vollständigen Legitimation des Gläubigers und zur Wahrnehmung seiner Rechte nicht aus. Z. B. kann der Eigentümer bei Vorlegung einer unbeglaubigten Abtretungserklärung eine Kündigung oder Mahnung zurückweisen; auch kann der Gläubiger auf Grund einer solchen seine Eintragung in das Grundbuch nicht herbeiführen. Ferner kommt dem neuen Gläubiger bei einer nur privatschriftlichen Abtretung einer Hypothek nicht der Schutz des öffentlichen Glaubens zustatten. Es ist deshalb ratsam, in allen Fällen die Abtretungserklärung zu beglaubigen. Auch ist darauf zu achten, daß bei der Abtretung stets der Hypothekenbrief vorgelegt wird. Erfolgt die Abtretung ohne Übergabe des Briefes oder ohne Übergabeersatz (§§ 929—931, 1117 BGB.), so erlangt der Erwerber kein Gläubigerrecht. Wohl aber erlangt kraft der in der Abtretung enthaltenen „Einwilligung" des Gläubigers der Erwerber das Recht, über dessen Hypothek zu verfügen. Wird die Übergabe des Briefes nachgeholt, so wird auch die Verfügung des Erwerbers gemäß § 185 wirksam (KGJ. 41, 234).

Ein ausreichender Übergabeersatz ist, wie erwähnt, nach § 1117 Abs. 2 BGB. die Vereinbarung, daß der Erwerber berechtigt sein soll, sich den Hypothekenbrief vom Grundbuchamt aushändigen zu lassen. Das Grundbuchamt muß dann allerdings die Verfügungsmacht über den Brief besitzen. Ein zur Erledigung eines Eintragungsantrags zu den Grundakten eingereichter Brief darf zur Erledigung anderer Anträge nur mit Einverständnis des Einreichenden verwendet werden (JW. 54, 1775). Ist ein Brief nicht vorhanden, z. B. wegen Kraftloserklärung eines abhandengekommenen Briefes, so genügt die Anweisung auf Aushändigung des vom Grundbuchamt anzufertigenden Briefes. Dagegen liegt kein Übergabeersatz vor, wenn das Aufgebotsverfahren eingeleitet, das Ausschlußurteil aber noch nicht ergangen ist (RGZ. 84, 314).

Wird eine Briefhypothek mehrmals nacheinander abgetreten, ohne daß der eine oder andere Erwerber im Grundbuch eingetragen worden ist, so genügt es, wenn der Zessionar die ihm von seinem Vormann ausgestellte Abtretungsurkunde und den Brief aushändigt. Zur Eintragung im Grundbuch ist allerdings die Einreichung aller früheren Abtretungsurkunden erforderlich, und zwar in der Form des § 29 GBO.

Vor der Beurkundung der Abtretungserklärung ist durch Einsicht des Grundbuchs festzustellen, ob etwa ein Widerspruch gegen die Hypothek eingetragen ist. Aus dem Briefe ist nämlich der Widerspruch nicht ersichtlich, weil es zur Eintragung eines solchen der Vorlegung des Hypothekenbriefes nicht bedarf (§ 42 GBO.). Empfehlenswert ist auch, die Stunde der Abtretung zu vermerken; denn wenn bis zur angegebenen Stunde kein Widerspruch gegen die Hypothek eingetragen ist, so kann ein späterer Widerspruch nicht schaden, wenn zu der angegebenen Stunde die Abtretung erfolgt und der Brief ausgehändigt ist. Eine Blankoabtretung der Hypothek, in der der Name des neuen Gläubigers offengelassen wird, ist unzulässig (RGZ. 63, 230). Bei Abtretung eines Teiles einer Hypothek, überhaupt bei Teilung der Hypothek, ist zu prüfen, ob und inwieweit der neugebildeten Teilpost bei ihrer Abtretung der Vorrang vor dem Rest eingeräumt wird. Die Feststellung des Rangverhältnisses unterliegt hier nicht dem Stempel für Vorrechtseinräumungen. Mangels einer Abrede haben die Teile gleichen Rang untereinander. Die Zustimmung des Eigentümers zu der Rangabtretung ist nicht erforderlich. Soll von einer Briefhypothek ein Teil abgetreten werden, so muß entweder der Stammbrief übergeben oder der Mitbesitz an diesem eingeräumt werden, wenn nicht ein Teilbrief gebildet wird. Der Mitbesitz kann auch in der Weise vereinbart werden, daß der eine Gläubiger zugleich als Verwahrer des Briefes für den andern bestellt wird.

Die Hypothek kann ohne das Zinsrecht abgetreten werden, indem der Gläubiger sich das Zinsrecht vorbehält. Der Gläubiger kann auch den Anspruch auf die rückständigen Zinsen sowie die laufenden und künftigen Zinsen selbständig abtreten. Die laufenden und künftigen Zinsen können nur nach den für die Abtretung von Hypotheken geltenden Vorschriften übertragen werden. Bei Briefhypotheken kann also ein Teilhypothekenbrief gebildet werden. Die Abtretung rückständiger Zinsen dagegen erfolgt nicht nach Hypothekenrecht, sondern nach den für die Übertragung von Forderungen geltenden allgemeinen Vorschriften, also formlos. Die Bildung eines Teilhypothekenbriefes, auch die Eintragung in das Grundbuch ist in einem solchen Fall unzulässig.

Die für die Übertragung der Forderung geltenden Vorschriften der §§ **406—408 BGB.** (z. B. über Zahlungen an den bisherigen Gläubiger, bevor der Schuldner von der Abtretung Kenntnis erhalten hat) finden auf das Rechtsverhältnis zwischen dem Eigentümer und dem neuen Gläubiger in Ansehung der Hypothek keine Anwendung (§ 1156 BGB.). Für das Rechtsverhältnis zwischen dem persönlichen Schuldner und dem neuen Gläubiger behalten sie ihre Gültigkeit. Über die Wirksamkeit einer Kündigung und über die Forderung auf Zinsen und andere Nebenleistungen, z. B. Vertragsstrafen für unpünktliche Zahlung, s. § 1156 Satz 2 und § 1158 BGB.

Über den Stempel s. S. 201 Abs. 4 bis 8, über die Gebühren §§ 33, 34 GKG.

Bei Abtretung einer der Aufwertung unterliegenden Hypothek ist darauf hinzuweisen, daß, wenn der persönliche Schuldner eine Herabsetzung erzielt, sich nach § 4 des AufwGes. der Aufwertungsbetrag der Hypothek ohne weiteres ermäßigt (vgl. auch § 8 des Ges.).

6. Zur Aufhebung einer Hypothek oder eines andern Rechtes an einem Grundstück ist die Erklärung des Berechtigten, daß er die Hypothek aufgebe, und die Löschung der Hypothek im Grundbuch erforderlich. Vor der Löschung ist der Berechtigte an seine Erklärung nur gebunden, wenn er sie dem Grundbuchamte gegenüber abgegeben oder demjenigen, zu dessen Gunsten sie erfolgt, eine den Vorschriften der Grundbuchordnung entsprechende Löschungsbewilligung ausgehändigt hat (§ 875 BGB). Zur Aufhebung einer Hypothek durch Rechtsgeschäft ist außerdem die Zustimmung des

Eigentümers erforderlich (§ 1183 BGB.). Die Zustimmung ist dem Grundbuchamt oder dem Gläubiger gegenüber zu erklären; sie ist unwiderruflich. Die auf Beseitigung der Hypothek gerichtete Aufhebung ist von dem Verzicht auf die Hypothek zu unterscheiden. Denn durch den Verzicht wird die Hypothek nicht aufgehoben, sondern von dem Grundstückseigentümer erworben (vgl. § 1168 BGB. und Note 1 zu § 1168 RGKomm. zum BGB.). Sowohl bei Verzicht als bei Aufhebung wird der persönliche Schuldner insoweit frei, als er ohne diese Verfügung nach § 1164 BGB. aus der Hypothek hätte Ersatz erlangen können (vgl. § 1165 und dazu namentlich bei der Gesamthypothek Note 1 zu § 1165 RGKomm. zum BGB.). Ist das Recht, das aufgehoben werden soll, mit den Rechten eines Dritten belastet, z. B. mit einem Pfandrecht oder mit einem Nießbrauch, so ist zur Aufhebung des belasteten Rechtes auch die Zustimmung des Dritten erforderlich; ist das belastende Recht im Grundbuch eingetragen, so bedarf die Zustimmung der Form des § 21 GBO. Steht das aufzuhebende Recht dem jeweiligen Eigentümer eines andern Grundstücks zu, ist z. B. ein Grundstück mit einer Grunddienstbarkeit zugunsten des jeweiligen Eigentümers eines andern Grundstücks belastet, so ist, wenn dieses andere Grundstück mit dem Rechte des Dritten belastet ist, die Zustimmung des Dritten erforderlich, es sei denn, daß dessen Recht durch die Aufhebung nicht berührt wird (§ 876 BGB.). Um also in dem angeführten Falle die Grunddienstbarkeit aufzuheben, bedarf es der Aufhebungserklärung des Eigentümers des berechtigten Grundstücks und der Zustimmung derjenigen, für welche Hypotheken an diesem Grundstücke bestehen. Wird das belastende Recht nicht berührt, so bedarf es der Zustimmung nicht. Dem Grundbuchamt muß allerdings das Vorliegen dieser Voraussetzung nachgewiesen werden, wenn die Löschung ohne Beibringung der Zustimmungserklärung beantragt wird.

7. Wird eine **Hypothek** (Grundschuld oder Rentenschuld) mittels Übergabe des Briefes **verpfändet**, so ist ein Übergeberersatz durch constitutum possessorium (§ 930 BGB.) oder durch Abtretung des Anspruchs auf Herausgabe (§ 931 BGB.) unzulässig. Wohl aber kann die Verpfändung durch Einräumung des Mitbesitzes oder Bestellung eines Treuhänders (z. B. des Notars) erfolgen (§§ 1274, 1206 BGB.). Die bloße Verpfändung des Hypothekenbriefs ist rechtsunwirksam.

8. **Rangordnung zwischen mehreren Hypotheken.**

a) Bei Rechten, die in derselben Abteilung des Grundbuchs eingetragen sind, bestimmt sich die Rangordnung nach der Reihenfolge der Eintragungen, auch wenn sie unter Angabe des gleichen Tages eingetragen sind. Werden Rechte, die den gleichen Rang haben sollen, in derselben Abteilung eingetragen, so ist, da das eine räumlich von dem andern getrennt eingetragen werden muß, besonders zu vermerken, daß die Rechte gleichen Rang haben. Das Rangverhältnis kann nach § 880 BGB. nachträglich geändert werden. Soll ein Recht, z. B. eine Hypothek, hinter mehrere Rechte von verschiedenem Range zurücktreten, so ist zu unterscheiden:

Erfolgt die Vorrangseinräumung gleichzeitig, so behalten die mehreren vortretenden Rechte ihr bisheriges Rangverhältnis zueinander auch insoweit bei, als ihnen der Vorrang eingeräumt ist. Ist also z. B. für A eine Hypothek von 10000 ℳ, dahinter für B eine Hypothek von 8000 ℳ, für C eine Hypothek von 6000 ℳ eingetragen und räumt A gleichzeitig dem B und dem C den Vorrang ein, so ergibt sich folgendes Rangverhältnis: B 8000 ℳ, C

6000 ℳ, A 10000 ℳ. Erfolgt die Vorrangseinräumung nacheinander, so rückt das Recht, dem zuerst der Vorrang eingeräumt ist, an die Stelle des zurücktretenden. Wenn also in dem eben angegebenen Beispiel A dem C den Vorrang einräumt, so ergibt sich folgendes Rangverhältnis: C 6000 ℳ, A 4000 ℳ, B 8000 ℳ, A 6000 ℳ. Räumt dann A auch dem B den Rang ein, so ergibt sich folgende Reihenfolge: C 6000 ℳ, B 8000 ℳ, A 10000 ℳ. Wird einem Rechte der Vorrang vor mehreren Rechten eingeräumt, so tritt es ohne Einschränkung vor diese, während die zurücktretenden Rechte untereinander ihren bisherigen Rang beibehalten, z. B.: A 10000 ℳ, B 20000 ℳ, C 30000 ℳ. Räumen A und B dem C den Vorrang ein, so stehen: C 30000 ℳ, A 10000 ℳ, B 20000 ℳ.

Über die Wirkung der Vorrangseinräumung auf den Rang mehrerer nicht gleichzeitig zurücktretender Hypotheken untereinander s. DNotV. 24, 117.

b) Wenn der Grundstückseigentümer einem Hypothekengläubiger das Recht einräumt, daß seine Hypothek für den Fall der Tilgung der Vorhypotheken vorrücken soll, so muß sich der Eigentümer verpflichten, die Hypotheken, wenn sie sich ganz oder teilweise mit dem Eigentum in einer Person vereinigen, löschen zu lassen. Zur Sicherung dieses Löschungsanspruchs kann eine Vormerkung eingetragen werden (§ 1179). Die Löschungsvormerkung ist auch zugunsten des jeweiligen Gläubigers einer Hypothek in folgender Form (vgl. RGZ. 63, 152 und Dorst S. 115) zulässig:

„Ich verpflichte mich, dem Gläubiger Herrn ..... der vorstehend zur Eintragung bewilligten Hypothek und für den Fall, daß die Hypothek auf einen andern übergeht, dem jeweiligen Gläubiger der Hypothek gegenüber, jedem in seiner Eigenschaft als Gläubiger der Hypothek, die Vorhypotheken, soweit sie Eigentümergrundschulden sind oder werden, zur Löschung zu bringen. Ich bewillige und beantrage die Eintragung einer dahingehenden Vormerkung bei den Vorhypotheken in das Grundbuch."

Der Zustimmung der Gläubiger der Vorhypotheken bedarf es nicht. Ist aber die vorstehende Hypothek eine Briefhypothek, so ist nach §§ 42, 62 GBO. der Brief vorzulegen. Der Gläubiger der Hypothek kann allerdings dazu nur gezwungen werden, wenn eine entsprechende Verpflichtung dem Grundstückseigentümer gegenüber besteht.

Wird einer Baugeldhypothek der Vorrang eingeräumt, so ist, wenn die Einräumung nicht bedingungslos erfolgt, als stillschweigend vereinbart anzusehen, daß der Baugeldhypothek das Vorrecht nur soweit zustehen soll, als sie durch Zahlungen des Baugeldgebers an den Eigentümer gemäß dem Baugeldvertrage je nach Fortschreiten des Baues entstanden ist (RGZ. 76, 375). Soll die Vorrangseinräumung davon abhängen, daß der betreffende Bauabschnitt vollständig und mangelfrei ausgeführt ist, bedarf es besonderer Vereinbarung.

c) Vorrechtseinräumungen unterliegen einem Feststempel von 3 RM. (Tarifstelle 20 des PrStStG.). Tritt ein Gläubiger mit seiner Hypothek hinter mehrere Hypotheken zurück, so ist der Stempel so oft zu verwenden, als vortretende Gläubiger vorhanden sind (§ 10 des Gesetzes). Die Gebührenberechnung regelt § 20 Abs. 3 GKG.

d) Behält sich der Eigentümer vor, ein Recht mit dem Range vor einem anderen eintragen zu lassen (§ 881 BGB.), so muß das vorbehaltene Recht deutlich, auch dem Umfange nach, bestimmt sein. Soll eine vorbehaltene Hypothek verzinslich sein, so muß der Zinsfuß angegeben sein. Dagegen braucht die Person, der das vorbehaltene Recht zustehen soll, nicht bezeichnet zu werden.

Über den Rangvorbehalt für den Eigentümer auf Grund des Gesetzes über die Aufwertung von Hypotheken vom 16. Juli 1925 s. § 7 daselbst. Der Eigentümer kann einer neuen Hypothek den vorbehaltenen Rang oder die bereiteste Stelle einräumen.

Zusatz. Wird einem Hypothekengläubiger gegenüber eine Ausbietungsgarantie übernommen, so hat der Kauflustige im Zwangsversteigerungsverfahren bei der Berechnung seines Gebotes auch die Gerichtskosten für das Versteigerungsverfahren und die Grunderwerbsteuer in Betracht zu ziehen. Dafür ist der gemeine Wert maßgebend. Wird gegen die Berechnung mit Erfolg Beschwerde eingelegt, so wird der Unterschied zwischen der früheren Rechnung und der neu aufzustellenden Rechnung für die Kaufgeldermasse frei. Dieser Betrag fließt dann dem nächstfolgenden Hypothekengläubiger zu. Auch aus anderen Gründen können Beträge ermittelt werden, die später an diejenigen ausgezahlt werden müssen, die hinter dem auszubietenden Hypothekengläubiger stehen. Um sich gegen solche Möglichkeiten zu schützen, zahlt der Kauflustige, welcher den Hypothekengläubiger herausbieten muß, am besten vor der Abgabe seines Gebotes an den Gläubiger einen Betrag, von dem er annimmt, daß im ungünstigsten Falle bei der Verteilung der Kaufgelder eine gleich hohe Summe zur Kaufgeldermasse fließen könnte, und behält sich mit dem Hypothekengläubiger die spätere Verrechnung vor. Hat er dann im Versteigerungstermin den Ausbietungsbetrag berechnet, so bietet er diese Summe abzüglich des bereits an den Hypothekengläubiger gezahlten Betrages.

5. Ehevertrag.

1. Der Abschluß eines Ehevertrages ist vor oder nach Eingehung der Ehe statthaft. Erforderlich ist die gleichzeitige Anwesenheit vor Gericht oder Notar. Jeder Teil kann sich durch einen Bevollmächtigten vertreten lassen. Für die Vollmacht zum Abschluß eines Ehevertrages gilt auch § 181 BGB. Ein Ehemann kann daher auf Grund einer ihm von der Frau dazu erteilten Vollmacht einen Ehevertrag der Frau gegenüber mit sich selbst im eigenen Namen abschließen (RGZ. 79, 282). Auch vertragschließende Vertreter müssen gleichzeitig anwesend sein. Für einen Geschäftsunfähigen schließt der gesetzliche Vertreter den Ehevertrag ab. In der Geschäftsfähigkeit Beschränkte bedürfen entweder der vorherigen oder nachträglichen Zustimmung des gesetzlichen Vertreters (§ 107 BGB.). Sie können den Vertrag selbst abschließen oder sich durch den gesetzlichen Vertreter vertreten lassen. Jedoch kann ein Ehevertrag, durch den die allgemeine Gütergemeinschaft oder die Fahrnisgemeinschaft vereinbart oder aufgehoben wird, nicht durch einen gesetzlichen Vertreter geschlossen werden (§§ 1437, 1549 BGB.). Weder Vollmacht noch Zustimmung bedürfen der im § 1434 BGB. vorgeschriebenen Form. Genehmigung des Vormundschaftsgerichtes ist, abgesehen von den Fällen der §§ 1437, 1508 und 1549 BGB., nicht erforderlich. Generalvollmacht ist zum Abschluß eines Ehevertrages nicht ausreichend; bei Vertretung ist also Spezialvollmacht erforderlich.

2. Ausländische Ehegatten, die ihren Wohnsitz im Inlande haben, können auf Grund des Haager Eherechtsabkommens vom 17. Juli 1905, wenn auch für deren eheliches Güterrecht das Gesetz des Heimatstaates, dem der Mann zur Zeit der Eheschließung angehört, maßgebend ist (Art. 15

Abs. 2 EGBGB.) einen Ehevertrag nach deutschem Recht schließen und sich deutschem Güterrecht unterwerfen (vgl. hierzu Anm. 4 zu § 1433 und Vorbem. Nr. 4 zu § 1363 RGKomm. zum BGB.). Im Verhandlungsprotokoll ist dies zu erwähnen.

3. Zur Wirksamkeit des Ehevertrages ist die Eintragung in das Güterrechtsregister nicht erforderlich, aber anzuraten. Denn nach § 1435 BGB. können, wenn durch Ehevertrag die Verwaltung und Nutznießung des Mannes ausgeschlossen oder geändert wird, einem Dritten gegenüber Einwendungen daraus nur hergeleitet werden, wenn die Ausschließung oder Änderung in dem Güterrechtsregister eingetragen oder dem Dritten bekannt war. Der Eintragungsantrag ist zweckmäßig in den Ehevertrag aufzunehmen. Vorbedingung der Eintragung ist die Eheschließung. Es ist daher Beifügung der Heiratsurkunde erforderlich. Der Antrag ist an das Amtsgericht des Wohnsitzes des Ehemannes zu richten. Hat der Ehemann einen Wohnsitz an mehreren Orten, so genügt die Einreichung bei dem Amtsgericht des einen oder anderen Ortes. Hat der Ehemann im Inlande keinen Wohnsitz, so kann die Eintragung nicht erfolgen. Die Eintragung in das Register eines unzuständigen Gerichts ist unwirksam.

4. Im Vertrage selbst führe man genau das Vermögen der Ehefrau auf; für bewegliche Sachen ist dies schon mit Rücksicht auf § 1362 BGB. ratsam. Auch treffe man mit Rücksicht auf § 1427 BGB. eine Bestimmung, ob und inwieweit die Ehefrau zur Bestreitung des ehelichen Aufwandes einen Beitrag aus den Einkünften ihres Vermögens und dem Ertrage ihrer Arbeit oder eines von ihr selbst betriebenen Geschäftes zu leisten hat.

Der Ehevertrag ist mit $^{1}/_{10}$% des Wertes des Vermögens, auf das er sich erstreckt, zu verstempeln. Ein über den Ehevertrag hinausgehender Vertragsinhalt ist besonders stempelpflichtig, z. B. aus PrStStG. Tarifstelle 7 oder 18. Die Notariatsgebühr beträgt $^{20}/_{10}$, berechnet nach dem Werte des Vermögens beider Ehegatten unter Abzug der Schulden. Wegen des Hausrats s. § 20 Abs. 9 GKG.

5. Das Güterrechtsregister hat nicht den öffentlichen Glauben des Grundbuchs. Wer sich auf das Grundbuch verläßt, ist nicht verpflichtet, das Güterrechtsregister einzusehen.

6. Errichtung eines Testamentes.

Für die Errichtung eines Testamentes sind die Vorschriften des 3. Abschn. 7. Titel des Erbrechts des BGB. maßgebend. Daneben gelten ergänzend die Bestimmungen des Freiwilligen Gerichtsbarkeitsgesetzes (vgl. die Erläuterungen zu § 168 RFGG.).

§ 2229 BGB. Wer in der Geschäftsfähigkeit beschränkt ist, bedarf zur Errichtung eines Testaments nicht der Zustimmung seines gesetzlichen Vertreters.

Ein Minderjähriger kann ein Testament erst errichten, wenn er das sechzehnte Lebensjahr vollendet hat.

Wer wegen Geistesschwäche, Verschwendung oder Trunksucht entmündigt ist, kann ein Testament nicht errichten. Die

Unfähigkeit tritt schon mit der Stellung des Antrags ein, auf Grund dessen die Entmündigung erfolgt.

§ 2230 BGB. Hat ein Entmündigter ein Testament errichtet, bevor der die Entmündigung aussprechende Beschluß unanfechtbar geworden ist, so steht die Entmündigung der Gültigkeit des Testaments nicht entgegen, wenn der Entmündigte noch vor dem Eintritte der Unanfechtbarkeit stirbt.

Das gleiche gilt, wenn der Entmündigte nach der Stellung des Antrags auf Wiederaufhebung der Entmündigung ein Testament errichtet und die Entmündigung dem Antrage gemäß wieder aufgehoben wird.

Diese Paragraphen regeln die Fähigkeit zur Testamentserrichtung. Schon nach allgemeinen Vorschriften sind Geschäftsunfähige testierunfähig, denn die allgemeinen Grundsätze der §§ 104, 105 BGB. gelten auch für letztwillige Verfügungen. Testierunfähig sind die in §§ 104 und 105 BGB. genannten Personen. § 2229 erweitert den Kreis. Testierunfähig sind hiernach Minderjährige vor vollendetem 16. Lebensjahre und wegen Geistesschwäche, Trunksucht, Verschwendung Entmündigte, und zwar schon von dem Zeitpunkte ab, wo ihre Entmündigung beantragt ist. Die von letzteren Personen errichteten Testamente sind jedoch stets rechtsgültig, wenn ihre Entmündigung nicht wirklich erfolgt, oder wenn sie sterben, bevor der Entmündigungsbeschluß unanfechtbar geworden ist. Aber selbst das Testament eines Entmündigten besteht zu Recht, wenn es nach der Stellung des Antrags auf Wiederaufhebung der Entmündigung errichtet und die Entmündigung dem Antrage gemäß wieder aufgehoben wird. Dagegen ist das Testament ungültig, das ein Entmündigter vor Stellung des Antrags auf Wiederaufhebung der Entmündigung errichtet, mag die Aufhebung auch nachher tatsächlich erfolgen.

Nicht testierunfähig sind unter vorläufiger Vormundschaft Stehende (§ 1906 BGB.), auch die Pflegschaft wegen Gebrechlichkeit (§ 1910 BGB.) schließt die Testierfähigkeit nicht aus.

Testierunfähige Personen können auch nicht etwa durch ihren gesetzlichen Vertreter ein Testament errichten, denn der Erblasser kann nach § 2064 BGB. ein Testament nur persönlich errichten.

§ 2231 BGB. Ein Testament kann in ordentlicher Form errichtet werden:

1. vor einem Richter oder vor einem Notar;
2. durch eine von dem Erblasser unter Angabe des Ortes und Tages eigenhändig geschriebene und unterschriebene Erklärung.

§ 2232 BGB. Für die Errichtung eines Testaments vor einem Richter oder vor einem Notar gelten die Vorschriften der §§ 2233 bis 2246.

§ 2233 BGB. Zur Errichtung des Testaments muß der Richter einen Gerichtsschreiber oder zwei Zeugen, der Notar einen zweiten Notar oder zwei Zeugen zuziehen.

§ 2234 BGB. Als Richter, Notar, Gerichtsschreiber oder Zeuge kann bei der Errichtung des Testaments nicht mitwirken:

1. der Ehegatte des Erblassers, auch wenn die Ehe nicht mehr besteht;
2. wer mit dem Erblasser in gerader Linie oder im zweiten Grade der Seitenlinie verwandt oder verschwägert ist.

§ 2235 BGB. Als Richter, Notar, Gerichtsschreiber oder Zeuge kann bei der Errichtung des Testaments nicht mitwirken, wer in dem Testamente bedacht wird oder wer zu einem Bedachten in einem Verhältnisse der im § 2234 bezeichneten Art steht.

Die Mitwirkung einer hiernach ausgeschlossenen Person hat nur zur Folge, daß die Zuwendung an den Bedachten nichtig ist.

§ 2236 BGB. Als Gerichtsschreiber oder zweiter Notar oder Zeuge kann bei der Errichtung des Testaments nicht mitwirken, wer zu dem Richter oder dem beurkundenden Notar in einem Verhältnisse der im § 2234 bezeichneten Art steht.

§ 2237 BGB. Als Zeuge soll bei der Errichtung des Testaments nicht mitwirken:

1. ein Minderjähriger;
2. wer der bürgerlichen Ehrenrechte für verlustig erklärt ist, während der Zeit, für welche die Aberkennung der Ehrenrechte erfolgt ist;
3. wer nach den Vorschriften der Strafgesetze unfähig ist, als Zeuge eidlich vernommen zu werden;
4. wer als Gesinde oder Gehilfe im Dienste des Richters oder des beurkundenden Notars steht.

§ 2238 BGB. Die Errichtung des Testaments erfolgt in der Weise, daß der Erblasser dem Richter oder dem Notar seinen letzten Willen mündlich erklärt oder eine Schrift mit der mündlichen Erklärung übergibt, daß die Schrift seinen letzten Willen enthalte. Die Schrift kann offen oder verschlossen übergeben werden. Sie kann von dem Erblasser oder von einer anderen Person geschrieben sein.

Wer minderjährig ist oder Geschriebenes nicht zu lesen vermag, kann das Testament nur durch mündliche Erklärung errichten.

§ 2239 BGB. Die bei der Errichtung des Testaments mitwirkenden Personen müssen während der ganzen Verhandlung zugegen sein.

§ 2240 BGB. Über die Errichtung des Testaments muß ein Protokoll in deutscher Sprache aufgenommen werden.

§ 2241 BGB. Das Protokoll muß enthalten:
1. Ort und Tag der Verhandlung;
2. die Bezeichnung des Erblassers und der bei der Verhandlung mitwirkenden Personen;
3. die nach § 2238 erforderlichen Erklärungen des Erblassers und im Falle der Übergabe einer Schrift die Feststellung der Übergabe.

§ 2242 BGB. Das Protokoll muß vorgelesen, von dem Erblasser genehmigt und von ihm eigenhändig unterschrieben werden. Im Protokolle muß festgestellt werden, daß dies geschehen ist. Das Protokoll soll dem Erblasser auf Verlangen auch zur Durchsicht vorgelegt werden.

Erklärt der Erblasser, daß er nicht schreiben könne, so wird seine Unterschrift durch die Feststellung dieser Erklärung im Protokolle ersetzt.

Das Protokoll muß von den mitwirkenden Personen unterschrieben werden.

§ 2243 BGB. Wer nach der Überzeugung des Richters oder des Notars stumm oder sonst am Sprechen verhindert ist, kann das Testament nur durch Übergabe einer Schrift errichten. Er muß die Erklärung, daß die Schrift seinen letzten Willen enthalte, bei der Verhandlung eigenhändig in das Protokoll oder auf ein besonderes Blatt schreiben, das dem Protokoll als Anlage beigefügt werden muß.

Das eigenhändige Niederschreiben der Erklärung sowie die Überzeugung des Richters oder des Notars, daß der Erblasser am Sprechen verhindert ist, muß im Protokolle festgestellt werden. Das Protokoll braucht von dem Erblasser nicht besonders genehmigt zu werden.

§ 2244 BGB. Erklärt der Erblasser, daß er der deutschen Sprache nicht mächtig sei, so muß bei der Errichtung des Testaments ein vereideter Dolmetscher zugezogen werden. Auf den Dolmetscher finden die nach den §§ 2234 bis 2237 für einen Zeugen geltenden Vorschriften entsprechende Anwendung.

Das Protokoll muß in die Sprache, in der sich der Erblasser erklärt, übersetzt werden. Die Übersetzung muß von dem Dolmetscher angefertigt oder beglaubigt und vorgelesen werden; die Übersetzung muß dem Protokoll als Anlage beigefügt werden.

Das Protokoll muß die Erklärung des Erblassers, daß er der deutschen Sprache nicht mächtig sei, sowie den Namen des Dolmetschers und die Feststellung enthalten, daß der Dolmetscher die Übersetzung angefertigt oder beglaubigt und sie vorgelesen hat. Der Dolmetscher muß das Protokoll unterschreiben.

§ 2245 BGB. Sind sämtliche mitwirkende Personen ihrer Versicherung nach der Sprache, in der sich der Erblasser erklärt, mächtig, so ist die Zuziehung eines Dolmetschers nicht erforderlich.

Unterbleibt die Zuziehung eines Dolmetschers, so muß das Protokoll in der fremden Sprache aufgenommen werden und die Erklärung des Erblassers, daß er der deutschen Sprache nicht mächtig sei, sowie die Versicherung der mitwirkenden Personen, daß sie der fremden Sprache mächtig seien, enthalten. Eine deutsche Übersetzung soll als Anlage beigefügt werden.

§ 2246 BGB. Das über die Errichtung des Testaments aufgenommene Protokoll soll nebst Anlagen, insbesondere im Falle der Errichtung durch Übergabe einer Schrift nebst dieser Schrift, von dem Richter oder dem Notar in Gegenwart der übrigen mitwirkenden Personen und des Erblassers mit dem Amtssiegel verschlossen, mit einer das Testament näher bezeichnenden Aufschrift, die von dem Richter oder dem Notar zu unterschreiben ist, versehen und in besondere amtliche Verwahrung gebracht werden.

Dem Erblasser soll über das in amtliche Verwahrung genommene Testament ein Hinterlegungsschein erteilt werden.

§ 2247 BGB. Wer minderjährig ist oder Geschriebenes nicht zu lesen vermag, kann ein Testament nicht nach § 2231 Nr. 2 errichten.

§ 2248 BGB. Ein nach § 2231 Nr. 2 errichtetes Testament ist auf Verlangen des Erblassers in amtliche Verwahrung zu nehmen. Die Vorschrift des § 2246 Abs. 2 findet Anwendung.

1. **Die Zeugen** oder der zweite Notar müssen vom beurkundenden Notar, nicht vom Erblasser zugezogen werden; deren zufällige Anwesenheit genügt nicht. Die Zeugen sind weder zu beeidigen noch zu verpflichten. Was die persönlichen Eigenschaften der zugezogenen Personen anlangt, so müssen die Zeugen wenigstens ihren Namen schreiben können; im übrigen brauchen sie weder schreiben noch lesen zu können. Im Falle der Abgabe der Erklärung des Erblassers in deutscher Sprache müssen sie deutsch verstehen. Taube und Blinde können daher nicht Testamentzeugen sein, weil sie nicht alles wahrnehmen können, was sie als Zeugen notwendig wahrnehmen müssen (vgl. die Erläuterungen zu § 173 RFGG.).

Der Ehegatte des Erblassers darf nicht mitwirken, dagegen der Verlobte. Unter die Vorschrift des § 2234 Abs. 2 fällt auch, wer infolge Annahme an Kindes Statt als verwandt gilt. Maßgebend ist bei den Ausschließungsgründen der Zeitpunkt der Testamentserrichtung. Als „Bedachter" im Sinne des § 2235 BGB. gilt nicht der im Testament als Pfleger oder Vormund Benannte, auch nicht der zum Testamentsvollstrecker Ernannte, selbst wenn ihm eine Vergütung zugesagt ist. Die Zeugen können untereinander in einem Verhältnis der im § 2234 BGB. bezeichneten Art stehen.

Ohne zwingenden Grund ziehe man Zeugen, die gemäß § 2237 BGB. nicht mitwirken sollen, nicht zu. Ist man aber dazu genötigt, so achte man darauf, daß sie in der Lage sind, die einzelnen Vorgänge des Testamentsaktes wahrzunehmen. Gegen die Zuziehung von Personen als Zeugen, die wegen Geistesschwäche oder Trunksucht entmündigt sind, bestehen rechtlich keine Bedenken. Zu Gehilfen des Notars gehören nur diejenigen, die ihm in seinem Berufe Dienste leisten. Ob die Zeugen zum Erblasser oder zueinander im Dienst- oder Gehilfenverhältnis stehen, ist bedeutungslos.

2. Es muß klar zum Ausdruck kommen, ob der Erblasser seinen letzten Willen mündlich erklärt oder eine Schrift übergibt. Z. B. „Der N. N. erklärte mündlich seinen letzten Willen wie folgt."

Testiert der Erblasser mündlich, so muß er die Erklärung gegenüber dem Notar abgeben. Zeichen oder Gebärden sind keine Erklärungen. Der Erblasser braucht sich nicht in ausführlicher oder zusammenhängender Rede zu äußern, es genügt, wenn durch Rede und Gegenrede Frage und Antwort zwischen Notar und Erblasser zum Ausdruck kommen (Gruchot Beitr. 65, 99). Was die „Übergabe einer Schrift" betrifft, so braucht sie vom Erblasser nicht eigenhändig geschrieben zu sein, sie bedarf weder der Unterschrift noch der Datierung. Sie kann mit der Schreibmaschine hergestellt, sie kann auch vom Notar geschrieben sein. Die Sprache und die Schriftzeichen können beliebig gewählt sein, selbst Kurzschrift ist zulässig, nur darf die Möglichkeit der Entzifferung nicht bloß auf einen engen Kreis von Sachverständigen beschränkt sein. Die offen übergebene Schrift darf gegen den Willen des Erblassers vom Notar nicht eingesehen, auch nicht mit dem Protokoll verlesen werden. Wenn auch die übergebene Schrift dem Protokoll als Anlage beigefügt wird, so ist sie gleichwohl keine Anlage im Sinne des § 176 Abs. 2 RFGG. Nicht ausgeschlossen ist die Übergabe mehrerer Erklärungen; auch wenn sie verschieden datiert sind, gelten sie als einheitlich im Augenblick der Übergabe abgegeben.

Die Schrift muß dem Notar vom Erblasser, wenn auch nicht von Hand zu Hand, ausgehändigt werden. Der Erblasser muß die Schrift zur Zeit der Übergabe in seiner Verfügungsgewalt haben. Es genügt aber, daß das Schriftstück sich in der Nähe des Erblassers befindet, und der Notar es mit erklärter Zustimmung des Erblassers an sich nimmt. Eine verschlossene Schrift darf der Notar nicht öffnen. Im Anschluß hieran ist zu bemerken, daß Minderjährige (die Beschränkung gilt nicht für volljährig Erklärte, § 3 Abs. 2 BGB.) und auch solche, die Geschriebenes nicht zu lesen vermögen, also Blinde oder Personen, die so schwachsichtig sind, daß sie nicht erkennen können, was sie unterschreiben, **nur durch mündliche Erklärung** testieren können. Minderjährige gebrechliche Personen können, obgleich sie testierfähig sind, kein Testament errichten, weil es an einer Form dafür fehlt (vgl. hierzu Jastrow Note 16 zu § 2243 BGB.).

3. **Die mitwirkenden Personen müssen während der ganzen Verhandlung**, also während der eigentlichen Testamentserklärung, auch bei dem Akt der Schriftübergabe sowie bei den sonstigen Vorgängen, also Vorlesung, Genehmigung und Unterzeichnung des Protokolls **zugegen sein**. Anwesenheit der Zeugen nur bei diesem letzten Teile der Testamentsverhandlung ist nicht ausreichend. Insbesondere genügt nicht, daß sie nur das Protokoll des Notars zu hören bekommen. Abwesenheit eines Mitwirkenden auch nur bei einem dieser Vorgänge macht das Testament nichtig. Es ist deshalb darauf zu achten, daß im Protokoll zum Ausdruck kommt, daß die Zeugen während der ganzen Verhandlung zugegen waren. Dagegen ist nicht erforderlich, daß z. B. der Dolmetscher, falls er nach § 2244 BGB. bei der Errichtung eines Testaments zugezogen wird, während der ganzen Verhandlung anwesend ist. Er braucht nur so lange zugegen zu sein, als Grund und Zweck seiner Zuziehung es erfordern. Wenn der Dolmetscher beim Testa-

ment eines Sprachfremden die Übersetzung anfertigt, so braucht er sie nicht zu unterschreiben. Wird sie nicht von ihm angefertigt, muß er sie beglaubigen. Auf die Anfertigung einer Übersetzung kann nicht verzichtet werden.

Das Protokoll braucht nicht in einem Zuge vorgelesen zu werden. Es ist zulässig, zunächst den die Personalien des Erblassers und der mitwirkenden Personen enthaltenden ersten Teil der Verhandlung zu verlesen, die zur Testamentserrichtung erforderlichen Erklärungen des Erblassers folgen zu lassen, erst hierauf das Protokoll fertigzustellen und den übrigen Teil desselben zu verlesen (JW. 54, 357).

4. Das Protokoll muß enthalten:

a) Wahrheitsgemäße Angaben über Ort und Tag der Verhandlung. Genaues Datum und genaue Ortsbezeichnung sind daher erforderlich. Offenbare Versehen sind aber unschädlich, wenn sie aus dem Protokoll selbst oder aus gleichzeitigen mit dem Testamentsakt zusammenhängenden amtlichen Beurkundungen berichtigt werden können. Amtliche Aufschrift des Protokolls kann verwertet werden. Indes kann eine im Protokoll gänzlich fehlende oder nur mit „hier" oder „heute" gemachte Orts- und Zeitangabe nicht auf andere Weise ersetzt werden (vgl. oben S. 17).

b) Die Bezeichnung des Erblassers muß zwar nicht namentlich, aber so bestimmt sein, daß Zweifel über die Person des Beteiligten nicht aufkommen können. Auch ein regelmäßig geführtes Pseudonym genügt (vgl. hierzu die Erläuterungen zu § 176 Nr. 2 RFGG.). Außerdem ist die Bezeichnung der mitwirkenden Personen, insbesondere der Zeugen, vorgeschrieben.

c) Das Protokoll muß in deutscher Sprache aufgenommen werden, auch im Falle des § 2244 BGB., also, wenn der Erblasser der deutschen Sprache nicht mächtig ist und ein Dolmetscher zugezogen werden muß. Wer das Protokoll schreibt, ist gleichgültig. Bei Übergabe einer Schrift muß die Tatsache der Übergabe und der sie begleitenden Erklärung in das Protokoll aufgenommen werden.

d) Bei der Unterschrift des Protokolls ist nicht erforderlich, daß der Erblasser an erster Stelle unterschreibt; er kann auch nach den Zeugen unterschreiben. Die Unterschrift kann aber nicht durch Handzeichen ersetzt werden. Indessen ist die Unterschrift überhaupt entbehrlich, wenn der Erblasser erklärt, nicht schreiben zu können; dann muß aber eine entsprechende Erklärung in das Protokoll aufgenommen werden. Die Erklärung des Erblassers, daß er nicht schreiben könne, nicht die Tatsache der Schreibensunfähigkeit muß im Protokolle festgestellt werden. Eine Feststellung der Überzeugung des Notars, daß der Erblasser nicht schreiben könne, genügt nicht. Auch blinde Erblasser müssen unterschreiben, wenn sie dazu imstande sind. Wenn der Erblasser vor der Unterzeichnung stirbt oder geschäftsunfähig wird, so ist das Testament nichtig. Tritt dieser Fall nach der Unterzeichnung durch den Erblasser ein, so haben die mitwirkenden Personen zu unterzeichnen. Das Testament ist gültig. Der Sachverhalt ist im Protokolle zu vermerken. Hat eine mitwirkende Person vergessen, zu unterschreiben, so gilt das zu § 174 RFGG. Gesagte.

5. Gemäß § 2242 BGB. muß festgestellt werden, daß das Protokoll (nicht „das Testament") vorgelesen usw. worden ist. Über diese Feststellung sowie über die Unterzeichnung durch die mitwirkenden Personen vgl. die Erl. zu §§ 177, 174 RFGG. Auch bei Durchsicht des Protokolls durch den Erblasser darf Vorlesung nicht unterbleiben.

6. Der Notar soll in Gegenwart der Mitwirkenden und des Erblassers das Testament **verschließen** und hat es dem Amtsgericht, in dessen Bezirk er seinen Amtssitz hat, einzureichen. Es ist erwünscht, daß auf den Umschlägen der zur Verwahrung eingereichten Verfügungen von Todes wegen stets der Stand, Geburtstag und Geburtsort des Erblassers, bei Frauen auch der Geburtsname, angegeben wird. Auf Wunsch des Erblassers kann in Preußen das Testament auch (vgl. Art. 80 Abs. 2 AG. z. BGB.) einem anderen preußischen Gericht zur Verwahrung übergeben werden. Bei der Testamentserrichtung eines in Berlin wohnenden Erblassers ist diesem die Verwahrung des Testaments bei dem Gericht seines Wohnsitzes anzuraten. Zweckmäßig ist es, daß der Notar vom Amtsgericht eine Bescheinigung über die Einreichung des Testaments erhält. Man fertigt die Bescheinigung am besten selbst an und läßt sie vom Gericht unterschreiben. Ein Muster des Retentums für die Notariatsakten s. bei Oberneck S. 181.

Zusatz 1. Bei Aufnahme von gemeinschaftlichen Testamenten ist zu beachten, daß sie nur von Ehegatten, nicht von zukünftigen Ehegatten, also nicht von Verlobten, errichtet werden können. Spätere Heirat macht das von Verlobten errichtete Testament nicht gültig. Verlobten steht der Erbvertrag offen. Ein von Nichtehegatten errichtetes gemeinschaftliches Testament ist seinem ganzen Inhalte nach nichtig. Die darin enthaltenen Verfügungen können auch nicht als ein oder zwei Einzeltestamente aufrechterhalten werden (RGZ. 87, 33). Mit Rücksicht auf § 2270 BGB. empfiehlt es sich, klar zum Ausdruck zu bringen, ob Korrespektivität der Verfügungen gewollt ist oder nicht.

Über Bedenken gegen das eigenhändige Testament s. unten in dem Abschnitt über den „Erbschein" unter 2.

Zusatz 2. Nach § 2102 BGB. enthält die Einsetzung als Nacherbe im Zweifel auch die Einsetzung als Ersatzerbe. Wenn daher der als Vorerbe berufene Abkömmling die Erbschaft ausschlägt und den Pflichtteil verlangt, so werden seine als Nacherben eingesetzten Kinder Erben. Will der Erblasser dies verhindern, muß er anordnen, daß, wenn ein Erbe die Erbschaft ausschlägt und den Pflichtteil verlangt, seine Abkömmlinge von der Erbschaft ausgeschlossen sind.

Ist ein Abkömmling durch Verfügung von Todes wegen von der Erbschaft ausgeschlossen, so treten seine Abkömmlinge an seine Stelle. Um dies zu verhindern, müssen seine Abkömmlinge ebenfalls ausgeschlossen werden (vgl. RGZ. 61, 14).

Zusatz 3. Der Vormund bedarf zur Ausschlagung einer seinem Mündel angefallenen Erbschaft der Genehmigung des Vormundschaftsgerichts (§ 1822 Nr. 2 BGB.). Das gleiche gilt für den Vater hinsichtlich des minderjährigen Kindes. Wirksam ist die Ausschlagung nur dann, wenn die Genehmigung innerhalb der Ausschlagungsfrist erteilt wird, mag sie auch später eingereicht werden. Der Genehmigung bedarf es ausnahmsweise nicht, wenn der Anfall an das Kind erst infolge der Ausschlagung des Vaters eintritt und der Vater nicht zugleich neben dem Kinde als Miterbe berufen war (§ 1643 Abs. 2 BGB.). Wenn also die Mutter ausschlägt, so bedarf es für die Ausschlagung des Kindes durch seinen Vater als gesetzlichen Vertreter immer der vormundschaftsgerichtlichen Genehmigung. Übt die Mutter die elterliche Gewalt aus und ist das Kind infolge ihrer Ausschlagung Erbe geworden, so bedarf die Mutter auch dann der vormundschaftsgerichtlichen Genehmigung zu einer für das Kind abzugebenden Ausschlagungserklärung, wenn sie neben ihm berufen war (KOG. 33, 364).

Nach § 1948 BGB. kann der testamentarische Erbe die Erbschaft als eingesetzter Erbe ausschlagen und als gesetzlicher Erbe annehmen. Ein Interesse wird er daran nur selten haben, z. B. wegen der Ausgleichung von Zuwendungen, die er nur als gesetzlicher Erbe verlangen kann (§§ 2050 ff. BGB.). Ebensowenig gewinnt er dadurch die Möglichkeit, ein größeres Erbteil zu erlangen oder sich von den ihm mit der Erbeinsetzung auferlegten Lasten zu befreien (vgl. §§ 2161, 2192 BGB.). Auch Ersatz-, Nacherbschaft und Anwachsung gehen vor (vgl. §§ 2102, 2094 BGB.; Drewes in JW. 54, 2104).

Zusatz 4. Kosten- und Stempelfragen. Die Gebühren des Notars für die Aufnahme von Verfügungen von Todes wegen regelt § 42 PrGKG. Der Stempel beträgt $^{1}/_{10}$ % des Wertes des Gegenstandes. Gemäß Verf. des FinMin. vom 17. Okt. 1901 (JMBl. S. 262) ist der Stempel nicht auf der Urkunde, sondern auf dem Umschlag zu verwenden. Der Protokollstempel kommt nicht in Frage, er ist daher kein Mindeststempel von 3 RM. erforderlich (KGJ. 23 B 19). Wenn die Verfügung von Todes wegen lediglich Anordnungen nicht vermögensrechtlicher Art, Nachträge, Ergänzungen und Erläuterungen zu letztwilligen Verfügungen enthält, ist ein Feststempel von 3 RM. zu verwenden. Stempelbefreiung tritt ein, wenn nur der Widerruf, die Zurücknahme oder Aufhebung einer letztwilligen Verfügung oder nur die Anordnung der Feuerbestattung beurkundet wird. Ferner bei Dorftestamenten u. dgl. (vgl. Tarifstelle 16 Ziff. 2 und §§ 2249, 2250, 2251 BGB. und § 38 des Reichswehrgesetzes).

Die Erbschaftsausschlagung ist stempelfrei, außer etwaigem Protokollstempel.

7. Erbvertrag.

§ 2274 BGB. Der Erblasser kann einen Erbvertrag nur persönlich schließen.

§ 2275 BGB. Einen Erbvertrag kann als Erblasser nur schließen, wer unbeschränkt geschäftsfähig ist.

Ein Ehegatte kann als Erblasser mit seinem Ehegatten einen Erbvertrag schließen, auch wenn er in der Geschäftsfähigkeit beschränkt ist. Er bedarf in diesem Falle der Zustimmung seines gesetzlichen Vertreters; ist der gesetzliche Vertreter ein Vormund, so ist auch die Genehmigung des Vormundschaftsgerichts erforderlich.

Die Vorschriften des Abs. 2 gelten auch für Verlobte.

§ 2276 BGB. Ein Erbvertrag kann nur vor einem Richter oder vor einem Notar bei gleichzeitiger Anwesenheit beider Teile geschlossen werden. Die Vorschriften der §§ 2233 bis 2245 finden Anwendung; was nach diesen Vorschriften für den Erblasser gilt, gilt für jeden der Vertragschließenden.

Für einen Erbvertrag zwischen Ehegatten oder zwischen Verlobten, der mit einem Ehevertrag in derselben Urkunde verbunden wird, genügt die für den Ehevertrag vorgeschriebene Form.

§ 2277 BGB. Die über einen Erbvertrag aufgenommene Urkunde soll nach Maßgabe des § 2246 verschlossen, mit einer Aufschrift versehen und in besondere amtliche Verwahrung gebracht werden, sofern nicht die Parteien das Gegenteil verlangen. Das Gegenteil gilt im Zweifel als verlangt, wenn der Erbvertrag mit einem andern Vertrag in derselben Urkunde verbunden wird.

Über einen in besondere amtliche Verwahrung genommenen Erbvertrag soll jedem der Vertragschließenden ein Hinterlegungsschein erteilt werden.

§ 2278 BGB. In einem Erbvertrage kann jeder der Vertragschließenden vertragsmäßige Verfügungen von Todes wegen treffen.

Andere Verfügungen als Erbeinsetzungen, Vermächtnisse und Auflagen können vertragsmäßig nicht getroffen werden.

§ 2281 BGB. Der Erbvertrag kann auf Grund der §§ 2078, 2079 auch von dem Erblasser angefochten werden; zur Anfechtung auf Grund des § 2079 ist erforderlich, daß der Pflichtteilsberechtigte zur Zeit der Anfechtung vorhanden ist.

Soll nach dem Tode des andern Vertragschließenden eine zugunsten eines Dritten getroffene Verfügung von dem Erblasser angefochten werden, so ist die Anfechtung dem Nachlaßgerichte gegenüber zu erklären. Das Nachlaßgericht soll die Erklärung dem Dritten mitteilen.

§ 2282 BGB. Die Anfechtung kann nicht durch einen Vertreter des Erblassers erfolgen. Ist der Erblasser in der Geschäftsfähigkeit beschränkt, so bedarf er zur Anfechtung nicht der Zustimmung seines gesetzlichen Vertreters.

Für einen geschäftsunfähigen Erblasser kann sein gesetzlicher Vertreter mit Genehmigung des Vormundschaftsgerichts den Erbvertrag anfechten.

Die Anfechtungserklärung bedarf der gerichtlichen oder notariellen Beurkundung.

§ 2290 BGB. Ein Erbvertrag sowie eine einzelne vertragsmäßige Verfügung kann durch Vertrag von den Personen aufgehoben werden, die den Erbvertrag geschlossen haben. Nach dem Tode einer dieser Personen kann die Aufhebung nicht mehr erfolgen.

Der Erblasser kann den Vertrag nur persönlich schließen. Ist er in der Geschäftsfähigkeit beschränkt, so bedarf er nicht der Zustimmung seines gesetzlichen Vertreters.

Steht der andere Teil unter Vormundschaft, so ist die Genehmigung des Vormundschaftsgerichtes erforderlich. Das gleiche gilt, wenn er unter elterlicher Gewalt steht, es sei denn, daß der Vertrag unter Ehegatten oder unter Verlobten geschlossen wird.

Der Vertrag bedarf der im § 2276 für den Erbvertrag vorgeschriebenen Form.

§ 2291 BGB. Eine vertragsmäßige Verfügung, durch die ein Vermächtnis oder eine Auflage angeordnet ist, kann von dem Erblasser durch Testament aufgehoben werden. Zur Wirksamkeit der Aufhebung ist die Zustimmung des anderen Vertragschließenden erforderlich; die Vorschriften des § 2290 Abs. 3 finden Anwendung.

Die Zustimmungserklärung bedarf der gerichtlichen oder notariellen Beurkundung; die Zustimmung ist unwiderruflich.

Abschluß des Erbvertrages ist zwischen beliebigen Personen, nicht bloß Eheleuten oder Verlobten statthaft. Der Abschluß ist in der Weise möglich, daß beide Teile über den Nachlaß verfügen (doppelseitiger Erbvertrag) oder so, daß ein Teil über seinen Nachlaß verfügt (Erblasser) und der andere Teil (der andere Vertragschließende) diese Verfügung nur annimmt (einseitiger Erbvertrag). Zulässig ist es auch, den Erbvertrag so zu schließen, daß nur Dritte, nicht die ihn abschließenden Personen bedacht werden. Es können auch auf der einen Seite mehrere Erblasser, auf der andren Seite mehrere Vertragschließende sein (RGZ. 67, 65).

Der Erblasser muß beim Abschluß persönlich anwesend, auch unbeschränkt geschäftsfähig sein (§§ 2275, 2276). Der andere Teil, also der nur annehmende, kann vertreten werden; eine Vollmacht bedarf nicht der Form des Erbvertrages, überhaupt keiner besonderen Form; der andere Teil braucht auch nicht geschäftsfähig zu sein und bedarf, da er durch den Erbvertrag nur einen rechtlichen Vorteil erlangt, nicht einmal der Einwilligung des gesetzlichen Vertreters (§ 107 BGB.). Unbeschränkte Geschäftsfähigkeit des Erblassers ist aber nicht notwendig, wenn Ehegatten oder Verlobte einen Erbvertrag miteinander schließen (§ 2275 BGB.). Es kann also eine noch nicht 16jährige Verlobte oder ein wegen Geistesschwäche, Trunksucht oder Verschwendung entmündigter Ehegatte zwar kein Testament, aber einen Erbvertrag mit Zustimmung des gesetzlichen Vertreters errichten. Hierbei ist zu beachten, daß der Abschluß auch in diesem Falle durch den Erblasser persönlich erfolgen muß (§ 2276 BGB.). Die Zustimmung des gesetzlichen Vertreters macht seine persönliche Mitwirkung nicht entbehrlich. Die Zustimmung kann vorher oder nachher formfrei erklärt werden (§§ 182 bis 184 BGB.). Bei Bevormundung des Erblassers bedarf es noch der Genehmigung des Vormundschaftsgerichts. Bei der Vertragsaufnahme ist es ratsam, die Vertragschließenden auf die erforderliche Genehmigung hinzuweisen. Bei Fehlen der Genehmigung darf aber der Notar nicht die Aufnahme, auch nicht die Einsiegelung verweigern. Der Notar soll sich dann mit der Erklärung begnügen, daß die Genehmigung erfolgt sei oder nachträglich eingeholt würde.

Die Errichtung des Erbvertrages erfolgt in den für Testamente in den §§ 2233—2245 BGB. vorgeschriebenen Formen, also durch mündliche Erklärung des Vertragsinhalts oder durch Übergabe einer offenen oder verschlossenen Schrift. Es ist zulässig, daß der eine Teil zu Protokoll, der andere, wenn er nicht minderjährig oder lesensunkundig ist, sich durch Übergabe einer Schrift erklärt. Zuziehung zweier Zeugen oder eines zweiten Notars ist notwendig, die Gründe der Unfähigkeit oder Untauglichkeit zur Mitwirkung als Notar oder Zeuge sind dieselben wie bei Testamenten, Anwesenheit der mitwirkenden Personen während der ganzen Verhandlung (§§ 2240 bis 2242 BGB.), Aufnahme eines Protokolls usw. ist erforderlich. Die Erklärung des andern lediglich vertragschließenden Teiles beschränkt sich beim einseitigen Erbvertrag auf die Annahme der Erklärung des Erblassers; aber auch er muß das Protokoll unterzeichnen. Nach seiner Person und nicht nach der Person des Vertreters sind die Unfähigkeits- und Untauglichkeitsgründe der §§ 2234 bis 2237 zu beurteilen (Anm. 3 zu § 2276 RGKomm. zum BGB.). Die Frage ist aber streitig; als vorsichtiger Notar richte man sich nach der Person des Vertreters und nach der Person des Vertretenen.

Die Testamentsform der §§ 2233 ff. ist nicht erforderlich, wenn Ehegatten oder Verlobte einen Erbvertrag schließen und diesen mit einem Ehevertrage verbinden. Es genügt hierbei schon jeder Vertrag, der in irgendeiner Weise die güterrechtlichen Verhältnisse regelt (§ 1432 BGB.). Auch die bloße Aufhebung eines Ehevertrages würde ein Ehevertrag im Sinne dieser Vorschriften sein. Über die Form des Ehevertrages s. § 1434 und die Erläuterungen dazu S. 129. Die Erleichterung bezieht sich aber nur auf die Abschlußform. Die erforderliche Geschäftsfähigkeit und die Zulässigkeit der Stellvertretung sind nach §§ 2274 und 2275 zu beurteilen.

Andere Verfügungen als Erbeinsetzungen, Vermächtnisse und Auflagen dürfen vertragsmäßig nicht getroffen werden. Ausgeschlossen sind also Entziehung des Pflichtteils (§ 2336), Teilungsanordnungen (§ 2048), die Ernennung eines Testamentsvollstreckers (§ 2197), Ausschließung (§ 1938), Widerruf letztwilliger Verfügungen (§ 2254), Bestimmungen auf dem Gebiete des Familienrechts und Vormundschaftsrechts. Derartige Verfügungen können nur als einseitige im Gegensatz zu den vertragsmäßigen gemäß § 2299 BGB. getroffen werden. Da in diesem Falle die Testamentsvorschriften beachtet werden müssen (§ 2299 Abs. 2), so genügt die Erfüllung der für den Erbvertrag nach § 2275 Abs. 2 und 3 BGB. geltenden geringeren Erfordernisse für derartige Verfügungen nicht.

Der Notar hat auch festzustellen, ob die Parteien die Verschließung des Erbvertrages und die amtliche Verwahrung wünschen. Verlangt nur ein Teil die Verschließung, so muß sie erfolgen. Es empfiehlt sich, das Verlangen der Parteien im Protokoll zu vermerken. Erbverträge, die nicht in besondere amtliche Verwahrung gebracht werden, unterliegen hinsichtlich der Ausfertigung und der Einsicht den allgemeinen Vorschriften PrFGG. Art. 43 ff.). Wenn der Vertrag bereits verschlossen und zur amtlichen Verwahrung gebracht ist, können die Parteien nachträglich das Gegenteil verlangen, aber nur gemeinschaftlich. Die Urkunde wird dann aus der amtlichen Verwahrung genommen, geöffnet und so zu den Notariatsakten gebracht.

Die Aufhebung einer vertragsmäßigen Verfügung in der erleichterten Form des Testaments gilt nur für vertragsmäßige Vermächtnisse und Auflagen, nicht für Erbeseinsetzungen. Die Zustimmungserklärung des andern Teiles bedarf der gerichtlichen oder notariellen Beurkundung auch dann, wenn er selbst nicht bedacht oder beschwert ist. Die Aufhebung des ganzen Erbvertrages oder einzelner Bestimmungen durch einen Vertrag der Vertragschließenden bedarf der Form des § 2276; wird er also mit einem Ehevertrag verbunden, so genügt die für diesen vorgeschriebene Form.

Zusatz. Der Erbverzichtsvertrag bedarf der gerichtlichen oder notariellen Beurkundung (§ 2348 BGB.). Der Erbverzicht ist ein abstraktes Rechtsgeschäft. Regelmäßig wird er mit einem andern Rechtsgeschäft, z. B. mit einer Abfindung verbunden (vgl. Erbschaftssteuergesetz § 3). Zu einem Erbverzicht bedarf die Ehefrau nicht der Genehmigung des Ehemannes, dies gilt aber nicht für das damit verbundene Rechtsgeschäft, vielmehr ist aus dessen Natur die Frage der Genehmigung zu entscheiden. Verzichtet ein Abkömmling oder ein Seitenverwandter des Erblassers auf das gesetzliche Erbrecht, so erstreckt sich die Wirkung des Verzichts auf seine Abkömmlinge. Wird dies nicht gewollt, so muß es besonders bestimmt werden (§ 2349 BGB.).

Anhang.

Erbschaftsteuergesetz.

(Vgl. Reichsgesetzblatt 1925 I S. 320 ff.)

§ 1. Der Erbschaftsteuer unterliegen:

1. der **Erwerb von Todes wegen;**
2. **Schenkungen unter Lebenden;**
3. **Zweckzuwendungen;**

Soweit nichts Besonderes bestimmt ist, gelten die Vorschriften dieses Gesetzes über den Erwerb von Todes wegen **auch für Schenkungen und Zweckzuwendungen**, die Vorschriften über Schenkungen auch für Zweckzuwendungen unter Lebenden.

Nach § 2 gilt als Erwerb von Todes wegen:

1. der Erwerb durch Erbanfall, durch Vermächtnis (§§ 2147 ff. des Bürgerlichen Gesetzbuchs) oder auf Grund eines geltend gemachten Pflichtteilsanspruchs;

2. der Erwerb auf Grund einer Nachfolge in ein Hausgut, Lehen, Fideikommiß oder Stammgut oder in ein sonstiges gebundenes Vermögen;
3. der Erwerb durch Schenkung auf den Todesfall (§ 2301 des Bürgerlichen Gesetzbuchs) sowie jeder andere Erwerb, auf den die für Vermächtnisse geltenden Vorschriften des Bürgerlichen Rechts Anwendung finden;
4. der Erwerb von Vermögensvorteilen, der auf Grund eines vom Erblasser geschlossenen Vertrags unter Lebenden von einem Dritten mit dem Tode des Erblassers unmittelbar gemacht wird.

Als vom Erblasser zugewendet gilt auch:
1. der Übergang von Vermögen auf eine vom Erblasser angeordnete Stiftung;
2. was jemand infolge Vollziehung einer vom Erblasser angeordneten Auflage oder infolge Erfüllung einer vom Erblasser gesetzten Bedingung erwirbt, es sei denn, daß eine einheitliche Zweckzuwendung vorliegt;
3. was jemand dadurch erlangt, daß bei Genehmigung einer Zuwendung des Erblassers Leistungen an andere Personen angeordnet oder zur Erlangung der Genehmigung freiwillig übernommen werden;
4. was als Abfindung für einen Verzicht auf den entstandenen Pflichtteilsanspruch oder für die Ausschlagung einer Erbschaft oder eines Vermächtnisses von dritter Seite gewährt wird;
5. was als Entgelt für die Übertragung der Anwartschaft eines Nacherben gewährt wird.

Das Erlöschen von Leibrenten und anderen von dem Leben einer Person abhängigen Lasten gilt nicht als Erwerb von Todes wegen.

Als Schenkungen gelten (§ 3 Abs. 1 des Gesetzes):
1. jede Schenkung im Sinne des bürgerlichen Rechtes;
2. jede andere freigebige Zuwendung unter Lebenden, soweit der Bedachte durch sie auf Kosten des Zuwendenden bereichert wird;
3. was infolge Vollziehung einer von dem Schenker angeordneten Auflage oder infolge Erfüllung einer einem

Rechtsgeschäft unter Lebenden beigefügten Bedingung ohne entsprechende Gegenleistung erlangt wird, es sei denn, daß eine einheitliche Zweckzuwendung vorliegt;

4. was jemand dadurch erlangt, daß bei Genehmigung einer Schenkung Leistungen an andere Personen angeordnet oder zur Erlangung der Genehmigung freiwillig übernommen werden;
5. was als Abfindung für einen Erbverzicht (§§ 2346, 2352 des Bürgerlichen Gesetzbuches) gewährt wird;
6. was ein Vorerbe dem Nacherben mit Rücksicht auf die angeordnete Nacherbschaft vor ihrem Eintritt herausgibt;
7. der Übergang von Vermögen auf Grund eines Stiftungsgeschäftes unter Lebenden;
8. eine freigebige Zuwendung bei Auflösung eines Fideikommisses oder anderweitiger Aufhebung der Bindung von Vermögen;
9. was bei Aufhebung einer Stiftung erworben wird.

1. In dem jetzt geltenden Erbschaftsteuergesetz ist also die Bestimmung des Begriffs „Schenkung" beibehalten worden, obgleich sie zu zahlreichen Streitfragen, insbesondere über den Begriff der Zuwendung, Bereicherung, Unentgeltlichkeit geführt hat, auf die hier im einzelnen nicht eingegangen werden kann (vgl. die ausführlichen Erörterungen bei Marcuse S. 287 ff.). Es sei nur darauf hingewiesen, daß es nicht erforderlich ist, daß dem Empfänger der Zuwendung die Zuwendungsabsicht bekannt ist. Die Ausschlagung einer Erbschaft oder eines Vermächtnisses, der Verzicht auf die ehemännliche oder elterliche Nutznießung gelten nicht als Schenkung. Die Ausschlagung zugunsten eines bestimmten anderen kann Schenkung sein (vgl. Schachian, Note 2 zu § 3 des Gesetzes). Besonders wichtig für die Praxis sind die sog. gemischten Schenkungen. Wenn bei einem Kaufvertrage Wert und Preis einander nicht entsprechen, so liegt eine Schenkung insoweit vor, als es dem Verkäufer darauf ankommt, dem Käufer den Mehrwert zuzuwenden. Mißverhältnis zwischen Leistung und Gegenleistung rechtfertigt aber nicht ohne weiteres die Annahme einer gemischten Schenkung (RFH. 7, 192). Die Bereicherung des Käufers unterliegt der Steuer. Über Schenkungen bei der Gründung von Gesellschaften (Aktiengesellschaften, Gesellschaften m. b. H. u. a.) vgl. die Erläuterungen S. 179 zu b. Die Steuerpflicht einer Schenkung wird nicht dadurch ausgeschlossen, daß sie zur Belohnung oder unter einer Auflage erfolgt, oder in die Form eines lästigen Vertrages gekleidet wird (§ 3 Abs. 2), dagegen liegt eine freigebige Zuwendung nicht vor, wenn sie durch ein besonderes Rechtsverhältnis begründet ist. So sind Gratifikationen und Weihnachtsgeschenke an Angestellte sowie die nachträgliche Bewilligung eines Entgelts für geleistete Dienste steuerfrei.

Ausstattungen, die Abkömmlingen zur Errichtung eines den Vermögensverhältnissen und der Lebensstellung der Beteiligten (nicht bloß der Bedachten) angemessenen Haushalts gewährt werden, gelten nicht als

Schenkung. Wird die Angemessenheit überschritten, so ist nur der Mehrwert steuerpflichtig (vgl. § 3 Abs. 5). Befreit ist auch die Hingabe von Geld und Wertpapieren u. dgl. zur Beschaffung einer Ausstattung. Dagegen ist die Gewährung einer Aussteuer an eine Tochter nach § 1620 BGB. eine rechtliche Verpflichtung, daher keine freigebige Zuwendung.

Unterliegt eine Grundstücksveräußerung als unentgeltlich der Schenkungssteuer, so sind nicht daneben Grunderwerbsteuer und Zuwachssteuer zu erheben (§ 8 Grunderwerbsteuergesetz; § 12, I, 1 der Wertzuwachssteuerordnung der Stadt Berlin).

Infolge der Besteuerung der Zweckzuwendung (§ 4 des Gesetzes) wird die unselbständige Stiftung ebenso behandelt wie die selbständige. Eine unselbständige Stiftung liegt vor, wenn einem anderen Vermögen unter der Auflage zugewendet wird, es in bestimmter Weise zu verwenden. Der Reichsfinanzhof hat daher eine unselbständige Stiftung in einem Falle angenommen, wo eine Aktiengesellschaft eine nicht rechtsfähige Stiftung zugunsten ihrer Angestellten geschaffen und in der Satzung bestimmt hat, daß das Vermögen der Stiftung im Betriebe der Aktiengesellschaft weiter arbeiten soll. Die Verwaltung war jedoch einem von der Gesellschaft unabhängigen Stiftungsvorstand übertragen worden (vgl. RFH. 10, 240).

2. Die **Erbschaftsteuer** wird nach dem persönlichen Verhältnissen des Erwerbers zu dem Erblasser in folgenden **fünf Klassen** erhoben (§ 9).

I. Klasse:

1. der Ehegatte,
2. die Kinder,
3. die Personen, denen die rechtliche Stellung ehelicher Kinder zukommt,
4. die eingekindschafteten Personen, denen die rechtliche Stellung ehelicher Kinder zukommt,
5. die an Kindes Statt angenommenen Personen,
6. die Stiefkinder,
7. die vom Vater anerkannten unehelichen Kinder.

Der Erwerb des Ehegatten ist steuerfrei, wenn im Zeitpunkt des Entstehens der Steuerschuld leben

a) Personen der in Abs. 1 Nr. 2—5 genannten Art oder
b) Abkömmlinge von Personen der in Abs. 1 Nr. 2—4 genannten Art oder
c) Abkömmlinge von Personen der in Abs. 1 Nr. 5 genannten Art, sofern sich die Annahme an Kindes Statt auf die Abkömmlinge erstreckt.

Die Steuerfreiheit tritt auch ein, wenn Personen der unter a—c genannten Art im Zeitpunkt des Entstehens der Steuerschuld zwar nicht mehr leben, aber im Weltkriege gefallen oder in der Zeit bis zum 31. Dezember 1922 infolge einer Kriegsverwundung oder Kriegsbeschädigung verstorben sind und der Erwerb des Ehegatten 100000 RM. nicht übersteigt; die Vorschriften des § 18 Abs. 4, 5 finden entsprechend Anwendung. § 18 Abs. 5 soll Unbilligkeiten bei geringem Überschreiten der Steuerbefreiungsgrenze verhindern (vgl. auch Bemerkung 3).

II. Klasse:

Die Abkömmlinge der zu I Nr. 2—7 genannten Personen, der an Kindes Statt angenommenen Personen (Nr. 5), jedoch nur dann, wenn sich die Annahme an Kindes Statt auf die Abkömmlinge erstreckt.

III. Klasse:

1. die Eltern und Stiefeltern,
2. die voll- und halbbürtigen Geschwister.

IV. Klasse:

1. die Großeltern und die entfernteren Voreltern,
2. die Abkömmlinge ersten Grades von Geschwistern,
3. die Schwiegereltern,
4. die Schwiegerkinder.

V. Klasse:

Alle übrigen Erwerber und die Zweckzuwendungen, soweit nichts anderes vorgeschrieben ist.

Haben Ehegatten in einem gemeinschaftlichen Testamente, durch das sie sich gegenseitig zu Erben einsetzen, bestimmt, daß nach dem Tode des Überlebenden der beiderseitige Nachlaß an einen Dritten fallen soll (§ 2269 BGB.), und ist dies Testament zugunsten des Dritten unwiderruflich geworden (vgl. § 2271 BGB.), so genießt der Dritte alle Begünstigungen und Befreiungen, die sich aus seiner näheren Verwandtschaft mit dem erstverstorbenen Ehegatten ergeben, z. B. die Vorteile des niedrigeren Tarifs oder aus § 18 des Gesetzes (Abs. 3 des § 9). Diese Steuerbegünstigung gilt für das bei dem Tode des überlebenden Ehegatten vorhandene Vermögen des erstverstorbenen Ehegatten, wobei jedoch nur erforderlich sein kann, daß dieses Vermögen dem Werte nach, nicht in natura in dem Nachlaß des zuletzt verstorbenen Ehegatten enthalten ist.

8. Die Erbschaftsteuer beträgt bei Erwerben

bis einschließlich Reichsmark	in der Steuerklasse				
	I	II	III	IV	V
	vom Hundert				
10000	2	4	6	8	14
20000	2,5	5	7,5	10	16
30000	3	6	9	12	18
40000	3,5	7	10,5	14	20
50000	4	8	12	16	22
100000	4,5	9	13,5	18	24
150000	5	10	15	20	26
200000	5,5	11	16,5	22	28
300000	6	12	18	24	30
400000	6,5	13	19,5	26	32
500000	7	14	21	28	34
600000	7,5	15	22,5	30	36
700000	8	16	24	32	38
800000	8,5	17	25,5	34	40
900000	9	18	27	36	42
1000000	9,5	19	28,5	38	44
2000000	10	20	30	40	46
4000000	11	21	32	42	48
6000000	12	22	34	44	51
8000000	13	23	36	46	54
10000000	14	24	38	48	57
darüber	15	25	40	50	60

Ergibt sich ein Unterschied zwischen der nach der vorstehenden Tabelle berechneten Steuer und der Steuer, die sich berechnen würde, wenn der Erwerb die letztvorhergehende Wertgrenze nicht überstiegen hätte, so wird der Unterschied zwischen der Steuer, die sich bei Anwendung des Abs. 1 des Gesetzes ergibt, und der Steuer, die sich berechnen würde, wenn der Erwerb die letztvorhergehende Wertgrenze nicht überstiegen hätte, nur insoweit erhoben, als er

a) bei einem Steuersatze bis zu 30 vom Hundert aus der Hälfte,

b) bei einem Steuersatze über 30 bis zu 50 vom Hundert aus drei Vierteln,

c) bei einem Steuersatze über 50 vom Hundert aus neun Zehnteln

des die Wertgrenze übersteigenden Erwerbes gedeckt werden kann (§ 10 des Gesetzes).

Durch diese Bestimmung, die schon in § 10 des Reichserbschaftssteuergesetzes vom 30. Juni 1906 enthalten war, wird verhindert, daß jemand, dessen Erwerb eine Wertgrenze etwas übersteigt, infolge der Besteuerung weniger erhält, als ein anderer, dessen Erwerb etwas unter der Wertgrenze bleibt.

Beispiel.

Für den Erwerb eines Sohnes von 690000 RM. beträgt die Steuer nach Klasse I zu 8 % 55200 RM., zu $7^1/_2$ % 51750 RM., Unterschied 3450 RM., die Hälfte des die letztvorhergehende Wertgrenze übersteigenden Betrages von 90000 RM. beträgt 45000 RM. Die Steuer wird also voll erhoben.

Beträgt der Erwerb eines Sohnes 600200 RM., so beträgt die Steuer zu 8 % 48016 RM., zu $7^1/_2$ % 45015 RM., Unterschied 3001 RM. Da der die letztvorhergehende Wertgrenze übersteigende Betrag 200 RM. beträgt, so kann der Unterschied nicht aus der Hälfte gedeckt werden, die Steuer beträgt daher 45000 RM. plus 100 RM. (die Hälfte von 200 RM.) gleich 45100 RM.

Mehrere innerhalb zehn Jahren von derselben Person anfallende Erwerbe werden nach § 13 des Gesetzes in der Weise zusammengerechnet, daß dem letzten Erwerbe die früheren Erwerbe nach ihrem früheren Werte zugerechnet werden. Von der Steuer f"r den Gesamtbetrag wird die Steuer abgezogen, welche für die früheren Erwerbe zur Zeit des letzten zu erheben gewesen wäre (vgl. das Beispiel bei Marcuse S. 326).

Die durch jeden weiteren Erwerb veranlaßte Steuer darf nicht mehr betragen als 60 % dieses Erwerbes (§ 13 Abs. 2).

4. **Steuerfrei** sind nach § 18 des Gesetzes insbesondere:

1. bei den Steuerklassen I und II ein Erwerb von nicht mehr als 5000 RM.,
   „ „ „ III „ IV „ „ „ „ „ „ 2000 „
   „ der Steuerklasse V ein Erwerb von nicht mehr als 500 RM.

2. Hausrat, Wäsche und Kleidungsstücke
   bei Personen der Klasse I und II im vollen Umfange,
   „ „ „ „ III „ IV bis zum Betrage von 5000 RM.;

3. andere bewegliche körperliche Gegenstände, wenn sie Personen der Steuerklasse I—IV anfallen und ihr Wert bei Klasse I und II den Betrag von insgesamt 5000 RM., bei Klasse III und IV den Betrag von insgesamt 2000 RM. nicht übersteigt (vgl. des näheren § 18 Nr. 4c);

4. Kunstgegenstände und Sammlungen, die Personen der Steuerklasse I, II und III anfallen, sofern sie von lebenden oder seit nicht mehr als 15 Jahren verstorbenen deutschen Künstlern geschaffen sind oder sofern der Anschaffungspreis

a) für den einzelnen Gegenstand nicht mehr als 10000 RM.,

b) für mehrere gleichartige oder zusammengehörige Gegenstände nicht mehr als 100000 RM.

betragen hat. An Stelle des Anschaffungspreises tritt, wenn die Anschaffung in der Zeit vom 1. Januar 1919 bis zum 31. Dezember liegt, der gemeine Wert. Werden solche Gegenstände innerhalb zehn Jahren nach dem Erbfall veräußert und wird dabei für den einzelnen Gegenstand mehr als 2000 RM. und für mehrere gleichartige oder zusammengehörige Gegenstände mehr als 10000 RM. erlöst, so tritt die Steuerbefreiung außer Kraft. Kunstgegenstände, die zum Betriebsvermögen, also z. B. einer Kunsthandlung, gehören, sind von der Befreiung ausgenommen.

5. nicht zur Veräußerung bestimmte bewegliche körperliche Gegenstände, die geschichtlichen oder kunstgeschichtlichen oder wissenschaftlichen Wert haben und sich mindestens 20 Jahre im Besitze der Familie des Erblassers befinden, sofern sie Personen der Steuerklassen I, II, III anfallen und nach näherer behördlicher Anweisung den Zwecken der Forschung oder Volksbildung nutzbar gemacht werden. Werden solche Gegenstände innerhalb zehn Jahren nach dem Erbfall veräußert, so tritt die Steuerbefreiung außer Kraft.

6. ein Erwerb nach § 1969 BGB. (das sog. Recht auf den Dreißigsten);

7. unter den im Gesetze näher geregelten Voraussetzungen Erbanfälle, die zur Befreiung von einer Schuld gegenüber dem Erblasser dienen;

8. ein Erwerb, der einem Steuerpflichtigen der Klasse I und II, Eltern, Stiefeltern oder Großeltern des Erblassers anfällt, wenn der Erwerb zusammen mit dem sonstigen Vermögen des Erwerbers 10000 RM. nicht übersteigt und der Erwerber als erwerbsunfähig anzusehen ist (vgl. des näheren § 1 Nr. 10);

9. Erbanfall, der als angemessenes Entgelt für Pflege oder Gewährung von Unterhalt zugewandt wird;

10. Vermögen, das Eltern, Großeltern oder entferntere Voreltern ihren Abkömmlingen durch Schenkung oder Übergabevertrag zugewandt hatten und das an diese Personen zurückfällt;

11. der Verzicht auf den Pflichtteilsanspruch;

12. Zuwendungen unter Lebenden zum Zwecke des angemessenen Unterhalts oder zur Ausbildung des Bedachten. Angemessen bedeutet hier, daß die wirtschaftlichen Verhältnisse dem Bedachten nicht gestatten, sich selbst angemessen zu unterhalten (vgl. RFH. 8, 129). Eine den angemessenen Betrag übersteigende Zuwendung ist in vollem Umfange steuerpflichtig (§ 18 Abs. 2).

13. Ruhegehalte und ähnliche Zuwendungen an Angestellte und an Pensions- oder Unterstützungskassen des eigenen Betriebs;

14. die üblichen Gelegenheitsgeschenke;

15. Anfälle an das Reich, ein Land oder eine inländische Gemeinde;

16. Zuwendungen an inländische Kirchen und mildtätige oder gemeinnützige Stiftungen und Vereine;

17. Zuwendungen an politische Parteien und Vereine, sofern die Verwendung der Zuwendung zu politischen Zwecken gesichert ist;

18. Zuwendungen zur Pflege des Andenkens des Zuwendenden oder seiner Angehörigen;

19. Beiträge an Personenvereinigungen, die nicht lediglich die Förderung ihrer Mitglieder zum Zwecke haben, soweit die von einem Mitgliede im Jahre geleisteten Beiträge 500 RM. nicht übersteigen (vgl. § 19 des Gesetzes).

Übersteigt der Wert des Erwerbes einen der in Nr. 1 genannten Beträge oder der Wert des Erwerbes zusammen mit dem sonstigen Vermögen des

Erwerbers den in Nr. 8 genannten Betrag, so wird die Steuer nur insoweit erhoben, als sie aus der Hälfte des die Wertgrenze übersteigenden Betrages gedeckt werden kann (§ 18 Abs. 5).

5. **Die Steuerschuld entsteht** bei Erwerb von Todes wegen im allgemeinen mit dem Tode des Erblassers, bei Zuwendungen unter Lebenden mit dem Zeitpunkte der Ausführung der Zuwendung, bei Zweckzuwendung mit dem Zeitpunkte des Eintritts der Verpflichtung des Beschwerten. Ist der Erwerb aufschiebend bedingt, betagt oder befristet, so entsteht die Steuerschuld mit dem Zeitpunkte des Eintritts der Bedingung oder des Ereignisses (vgl. § 14 des Gesetzes).

Auf **die Bewertung** finden die Grundsätze des Reichsbewertungsgesetzes (vgl. Schachian S. 43 und 45) mit folgenden Abweichungen (vgl. § 22 des Gesetzes) Anwendung:

1. Anteile des Erblassers an offenen Handelsgesellschaften und Kommanditgesellschaften gelten nach Maßgabe des § 80 Abs. 2 RAbgO. als Betriebsvermögen des Erblassers; das gleiche gilt für Gegenstände, die ganz oder teilweise im Eigentume des Erblassers stehen und dem Betriebe einer Gesellschaft dienen. Ist also der Erblasser zu einem Viertel Miteigentümer eines dem Betriebe der Gesellschaft überlassenen Wohngrundstücks, so ist für die Erbschaftssteuer sein Anteil an diesem Grundstück als sein Betriebsvermögen, nicht als das der Gesellschaft anzusehen.

2. Die dem Angehörigen eines freien Berufs oder einem diesen gleichstehenden Gewerbetreibenden, z. B. Zahntechniker, zur Ausübung des Berufes gehörenden Gegenstände, wie die Bureaueinrichtung eines Rechtsanwalts, werden ohne Rücksicht auf ihren Wert zum Betriebsvermögen gerechnet.

3. Werke der bildenden Künste, des Schrifttums und der Tonkunst sowie Urheberrechte gehören zum erbschaftssteuerpflichtigen Vermögen, auch wenn sie einem Dritten zur Ausnutzung nicht überlassen sind.

Zum Nachlaßvermögen gehören ferner ohne Einschränkung:

4. Der Kapitalwert der Rechte auf Renten und noch nicht fällige Ansprüche aus Lebens- und Kapitalversicherungen oder Rentenversicherungen.

5. Gegenstände aus edlem Metall, Schmuckgegenstände, Kunstgegenstände und Sammlungen;

6. Rentenansprüche, die mit Rücksicht auf ein früheres Arbeits- oder Dienstverhältnis gewährt werden;

7. Hausrat;

8. Vermögensbeträge, die für ausschließlich gemeinnützige Zwecke oder Wohlfahrtszwecke zurückgelegt sind und deren Verwendung zu solchen Zwecken gesichert ist;

9. die im § 7 des Reichsausgleichsgesetzes in der Fassung vom 20. November 1923 (RGBl. I S. 1135) bezeichneten Forderungen und die im Liquidationsschädengesetz in der Fassung vom 20. November 1923 (RGBl. I S. 1148) und in der Gewaltschädenverordnung vom 28. Oktober 1923 geregelten Ansprüche;

10. die von ehemals feindlichen Mächten beschlagnahmten Vermögensteile.

11. Beträge an Zahlungsmitteln, Bank- und sonstige Guthaben, auch wenn sie aus Gehalts- und ähnlichen Einkünften des Erblassers aus den letzten drei Monaten herrühren. Werden jedoch vorausbezahlte Gehälter mit Ansprüchen der Erben auf Gnadengeld verrechnet, so ist der verrechnete Betrag vom Nachlaß abzuziehen.

Aktien, Kuxe u. dgl. werden nach dem vollen Kurswert oder Verkaufswert berechnet.

Infolge dieser Abweichungen vom Reichsbewertungsgesetz unterliegen die vorbezeichneten Gegenstände der Erbschaftssteuer, soweit sie nicht nach den Bestimmungen des Erbschaftssteuergesetzes selbst steuerfrei bleiben, z. B. Kunstgegenstände nach Maßgabe des § 18 Nr. 5 des Erbschaftssteuergesetzes (vgl. oben Erläuterung 4 Nr. 4). Abgesehen von diesen Abweichungen gelten die Grundsätze des RBG. entsprechend, also auch die **Befreiungen** aus § 39 dieses Gesetzes wie z. B. für Ansprüche an Witwen-, Waisen- und Pensionsanstalten, Ansprüche auf Renten- und Pensionsbezüge sowie auf Kapitalabfindungen auf Grund des Reichsversorgungsgesetzes und der Militärversorgungsgesetze.

Nach § 5 des Reichsbewertungsgesetzes erfolgt die Wertfeststellung nach dem Stande vom Beginne des 1. Januar (Hauptfeststellungszeitpunkt) in der Regel für ein Kalenderjahr (§ 6). Die Werte vom 1. Januar 1926 sind also für die Veranlagung für das Jahr 1926 maßgebend. Nach § 31 des Erbschaftssteuergesetzes ist aber für die Wertermittlung der Zeitpunkt des Entstehens der Steuerschuld maßgebend (§ 21).

6. **Steuerschuldner** ist der Erwerber, bei einer Schenkung auch der Schenker, und bei einer Zweckzuwendung der mit der Ausführung der Zuwendung Beschwerte (vgl. § 15 des Gesetzes). Der **Vorerbe** gilt als Erbe (vgl. § 7 des Gesetzes). Der Vorerbe hat die durch die Vorerbschaft veranlaßte Steuer aus den Mitteln der Vorerbschaft zu entrichten (vgl. § 15 Abs. 4 des Gesetzes). Tritt der Fall der Nacherbfolge ein, so haben die Nacherben den Erwerb als vom Vorerben stammend zu versteuern. Der Vorerbe wird also steuerlich in seinem Verhältnis zum Nacherben als Erblasser behandelt. Die Erbfolge wird zweimal besteuert; beim Tode des ursprünglichen Erblassers nach dem Verhältnis des Vorerben zu ihm und beim Tode des Vorerben nach dem Verhältnis des Nacherben zum Vorerben. Der Nacherbe kann jedoch um eine Versteuerung in einer günstigeren Klasse (vgl. § 9 des Gesetzes) zu erzielen, den Antrag stellen, daß seiner Besteuerung das Verhältnis nicht zum Nacherben, sondern zum ursprünglichen Erblasser zugrunde gelegt wird. Nach der Fassung des Gesetzes muß einem solchen Antrage stattgegeben werden.

Tritt der Fall der Nacherbfolge nicht durch den Tod des Vorerben, sondern zu einem anderen Zeitpunkte, z. B. bei Erreichung eines bestimmten Alters des Nacherben ein, so gilt die Vorerbfolge als auflösend bedingter, die Nacherbfolge als aufschiebend bedingter Anfall. Zunächst ist der Vorerbe zu besteuern (vgl. § 148 RAbgO.). Tritt der Fall der Nacherbfolge ein, so erfolgt eine neue Besteuerung, der das Verhältnis des Nacherben zum ursprünglichen Erblasser zugrunde zu legen ist. Dem Nacherben ist die von dem Vorerben entrichtete Steuer abzüglich desjenigen Steuerbetrages, welcher der tatsächlichen Bereicherung des Vorerben entspricht, anzurechnen (vgl. § 7 des Gesetzes). Von der durch den Vorerben entrichteten Steuer wird dem Nacherben also nur derjenige Betrag nicht gutgebracht, der sich nach dem Substanzverbrauch des Vorerben und den von ihm gezogenen Nutzungen errechnet (vgl. die Beispiele von Stölzle in JW. 54, 2091).

7. Nach § 27 des Gesetzes haben die **Notare eine beglaubigte Abschrift** der von ihnen beurkundeten Schenkungen und Zweckzuwendungen **dem Finanzamt zu übersenden.** Die Verpflichtung bezieht sich auch auf die Geschäfte, die sachlich eine Schenkung enthalten. Hier ist z. B. an Fälle zu denken, in denen das Geschäft in die Form eines lästigen Vertrages gekleidet ist, tatsächlich aber eine Schenkung enthält. Auf der Urschrift ist zu vermerken, wann und an welches Finanzamt die Übersendung erfolgt ist. Er

gibt bei Schenkungen unter Lebenden der Inhalt der Beurkundung nicht das Verwandtschafts- oder Schwägerschaftsverhältnis des Erwerbers zum Schenker, so ist der Schenker hierüber zu befragen. Seine Angaben sind dem Finanzamt mitzuteilen. Das gleiche gilt bei Schenkungen unter Lebenden und bei Zweckzuwendungen unter Lebenden hinsichtlich des Wertes der Zuwendung. Vor der Beurkundung sind die Beteiligten auf ihre etwaige Steuerpflicht hinzuweisen.

8. Erbschein.

(§§ 2253 ff. BGB.)

1. Für die Erbscheinsverhandlung ist mit Rücksicht auf die abzugebende eidesstattliche Versicherung Protokollform erforderlich (KGJ. 25 A 62). Da es sich nicht um die Beurkundung eines Rechtsgeschäftes handelt, entscheidet das Landesrecht, in Preußen Art. 53 ff. PrFGG.; vgl. auch Erl. 1 zu Art. 53. Die Bezugnahme auf eine Anlage nach § 176 Abs. 2 RFGG. ist unstatthaft. Abgabe der eidesstattlichen Versicherung durch Bevollmächtigte ist nicht zulässig. Dagegen ist der Stellung des Antrags auf Erteilung des Erbscheins durch Bevollmächtigte statthaft, sogar formfrei. Der Antrag wird zweckmäßig mit der Erbscheinsverhandlung verbunden und daher notariell beurkundet. Bei Minderjährigen oder Bevormundeten, juristischen Personen als Erben geben deren gesetzliche Vertreter die Erklärungen ab. Indes kann ein Minderjähriger, wenn er eidesmündig geworden ist (§ 473 ZPO.) an Stelle seines gesetzlichen Vertreters die eidesstattliche Versicherung abgeben. Als Antragsteller kommen in Betracht: der Erbe, sowohl der gesetzliche wie der durch Verfügung von Todes wegen Berufene, Allein- oder Miterbe, ein Nacherbe aber nicht vor Eintritt der Nacherbfolge (KG. 33 A 98), der Vorerbe nicht mehr nach Eintritt der Nacherbfolge, der Erbeserbe nur auf den Namen seines Erblassers, nicht für sich selbst hinsichtlich der von ersterem erworbenen Erbschaft: auch Testamentsvollstrecker, Konkursverwalter, Nachlaßverwalter, der Abwesenheitspfleger, Auseinandersetzungspfleger sind zur Abgabe der Erklärung und Stellung des Antrags berechtigt. Der Ehemann einer Erbin kann für seine Ehefrau die erforderlichen Erklärungen abgeben und Anträge stellen, wenn die Erbschaft zum eingebrachten Gut oder zum Gesamtgut gehört. Der Erwerber eines Erbteils ist zur Stellung des Antrages aber nur für den Erben berechtigt (RGZ. 64, 173). Gläubiger des Erben stellen den Antrag nicht aus eigenem Recht, sondern an Stelle ihres Schuldners unter den Voraussetzungen der §§ 792, 896 ZPO. und geben die erforderlichen Erklärungen ab. Dagegen besteht kein Antragsrecht für Nachlaßpfleger (§§ 1960, 1961 BGB.), auch nicht für Vermächtnisnehmer, ebensowenig für Pflichtteilsberechtigte. Juristische Personen, die als Erben berufen sind, haben in Preußen bei Zuwendungen über 5000 RM. ein Antragsrecht erst nach staatlicher Genehmigung (Art. 6 AG. z. BGB.).

Nach mehreren Erblassern kann kein einheitlicher Erbschein erteilt werden; vielmehr müssen so viel Erbscheine, als Erbfälle vorliegen, beantragt und ausgestellt werden (vgl. KGJ. 44, 99).

2. Bei der Aufnahme der Verhandlung ist folgendes zu beachten:

Man unterlasse nicht Angaben über den letzten Wohnsitz oder Aufenthaltsort des Erblassers, um die Zuständigkeit des Nachlaßgerichts festzustellen (§ 73 RFGG.). Ein von einem unzuständigen Gericht erteilter Erbschein ist nicht unwirksam, kann aber auf Beschwerde eingezogen werden. Wer die Erteilung des Erbscheins als gesetzlicher Erbe beantragt, hat nach § 2354 Nr. 3 BGB. anzugeben, ob und welche Personen vorhanden sind oder waren, durch die er von der Erbfolge ausgeschlossen oder sein Erbrecht gemindert werden würde. Daher genügt z. B. nicht die Erklärung, daß nur drei lebende Kinder vorhanden sind, weil angegeben werden muß, welche gestorben sind. Dagegen reicht die Angabe aus, daß aus der Ehe nur die aufgeführten drei Kinder hervorgegangen sind (vgl. Drewes in DNotV. 21, 5). Ferner sind die angenommenen Kinder und bei einer Erblasserin die unehelichen Kinder anzugeben. Auch der Verkäufer eines Erbteils ist anzuführen, da er Erbe bleibt (OLG. 10, 299). Wenn neben den Erben ein vor dem Erbfall erzeugtes, aber noch nicht geborenes Kind als Miterbe in Frage kommt, so muß auch dieses angegeben werden. War der Erblasser verheiratet, so ist, falls die Ehe vor dem 1. Januar 1900 geschlossen war, der Güterstand anzugeben, da mit verschiedenen vor 1900 eingetretenen Güterständen erbrechtliche Wirkungen verbunden und diese nach Art. 200 EGBGB. aufrechterhalten sind. Wenn ein Güterrechtsvertrag geschlossen ist, so ist er anzuführen, sonst ist der erste eheliche Wohnsitz anzugeben, da für das eheliche Güterrecht das Recht des ersten Wohnsitzes maßgebend ist.

Die „Verfügungen von Todes wegen“ (nicht „letztwillige Verfügungen“, da Erbverträge nicht unter diese fallen) sind sämtlich ohne Rücksicht auf ihren Inhalt, gleichviel ob sie eine Erbeinsetzung oder nur eine Vermächtnisanordnung enthalten, zu bezeichnen und einzureichen, auch formungültige oder aufgehobene Verfügungen. Die Ungültigkeit ist darzulegen.

Ferner ist die Größe der Erbteile, falls mehrere Erben vorhanden sind, nicht in Summen, sondern in Bruchteilen anzugeben. Es muß ein bestimmter Antrag gestellt werden. „Anheimstellen“ ist nicht statthaft (KGJ. 30 A 98). Erforderlich ist auch eine Erklärung darüber, ob das Erbrecht auf gesetzlichem Erbrecht oder auf Verfügungen von Todes wegen beruht. Wird das Erbrecht nicht aus einer öffentlichen Urkunde, also z. B. aus einem eigenhändigen Testament hergeleitet, so empfiehlt es sich, mit Rücksicht auf § 2360 Abs. 2 BGB. diejenigen Personen anzugeben, welche im Falle der Unwirksamkeit der Verfügung Erben sein würden. Sind nur entfernte Verwandte des Erblassers vorhanden, aber nicht eingesetzt, so kann sich ein sehr umständliches Verfahren ergeben, bis der Erbschein erteilt wird (vgl. Jastrow S. 195). Die Form des eigenhändigen Testaments hat daher in solchen Fällen erhebliche Bedenken.

Stellt nur ein Erbe trotz Vorhandenseins mehrerer Erben den Antrag, so muß ausdrücklich hervorgehoben werden, ob nur ein Teilerbschein oder ein gemeinschaftlicher Erbschein beantragt wird. In letzterem Falle muß erklärt werden, daß die andern Erben die Erbschaft angenommen haben. Die Erklärung, daß die Erben die Erbschaft „nicht ausgeschlagen“ haben, reicht nicht aus. Auch die Erklärung der Annahme muß eidesstattlich versichert werden. Stellt ein Gläubiger den Antrag, so muß er versichern, daß der Schuldner und die übrigen Erben die Erbschaft angenommen haben. Er muß sich daher beim Nachlaßgericht erkundigen, ob ein Erbe ausgeschlagen hat.

Bei ehelichen Kindern bedarf es der Vorlegung der Heiratsurkunde der Eltern nicht, da die Eltern in der Geburtsurkunde bezeichnet sind (KGJ. 32 A 297). Beim Erbrecht des Ehegatten kann die Heirat nur durch die Heiratsurkunde bewiesen werden.

Über die Zuziehung eines Dolmetschers s. oben S. 72 zu § 189 GVG.

3. Wenn ein Erbschein nur zur Verfügung über ein bestimmtes Grundstück oder ein im Grundbuch eingetragenes Recht gebraucht wird, so ist dies zum Ausdruck zu bringen, denn in Preußen sind die Gerichtsgebühren für einen solchen Erbschein nur nach dem Werte des betreffenden Grundstücks oder Rechtes zu berechnen, falls in der Urkunde glaubhaft gemacht wird, daß weder im Bezirke des Nachlaßgerichtes noch in dem des Grundbuchamtes andere Grundstücke oder im Grundbuch eingetragene Rechte des Erblassers vorhanden sind. Es muß auch der Antrag gestellt werden, daß der Erbschein dem Grundbuchamt zur Aufbewahrung eingereicht werden soll (KGJ. 31 A 3115; vgl. § 78 Abs. 5 PrGKG.). Über die entsprechende Anwendung der Vorschrift auf Erbscheine hinsichtlich anderer Nachlaßgegenstände s. § 78 Abs. 6 PrGKG. Die Gebühren des Notars richten sich aber wie in den übrigen Fällen nach dem reinen Werte des ganzen Nachlasses (KGJ. 47, 294). Bei der Berechnung des Nachlaßwertes bleiben Hausrat und andere bewegliche körperliche Gegenstände außer Betracht, soweit sie nicht nach den Vorschriften des Vermögenssteuergesetzes vom 8. April 1922 (RGBl. S. 335) der Vermögenssteuer unterliegen (§ 20 Abs. 9 GKG.). Eidesstattliche Versicherungen in einer Urkunde, die sich auf mehrere Erbfälle beziehen, sind hinsichtlich der Gebühren so zu behandeln, daß für jede Versicherung eine Gebühr erhoben wird.

4. Über den Antrag auf Erteilung des Erbscheins für den Fall des märkischen Güterrechts s. Formularbuch Nr. 535 und Drewes in DNotV. 21, 11. Die Ehe muß vor dem 1. Januar 1900 geschlossen sein und die Ehegatten müssen ihren ersten Wohnsitz im Geltungsgebiete des märkischen Provinzialrechtes gehabt haben. Der märkische Ehegatte hat ein dreifaches Wahlrecht. Er kann bei der gesetzlichen Erbfolge — und zwar in öffentlich beglaubigter Form — bis zum Ablauf der im BGB. vorgeschriebenen Ausschlagungsfrist die Erbfolge nach BGB. wählen; dann gilt BGB. Sonst kommen die Vorschriften des märkischen Provinzialrechtes zur Anwendung (vgl. Art. 200 EG. zum BGB. und Art. 46 PrAG. zum BGB.). Der überlebende Ehegatte kann danach die statutarische Portion d. h. die Hälfte des durch Einwerfung des eigenen Vermögens entstandenen gemeinschaftlichen Vermögens oder die Rücknahme des eigenen Vermögens wählen. Die Ausübung dieses Wahlrechtes erfolgt frist- und formlos. Die anderen Erben können ihm jedoch für die Wahl eine Frist setzen lassen. Die Wahlerklärung hat dann in öffentlich beglaubigter Form zu erfolgen. Ist der überlebende Ehegatte im Testament des anderen Ehegatten als Erbe eingesetzt, so kann er die Rechte auf Grund des märkischen Provinzialrechtes nur geltend machen, wenn er die Erbschaft aus dem Testament rechtzeitig ausgeschlagen hat. Die Ausschlagung und die Wahl können gleichzeitig erfolgen. Das Wahlrecht des märkischen Ehegatten geht auf dessen Erben über, die es jedoch nur gemeinschaftlich ausüben können.

Nimmt der Notar zusammen mit der Erbscheinsverhandlung die Wahlerklärung auf, so kann er für diese gesondert eine Gebühr von $^{10}/_{10}$ nach § 33 PrGKG. berechnen (vgl. Pretsch in DNotV. 21, 47).

5. Ist der Erbfall vor dem 1. Januar 1900 eingetreten, so bleibt nach Art. 213 EG. das frühere Recht maßgebend. Vgl. für Preußen Gesetz vom 12. März 1869, wonach der gesetzliche Erbe eine gerichtliche Erbbescheinigung, der Erbe auf Grund einer letztwilligen Verfügung eine „ergänzende Bescheinigung" beantragen kann.

6. **Für Ausländer** kommt nur ein Inlanderbschein des § 2369 BGB. in Betracht, der Erbschein nach §§ 2353 ff. lediglich dann, wenn der Ausländer seinen Wohnsitz in Deutschland hatte und sein Heimatrecht auf das Gesetz des Wohnsitzes verweist (vgl. Drewes, DNotV. 21, 14)

B. Register- und Gesellschaftsrecht.

1. Handelsregister.

a) **Handelsfirma.** Es trägt zur Beschleunigung der Eintragung der Firma bei, wenn das Formular, das zwecks Prüfung der Eintragungsfähigkeit auszufüllen ist, mit eingereicht und der Kostenvorschuß bezahlt wird (vgl. S. 158). Wenn Zusätze, wie „Fabrik, Bankgeschäft", gewählt werden, so wird die Eintragung dadurch aufgehalten, daß zunächst eine Auskunft der Handelskammer wegen § 18 Abs. 2 HGB. eingezogen wird (vgl. hierzu Staub Note 13 ff.). Nach dem Gesetz vom 26. Juni 1925 (RGBl. I S. 89) dürfen Depotgeschäfte (Verwahrung und Verwaltung von Effekten) und Depositengeschäfte (Verwahrung und Verwaltung fremder Gelder) nur von Depositenbanken (vgl. §§ 4 und 5 des Gesetzes) betrieben werden. Das Gesetz tritt mit Ablauf des 31. Dezember 1926 außer Kraft.

Stehen bei der Errichtung einer offenen Handelsgesellschaft die Namen aller Gesellschafter in der Firma, so ist der Zusatz „& Co." unzulässig. Eine Gesellschaft m. b. H. kann Gesellschafter einer offenen Handelsgesellschaft sein. Ein Kaufmann darf, wenn er ein zweites Geschäft mit dem Recht der Fortführung der Firma erworben hat, bei Vereinigung beider Geschäfte aus der ersten und der erworbenen Firma eine neue Firma bilden, in der jede der beiden Firmen voll enthalten ist.

Die Führung eines nichtdeutschen Namens, der dem Träger zusteht, als Firma, ist nicht verboten; dagegen ist die Verwendung von Deck- oder Künstlernamen unzulässig, was sowohl für die Firma eines Einzelkaufmanns als auch für die einer Handelsgesellschaft und Gesellschaften m. b. H. gilt (vgl. OLG. 40, 178).

Was die **Täuschungsgefahr** betrifft, so wird in neuerer Zeit der Tatsache Rechnung getragen, daß sich das Publikum an Zusätze übertreibender Art gewöhnt hat. Das Kammergericht hält z. B. bei dem Zusatz „Werk" seine früheren strengen Anforderungen nicht mehr aufrecht. Vgl. DNotV. 25, 11. Nach dem dort mitgeteilten Gutachten der Handelskammer zu Berlin hat sich im Bezirk dieser Kammer die Übung gebildet, in einzelnen Geschäftszweigen die Bezeichnung „Werk" auch dann als zulässig anzusehen, wenn ein Großbetrieb nicht vorliegt. Das gilt vor allem von der Holzindustrie für die Bezeichnung „Sägewerk", von der Torfindustrie für die Bezeichnung „Torfwerk" und von der Industrie der Steine und Erden für die Bezeichnung „Ziegelwerk". Dagegen hält das Kammergericht bei der Bezeichnung „Bank" an seinen bisherigen Anforderungen fest, vgl. OLG. 16, 81. „Treuhandgesellschaft" darf sich ein Unternehmen nur nennen, wenn es Treuhandfunktionen ausübt (OLG. 43, 277).

Was die **Verwechslungsgefahr** betrifft, so ist es ohne Bedeutung, wenn eine ältere Firma gegen eine neue Firma, bei der eine Verwechslung mit ihr vorliegt, keine Einwände erhebt. Die Firmen Sellberg & Co. und Hans Sellberg & Co. unterscheiden sich genügend. Bei gleichen Familiennamen begründet also Verschiedenheit der Vornamen die erforderliche Unterscheidbarkeit. Ebenso ist es ausreichend, wenn die Firmenverschiedenheit durch den

Zusatz Aktiengesellschaft oder Gesellschaft m. b. H. begründet wird. Trotz Gleichheit des Geschäftszweiges ist neben einer bestehenden Firma „Riedel & Co. G. m. b. H." die Eintragung einer Firma „Dr. H. Riedel & Co." zulässig (DNotV. 25, 15).

Wenn § 22 des HGB. vorschreibt, daß bei Erwerb eines Handelsgeschäftes die Fortführung der Firma — abgesehen von der Beifügung des Nachfolgerzusatzes — unverändert erfolgen muß, so gilt dieser Grundsatz nicht für die Zusätze, die nur auf die Gesellschaftsform hinweisen, namentlich dann nicht, wenn das Geschäft von einer Gesellschaft übernommen wird, die ihrerseits nach § 20 HGB. oder nach § 4 GmbHG. einen ihrer Verfassung entsprechenden andern Zusatz annehmen muß. In solchen Fällen zwingt sogar der Grundsatz der Firmenwahrheit dazu, den in der Firma der veräußernden Gesellschaft enthaltenen Gesellschaftszusatz wegzulassen. Die Gesellschaft m. b. H., an welche die „.................. Papierhandlung Kommanditgesellschaft" eine Zweigniederlassung mit dem Rechte zur Fortführung der Firma veräußert hat, muß also „.................. Papierhandlung m. b. H." firmieren (vgl. RGZ. 104, 342).

Die „Elektrizitätsgesellschaft B ... & Co. Gesellschaft mit beschränkter Haftung" ist die einzige Gesellschafterin der „R ... & Co. Gesellschaft mit beschränkter Haftung" geworden. Die Änderung der letzteren Firma in „B ...werk Gesellschaft mit beschränkter Haftung" hat das Kammergericht zugelassen, indem es ausführt, daß bei der Firmenbildung der Gesellschaft m. b. H. auch der Name eines Gesellschafters, der nicht eine physische Person ist, benutzt werden könne. § 4 Abs. 1 Satz 1 GmbHG. stehe nicht entgegen, da auch der Gesellschafter, der nicht eine physische Person sei, einen „Namen" trage. Ist der namengebende Gesellschafter selbst eine Gesellschaft und ist in deren Firma sowohl eine Personen- als eine Sachbezeichnung enthalten, so ist der Vorschrift des § 4 Abs. 1 genügt, wenn allein die Personenbezeichnung in die Firma der Gesellschaft m. b. H. übernommen wird (vgl. DNotV. 25, 52) *).

Wird eine Aktiengesellschaft gegründet, die keinen bestimmten Geschäftsbetrieb im Auge hat, sondern nur die Hülle für ein beliebiges anderes Unternehmen abgeben will, das später einmal als Aktiengesellschaft ohne Wahrung der Gründungsförmlichkeiten in den Verkehr treten soll (sog. Fasson- oder Mantelgründung), so hat das Registergericht die Eintragung abzulehnen (OLG. 43, 296). Das gleiche gilt von verschleierten Sachgründungen (OLG. 43, 305), vgl. dazu die Ausführungen von Hachenburg in JW. 54, 199). Das Kammergericht (JW. 54, 635) erblickt in dem Erwerb sämtlicher Anteile einer Gesellschaft m. b. H. seitens eines Einzelkaufmanns, um den Gesellschaftsmantel für den Betrieb eines dem bisherigen Gesellschaftszwecke fremden Unternehmens zu verwenden, einen Verstoß gegen die guten Sitten (vgl. dazu ebenda die Bemerkungen von Breit).

Eine Firma erlischt nicht nur durch die Aufgabe des Geschäftes. Der Firmeninhaber kann auch auf die Firma verzichten. Namentlich kann er eine übertragene Firma aufgeben und eine eigene Firma annehmen. Eine Gesellschaft m. b. H. erlischt nicht, wenn sie ihr Geschäft mit Firma veräußert. Die auch ohne Firma fortbestehende Gesellschaft m. b. H. kann eine neue Firma annehmen (RGZ. 107, 31).

---

*) Über Firmenabkürzungen als Warenzeichen und über das Verhältnis zwischen Firmenrecht und Warenzeichen vgl. RG. in JW. 54, 1289 Nr. 22 und 23.

Die fünfjährige Verjährungsfrist des § 159 HGB. beginnt mit der Eintragung der Auflösung der offenen Handelsgesellschaft oder des Ausscheidens des Gesellschafters. Dies gilt auch für nicht eingetragene Gesellschaften. Die Eintragung muß daher nachgeholt werden, damit die Auflösung oder das Ausscheiden eingetragen werden und die Verjährung beginnen kann (Litthauer-Mosse, HGB. Note 7 zu § 159).

Wird ein Geschäft nach § 25 HGB. unter Lebenden erworben und unter der bisherigen Firma fortgeführt, so hat die Vereinbarung, daß die Übernahme der Passiva ausgeschlossen wird, Dritten gegenüber nur dann Wirksamkeit, wenn die in § 25 vorgesehene Eintragung und Bekanntmachung oder Mitteilung gleichzeitig mit der Fortführung der Firma geschehen ist. Der Antrag auf Eintragung muß von beiden Teilen gestellt werden. Auch bei der pachtweisen Übernahme eines Handelsgeschäftes mit Firma greift die Haftbarkeit für die im Betriebe des früheren Inhabers begründeten Verbindlichkeiten gemäß § 25 HGB. Platz, wenn nicht die etwaige abweichende Vereinbarung in das Handelsregister eingetragen und bekanntgemacht oder vom Pächter oder Verpächter dem Dritten mitgeteilt worden ist (DNotV. 22, 70).

§ 25 Abs. 1 setzt voraus, daß ein unter Lebenden erworbenes Handelsgeschäft eines Vollkaufmanns vom Erwerber unter der bisherigen Firma fortgeführt wird. Die bisherige Firma braucht aber weder in das Handelsregister eingetragen zu sein noch ihrer Form nach der Vorschrift des § 18 Abs. 2 HGB. entsprochen zu haben (Recht 1923 Nr. 907 und hinsichtlich des Minderkaufmanns Staub Note 6 und 7 zu § 25). Tritt in das Geschäft eines Einzelkaufmanns jemand als Gesellschafter ein, so kann die Haftung für die bisherigen Schulden unter den Voraussetzungen des § 28 Abs. 2 HGB. ausgeschlossen werden. Tritt ein neuer Gesellschafter in eine bereits bestehende Gesellschaft ein, so kann der Ausschluß der Schulden der Gesellschaft mit Wirkung gegen Dritte nicht vereinbart werden (§ 130 HGB.).

Ist einmal das Geschäft mit Firma fortgeführt, ohne daß der Ausschluß der Passiva gehörig kundgegeben ist, so ist die Haftung eingetreten und kann nicht nachträglich beseitigt werden.

b) **Vertretung.** Der Firmeninhaber soll die Anmeldung einer Prokura mit seinem bürgerlichen Namen, nicht mit dem Firmennamen, unterzeichnen, wenn auch letzteres nicht unzulässig ist. Das Registergericht darf bei Anmeldung einer von dem Vorstand einer Aktiengesellschaft erteilten Prokura den Nachweis der mangels abweichender Bestimmung des Gesellschaftsvertrages nach dem Gesetz erforderlichen Zustimmung des Aufsichtsrates zu der Prokuraerteilung nicht verlangen. Das Registergericht muß die Erteilung der Prokura als ein nach außen wirksames Rechtsverhältnis anerkennen, auch wenn der Vorstand seine Befugnisse überschritten hat (vgl. den in DNotV. 25, 47 abgedruckten Beschluß des Kammergerichts).

Jede von den gesetzlichen Bestimmungen abweichende Vereinbarung über die Vertretungsbefugnis muß zum Handelsregister angemeldet werden. Wenn also bei einer aus zwei Gesellschaftern bestehenden offenen Handelsgesellschaft im Gesellschaftsvertrage vereinbart wird, daß beide Gesellschafter nur gemeinschaftlich zur Vertretung der Gesellschaft berechtigt sind, so muß **diese Beschränkung,** und zwar von **sämtlichen Gesellschaftern** zur Eintragung angemeldet werden (§ 125

Abs. 4 HGB.). Ob eine Anordnung zulässig ist, daß ein Gesellschafter allein, der andere nur in Gemeinschaft mit einem Prokuristen vertretungsberechtigt sein soll, ist bestritten. Wenn nur ein Gesellschafter vertretungsberechtigt ist, so ist die Bestimmung, daß er nur in Gemeinschaft mit einem Prokuristen zur Vertretung der Gesellschaft berechtigt sein soll, unzulässig; dagegen ist es zulässig, daß von mehreren Gesellschaftern der eine für sich allein, der andere nur mit dem ersten zusammen die Gesellschaft vertreten kann, und bei Gesamtvertretung, daß die Gesellschafter, wenn nicht mehrere zusammen handeln, nur in Gemeinschaft mit einem Prokuristen handeln dürfen (vgl. § 125 Abs. 3 HGB.). Dies alles gilt auch bei Aktiengesellschaften und Gesellschaften m. b. H.

Bei Gesellschaften m. b. H. ist folgende Fassung üblich:

„Die Gesellschaft wird, wenn ein Geschäftsführer bestellt ist, durch diesen, wenn mehrere Geschäftsführer bestellt sind, entweder durch diese gemeinsam oder durch einen Geschäftsführer und einen Prokuristen vertreten."

Bei der Umwandlung einer offenen Handelsgesellschaft in eine Einzelfirma muß die Anmeldung ausdrücklich die Erklärung enthalten, daß die offene Handelsgesellschaft aufgelöst ist. Bei dem Ausscheiden eines Gesellschafters, dessen Name in der Firma enthalten ist, bedarf es zu deren Fortführung seiner ausdrücklichen Einwilligung (§ 24 HGB.).

c) Die Anmeldung einer Aktiengesellschaft zur Eintragung in das Handelsregister muß durch sämtliche Gründer und Mitglieder des Vorstandes und Aufsichtsrates (§ 195 HGB.), die Anmeldung einer Gesellschaft m. b. H. durch sämtliche Geschäftsführer (§ 78 GmbHG.) erfolgen*).

Eine Anmeldung zur Eintragung in das Handelsregister ist widerruflich. Dabei braucht die Form des § 12 Abs. 1 HGB. nicht gewahrt zu werden (DNotV. 25, 9). Wenn eine unrichtige, unvollständige oder unterlassene Anmeldung zum Handelsregister oder Genossenschaftsregister zur Kenntnis des Notars gelangt, muß er dies dem Registerrichter mitteilen (vgl. Art. 3 AGHGB. vom 24. Sept. 1899).

d) Die **Gerichtskosten bei Eintragungen in das Handelsregister** regelt § 69 PrGKG. folgendermaßen:

A. Bei Einzelkaufleuten:

1. für die erste Eintragung 160 RM. bei einem jährlichem Gewerbeertrag von mindestens 50000 RM. oder bei einem Wert des Gewerbekapitals von mindestens 1 Million RM.,

80 RM. bei einem jährlichen Gewerbeertrag von 20000 bis 50000 (ausschl.) RM. oder bei einem Werte des Gewerbekapitals von 150000 bis 1 Million (ausschl.) RM.,

40 RM. bei einem jährlichen Gewerbeertrag von 4000 bis 20000 (ausschl.) RM. oder bei einem Werte des Gewerbekapitals von 30000 bis 150000 (ausschl.) RM.,

*) Bei der Gründung einer Aktiengesellschaft beträgt das Mindestkapital 50000 RM., einer Gesellschaft mit beschränkter Haftung 5000 RM. (vgl. Goldbilanzen-VO. vom 28. Dezember 1923 [RGBl. I 1253, 1255] und 2. Durchführungs-VO. [RGBl. 24 I 392 ff.]), s. dort auch über Mindestbetrag der Aktien und Stammeinlagen.

20 RM. bei einem jährlichen Gewerbeertrag von 1500 bis 4000 (ausschl.) RM. oder bei einem Werte des Gewerbekapitals von 3000 bis 30000 (ausschl.) RM.,

4 RM. bei Gewerbesteuerfreiheit wegen geringeren Ertrags oder Kapitals.

Soweit eine Einschätzung zur Gewerbesteuer noch nicht erfolgt ist, wird die Klasse nach dem Ermessen des Gerichts bestimmt.

2. für jede spätere Eintragung: $^{6}/_{10}$ der Sätze zu 1,
3. für die Löschung der Firma: $^{3}/_{10}$ der Sätze zu 1.

B. Bei offenen Handelsgesellschaften und bei Kommanditgesellschaften:
1. die erste Eintragung: das Zweifache von A 1,
2. jede spätere Eintragung: wie A 2, d. h. $^{6}/_{10}$ von A 1.

C. bei Aktiengesellschaften, Aktienkommanditgesellschaften und Gesellschaften m. b. H.:
1. Eintragung der Gesellschaft sowie eines Beschlusses über die Änderung des Gesellschaftskapitals: die volle Gebühr, aber mindestens das Zweifache der Sätze zu A 1 oben.

   Der Wert wird nach dem Gesellschaftskapitale bzw. dem Betrage der Kapitalerhöhung oder -herabsetzung berechnet;
2. alle sonstigen Eintragungen wie A 2, d. h. $^{6}/_{10}$ von A 1.

2. Die Generalversammlungen von Aktiengesellschaften und Kommanditgesellschaften auf Aktien.

§ 255. Die Berufung der Generalversammlung hat in der durch den Gesellschaftsvertrag bestimmten Weise mindestens zwei Wochen vor dem Tage der Versammlung zu erfolgen. Der Tag der Berufung und der Tag der Generalversammlung sind hierbei nicht mitzurechnen.

Ist im Gesellschaftsvertrage die Ausübung des Stimmrechts davon abhängig gemacht, daß die Aktien bis zu einem bestimmten Zeitpunkte vor der Generalversammlung hinterlegt werden, so ist die Frist derart zu bemessen, daß für die Hinterlegung mindestens zwei Wochen frei bleiben. In diesem Falle genügt auch die Hinterlegung bei einem Notar.

Ist im Gesellschaftsvertrag eine Bestimmung der im Abs. 2 bezeichneten Art nicht getroffen, so müssen die Anmeldungen zur Teilnahme an der Generalversammlung zugelassen werden, wenn sie nicht später als am dritten Tage vor der Versammlung erfolgen.

1. Bei der in Abs. 1 vorgesehenen Frist werden, wie im Gesetz ausdrücklich gesagt ist, der Tag der Berufung und der Tag der Generalversammlung nicht mitgerechnet. Wenn nicht im Gesellschaftsvertrage die Zulassung

zur Teilnahme an der Generalversammlung von der vorherigen Hinterlegung der Aktien abhängig gemacht wird, muß nach Abs. 3 die Zulassung zur Teilnahme erfolgen, wenn die Anmeldung dazu nicht später als am dritten Tage vor der Versammlung erfolgt. Die Satzung darf nicht eine längere Frist für die Anmeldungen, wenn nicht Hinterlegung der Aktien in der Satzung vorgeschrieben ist, bestimmen. Nach der Satzung können auch spätere Anmeldungen zugelassen werden. Die Teilnahme ist, wenn nicht im Gesellschaftsvertrage eine Bestimmung der in Abs. 2 bezeichneten Art getroffen ist, von der Anmeldung abhängig (bestr.). Wenn ein Aktionär später, als im Gesetz oder in der Satzung vorgeschrieben ist, die Anmeldung vornimmt, so braucht er nicht mehr zugelassen zu werden. Jeder Aktionär kann dieser Zulassung widersprechen.

2. Wird in der Satzung die Zulassung zur Teilnahme an der Generalversammlung von der vorherigen Hinterlegung der Aktien abhängig gemacht, so müssen für die Hinterlegung mindestens zwei Wochen frei bleiben. Es muß dann derjenige Zeitraum, der zwischen dem Ablaufe der Hinterlegungsfrist und dem Tage der Generalversammlung liegt, zu den für die Hinterlegung mindestens frei zu haltenden zwei Wochen hinzugerechnet werden (vgl. das Beispiel bei Staub Note 4 zu § 255 HGB.). Die Satzung kann diese Frist nicht verkürzen, wohl aber verlängern. Es ist jedoch nicht zulässig, die Frist zur Hinterlegung über einen angemessenen Zeitraum hinaus zu verlängern. Die Satzung kann daher nicht bestimmen, daß nur Aktionäre, die ihre Aktien bereits eine gewisse Zeit besitzen, an der Generalversammlung teilnehmen dürfen. Denn wenn ein Aktionär die Aktien eine längere Zeit hindurch besitzen und behalten müßte, so würde das Stimmrecht in unzulässiger Weise beschränkt werden. Die Vorschrift des § 193 BGB., daß eine Frist, die an einem Sonntag oder allgemeinen Feiertag endigen würde, um den nächstfolgenden Werktag verlängert wird, ist eine Auslegungsvorschrift (§ 186 BGB.). Die Satzung kann daher Abweichendes bestimmen.

Die Hinterlegung der Aktien kann bei jedem deutschen Notar erfolgen. Die Satzung kann daran nichts ändern. Über die Form der Hinterlegung beim Notar sind keine reichsgesetzlichen Vorschriften gegeben. Wenn die Landesgesetze keine Bestimmungen darüber enthalten, ist die Aufnahme eines notariellen Protokolls über die Hinterlegung nicht erforderlich; vielmehr genügt es, daß der Notar einen Hinterlegungsschein ausstellt. (Über die Gebühren des Notars vgl. Staub Anm. 5 zu § 255 HGB., über die Haftung des Notars Note 2 zu Art. 83 PrFGG.)

Die Satzung kann Bestimmungen darüber enthalten, wie und wann der Nachweis der Hinterlegung zu führen ist. Jedenfalls ist eine Bestimmung nicht zulässig, daß der Nachweis der Hinterlegung innerhalb der Hinterlegungsfrist zu führen ist, weil darin eine Verkürzung der im Gesetz vorgesehenen Frist liegen würde. Wenn die Satzung keine Bestimmung darüber enthält, ist der Nachweis der Hinterlegung in der Generalversammlung zu führen.

3. Die Satzung zahlreicher Gesellschaften sieht vor, daß die Bekanntmachungen, also auch die Einladungen zu den Generalversammlungen, nur durch den Deutschen Reichsanzeiger erfolgen. Wenn die Aktionäre darüber klagen, daß sie infolgedessen von den Generalversammlungen oft keine Kenntnis erhalten, so ist demgegenüber auf die wenig beachtete Vorschrift des § 257 HGB. hinzuweisen, wonach ein Aktionär, der eine Aktie

bei der Gesellschaft hinterlegt, Anspruch darauf hat, von der Einberufung der Generalversammlung und der Tagesordnung durch die Gesellschaft benachrichtigt zu werden.

4. Die Berufung der Generalversammlung erfolgt durch den Vorstand (§ 253), den Aufsichtsrat (§ 246) oder das Gericht (§ 254).

§ 256. Der Zweck der Generalversammlung soll bei der Berufung bekanntgemacht werden. Jedem Aktionär ist auf Verlangen eine Abschrift der Anträge zu erteilen.

Über Gegenstände, deren Verhandlung nicht ordnungsgemäß mindestens eine Woche vor dem Tage der Generalversammlung angekündigt ist, können Beschlüsse nicht gefaßt werden; ist für die Beschlußfassung nach den Vorschriften dieses Gesetzbuchs oder des Gesellschaftsvertrags die einfache Stimmenmehrheit nicht ausreichend, so muß die Ankündigung mindestens zwei Wochen vor dem Tage der Generalversammlung erfolgen. An die Stelle des Tages der Generalversammlung tritt, falls die Ausübung des Stimmrechts von der Hinterlegung der Aktien abhängig ist, der Tag, bis zu dessen Ablaufe die Hinterlegung zu geschehen hat.

Zur Beschlußfassung über den in der Generalversammlung gestellten Antrag auf Berufung einer außerordentlichen Generalversammlung sowie zur Stellung von Anträgen und zu Verhandlungen ohne Beschlußfassung bedarf es der Ankündigung nicht.

1. Der Antrag auf Anberaumung einer außerordentlichen Generalversammlung bedarf keiner Ankündigung. In jeder Generalversammlung, auch einer solchen nach § 254 HGB., kann dieser Antrag gestellt und daraufhin beschlossen werden, daß eine außerordentliche Generalversammlung zu berufen sei. In einer Universalversammlung, also wo sämtliche Aktionäre erschienen oder vertreten sind und sich sämtlich mit der Abhaltung einer Generalversammlung einverstanden erklärt haben, brauchen die Vorschriften über die Einberufung nicht beobachtet zu werden. Der Notar muß sich jedoch durch Vorzeigung der Aktien oder in anderer Weise darüber vergewissern, daß das gesamte Aktienkapital vertreten ist, und diese Feststellung im Protokoll treffen.

Die Tagesordnung muß den Zweck der Generalversammlung so deutlich bezeichnen, daß jeder Aktionär daraus erkennen kann, worüber verhandelt und beschlossen werden soll.

2. In § 275 HGB. sind besondere Erfordernisse aufgestellt, wenn das Verhältnis mehrerer Gattungen von Aktien zum Nachteil einer Gattung geändert werden soll. Es ist Aktienart und Aktiengattung zu unterscheiden. Eine verschiedene Art sind die Inhaberaktien und die Namensaktien. Verschiedene Gattungen sind die Stammaktien und Vorzugsaktien. Bemerkt sei hierbei, daß das Gesetz nichts darüber bestimmt, welcher

Art die Vorzugsrechte sein können. Die Schaffung von Vorzugsaktien mit mehrfachem Stimmrecht und deren Zuteilung an die Mitglieder der Verwaltung ist zulässig (vgl. RGZ. 108, 327 und über die Frage der Nichtigkeit bei Mißbrauch JW. 54, 1297). Keinesfalls darf die Verschiedenheit nur in einer Stimmenrechtsbevorzugung bestehen. Vgl. hierzu Staub Note 6 zu § 185 und Note 11 zu § 252 HGB.

Im Falle des § 275 HGB. ist neben dem Beschluß der Generalversammlung ein in gesonderter Abstimmung gefaßter Beschluß der benachteiligten Aktionäre vorgeschrieben. Die Beschlußfassung der benachteiligten Aktionäre setzt aber eine besondere Ankündigung dieser Beschlußfassung in der Ankündigung der Tagesordnung voraus, und zwar muß die Ankündigung zu jedem Punkte der Tagesordnung erfolgen, bei dem die gesonderte Abstimmung notwendig ist. Sonst kann der Beschluß angefochten werden, und zwar erfolgt die Anfechtung des Sonderbeschlusses durch die Anfechtung des Hauptbeschlusses. Soll das gesetzliche Bezugsrecht der Aktionäre ausgeschlossen werden (vgl. § 282 HGB.), so bedarf es in der Tagesordnung einer besonderen Ankündigung nicht, wenn aus dem übrigen Inhalt der Tagesordnung der geschäftskundige Aktionär ohnedies ersehen kann, daß der Ausschluß des Bezugsrechtes in Frage kommen werde (vgl. RGZ. 23, 116; 108, 322). Soll eine Erhöhung des Grundkapitals erfolgen und sind mehrere Gattungen von Aktien mit verschiedener Berechtigung bereits vorhanden, so bedarf es stets eines Sonderbeschlusses dieser Aktiengattung, gleichviel, welche als benachteiligt anzusehen ist. Auch hier muß eine besondere Ankündigung der Sonderabstimmung in der Tagesordnung erfolgen (vgl. § 278 Abs. 2 in Verbindung mit § 275 Abs. 3 Satz 2 HGB.).

3. Bei Abänderungen der Satzung ist nach § 274 Abs. 2 HGB. die beabsichtigte Änderung nach ihrem wesentlichen Inhalt erkennbar zu machen. Eine bloße Angabe der abzuändernden Paragraphen genügt nicht; RGZ. 68, 232 sieht folgende Ankündigungen als ausreichend an: „Änderung der Statuten betreffend die Erhöhung des Grundkapitals“ oder „Änderung des Statuts über die Stimmenabgabe in der Generalversammlung“. Dagegen hat das RG. in JW. 54, 1277 eine Ankündigung: „Statutenänderung des § 1 betreffend Zweck des Unternehmens“ als unzureichend angesehen. Es ist wegen der Nichtigkeitsgefahr (vgl. die eben angezogene Entscheidung des Reichsgerichts) zu empfehlen, den Inhalt der beabsichtigten Änderung ausführlich anzugeben. Nach § 266 HGB. kann die Generalversammlung mit einfacher Stimmenmehrheit die Bestellung von Revisoren beschließen. Wenn ein solcher Beschluß gefaßt werden soll, muß er als Gegenstand der Tagesordnung angekündigt werden. Dies gilt nur dann nicht, wenn die Revision sich gerade auf einen angekündigten Beratungsgegenstand bezieht. Daher können in der ordentlichen Generalversammlung Revisoren zur Prüfung der Bilanz ohne besondere Ankündigung bestellt werden (vgl. Staub Note 1 zu § 266 HGB.). Wenn nach § 268 HGB. Ersatzansprüche gegen Vorstand und Aufsichtsrat erhoben werden sollen, so muß die Erhebung von solchen Ansprüchen ebenfalls in der Tagesordnung angekündigt werden.

4. Das Gesetz enthält keine Bestimmungen darüber, in welcher Form die Berufung der Generalversammlung zu erfolgen hat. Nach § 182 Nr. 5 muß der Gesellschaftsvertrag diese Form bestimmen. Es muß also stets vor der Einberufung die Satzung auf die entsprechenden Bestimmungen hin geprüft werden.

§ 258. In der Generalversammlung ist ein Verzeichnis der erschienenen Aktionäre oder Vertreter von Aktionären mit Angabe ihres Namens und Wohnorts sowie des Betrags der von jedem vertretenen Aktien auszustellen. Das Verzeichnis ist vor der ersten Abstimmung zur Einsicht auszulegen; es ist von dem Vorsitzenden zu unterzeichnen.

§ 259. Jeder Beschluß der Generalversammlung bedarf zu seiner Gültigkeit der Beurkundung durch ein über die Verhandlung gerichtlich oder notariell aufgenommenes Protokoll.

In dem Protokolle sind der Ort und der Tag der Verhandlung, der Name des Richters oder Notars sowie die Art und das Ergebnis der Beschlußfassungen anzugeben.

Das nach § 258 aufgestellte Verzeichnis der Teilnehmer an der Generalversammlung sowie die Belege über die ordnungsmäßige Berufung sind dem Protokolle beizufügen. Die Beifügung der Belege über die Berufung der Generalversammlung kann unterbleiben, wenn die Belege unter Angabe ihres Inhalts in dem Protokoll aufgeführt werden.

Das Protokoll muß von dem Richter oder Notar vollzogen werden. Die Zuziehung von Zeugen ist nicht erforderlich.

Eine öffentlich beglaubigte Abschrift des Protokolls ist unverzüglich nach der Generalversammlung von dem Vorstande zum Handelsregister einzureichen.

1. Die Vorschriften des § 259 über die **Beurkundung der Generalversammlungsbeschlüsse** von Aktiengesellschaften sind erschöpfend. Daher kommen die Bestimmungen der §§ 168 ff. RFGG. und die Art. 53—55 PrFGG. nicht zur Anwendung. Dies gilt namentlich von den Bestimmungen über die Teilnahme von Tauben, Blinden, Stummen und am Sprechen verhinderten Personen. Die in § 176 RFGG. vorgeschriebene Identitätsfeststellung ist nicht erforderlich. Auch die Vorschriften der Landesgesetze sind nicht anwendbar, soweit sie die Form und den Inhalt des Protokolls betreffen. Daher sind die Art. 53—55 PrFGG. von der Anwendung ausgeschlossen; Art. 84 PrFGG. insoweit, als er die Gerichtssprache betrifft. Nehmen sprachfremde Personen an der Versammlung teil, so ist es Sache des Vorsitzenden, sich mit ihnen zu verständigen. Wenn eine sprachfremde Person Anträge stellt, z. B. einen Widerspruch zum Protokoll erklärt, so ist es Sache des Notars, sich mit ihr zu verständigen. Es unterliegt dem freien Ermessen des Notars, ob er einen Dolmetscher zuziehen will. Beeidigung desselben ist nicht erforderlich. Die Aufnahme des Protokolls muß in deutscher Sprache

erfolgen. Auch eine Vorlesung und Genehmigung des Protokolls ist nicht erforderlich. Zur Vermeidung der Nichtigkeit muß das Protokoll von dem Notar vollzogen, d. h. unterschrieben werden. Das Protokoll braucht zwar nicht an Ort und Stelle vom Notar fertiggestellt und unterschrieben zu werden, doch muß beides nach mehrfach vertretener Ansicht noch am Tage der Verhandlung erfolgen. Andere Personen, z. B. der Vorsitzende, brauchen das Protokoll nicht zu unterschreiben, es sei denn, daß dies in der Satzung vorgeschrieben ist. Dagegen sind die Vorschriften der Landesgesetze anzuwenden, soweit sie sich nicht auf die Form und den Inhalt des Protokolls beziehen. Daher sind die Vorschriften der Landesgesetze über die Aufbewahrung, äußere Form (Eintragung in das Notariatsregister, Durchstreichungen), Ausfertigung, Einsichtgewährung und vor allem über die Ausschließung des Notars maßgebend (vgl. insbesondere die Bemerkungen zu § 6 RFGG. oben S. 67ff.). Werden in der Versammlung rechtsgeschäftliche Erklärungen abgegeben, so müssen die Vorschriften der §§ 167ff. RFGG. beobachtet werden.

2. **Über den Inhalt des Protokolls** verhält sich Abs. 2 des § 259 HGB. Unter „Art und Ergebnis der Beschlußfassung" ist zu verstehen die Form der Abstimmung (z. B. Namensaufruf, Handaufheben, geheime Abstimmung u. dgl.). Gibt das Protokoll über die Art der Beschlußfassung keinen genügenden Aufschluß, so liegt ein die Nichtigkeit des Beschlusses begründender Verstoß gegen § 259 Abs. 2 HGB. dann nicht vor, wenn nach der Gesamtheit der Beurkundung kein Zweifel über die Ordnungsmäßigkeit des Hergangs bestehen kann. In einem vom Reichsgericht entschiedenen Falle stellte das Protokoll die Zahl der im ganzen vertretenen Stimmen fest und bemerkte, daß die Versammlung die nachstehenden Beschlüsse mit allen Stimmen gegen 4675 Stimmen des Dr. B. gefaßt habe. Damit sei unzweideutig gesagt, daß die Dreiviertelmehrheit erreicht war, weniger als ein Viertel der abgegebenen Stimmen auf Dr. B. entfielen (RGZ. 105, 373). Ergebnis der Beschlußfassung bedeutet die Feststellung, was beschlossen worden ist. Ist das Ergebnis einer Abstimmung zweifelhaft, so muß zu Protokoll festgestellt werden, was der Vorsitzende der Versammlung als Beschluß verkündet hat. Auch muß in solchen Fällen der Hergang so genau protokolliert werden, daß eine Nachprüfung erfolgen kann. Wird gegen einen Beschluß Widerspruch erhoben, so muß der Notar den Widerspruch protokollieren, was mit Rücksicht auf § 271 Abs. 3 HGB. wichtig ist. Ebenso sind Anträge nach § 264 (Vertagung der Bilanzgenehmigungsverhandlung) und § 268 (Ersatzklage gegen Gesellschaftsorgane) zu protokollieren; dagegen nicht zurückgezogene Anträge und Reden. Enthält die Satzung über Form und Inhalt des Protokolls Vorschriften, z. B. Unterschrift des Protokolls durch den Vorsitzenden der Versammlung, so ist deren Beobachtung zu empfehlen, obgleich die herrschende Meinung die Nichtbeachtung derartiger Vorschriften für unerheblich erklärt (vgl. Staub Note 9 zu § 259 HGB.). Im Falle der Universalversammlung bedarf es nicht der Beurkundung des Verzichts auf ordnungsmäßige Einberufung und Ankündigung (OLG. 43, 314). Nach Abs. 3 sind dem Protokoll das Verzeichnis der Aktionäre (vgl. § 258 HGB.) und die Belege über die Berufung der Generalversammlung beizufügen. Auch bei Universalversammlungen ist die Anwesenheitsliste aufzustellen. Das Verzeichnis der Aktionäre muß außer den erschienenen Aktionären und Vertretern von Aktionären die Vertretenen bezeichnen, ferner, wenn sich Aktien und Stimm-

recht nicht decken, die Anzahl der auf einen Aktionär entfallenden Stimmen. Eine Verlesung des Aktionärverzeichnisses braucht nicht zu erfolgen. Das Verzeichnis ist zwar vor der ersten Abstimmung zur Einsicht auszulegen, aber daraus folgt nicht, daß Aktionäre, die später erscheinen, von der Teilnahme an der Versammlung ausgeschlossen werden dürfen. Sie müssen nachträglich in das Verzeichnis aufgenommen werden, und zwar dergestalt, daß ersichtlich ist, vor welcher Abstimmung sie erschienen sind. Wenn sich Aktionäre während der Versammlung entfernen, so ist darüber ein Vermerk in das Verzeichnis nur dann aufzunehmen, wenn sie sich abmelden. Das Verzeichnis ist von dem Vorsitzenden der Versammlung zu unterschreiben.

Die Belege über die Berufung der Versammlung brauchen dem Protokoll nicht beigefügt zu werden, wenn ihr Inhalt genau in das Protokoll aufgenommen wird. Die gemäß Abs. 3 beigefügten Urkunden sind nach Art. 48, 63 PrFGG. zu behandeln. Werden sie auf Antrag der Ausfertigung des Protokolls in beglaubigter Abschrift beigefügt, so genügt ein Auszug des für die Verhandlung wesentlichen Teiles des Belagsblattes.

3. **Der Aktionär muß sich in der Generalversammlung** legitimieren. Dies geschieht bei Inhaberaktien durch Vorlegung, bei Namensaktien durch Bezugnahme auf das Aktienbuch (vgl. § 223 HGB.). Die Gültigkeit der Beschlußfassung wird mangels besonderer Bestimmungen des Gesellschaftsvertrages über die Ausübung des Stimmrechts (§§ 252 Abs. 4, 255 HGB.) nicht dadurch berührt, daß die Generalversammlung nicht die Vorlegung der Aktien durch den das Stimmrecht Beanspruchenden verlangt (RGZ. 106, 258). Steht eine Aktie mehreren Mitberechtigten zu, sind z. B. bei Namensaktien mehrere Personen in das Aktienbuch als Eigentümer der Aktie eingetragen, so können sie die Rechte aus der Aktie nur durch einen gemeinschaftlichen Vertreter ausüben (vgl. § 225 HGB.). Wenn auch die Ausgabe von Aktienurkunden*) im Handelsgesetzbuch nicht vorgeschrieben ist, so kann doch jeder Aktionär die Ausgabe der auf ihn entfallenden Aktien verlangen. Solange keine Aktien oder Interimsscheine ausgegeben sind, erfolgt die Legitimation auf jede andere Art. In diesem Zusammenhange sei bemerkt, daß auch, wenn keine Aktien oder Interimsscheine ausgegeben sind, das Aktienrecht veräußert werden kann. Inhaberaktien sollen vor der Vollzahlung nicht ausgegeben werden. Geschieht dies dennoch, so sind sie nicht nichtig, dagegen sind auf den Inhaber ausgestellte Interimsscheine nichtig (vgl. § 209 HGB.). Interimsscheine müssen stets auf den Namen lauten. Vor der Eintragung der Gesellschaft dürfen Aktien oder Interimsscheine bei Strafe der Nichtigkeit nicht ausgegeben werden (vgl. §§ 200 und 209 HGB.). Über die Schadenersatzpflicht und Strafbarkeit bei Zuwiderhandlungen vgl. §§ 241, 248, 314 HGB.

---

*) Bei dem Muster im Formularbuch S. 91 fehlt der in § 24 AusfBest. z. KapVerkStG. vorgeschriebene Vermerk: „Den Vorschriften des Kapitalverkehrsteuergesetzes über die Gesellschaftssteuer von Kapitalgesellschaften ist nach der Bescheinigung des Finanzamtes in .... vom .... 19... Nr. .... des Anmeldungsbuches genügt."

Der Vermerk ist auf der Vorderseite an einer augenfälligen Stelle (möglichst linken oberen Ecke) anzubringen und darf nur auf Grund schriftlicher Bescheinigung des Finanzamtes auf die Urkunde gesetzt werden.

Soweit das Stimmrecht durch einen Bevollmächtigten ausgeübt wird, ist schriftliche Form für die Vollmacht erforderlich und ausreichend. Die Satzung kann weder von der Schriftlichkeit abgehen noch Beglaubigung fordern. Wird in der Generalversammlung die Echtheit der Vollmacht angezweifelt, so besteht die Gefahr, daß die Beschlüsse, welche ohne Mitwirkung des Bevollmächtigten gefaßt werden, mit Erfolg angefochten werden, sofern nicht nachgewiesen wird, daß die Vollmacht unecht war. Telegraphische Form genügt nicht. Prokura und allgemeine Handlungsvollmacht reicht aus. Nachträgliche Genehmigung ersetzt nicht den Mangel der schriftlichen Vollmacht, wohl aber die nachträgliche Beibringung einer schriftlichen Vollmacht mit Genehmigungsvermerk. Mehrere Vertreter sind, wenn es sich nicht um gesetzliche Vertretung handelt, nicht zulässig. Schriftliche Vollmacht ist nur für denjenigen erforderlich, der im Namen eines Aktionärs auftritt, nicht aber für den, der ein fremdes Aktienrecht im eigenen Namen ausübt. Die Vollmachten bleiben in Verwahrung der Gesellschaft; sie sind daher dem notariellen Protokoll nicht beizufügen.

Die Notare sind berechtigt, zu den ihnen vorgelegten Vollmachten den Stempel zu verwenden. Der Stempel beträgt nach dem PrStStG. Tarifstelle Nr. 19 Abs. 3 1,50 ℳ. Die Notare müssen in allen Fällen, in welchen von den Beteiligten Urkunden vorgelegt werden, die nicht als Anlagen zu den Notariatsurkunden genommen worden sind, zu den Akten vermerken, ob und welche Stempel zu diesen genau zu bezeichnenden Urkunden verwendet und wann sie entwertet sind (vgl. AusfB. des FM. zu StStG. zu Nr. 6).

4. **Bei allen Beschlüssen ist darauf zu achten, daß nicht nur die gesetzlichen, sondern auch die Vorschriften der Satzung beobachtet werden.** Wichtig sind namentlich die Fälle, in denen die Beschlußfassung einer qualifizierten Mehrheit bedarf, z. B.: Abänderung des Gesellschaftsvertrages (drei Viertel des bei der Beschlußfassung vertretenen Grundkapitals bei einfachen Satzungsänderungsbeschlüssen; der Gesellschaftsvertrag kann leichtere oder schwere Erfordernisse aufstellen). Desgleichen bei Änderung des Gegenstandes des Unternehmens; der Gesellschaftsvertrag kann schwerere Erfordernisse aufstellen (vgl. § 275 HGB.). Widerruf der Bestellung zum Mitgliede des Aufsichtsrates (drei Viertel des bei der Beschlußfassung vertretenen Grundkapitals, § 243 Abs. 4 HGB.). Auflösung der Gesellschaft (drei Viertel des bei der Beschlußfassung vertretenen Grundkapitals), der Gesellschaftsvertrag kann die Erfordernisse nicht erleichtern (§ 292 Abs. 1 Ziff. 2 HGB.). Bei der Berechnung der Mehrheit sind die Aktien nicht mitzuzählen, deren Besitzer sich der Abstimmung enthalten. Aktien mit höherem Stimmrecht sind entsprechend höher zu bewerten (vgl. Staub Note 4 zu § 251). Über die qualifizierte Mehrheit bei sog. Nachgründung durch Übernahmen vgl. § 207 HGB., bei Vergleichen mit ersatzpflichtigen Personen § 270 HGB.

5. Der Vorsitzende der Generalversammlung hat über Eröffnung und Schluß der Versammlung zu entscheiden. Er ist berechtigt, gegen Aktionäre, die die Beratung und Beschlußfassung stören, einzuschreiten; er kann ihnen das Wort entziehen, sie auch aus der Sitzung weisen.

Das Stimmrecht wird nach Aktienbeträgen, d. h. nach der Höhe des Nennwertes, nicht nach deren Zahl ausgeübt. Jede Aktie hat mindestens eine Stimme (§ 252 HGB.). Wichtig ist § 252 Abs. 3 HGB.: „Wer durch die Beschlußfassung entlastet oder von einer Verpflichtung befreit werden soll, hat hierbei kein Stimmrecht und darf ein solches auch nicht für andere ausüben. Dasselbe gilt von einer Beschlußfassung, welche die Vornahme eines Rechtsgeschäftes mit einem Aktionär oder die Einleitung oder Erledigung eines Rechtsstreites zwischen ihm und der Gesellschaft betrifft." Diese Vorschrift bezieht sich namentlich auf die Mitglieder der Verwaltung. Wenn der Vorstand einer Gesellschaft Mitglied des Aufsichtsrates ist, so kann die Gesellschaft, deren Vorstand er ist, mitstimmen; ebenso kann die offene Handelsgesellschaft mitstimmen, wenn einer ihrer Gesellschafter Vorstand der Aktiengesellschaft ist (vgl. RGZ. 64, 15). Personen, deren Wahl zum Vorstand oder Aufsichtsrat in Frage steht, können mitstimmen, auch bei Beschlüssen über ihr Gehalt und ihre Abberufung (vgl. hierzu des näheren Staub Note 26 zu § 252 HGB.).

Es ist unzulässig, in der Satzung zu bestimmen, daß Frauen und Ausländer nur durch Vertreter ihr Stimmrecht ausüben können. Die Mitglieder des Aufsichtsrates haben kein unbedingtes Recht auf Teilnahme an der Generalversammlung (OLG. 43, 311).

6. Soweit nicht die §§ 190 und 196 HGB. etwas anderes bestimmen, finden auf die Berufung und die Beschlußfassung von **Generalversammlungen, die vor Eintragung der Gesellschaft** stattfinden, die Vorschriften entsprechende Anwendung, welche für die Gesellschaft nach der Eintragung maßgebend sind (vgl. § 197 HGB.). Dies gilt namentlich von der Ankündigung der Tagesordnung, von der Aufstellung und Auslegung des Aktionärverzeichnisses und dem Erfordernis der gerichtlichen oder notariellen Beurkundung. Bei den Beschlüssen sind auch hier sowohl die Vorschriften des Gesetzes als auch der Satzung zu beobachten.

Zusatz: 1. Bei den **Kommanditgesellschaften auf Aktien** bedürfen die Beschlüsse der Generalversammlung der Zustimmung der persönlich haftenden Gesellschafter, soweit sie Angelegenheiten betreffen, für die bei der Kommanditgesellschaft das Einverständnis der persönlich haftenden Gesellschafter und der Kommanditisten erforderlich ist (vgl. § 327 HGB.). Der Zustimmung bedürfen also hiernach nicht Beschlüsse, die keine gemeinsamen Angelegenheiten betreffen, z. B. die Wahl des Aufsichtsrates. Die Zustimmung kann formlos erteilt werden. Bei Beschlüssen, die einzutragen sind, muß aber die Zustimmung in dem über die Verhandlung der Kommanditisten aufgenommenen Protokoll oder in einem Anhange zu ihm erklärt werden. Da diese Zustimmung eine rechtsgeschäftliche Erklärung ist, ist § 177 RFGG. zu beachten.

Zusatz 2. **Kostenfragen.** Für die Beurkundung der Beschlüsse der Generalversammlungen, Aufsichtsräte oder sonstigen Organe von Aktiengesellschaften oder anderen Vereinigungen wird das Zweifache der vollen Gebühr erhoben (§ 46 PrGKG.). § 46 gibt einen Regelwert und für Ausnahmefälle einen Höchst- und Mindestwert an. Einen bestimmten Geldwert hat z. B. die Beschlußfassung über ein Rechtsgeschäft mit einem gegebenen Gegenstandswert, über die Feststellung und Verteilung des Reingewinns (hier ist der Betrag des Reingewinns maßgebend; ist kein Reingewinn erzielt, so fehlt es an einem bestimmten Geldwerte, so daß § 46 Abs. 2 anzuwenden ist), über die Erhöhung oder Herabsetzung des Grundkapitals. Bei der Erhöhung ist der Kurs zugrunde zu legen, zu dem die jungen Aktien ausgegeben werden, eventuell der Nennbetrag der Kapitalserhöhung, bei der Herabsetzung der Nennbetrag. Dagegen fehlt es an einem bestimmten Geldwerte z. B. bei der Bestellung von Prokuristen, Wahl des Vorstandes oder Aufsichtsrates, Änderung der Satzung, Genehmigung der Bilanz. Wird diese Genehmigung jedoch mit der Genehmigung der Gewinn- und Verlustrechnung verbunden, so ist für die Genehmigung der Bilanz kein besonderer Wert anzusetzen.

Für die Anmeldung zum Handelsregister ist nicht § 46, sondern § 38 Abs. 5 maßgebend. Ein bestimmter Geldwert liegt bei allen Anmeldungen vor, wo der Betrag des Gesellschaftsvermögens in das Handelsregister einzutragen ist, also bei der Anmeldung der Errichtung einer Aktiengesellschaft, einer Gesellschaft m. b. H., der Erhöhung oder der Herabsetzung des Kapitals dieser Gesellschaften (anders z. B. bei der Eintragung der Firma eines Einzelkaufmanns).

Die Wertberechnung für die Beurkundung von Beschlüssen über die Umstellung des Kapitals von Papiermark auf Reichsmark und für die Anmeldung zum Handelsregister regelt die 3. Verordnung zur Durchführung der Verordnung über Goldbilanzen (RGBl. 24 I S. 693).

Für die Beratung über die Fassung der Tagesordnung oder die Form und den Inhalt der Beschlüsse kann der Notar nach § 16 NotGebO. besonders liquidieren.

Zusatz 3. **Stempel.** Notarielle Protokolle über Generalversammlungen von Aktiengesellschaften und Kommanditgesellschaften auf Aktien sind in Preußen mit 50 Reichsmark zu verstempeln.

Zusatz 4. **Muster.**

Muster I.

Einladung zu einer Generalversammlung.

Porzellanfabrik C. A. Reimer, Aktiengesellschaft, Meißen.

Hierdurch laden wir unsere Herren Aktionäre zu einer am Mittwoch, den 28. Dezember 1925, nachmittags 4 Uhr in unserem Fabrikgebäude in Meißen stattfindenden

außerordentlichen Generalversammlung

ergebenst ein.

Tagesordnung:

I. Gemeinsame und gesonderte Abstimmung
   a) der bisherigen Vorzugsaktionäre,
   b) der bisherigen Stammaktionäre
über

1. Umwandlung der RM. .... bisherigen Namensvorzugsaktien in Inhaberstammaktien und deren Weiterbegebung.

2. Erhöhung des Grundkapitals von .... RM. auf .... RM. durch Ausgabe von .... RM. neuen Inhaberstammaktien und .... RM. neuen Inhabervorzugsaktien; Beschlußfassung über

Stückzahl und Einzelheiten der Ausgabe und Begebung der neuen Aktien, insbesondere Festsetzung der Rechte der neuen Vorzugsaktien und Ausschluß des gesetzlichen Bezugsrechts der Aktionäre.

3. Änderung des Gesellschaftsvertrages in Gemäßheit der Beschlüsse zu I 1. und 2., insbesondere des § 4 (betr. Grundkapital und Rechte der Vorzugsaktien), des § 11 Abs. 3 (betr. Stimmrecht der Aktien) und des § 28 (betr. Gewinnverteilung).

II. Gemeinsame Abstimmung über weitere Änderungen des Gesellschaftsvertrages, und zwar:

1. des § 14 Abs. 1 (betr. Abstimmung in der Generalversammlung),
2. des § 22 Abs. 1 (betr. Bezüge des Aufsichtsrates).

Zur Teilnahme an der Generalversammlung ist jeder Aktionär berechtigt, der sich als solcher ausweist. Diejenigen Aktionäre, welche in der Generalversammlung stimmen oder Anträge stellen wollen, müssen jedoch ihre Aktien spätestens am .... entweder bei unserer Gesellschaft in Meißen oder

in Berlin
in Dresden
in Meißen } bei den betreffenden Niederlassungen der Kommerz- und Privatbank Aktiengesellschaft

bis nach Abhaltung der Generalversammlung hinterlegen und die ihnen hierüber von der Hinterlegungsstelle ausgestellte Bescheinigung in der Generalversammlung dem amtierenden Notar vorzeigen. Sie können ihre Aktien auch bei einem Notar hinterlegen, jedoch muß in diesem Falle die von diesem über die Hinterlegung ausgestellte Bescheinigung dessen Verpflichtung zur Aufbewahrung der Aktien bis nach der Abhaltung der Generalversammlung enthalten und ferner spätestens am .... einer der obengenannten Hinterlegungsstelle vorgelegt und nebst der über diese Vorlegung auszufertigenden Bestätigung in der Generalversammlung dem amtierenden Notar vorgezeigt werden.

Meißen, den .... 1924. Der Vorstand.

Unterschrift.

Muster II.

Bremer Dampfer-Kompagnie-Aktiengesellschaft.

Bezugsaufforderung.

Die außerordentliche Generalversammlung der Aktionäre der Bremer Dampfer-Kompagnie Aktiengesellschaft, Bremen, vom 16. Januar 1925 hat beschlossen, das Grundkapital der Gesellschaft um nom. RM. .... durch Ausgabe auf den Inhaber lautender Stammaktien im Nennbetrage von je 1000 RM. zu erhöhen, welche an dem Gewinn für die Zeit vom 1. Januar 1925 ab teilnehmen. Das gesetzliche Bezugsrecht der Aktionäre ist ausgeschlossen.

Von den RM. .... neuen Stammaktien ist den alten Aktionären ein Teilbetrag von RM. .... zum Bezuge anzubieten.

Nachdem die Erhöhung des Grundkapitals in das Handelsregister des Amtsgerichts Bremen eingetragen ist, fordern wir die Aktionäre auf, das Bezugsrecht bei Vermeidung des Verlustes in der Zeit

vom 23. .... bis 14. .... 1925 einschl.

in Bremen:

bei der Deutschen Bank, Filiale Bremen,
bei dem Bankhause M. W. Müller;

in Berlin:

bei der Deutschen Bank, Berlin;

in Hamburg:

bei der Deutschen Bank Filiale Hamburg,

während der üblichen Geschäftsstunden auszuüben: Auf je .... RM. alte Stammaktien kann eine neue Stammaktie über RM. 1000 Nennwert zum Kurse von RM. .... zuzüglich der Börsenumsatzsteuer bezogen werden.

Der Bezug erfolgt provisionsfrei, soweit die Aktien nach Nummernfolge geordnet ohne Gewinnanteilscheinbogen mit einem doppelt ausgefertigten Nummernverzeichnis bei den Bezugsstellen am Schalter zur Abstempelung eingereicht werden. Die Aktienurkunden, für die das Bezugsrecht ausgeübt wird, werden abgestempelt zurückgegeben.

Soweit die Ausübung des Bezugsrechtes im Wege des Briefwechsels erfolgt, wird die Bezugsstelle die übliche Bezugsprovision in Anrechnung bringen.

Gegen Rückgabe der über die Einzahlung erteilten Kassenquittung erfolgt die Ausgabe der neuen Aktien nach Fertigstellung bei der betreffenden Anmeldestelle. Diese ist berechtigt, aber nicht verpflichtet, die Legitimation des Vorzeigers der Kassenquittung zu prüfen.

Bremen, im .... 1925.

Bremer Dampfer-Compagnie Aktiengesellschaft.

Muster III

für Einbringung und Übernahme bei der Errichtung einer Aktiengesellschaft.

Die Herren .... bringen in die Gesellschaft ein die nachfolgenden Aktiven der offenen Handelsgesellschaft Friedrich Seelberg & Co. a) das Grundstück Berlin-Wilmersdorf, Pariser Straße 39a, eingetragen im Grundbuchamt des Amtsgerichts Charlottenburg Band 37 Blatt 1227. Das Grundstück ist belastet mit einer Hypothek von 250000 RM. zugunsten der .... Aktiengesellschaft. Auf dem Grundstück ist eine Hypothek von 50000 RM. eingetragen, die schon zurückbezahlt, jedoch noch nicht gelöscht ist. Die Herren .... und .... verpflichten sich, für die Löschung dieser Hypothek zu sorgen. Das Grundstück, so wie es steht und liegt, unter Ausschluß jeglicher Gewähr, wird von den Herren .... und .... als Alleininhabern der offenen Handelsgesellschaft in die Aktiengesellschaft eingebracht, und zwar zu einem Preise von 550000 RM. entsprechend dem in der per 31. Dezember 1924 errichteten Bilanz der Gesellschaft eingesetzten Werte. In Höhe von 250000 RM. wird der Übernahmepreis dadurch belegt, daß die Aktiengesellschaft die genannte Hypothek von 250000 RM. als Selbstschuldnerin übernimmt, indem sie sich gleichzeitig allen Bedingungen, wie sie in der Schuldurkunde zugunsten der Gläubigerin festgesetzt worden sind, unterwirft. In Höhe des Restbetrages von 300000 RM. erhalten die Herren .... und .... für die Einbringung eine Vergütung durch Gewährung eines gleich hohen Betrages in Aktien der neuen Gesellschaft; b) die gesamten dem Geschäftsbetrieb ihrer bisherigen Firma dienenden Werkzeuge und Inventarien, und zwar zu einem ebenfalls aus der per 31. Dezember 1924 gezogenen Bilanz ersichtlichen, entsprechend abgerundeten Betrage von 90000 RM. Sie bringen ferner ein die gesamten, dem Geschäftsbetriebe dienenden Maschinen, ebenfalls zu den in der Bilanz per 31. Dezember 1924 angegebenen abgerundeten Werten von 40000 RM., indem sie alle diese Gegenstände der Gesellschaft hierdurch übereignen. Den Gegenwert erhalten sie dadurch, daß sie in Höhe von 90000 RM. plus 40000 RM. Aktien der neuen Gesellschaft zugeteilt erhalten; c) die gesamten, nach der per 31. Dezember 1924 gezogenen Bilanz in ihrem Geschäftsbetriebe vorhanden gewesenen fertigen und halbfertigen Fabrikate sowie das vorhanden gewesene Rohmaterial aller Art, und zwar zu einem Preise von 10770 RM. Für den Gegenwert dieser der Gesellschaft übereigneten Warenbestände erhalten die Einbringenden zunächst Aktien zugeteilt in Höhe von .... RM. In Höhe des Restbetrages von .... RM. ist die Aktiengesellschaft verpflichtet, die jetzigen Verbindlichkeiten zu bestreiten, die nach der Bilanz vom 31. Dezember 1924 für die Firma .... bestehen. In dieser Höhe befreit sie also die Herren .... und .... gegenüber den Gläubigern von ihrer Verbindlichkeit. Dem Mitgründer zu 3 steht als Rechtsnachfolger des Kaufmanns Friedrich eine Darlehnsforderung von 300000 RM., die grundbuchlich gesichert ist, gegen die eingebrachte Firma zu. Er verzichtet als Rechtsnachfolger des Herrn Friedrich auf seine Darlehnsforderung von 300000 RM., die durch Sicherungsübereignung für ihn bzw. seinen Rechtsvorgänger erworbenen Rechte und endlich auf alle zur Sicherung dieser Forderung ihm gewährten grundbuchlichen Eintragungen. Für den Verzicht auf diese Rechte erhält Herr .... einen Betrag von 300000 RM. Aktien zugeteilt.

Bei **Einbringung eines Handelsgeschäftes** empfiehlt es sich oft, folgende Bestimmungen in den Gründungsvertrag aufzunehmen:

1. Das Geschäft gilt vom 1. Januar 1925 ab als für Rechnung der Aktiengesellschaft geführt. Das Entgelt hierfür ist in der nachstehenden Aktienzuteilung mitenthalten.

2. Die offene Handelsgesellschaft .... übernimmt die Gewähr für das Vorhandensein der in der Bilanz aufgeführten Aktiven, ferner für den Eingang der noch nicht eingezogenen, in der Bilanz aufgeführten Außenstände, sowie dafür, daß andere Passiven, als in der Bilanz vom 31. Dezember 1924 angegeben sind, nicht bestehen.

3. Die offene Handelsgesellschaft willigt darin, daß die Aktiengesellschaft ihre Firma fortführt, ohne daß hierfür eine besondere Vergütung gewährt wird. Ferner werden das deutsche Reichspatent Nr. ...., die Rechte aus dem deutschen Gebrauchsmuster Nr. ...., sowie das eingetragene Warenzeichen .... *) auf die Aktiengesellschaft ohne besondere Vergütung übertragen. Die offene Handelsgesellschaft .... willigt darin, daß der Übergang dieser Schutzrechte in der Patentrolle, in der Rolle für Gebrauchsmuster und in der Zeichenrolle vermerkt wird.

4. Die Gründer zu 1 bis 5 übernehmen die Gewähr dafür, daß die Außenstände in derjenigen Höhe eingehen, in welcher sie in der dem Gründungsvertrage beiliegenden Bilanz unter Berücksichtigung der Rückstellungen und Abschreibungen bewertet sind.

3. Die Abtretung von Geschäftsanteilen einer Gesellschaft mit beschränkter Haftung.

1. Die **Geschäftsanteile einer Gesellschaft m. b. H. sind** nach § 15 des Gesetzes vom 20. Mai 1898 **frei veräußerlich und vererblich.** Die Übertragbarkeit kann durch den Gesellschaftsvertrag nicht ausgeschlossen, wohl aber beschränkt, z. B. an die Zustimmung der Gesellschaft oder aller Gesellschafter geknüpft werden (§ 15 Abs. 5). Es kann auch einem einzelnen Gesellschafter das Sonderrecht eingeräumt werden, daß es zur Veräußerung stets seiner Zustimmung bedarf. Ferner kann die Veräußerung von gewissen Voraussetzungen in der Person des Erwerbers

*) Vgl. § 7 des Gesetzes zum Schutze der Warenbezeichnungen. Das Recht kann nur mit dem Geschäftsbetriebe, zu dem das Warenzeichen gehört, auf einen anderen übergehen.

abhängig gemacht werden, z. B. hinsichtlich des Wohnsitzes, der Staatsangehörigkeit, der Konfession. Hinsichtlich der Veräußerlichkeit der Geschäftsanteile einer Gesellschaft m. b. H. sind die Interessengegensätze zu beachten, die sich namentlich ergeben können, wenn ein Gesellschafter stirbt oder arbeitsunfähig wird. Die Geschäftsführer, die für ihre Tätigkeit Gehalt und Tantieme empfangen, legen oft Wert darauf, daß ein erheblicher Teil der Gewinne zur Stärkung des Unternehmens im Geschäfte belassen wird, und daß keine fremden Personen, insbesondere Konkurrenten, Anteile erwerben, während die Witwe und die Kinder eines Gesellschafters ein Interesse daran haben, ihre Anteile zu veräußern. Zum Ausgleich dieser Gegensätze wird es sich empfehlen, daß, wenn die Veräußerung der Geschäftsanteile beschränkt ist, ein Gesellschafter oder seine Erben nach Ablauf eines bestimmten Zeitraumes den Erwerb ihrer Geschäftsanteile durch die anderen Gesellschafter verlangen können. Auch werden die Grundsätze für die Berechnung des für den Erwerb des Anteils zu zahlenden Entgelts festzusetzen sein. Oft wird zur Vermeidung von Prozessen bei Streitigkeiten über die Bewertung schiedsgerichtliche Regelung vereinbart. Lehnen die andern Gesellschafter den Erwerb des Anteils ab, so muß dem Anbietenden das Recht eingeräumt werden, seine Anteile zu veräußern, vielleicht mit der Beschränkung, daß die Veräußerung nicht an jemand erfolgen darf, der Konkurrent des Unternehmens ist oder zu einem Konkurrenzunternehmen in Beziehungen steht. Der Gesellschaftsvertrag kann übrigens bestimmen, daß die Geschäftsanteile nach dem Tode des Gesellschafters nicht seinem Erben, sondern einem Dritten zustehen sollen (RGZ. 80, 175).

Die Beschränkung der Übertragbarkeit muß im ursprünglichen Gesellschaftsvertrage oder in dem Kapitalerhöhungsbeschlusse, durch den die betreffenden Geschäftsanteile geschaffen werden, erfolgen. Sonst ist die Zustimmung aller Gesellschafter erforderlich.

Eine Teilung von Geschäftsanteilen ist nur bei Vererbung oder Veräußerung zulässig, kann aber auch für diese Fälle ausgeschlossen werden. Für die Veräußerung von Teilen eines Geschäftsanteils ist die Genehmigung der Gesellschaft in § 17 des Gesetzes zwingend vorgeschrieben (vgl. Brodmann zu § 17). Nur wenn es sich um die Veräußerung von Teilen eines Geschäftsanteils an andere Gesellschafter oder um die Teilung von Geschäftsanteilen verstorbener Gesellschafter unter deren Erben handelt, kann der Gesellschaftsvertrag von dem Erfordernis der Genehmigung absehen. Auch durch Satzungsänderung mit der hierfür erforderlichen Mehrheit kann die Befreiung von der Genehmigung nachträglich eingeführt werden. Dagegen ist zur nachträglichen Beseitigung einer solchen Befreiung die Zustimmung aller Gesellschafter erforderlich (Brodmann Note 1 zu § 17). Die durch Teilung entstehenden neuen Geschäftsanteile müssen durch 100 teilbar sein und dürfen nicht unter 50 Reichsmark betragen (§ 17 Abs. 4).

2. Die **gerichtliche oder notarielle Beurkundung** ist sowohl für den Abtretungsvertrag (Angebot und Annahme) als auch für den auf die Abtretung gerichteten obligatorischen Vertrag vorgeschrieben. Beglaubigung der Unterschrift genügt nicht, auch die Annahmeerklärung bedarf der gerichtlichen oder notariellen Beurkundung. Dasselbe gilt für die Bestellung eines Nießbrauchs oder die Verpfändung eines Geschäftsanteils sowie für die Verpflichtung, einen Geschäftsanteil zu erwerben.

Der Mangel der Form eines Vertrages wird durch den formgerechten Vollzug der Abtretung des Geschäftsanteils geheilt. Dadurch werden auch mündliche Nebenabreden, die neben einem schriftlichen Vertrage getroffen sind, gültig (vgl. § 15 Abs. 4 Satz 2 des Gesetzes und RGZ. 79, 185). Keine Abtretung von Geschäftsanteilen liegt vor, wenn solche Eigentum einer Gemeinschaft zur gesamten Hand, z. B. einer offenen Handelsgesellschaft sind und ein Wechsel unter den Mitgliedern (Eintritt oder Ausscheiden) stattfindet. Das gleiche gilt, wenn eine offene Handelsgesellschaft in eine Kommanditgesellschaft umgewandelt wird oder umgekehrt, sowie bei Verschmelzung von zwei Gesellschaften dieser Art und in den Fällen der §§ 304—306 HGB. Dagegen liegt Abtretung vor, die Formvorschrift ist daher zu wahren, wenn ein Geschäftsanteil in eine Gemeinschaft zur gesamten Hand, z. B. in eine offene Handelsgesellschaft, eingebracht wird, sowie bei der Umwandlung einer offenen Handelsgesellschaft in eine Aktiengesellschaft (nicht dagegen bei der Umwandlung einer Aktiengesellschaft in eine Aktienkommanditgesellschaft; vgl. hierzu und über die Fälle der Teilung zum Zwecke der Auseinandersetzung Brodmann, Anm. 1 zu § 15). In Fällen der Auseinandersetzung ist nicht bloß bei der Liquidation einer offenen Handelsgesellschaft, sondern auch sonst die Beobachtung der Form stets anzuraten.

Soweit das Gesetz die Veräußerung von der Genehmigung der Gesellschaft abhängig macht, ist in § 17 Abs. 2 eine bestimmte Form vorgeschrieben. Sie bedarf der Schriftlichkeit und muß die Person des Erwerbers und den Betrag bezeichnen, welcher von der Stammeinlage des ungeteilten Geschäftsanteils auf jeden der durch die Teilung entstehenden Geschäftsanteile entfällt (vgl. das Muster im Formularbuch S. 245). Die Genehmigung erfolgt durch den Geschäftsführer und muß ausdrücklich erklärt werden (RGZ. 105, 152). Eine geringere Form, als sie das Gesetz vorsieht, kann der Gesellschaftsvertrag dort, wo die Genehmigung gesetzlich vorgeschrieben ist, nicht anordnen. Ist die Übertragung in andern Fällen durch den Gesellschaftsvertrag von der Genehmigung der Gesellschaft abhängig gemacht, so ist keine bestimmte Form im Gesetz vorgeschrieben. Der Gesellschaftsvertrag kann jedoch solche Erfordernisse aufstellen. Der Geschäftsführer kann namens der Gesellschaft die Übertragung seiner eigenen Anteile genehmigen. Die Genehmigung kann vor oder nach der Abtretung erfolgen, auch in dem Abtretungsakte selbst. Ist nach dem Gesellschaftsvertrage die Veräußerung von Geschäftsanteilen an Nichtgesellschafter von der Genehmigung der Gesellschaft abhängig, so ist auch die Veräußerung an einen andern Gesellschafter genehmigungspflichtig, wenn dieser nur Strohmann eines Nichtgesellschafters ist (RGZ. 103, 195). Macht der Gesellschaftsvertrag die Veräußerung von Geschäftsanteilen von der Genehmigung der Gesellschafterversammlung abhängig, so erfolgt auch in diesem Falle die Erklärung der Genehmigung durch den Geschäftsführer. Der Beschluß der Gesellschafterversammlung ist nur für die Verantwortlichkeit des Geschäftsführers von Bedeutung (RGZ. 104, 413). Ist die Veräußerung eines Geschäftsanteils von der Zustimmung aller Gesellschafter abhängig, so bedarf eine Änderung dieser Bestimmung des Gesellschaftsvertrages der Einwilligung aller Gesellschafter (KGJ. 53, 101).

Eine Übertragung, die ohne die vorgeschriebene Genehmigung erfolgt, ist unwirksam.

Die Wirkung der Veräußerung ist nach § 16 des Gesetzes der Gesellschaft gegenüber davon abhängig, daß der Erwerb unter Nachweis des Überganges der Gesellschaft angemeldet wird. Die Anmeldung kann mündlich oder schriftlich durch den Veräußerer oder durch den Erwerber erfolgen.

Die Abtretung der Ansprüche auf Gewinn oder das Auseinandersetzungsguthaben ist formfrei.

3. **Kein Gesellschafter kann bei der Errichtung der Gesellschaft mehrere Stammeinlagen übernehmen** (§ 5 Abs. 2 des Gesetzes). Jeder Gründer kann also nur eine Stammeinlage übernehmen. Eine praktisch wichtige Entscheidung hat der Reichsfinanzhof in seinem Urteil vom 14. Okt. 1924, II A 707, getroffen: Eine Gesellschaft m. b. H. war von drei Gesellschaftern notariell errichtet worden. Vor der Eintragung hatten zwei Gründer ihren Anteil an den dritten Gesellschafter abgetreten. Dann wurde die Gesellschaft eingetragen. Durch die Abtretung vor der Eintragung war die Gesellschaftsgründung nichtig, weil am Tage der Eintragung mindestens zwei Gesellschafter vorhanden sein müssen.

Ein Gesellschafter kann später weitere Geschäftsanteile erwerben; die Geschäftsanteile behalten jedoch ihre Selbständigkeit. Bei der Veräußerung eines der Geschäftsanteile ist daher nicht die in § 17 Abs. 1 des Gesetzes vorgeschriebene Genehmigung erforderlich, da es sich nicht um die Veräußerung eines Teiles eines Geschäftsanteils handelt. Wird ein Teil eines Geschäftsanteils ordnungsmäßig veräußert, so wird der veräußerte Teil ein selbständiger Geschäftsanteil. Erwirbt ein Gesellschafter diesen Teil zurück, so vereinigt er sich nicht mit dem anderen Teil, sondern bewahrt seine Selbständigkeit. Nach § 17 Abs. 5 des Gesetzes ist eine gleichzeitige Übertragung mehrerer Teile von Geschäftsanteilen eines Gesellschafters an denselben Erwerber unzulässig. Es steht aber nichts entgegen, daß unmittelbar nacheinander mehrere Urkunden über die Veräußerung der mehreren Teile an denselben Erwerber aufgenommen werden. Nur die gleichzeitige Veräußerung ist verboten. Ein obligatorischer Vertrag, in dem ein Gesellschafter sich zur Abtretung mehrerer Teile eines Geschäftsanteils an dieselbe Person verpflichtet, ist zulässig. Ferner können in derselben Urkunde andere Veräußerungen erfolgen, z. B. die Veräußerung eines andern Geschäftsanteils an denselben Erwerber oder die Veräußerung eines Teils eines andern Geschäftsanteils an denselben Erwerber oder die Veräußerung eines Teils desselben Geschäftsanteils an einen andern Erwerber (Staub-Hachenburg Note 10 zu § 17). § 17 Abs. 5 ist eine formalistische Bestimmung, die den Bedürfnissen des wirtschaftlichen Lebens nicht gerecht wird.

Auch bei einer Erhöhung des Stammkapitals kann immer nur ein Geschäftsanteil übernommen werden. Die Erhöhung darf nicht durch Erhöhung der bisherigen Geschäftsanteile, sondern nur durch Schaffung neuer Geschäftsanteile erfolgen. Die Übernahme ist eine rechtsgeschäftliche Erklärung. Erfolgt sie in der Gesellschafterversammlung, so muß der Übernehmende, der kein Gesellschafter zu sein braucht, das notarielle Protokoll unterschreiben (vgl. §§ 169—182, bes. § 177 RFGG. und RGZ. 73, 45). § 55 des Gesetzes verlangt eine gerichtlich oder notariell aufgenommene oder beglaubigte Erklärung. Dies gilt auch für die Vollmacht zur Übernahme (OLG. 22, 20). Die Übernahme bedarf der Annahme durch die Gesellschaft. Diese kann formlos erfolgen; erfolgt sie nicht durch den Geschäftsführer, sondern durch eine Beschlußfassung der Gesellschafter, so darf sich der übernehmende Gesellschafter an dieser Beschlußfassung nicht beteiligen, er hat dabei nach § 47 Abs. 4 des Gesetzes kein Stimmrecht (vgl. RGZ. 109, 77).

4. Der einzige Gesellschafter, der zugleich Geschäftsführer ist, kann sich von den Beschränkungen des § 181 BGB. befreien (vgl. DNotV. 25, 55).

Zusatz 1. **Steuerfragen.** Über die Verpflichtung der Notare, auf Grund des Zuwachssteuergesetzes und des Grunderwerbsteuergesetzes dem Steueramt über die beurkundeten Übertragungen von Anteilen einer Gesellschaft m. b. H. Mitteilung zu machen, vgl. S. 118.

Über die Börsenumsatzsteuer s. S. 186. Die Übernahmeerklärung von Stammeinlagen auf das erhöhte Stammkapital unterliegt nicht neben der Kapitalverkehrsteuer einem Landesstempel, wohl aber die Abtretung von Geschäftsanteilen dem Protokollstempel bei einem Wert über 150 RM. (aus Tarifst. Nr. 12 PrStStG.).

Zusatz 2. Die **Berufung der Gesellschafterversammlungen** regelt § 51 des Gesetzes. Der Lauf der hier vorgesehenen Frist von mindestens einer Woche beginnt mit dem Tage der Absendung des Briefes. Es ist bestritten, ob der Brief dem Gesellschafter zugehen muß. Die Satzung kann über die Berufung der Versammlungen andere Bestimmungen treffen. Erscheint ein nicht ordnungsmäßig geladener Gesellschafter in der Versammlung, so ist hinsichtlich seiner Person der Mangel ohne Bedeutung. Ein Gesellschafter kann keine Rechte daraus herleiten, daß ein anderer nicht formgerecht geladen worden ist.

Ist gegen die Vorschriften des § 51 verstoßen worden, so sind die Beschlüsse anfechtbar; nichtig nur dann, wenn gegen die Vorschriften derartig verstoßen worden ist, daß von einer Gesellschafterversammlung nicht gesprochen werden kann.

Über die Nichtigkeit oder Anfechtbarkeit von Beschlüssen im allgemeinen vgl. Brodmann, Note 4 zu § 47; Staub-Hachenburg, Note 15 f. zu § 45 des Gesetzes.

Anhang.

Kapitalverkehrsteuergesetz

vom 8. April 1922 (RGBl. S. 354); vgl. ferner RGBl. 1923 I S. 198, 555, 1117, 1205; 1924 I S. 74, 399, 707, II 383, I 741, 775; 1925 I S. 241.

Das Kapitalverkehrsteuergesetz vereinigt vier Steuern: **Gesellschaftssteuer**, Wertpapiersteuer, **Börsenumsatzsteuer**, Aufsichtsratssteuer. Von diesen sind für die Notare die Gesellschaftssteuer und die Börsenumsatzsteuer besonders wichtig. Die Aufsichtsratssteuer ist durch § 32 Abs. 2 des Körperschaftsteuergesetzes vom 10. Aug. 1925 (RGBl. I, 214) außer Kraft gesetzt. Über diese Wertpapiersteuer s. §§ 25 bis 34 des Gesetzes.

I. Der **Gesellschaftssteuer** unterliegen folgende Gesellschaften (§ 2):

a) inländische Kapitalgesellschaften und inländische Niederlassungen ausländischer Kapitalgesellschaften;

b) andere inländische Erwerbsgesellschaften und inländische Niederlassungen anderer ausländischer Erwerbsgesellschaften;

c) die übrigen inländischen juristischen Personen und Personenvereinigungen.

Als inländisch gelten Gesellschaften, wenn sie ihren Sitz im Inlande haben oder der Ort der Leitung sich im Inlande befindet. Wenn also eine ausländische Erwerbsgesellschaft im Inlande gegründet wird, die ihren Sitz im Auslande hat, so wird die Steuerpflicht nur begründet, wenn der Ort der Leitung der ausländischen Gesellschaft sich im Inlande befindet. Errichtet eine im Sinne des Gesetzes ausländische Gesellschaft in Deutschland eine Niederlassung, so ist die Zuwendung von Anlage- und Betriebskapital an diese steuerpflichtig (vgl. unten S. 179 e). Dies ist besonders bei der Anmeldung von Zweigniederlassungen ausländischer Gesellschaften zum Handelsregister zu beachten.

A. 1. Folgende Gesellschaften gelten stets im Sinne des Gesetzes als **Kapitalgesellschaften**, auch wenn sie keine Erwerbszwecke verfolgen (§ 3):

a) Aktiengesellschaften;

b) Kommanditgesellschaften auf Aktien;

c) Gesellschaften mit beschränkter Haftung;

d) Kolonialgesellschaften;

e) die Reichsbank;

f) bergrechtliche Gewerkschaften;

g) andere juristische Personen mit Ausnahme der Erwerbs- und Wirtschaftsgenossenschaften, falls sie Erwerbszwecke verfolgen und die Mitglieder ihre Anteile an dem Vermögen der juristischen Person an Dritte übertragen können;

h) Personenvereinigungen, die Erwerbszwecke verfolgen, falls alle Mitglieder nur mit ihrem Anteil für die Schulden der Vereinigung haften und ihre Anteile an Dritte übertragen können.

Was die zu g und h genannten betrifft, so ist bei juristischen Personen also nötig und ausreichend, daß sie Erwerbszwecke verfolgen und die Mitglieder ihre Anteile an Dritte übertragen können, bei anderen Personenvereinigungen, daß außer diesen Erfordernissen alle Mitglieder nur mit ihrem Anteil für die Schulden der Vereinigung haften, z. B. Bohrgesellschaften.

Die Erwerbs- und Wirtschaftsgenossenschaften sind nie Kapitalgesellschaften im Sinne des Gesetzes.

§ 4 des Gesetzes befreit gewisse inländische Aktiengesellschaften, Kommanditgesellschaften auf Aktien und Gesellschaften m. b. H. unter den in diesem Paragraphen angegebenen Voraussetzungen (Beteiligung des Reiches, Gemeinnützigkeit u. dgl.) von der Steuerpflicht. Falls jedoch diese Voraussetzungen später fortfallen, tritt die Steuerpflicht ein (§ 9 des Gesetzes).

2. **Als Gesellschaftsrechte an Kapitalgesellschaften gelten** (§ 5):

a) Aktien, Kuxe und Anteile der Gesellschafter und Mitglieder;

b) Genußscheine, die die Kapitalgesellschaft ausgegeben hat;

c) Forderungen gegen die Kapitalgesellschaften, die einen Anteil am Gewinne der Gesellschaft gewähren.

Gehört zu den persönlich haftenden Gesellschaftern einer Kommanditgesellschaft eine Kapitalgesellschaft (z. B. eine Gesellschaft m. b. H.), so werden die Anteile der Kommanditisten als Anteile an der Kapitalgesellschaft angesehen. Die Besteuerung erfolgt nach dem Werte der Beteiligung der Kommanditisten.

Als Gesellschafter gelten die Personen, denen die vorbezeichneten Rechte zustehen.

Der Steuer unterliegen grundsätzlich die zum Erwerb der Gesellschaftsrechte durch den ersten Erwerber erforderlichen Leistungen und, soweit derartige Leistungen dazu nicht erforderlich sind, der Erwerb der Gesellschaftsrechte. Erster Erwerber ist derjenige, der als zeitlich erster Gesellschafter gegenüber der Gesellschaft berechtigt und verpflichtet ist. Über die Zuteilung von Aktien an den ersten Erwerber vgl. § 36 des Gesetzes und unten S. 187. Wenn ein Bankkonsortium neue Aktien mit der Verpflichtung übernimmt, die Aktien an andere weiter zu übertragen oder sie den alten Aktionären zu einem bestimmten Kurse anzubieten, so ist das Übernahmekonsortium „erster Erwerber", sofern es, wie regelmäßig, die Aktien fest übernommen hat. Über die neben der Steuer für eine Kapitalserhöhung in Frage kommende Bezugsrechtssteuer vgl. § 61 des Gesetzes und Strutz S. 728. Die Bezugsrechtssteuer wird jedoch bis auf weiteres nicht erhoben (vgl. RGBl. 1925 I, 315). **Gegenstand der Steuer** sind im einzelnen (§ 6):

a) Zahlungen und Leistungen, die zum Erwerbe von Gesellschaftsrechten einer inländischen Gesellschaft durch den ersten Erwerber erforderlich sind oder zu deren Bewirkung die Gesellschafter einer inländischen Gesellschaft auf Grund des Gesellschaftsverhältnisses verpflichtet sind (weitere Einzahlungen, Nachschüsse, Zubußen usw.);

b) freiwillige Zahlungen und Leistungen an eine inländische Gesellschaft, die nicht als Schenkungen im Sinne des Erbschaftsteuergesetzes anzusehen sind, falls das Entgelt in der Gewährung erhöhter Gesellschaftsrechte besteht oder falls die Zahlungen oder Leistungen geeignet sind, den Wert der Gesellschaftsrechte zu erhöhen, insbesondere die Umwandlung von Aktien in Vorzugsaktien und Erhöhung der Einlagen der Gesellschafter, die Überlassung von Gegenständen an die Gesellschaft zu einer hinter dem Werte zurückbleibenden Gegenleistung, die Übernahme von Gegenständen der Gesellschaft durch die Gesellschafter zu einer den Wert übersteigenden Gegenleistung und der Verzicht auf Forderungen oder andere Rechte;

c) die **Gewährung von Darlehen** an eine inländische Gesellschaft, der Erwerb von Forderungen gegen sie, bei denen die Zahlungsfrist hinausgeschoben ist, oder die Stundung von Forderungen gegen sie, falls Gläubiger der Darlehns-forderungen oder sonstigen Forderungen Gesellschafter sind **und**

α) die Ansprüche aus den Darlehen oder Forderungen nur gleichzeitig mit den Gesellschaftsrechten abgetreten werden können,

β) oder während der Beteiligung an der Gesellschaft die Rückzahlung der Darlehen oder die Erfüllung der Forderungen nicht beansprucht werden kann,

γ) oder die Gewährung der Darlehen oder die Hinausschiebung der Zahlungsfrist oder die Stundung der Forderungen eine wesentliche Voraussetzung des Beginns oder der Fortführung der Gesellschaft ist, und sich sachlich als Beteiligung an der Gesellschaft darstellt;

d) der Erwerb von Gesellschaftsrechten einer inländischen Gesellschaft durch den ersten Erwerber in den Fällen, in denen eine Zahlung oder Leistung im Sinne der Vorschrift zu a zum Erwerbe der Gesellschaftsrechte nicht erforderlich ist, z. B. bei Konsolidation mehrerer im Eigentum verschiedener Personen stehender Bergwerke (§ 41 PrBerggef.);

e) die Zuwendung von Anlage- und Betriebskapital seitens einer ausländischen Gesellschaft an ihre inländische Niederlassung.

Zu a. Die Übernahme der Kosten der Gründung einer Aktiengesellschaft und der Kosten der Kapitalerhöhung durch die ersten Erwerber der Aktien fällt nicht unter die Zahlungen und Leistungen, die zum Erwerbe von Gesellschaftsrechten durch den ersten Erwerber erforderlich sind, da diese nicht der Gesellschaft als dauernder Betrag für ihre Betriebsmittel zufließen, sondern nur durchlaufende Posten zur Deckung vorübergehender Aufwendungen darstellen (vgl. JW. 53, 591). Die vom ersten Erwerber junger Aktien übernommene Zahlung von Stückzinsen unterliegt nicht der Kapitalverkehrsteuer (RFH. 11, 236). Das gleiche gilt von der Umwandlung von Vorzugsaktien in Stammaktien. Eine nach § 6a steuerpflichtige Leistung liegt ferner nicht vor, wenn ein Bankkonsortium bei der Übernahme von jungen Aktien im Übernahmevertrag die Kosten der vereinbarten Einführung der Aktien an der Börse übernimmt (RFH. 13, 236).

Werden Grundstücke in eine Kapitalgesellschaft gegen Gewährung von Gesellschaftsrechten eingebracht, so unterliegt dieser Vorgang neben der Gesellschaftssteuer auch der Grunderwerbsteuer. Neben der Grunderwerbsteuer erheben die Länder und Gemeinden auf Grund des § 36 des Finanzausgleichsgesetzes Zuschläge bis zum Satze von 4 v. H. Diese wurden bisher auch beim Einbringen von Grundstücken in eine Kapitalgesellschaft erhoben. Nach Art. II § 2 des Abänderungsgesetzes dürfen Zuschläge nicht mehr erhoben werden, wenn bei der Errichtung einer inländischen Kapitalgesellschaft oder bei der Erhöhung ihres Gesellschaftskapitals Grundstücke in die Gesellschaft gegen Gewährung von Gesellschaftsrechten eingebracht werden. Dies gilt auch dann, wenn als Entgelt zum Teil Gesellschaftsrechte und zum Teil Gegenleistungen anderer Art gewährt werden. Das Zuschlagsrecht der Länder und Gemeinden bleibt unberührt, wenn die Grundstücksübertragung der Gesellschaftssteuer nicht unterliegt. Diese Änderungen sind mit Wirkung vom 1. September 1925 in Kraft getreten (vgl. RGBl. 1925 I, 242 und oben zu § 17 GrErwStG.).

Zu b. Handelt es sich um eine freigebige Zuwendung an die Gesellschaft, so wird nicht die Kapitalverkehrsteuer, sondern die Schenkungssteuer erhoben, auch wenn der Zuwendende ein Gesellschafter ist. Wendet jemand z. B. einer Gesellschaft m. b. H., an der er mit einem Viertel beteiligt ist, eine Million Mark zu, so wird die Schenkungssteuer nach der Bereicherung des Beschenkten, der Gesellschaft, in voller Höhe berechnet, also nach dem Betrage von einer Million. Nur wenn jemand, der alle oder so gut wie alle Anteile der Gesellschaft besitzt oder wenn alle oder so gut wie alle Gesellschafter in demselben Verhältnis, in dem sie an der Gesellschaft beteiligt sind, Zuwendungen an die Gesellschaft machen, liegt eine Schenkung im Sinne des Erbschaftsteuergesetzes, nicht vor und wird die Kapitalverkehrsteuer erhoben. Davon zu unterscheiden sind die Fälle, wo nicht eine Schenkung an die Gesellschaft, sondern an Gesellschafter vorliegt, was namentlich bei der Errichtung einer Gesellschaft zu beachten ist (vgl. zu diesen Fragen vor allem RFH. 11, 112).

Zu c. Soweit ein Darlehen oder eine Forderung gegen die Gesellschaft eine Beteiligung am Gewinn der Gesellschaft gewähren, gelten sie als Anteile an der Gesellschaft, gleichviel ob der Gläubiger ein Gesellschafter ist oder nicht. Hier entsteht daher die Steuerpflicht mit der Begründung der Forderung oder der Vereinbarung der Gewinnbeteiligung. Hiervon abgesehen, ist nur die Gewährung von Darlehen seitens der Gesellschafter steuerpflichtig und nur unter den unter c angegebenen Voraussetzungen. Eine wesentliche Voraussetzung des Beginns oder der Fortführung der Gesellschaft ist die Gewährung eines Darlehens hauptsächlich dann, wenn der Darlehensbetrag die Geschäftsanteile sehr erheblich übersteigt. Die Frage kann stets nur unter Berücksichtigung aller Umstände des Einzelfalles entschieden werden. Darlehen zur Befriedigung eines vorübergehenden Kreditbedürfnisses begründen keine Steuerpflicht. Tritt ein Gesellschafter bei Hingabe eines Darlehens in eigenem Namen, aber für Rechnung eines Nichtgesellschafters (als dessen Treuhänder) auf, so hindert das nicht die Anwendung des § 6c (Mrozek, Steuerrechtsprechung „Kapitalverkehrsteuergesetz" Nr. 3 zu § 6c). Die Bestellung einer Sicherheit für ein von einem Dritten der Gesellschaft zu gewährendes Darlehen steht der Hergabe eines Darlehens im allgemeinen nicht gleich. Daher ist in dem praktisch wichtigen Falle, daß ein Gesellschafter für das von einem Dritten einer Gesellschaft m. b. H. gewährte Darlehen die Bürgschaft übernimmt, in der Regel keine Kapitalverkehrsteuer zu zahlen (RFH. vom 24. Febr. 1925, 2 A. 87, 25).

3. **Steuerschuldner ist die Gesellschaft.** Soweit die Zahlungen oder Leistungen vor der Entstehung der Gesellschaft fällig oder bewirkt werden, ist Steuerschuldner, wer Geschäfte für die Gesellschaft führt oder führen läßt (vgl. §§ 10 und 9a des Gesetzes). Die Steuer ist nicht durch Beurkundung bedingt, sondern an die oben angegebenen Vorgänge geknüpft (vgl. für andere Erwerbsgesellschaften als Kapitalgesellschaften unten S. 183).

Daneben haftet derjenige, der durch den die Steuerschuld begründenden Rechtsvorgang Rechte oder Pflichten erwirbt (§ 10 Abs. 2). Die Steuer beträgt 4% des Wertes des Gegenstandes. Die Bestimmung, daß die Steuer mindestens 20 RM. beträgt, ist gestrichen worden. Daneben ist in Preußen der Protokollstempel zu verwenden. Der Wert des Gegenstandes wird berechnet (§ 11):

a) soweit die Entstehung der Steuerschuld von Geldzahlungen abhängig ist, von dem zu entrichtenden Geldbetrage;

b) soweit die Entstehung der Steuerschuld von nicht in Geld bestehenden Leistungen an die Gesellschaft (Sacheinlagen) abhängig ist, von dem Werte der Leistung zur Zeit des Eintritts der Steuerschuld. Maßgebend ist der gemeine Wert. Für die Bewertung gelten die §§ 137 ff. RAO. mit Ausnahme des § 139 Abs. 2. Dabei ist nicht der Wert der einzelnen Gegenstände, sondern der Gesamtwert der Einlage einschl. der immateriellen Werte (Geschäftsverbindungen, Firma) zugrunde zu legen. Als Wert der Leistung gilt mindestens der Wert der Gesellschaftsrechte, die das Entgelt für die Leistung bilden;

c) soweit die Entstehung der Steuerschuld gemäß § 9 zu b von der Veräußerung von Gesellschaftsrechten abhängig ist, von dem bei der Veräußerung erzielten Preis abzüglich des Entgelts, das die Gesellschaft für den Erwerb der Rechte zu entrichten hatte;

d) soweit die Entstehung der Steuerschuld von dem Erwerb oder der Stundung von Forderungen der Gesellschafter abhängig ist, von dem Werte der Forderungen zur Zeit des Eintritts der Steuerschuld;

e) soweit die Entstehung der Steuerschuld von der Zuwendung von Anlage- und Betriebskapital an inländische Niederlassungen ausländischer Gesellschaften abhängig ist, von dem Werte des zugewandten Anlage- und Betriebskapitals;

f) im übrigen von dem Werte der Gesellschaftsrechte zur Zeit der Entstehung der Steuerschuld.

Werden Genußscheine ausgegeben, so ist der Wert der erforderlichen Zahlungen oder Leistungen entscheidend. Erfolgt die Ausgabe der Genußscheine ohne Gegenleistung, so ist ihr Wert maßgebend.

Die Steuerschuld wird im allgemeinen mit der Zahlung fällig (vgl. des näheren § 9 des Gesetzes), bei nicht sofort voll einzuzahlenden Aktien erst mit der Fälligkeit der einzelnen Teilzahlungen.

Nach § 12 des Gesetzes ermäßigt sich bei der Verschmelzung von Kapitalgesellschaften die Steuer auf 2 vom Hundert, insoweit Leistungen dadurch bewirkt werden, daß das Vermögen der einen Gesellschaft als Ganzes mit oder ohne Auseinandersetzung an eine andere Gesellschaft gegen Gewährung von Gesellschaftsrechten der aufnehmenden Gesellschaft übertragen wird. Diese Bestimmung kann bei der Umwandlung einer Gesellschaft in eine andere Form benutzt werden. Wenn z. B. eine Gesellschaft m. b. H. in eine Aktiengesellschaft umgewandelt werden soll, so kann zunächst die Gründung einer Aktiengesellschaft mit geringem Stammkapital, alsdann Kapitalserhöhung zur Übernahme des Vermögens der Gesellschaft m. b. H. erfolgen (so Strutz a. a. O. S. 708). Wenn eine offene Handelsgesellschaft in eine Kommanditgesellschaft umgewandelt wird, so ist das nicht die Gründung einer neuen Gesellschaft.

Über die Ermäßigung der Steuer auf 2 vom Hundert s. § 13 des Gesetzes (RGBl. 24 I, 707). Wichtig sind hierbei vor allem die Leistungen zur Deckung einer Überschuldung bei einer Aktiengesellschaft und einer Gesellschaft m. b. H., sowie die Zubußen an eine Gewerkschaft zur Beseitigung von Schäden, die Unglücksfälle oder Naturereignisse an dem von der Gewerkschaft betriebenen Bergwerke hervorgerufen haben. Die Ermäßigung der Steuer auf 2 % bei Gesellschaften m. b. H. mit einem Stammkapital von nicht mehr als 100000 Papiermark ist weggefallen (vgl. RGBl. 1925 I, 241).

Der § 2 Nr. 7 des Umsatzsteuergesetzes ist durch Art. IV § 1 Nr. 1 (RGBl. 1925, I, 242) dahin abgeändert worden, daß Leistungen, soweit sie eine Steuerpflicht nach dem Kapitalverkehrsteuergesetz Teil I (Gesellschaftsteuer) begründen, von der Umsatzsteuer befreit sind.

Die in § 15 vorgesehene laufende Steuer für Aktien mit mehrfachem Stimmrecht ist aufgehoben (vgl. Art. V § 1 Nr. 4 der 2. Steuernotverordnung).

4. Die Steuer ist vom Steuerschuldner (§ 10) bei der Kasse des Finanzamtes bar einzuzahlen. Die Notare, die die Errichtung einer Kapitalgesell-

schaft, die Erhöhung ihres Kapitals oder Beschlüsse über die Einforderung von Zahlungen und Leistungen im Sinne des § 6 zu a, b KVStG. beurkundet haben, sind verpflichtet, eine beglaubigte Abschrift der Urkunde binnen einer Woche dem zuständigen Finanzamte zu übersenden (§ 75 Abs. 1 des Gesetzes; § 15 Abs. 1 AusfB.). Die Absendung der beglaubigten Abschrift ist im Falle der Beurkundung auf der Urschrift der Urkunde, im Falle der Beglaubigung eines Entwurfs auf der zu den Notariatsakten zu nehmenden beglaubigten Abschrift der Urkunde unter Angabe des Datums und des Finanzamtes, dem die Abschrift zuzuleiten ist, vom Notar zu bescheinigen (§ 15 Abs. 3 AusfB.). Das Finanzamt hat den Eingang der Abschrift der Urkunde unverzüglich zu bestätigen. Das Bestätigungsschreiben ist zu der Urschrift oder beglaubigten Abschrift zu nehmen (§ 15 Abs. 4 AusfB.).

Bei der Aufnahme von Urkunden über Leistungen zum Erwerb von Gesellschaftsrechten (§ 6a des Gesetzes, § 5 AusfB.) haben die Notare eine Erklärung der Beteiligten über den Wert des für die Steuerberechnung maßgebenden Gegenstandes (§ 11 Abs. 2 des Gesetzes) sowie darüber aufzunehmen, ob und welche in der Urkunde nicht aufgeführte, unter § 6 zu a und b des Gesetzes fallende Zahlungen und Leistungen von den Gesellschaftern neben den beurkundeten übernommen worden sind und ob die Gesellschafter der Gesellschaft Darlehen gewährt, Forderungen gegen sie erworben oder ihr Forderungen gestundet haben. Lehnen die Beteiligten eine solche Angabe ab, so ist dies in die Urkunde aufzunehmen (§ 16 AusfB.). Kommen derartige Zahlungen oder Forderungen nicht in Betracht, so empfiehlt sich folgende Fassung am Schlusse des Protokolls: „Irgendwelche Zahlungen und Leistungen, welche in dieser Urkunde nicht aufgeführt sind, sind nicht übernommen worden. Darlehen haben wir der Gesellschaft nicht gewährt, Forderungen gegen sie nicht erworben, auch haben wir ihr Forderungen nicht gestundet."

Die Notare dürfen den Beteiligten die Urschrift, eine Ausfertigung oder beglaubigte erst aushändigen, wenn das Finanzamt den Eingang der Abschrift bestätigt oder seine Zustimmung zu der Aushändigung erteilt hat (§ 17 AusfB.). Bei der Aufnahme der Urkunden sind die Beteiligten auf ihre Anmeldepflicht (§ 72 Abs. 1 des Gesetzes, §§ 13, 15 Abs. 5 AusfB.), auf § 17 AusfB. und darauf hinzuweisen, daß die Eintragung der Errichtung einer Kapitalgesellschaft oder der Erhöhung ihres Kapitals in das Handelsregister nur zulässig ist, wenn das Finanzamt bescheinigt hat, daß der Eintragung ins Handelsregister steuerliche Bedenken nicht entgegenstehen (§§ 23, 25 AusfB.), AV. 10. März 1924; JMBl. 216 zu II A 2). Für die Beschaffung dieser Bescheinigung steht dem Notar die Gebühr nach § 16 NotGebO. zu ($^{6}/_{10}$ Wert: Der Betrag der Steuer).

B. **Andere Erwerbsgesellschaften** (§ 2 Abs. 1 zu b des Gesetzes).

1. Bei andern Erwerbsgesellschaften wird die Steuer zur Zeit nur erhoben bei offenen Handelsgesellschaften, Kommanditgesellschaften und inländischen Niederlassungen ausländischer Gesellschaften, die den offenen Handelsgesellschaften und Kommanditgesellschaften entsprechen (2. Steuernotverordnung Art. V Nr. 17), bei stillen Gesellschaften, soweit die Steuerschuld nach dem 1. Juni 1925 entstanden ist. Dagegen wird die Steuer bis auf weiteres von andern

Erwerbsgesellschaften (Reedereien; rechtsfähige Vereine, die Erwerbszwecke verfolgen; Gesellschaften des bürgerlichen Rechts; nicht rechtsfähige Vereine, wenn sie Erwerbszwecke verfolgen; Versicherungsvereine auf Gegenseitigkeit, falls sie auch Nichtmitglieder versichern; in das Genossenschaftsregister eingetragene Erwerbs- und Wirtschaftsgenossenschaften) nicht erhoben (§ 90 Abs. 1a des Gesetzes, 2. Steuernotverordnung vom 19. Dez. 1923; RGBl. I, 1205 — Art. V Ziff. 17); daher ist bei diesen Gesellschaften bei der Eintragung von der Unbedenklichkeitsbescheinigung des Finanzamtes abzusehen.

Der Steuer unterliegen (§ 17):

a) die Errichtung einer inländischen Gesellschaft;

b) der Beitritt neuer Gesellschafter zu einer inländischen Gesellschaft;

c) die Erhöhung der Einlagen der Gesellschafter einer inländischen Gesellschaft;

d) die Überlassung von Gesellschaftsrechten an die Gesellschaft, an andere Gesellschafter oder an Dritte;

e) die Errichtung von inländischen Niederlassungen einer ausländischen Gesellschaft.

Der Austritt eines Gesellschafters aus einer Gesellschaft fällt unter § 17d. Eine Überlassung von Gesellschaftsrechten im Sinne des § 17d liegt nur dann vor, wenn dabei der Bestand des Gesellschaftsvermögens unberührt bleibt, es sich also nicht um eine völlige oder teilweise Aufteilung dieses Vermögens handelt. Steuerpflicht tritt daher nicht ein, wenn der ausscheidende Teilhaber mit Bestandteilen des Gesellschaftsvermögens abgefunden wird, so daß er wirtschaftlich seinen Anteil nicht den anderen Gesellschaftern überläßt, sondern aus der Gesellschaft herauszieht (RFH. 15, 176).

Die Steuer aus § 17 wird nicht erhoben, wenn an Stelle eines verstorbenen Gesellschafters dessen Erben oder ein Teilnehmer an einer beim Tode eines Gesellschafters eintretenden fortgesetzten Gütergemeinschaft tritt, sofern nicht der Erbe oder Teilnehmer an der Gütergemeinschaft neue Einlagen in die Gesellschaft bewirkt (§ 18a). Ferner ist der Rechtsvorgang steuerfrei, wenn die Überlassung von Gesellschaftsrechten an Ehegatten, Abkömmlinge, Stiefkinder, Eltern, Voreltern oder Stiefeltern des Überlassenden oder an Personen erfolgt, die der Überlassende an Kindes Statt angenommen hat oder die den Überlassenden an Kindes Statt angenommen haben, sofern nicht die Annahme an Kindes Statt lediglich zum Zwecke der Steuerersparung vorgenommen ist (§ 18b). Steuerfrei ist ferner die Überlassung von Gesellschaftsrechten im Wege der Schenkung (§ 18c). Diese Fälle unterliegen der Erbschaftsteuer.

2. Die Steuer ist eine Urkundensteuer (§ 17). Die angegebenen Rechtsvorgänge unterliegen also der Steuer nur, wenn über den Rechtsvorgang eine Urkunde errichtet ist. Die Steuerschuld entsteht, wenn im Inlande eine Urkunde über den steuerpflichtigen Rechtsvorgang errichtet wird oder eine im Auslande über den Rechtsvorgang errichtete Urkunde in das Inland gelangt. Den unterschriftlich vollzogenen Urkunden stehen diejenigen Schriftstücke gleich, unter welchen der Name oder die Firma des Ausstellers in seinem Auftrage unterschrieben oder mit seinem Wissen oder Willen durch Stempelaufdruck oder in einer anderen Art mechanisch hergestellt wird. Von mehreren Urkunden desselben Inhalts ist nur eine

steuerpflichtig. Enthält dagegen eine Urkunde mehrere steuerpflichtige Vorgänge, so ist die Steuer für jeden Rechtsvorgang zu berechnen (§ 56 AusfB.). **Als Urkunde gilt auch die gesetzlich vorgeschriebene Anmeldung des Rechtsvorganges** bei einer öffentlichen Behörde, insbesondere die Anmeldung zum Handels-, Genossenschafts- oder Vereinsregister. Ist über den zu einem öffentlichen Register anzumeldenden Rechtsvorgang eine Urkunde nicht errichtet, so ist die Steuer zu der Registeranmeldung zu entrichten (§ 52 Abs. 4 AusfB.). Die Anmeldung bleibt steuerfrei, wenn eine Urkunde über den Rechtsvorgang errichtet und versteuert ist (vgl. § 78 AusfB.). Ist dem Notar die Versteuerung nachgewiesen, so hat er auf die Urschrift die weiteren Ausfertigungen und beglaubigten Abschriften der Anmeldung folgenden Vermerk zu setzen: „Anmeldung steuerfrei.

Zur Urkunde über den Rechtsvorgang sind .... RM. Gesellschaftsteuer entrichtet.

. ..., den .... 19.......

(Amtsstempel.) (Unterschrift des Notars)."

Das gleiche gilt, wenn der Notar den Entwurf der Anmeldung angefertigt und die Unterschriften oder Handzeichen beglaubigt hat. Ist eine Urkunde über den Rechtsvorgang nach der Anmeldung errichtet, so ist die Urkunde von der Steuer befreit, falls die Versteuerung der Anmeldung dem Finanzamt oder dem Notar nachgewiesen wird. Der Notar hat die Versteuerung der Anmeldung auf der Urkunde zu vermerken (§ 78 AusfB.).

Die **Steuer ist 5 vom Tausend** und auf volle Reichsmark aufzurunden. Daneben ist in Preußen der Protokollstempel zu verwenden. Bei Feststellung des Wertes ist der gemeine Wert zugrunde zu legen, die Steuer für jede Urkunde besonders zu berechnen und auf volle Reichsmark nach oben abzurunden. Steuerschuldner ist, wer die Aufnahme der Urkunde veranlaßt oder die Urkunde vollzogen hat. Daneben haftet für die Steuer, wer durch den die Steuerschuld begründenden Rechtsvorgang Rechte oder Pflichten erworben hat (§ 20). Der Wert des Gegenstandes wird berechnet (§ 21):

a) bei Urkunden über die Errichtung von inländischen Gesellschaften, den Beitritt neuer Gesellschafter einer inländischen Gesellschaft und die Erhöhung der Einlagen der Gesellschafter einer inländischen Gesellschaft nach dem Werte der Einlagen der Gesellschafter oder der Erhöhung der Einlagen, und zwar ohne Rücksicht darauf, ob die Einlagen oder die Erhöhung der Einlagen sofort voll bewirkt werden oder nicht. Die Einlagen können in Zahlungen oder sonstigen Leistungen bestehen. Ruhen auf der Einlage Schulden, die auf die Gesellschaft übergehen, so ist bei Berechnung des Wertes des Gegenstandes der Betrag der Schulden abzuziehen (§ 55 Abs. 1a AusfB.).;

b) bei Urkunden über die Überlassung der Rechte am Gesellschaftsvermögen einer inländischen Gesellschaft nach dem Werte der Rechte zur Zeit des Eintritts der Steuerschuld, mindestens des Entgelts;

c) bei Urkunden über Errichtung von inländischen Niederlassungen ausländischer Gesellschaften nach dem Werte des Anlage- und Betriebskapitals, mit dem die Niederlassung ausgestattet wird.

Die Steuer beträgt mindestens:

a) bei Urkunden über die Errichtung einer offenen Handelsgesellschaft und Kommanditgesellschaft 20 RM.;

b) bei Urkunden über die Errichtung der übrigen Gesellschaften 10 RM.;

c) bei Urkunden über den Beitritt neuer Gesellschafter und die Erhöhung der Einlagen der Gesellschaften 10 RM. (§ 22);

d) bei Urkunden über den Beitritt oder weitere Beteiligung an Erwerbs- und Wirtschaftsgenossenschaften 1 RM. (vgl. aber oben B 1);

e) bei der stillen Gesellschaft 5 RM. (§ 23).

3. **Für die Steuerentrichtung** gilt folgendes:

Die Landesfinanzämter sind ermächtigt, für ihren Bezirk anzuordnen, daß die Gesellschaftsteuer des Teiles I B und C des Gesetzes statt durch Barzahlung ausschließlich durch Verwendung von Gesellschaftssteuermarken zu den steuerpflichtigen Urkunden zu entrichten ist (§ 73 AusfB.). Diese Markenverwendung haben zur Zeit die Landesfinanzämter Groß-Berlin, Düsseldorf, Magdeburg, Kiel und Münster angeordnet In diesen Bezirken sind die Notare verpflichtet, innerhalb zweier Wochen nach Errichtung der Urkunde die erforderliche Gesellschaftsteuer in Gesellschaftssteuermarken zur Urschrift der Urkunde zu verwenden; dies gilt auch dann, wenn sie den Entwurf der Urkunde angefertigt und die Unterschriften oder Handzeichen beglaubigt haben. Entstehen Zweifel über die Höhe der Steuer oder den Wert des Gegenstandes, so ist die Entscheidung des Finanzamtes einzuholen, desgleichen wenn die Beteiligten eine Angabe über den Wert des Gegenstandes ablehnen. Die Erklärung der Beteiligten über den Wert ist von dem Notar in die Urkunde aufzunehmen, ebenso die Ablehnung einer Wertangabe. Die Notare dürfen die Urschrift, eine Ausfertigung oder beglaubigte Abschrift der Urkunde den Beteiligten erst aushändigen, wenn die erforderliche Gesellschaftsteuer in Marken zur Urkunde verwendet ist (§ 75 Abs. 7 AusfB.). Bei der Beurkundung sind die Beteiligten auf diese Bestimmungen hinzuweisen, sowie darauf, daß die Eintragung ins Handelsregister nur zulässig ist, wenn zu der Urkunde die erforderliche Gesellschaftsteuer vorschriftsmäßig in Marken verwendet oder der Rechtsvorgang steuerfrei ist. Wird die Steuer von den Beteiligten nicht innerhalb zwei Wochen nach der Errichtung der Urkunde beigebracht, so hat der Notar bei dem Finanzamt den Antrag auf zwangsweise Beitreibung zu stellen und den Tatbestand auf der Urschrift zu vermerken. Das Finanzamt hat den beigetriebenen Steuerbetrag dem Notar in entwerteten Gesellschaftssteuermarken zu übersenden, die der Notar der Urschrift oder der beglaubigten Abschrift beizuheften hat (vgl. § 75 AusfB. zum Kapitalverkehrsteuergesetz, abgedruckt im Zentralblatt für das Deutsche Reich 1922 S. 1043ff.).

Soweit die Markenverwendung nicht angeordnet ist, haben die Notare dem Finanzamt innerhalb einer Woche seit der Beurkundung eine beglaubigte Abschrift der Urkunde zu übersenden; auch dann, wenn der Rechtsvorgang nach § 18 des Gesetzes von der Steuer befreit ist. Dasselbe gilt, wenn der Notar den Entwurf der Urkunde angefertigt und die Unterschriften oder Handzeichen beglaubigt hat. Im letzten Falle genügt statt der Übersendung der beglaubigten Abschrift die Vorlegung der Urschrift beim Finanzamt (vgl. § 58 AusfB.). Handelt es sich um die Anmeldung zum Handels-, Genossenschafts- oder Vereinsregister, so kann statt der beglaubigten Abschrift die für die Registerbehörde bestimmte Ausfertigung dem Finanzamt übersandt werden. **Die Absendung der beglaubigten Abschrift oder der für die Registerbehörde bestimmten Ausfertigung an das Finanzamt oder die Vorlegung der Urschrift bei dem Finanzamt ist auf** der zu den Notariatsakten zu nehmenden Urschrift oder beglaubigten Abschrift unter Angabe des Datums und des Finanzamtes vom Notar zu bescheinigen (§ 58 AusfB.). Bei der Aufnahme der Urkunden haben die Notare eine Angabe der Beteiligten über den Wert des für die Steuerberechnung maßgebenden Gegenstandes aufzunehmen. Lehnen die Beteiligten eine solche Angabe ab, so ist dies in den Urkundeninhalt aufzunehmen (§ 59 AusfB.). Das Finanzamt benachrichtigt die Notare davon, welcher Steuerbetrag festgesetzt und entrichtet ist, oder von der Steuerfreiheit. Die Benachrichtigung ist zu den Notariatsakten zu nehmen und mit ihnen dauernd zu verbinden (§§ 67, 68 AusfB.). Die Notare haben auf den von ihnen erteilten Ausfertigungen, Abschriften oder Auszügen unter Angabe des Finanzamtes und der Nummer des Einnahme-, bei Steuerfreiheit des Anmeldungsbuches des Finanzamtes zu vermerken, welche Steuer zur Urkunde festgesetzt und entrichtet ist oder daß die Urkunde von der Steuer befreit ist (§ 69 AusfB.). Sie dürfen den Beteiligten die Urschrift, eine Ausfertigung oder beglaubigte Abschrift erst aushändigen, wenn sie vom Finanzamt die Benachrichtigung über die Entrichtung der Steuer oder über die Steuerfreiheit erhalten haben oder wenn das Finanzamt seine Zustimmung zur Aushändigung erteilt hat (§ 71 AusfB.). Die Beteiligten sind auf diese Bestimmungen hinzuweisen, ebenso darauf, daß die Eintragung in das Handelsregister nur zulässig ist, wenn der Registerbehörde eine Bescheinigung des Finanzamtes vorgelegt wird, daß der Eintragung steuerliche Bedenken nicht entgegenstehen.

C. **Die übrigen inländischen juristischen Personen und Personenvereinigungen** (§ 2 Abs. 1 zu c des Gesetzes) sind diejenigen, die weder als Kapitalgesellschaften noch als Erwerbsgesellschaften anzusehen sind. Hierher gehören rechtsfähige und nichtrechtsfähige Vereine, die Sport-, Vergnügungs-, wissenschaftliche, künstlerische und gemeinnützige Zwecke verfolgen, Versicherungsvereine auf Gegenseitigkeit, die nur Mitglieder versichern, die entsprechenden Gesellschaften des bürgerlichen Rechts und die eingetragenen Genossenschaften, soweit sie nicht als Erwerbsgesellschaften zu behandeln sind (§ 24).

Die Steuer wird bis auf weiteres nicht erhoben (§ 90b). Von der Unbedenklichkeitsbescheinigung des Finanzamtes ist bei der Eintragung abzusehen (AVJMBl. 1925, 124).

II. Börsenumsatzsteuer.

1. **Gegenstand der Steuer** sind die Anschaffungsgeschäfte über bestimmte Gegenstände (§ 35). Anschaffungsgeschäft ist das obligatorische, auf Übertragung des Eigentums gerichtete Rechtsgeschäft. Für den Notar sind vor allem wichtig die Anschaffungsgeschäfte, die sich beziehen auf:

Reichsbankanteile, Anteile an inländischen Kolonialgesellschaften, Aktien inländischer Gesellschaften, Anteile an Gesellschaften mit beschränkter Haftung (Aktien und G. m. b. H.-Anteile sind befreit, wenn der Zweck der Gesellschaften ausschließlich gemeinnützig, wesentlich der Förderung minderbemittelter Volkskreise dient oder sie in ihrer Hauptbestimmung als Zentrale gewisser Genossenschaften wirken und außerdem der Erwerbspreis den Nennbetrag nicht übersteigt (§ 42 in Verbindung mit § 4 Abs. 1 zu c, d), Anteile an bergrechtlichen Gesellschaften (Kuxe), auch wenn sie als unbewegliche Sachen gelten, und andern inländischen Kapitalgesellschaften. Aktien ausländischer Gesellschaften, Zertifikate über

Shares und Anteile an ausländischen Kapitalgesellschaften, Genußscheine, Bezugsrechte auf Aktien und Anteile der genannten Art.

Steuerfrei ist die Zuteilung von Aktien, auch jungen Aktien, Anteilen an Kapitalgesellschaften, Genußscheinen an den ersten Erwerber (§ 36), da sie schon von der Gesellschaftssteuer erfaßt wird. Die Befreiung von der Börsenumsatzsteuer tritt auch dann ein, wenn im einzelnen Falle, z. B. wegen Beteiligung des Reiches (vgl. § 4 des Gesetzes) auch die Gesellschaftssteuer nicht erhoben wird. Wenn bei Gründung einer Aktiengesellschaft die Gründungsinteressenten das Aktienkapital nebst einem Aufschlag für die Kosten der Gründung einzahlen und demnächst die Gründung der Gesellschaft durch vorgeschobene Personen als Gründer bewirken, so ist die Überlassung der Aktien an die Gründungsinteressenten kein zweites entgeltliches anschaffungspflichtiges Geschäft (RFH. 14, 228). § 36 bezieht sich aber nicht auf die Einräumung von Bezugsrechten. Die Bezugsrechtsteuer ist im § 61 des Gesetzes geregelt (vgl. Strutz S. 728, sie wird jedoch bis auf weiteres nicht erhoben (vgl. oben zu I A 2), die Übertragung von Bezugsrechten unterliegt jedoch nach wie vor der Börsenumsatzsteuer.

Das Gesetz unterscheidet Händlergeschäfte, [bei denen beide Teile Händler sind (über die Händlereigenschaften vgl. § 46 des Gesetzes), Kundengeschäfte, bei denen nur ein Teil inländischer Händler ist, und Privatgeschäfte, d. h. alle übrigen Geschäfte. Bei Privatgeschäften haften die Vertragsteile als Gesamtschuldner (§ 45). Für die Steuerberechnung ist der vereinbarte Preis maßgebend. Die Kosten sind nicht einzurechnen. Die Steuerschuld entsteht mit dem Abschluß des Anschaffungsgeschäftes, wovon der Hauptfall der Kaufvertrag ist. Bedingungen und Befristungen sind ohne Einfluß (§ 43).

Der Börsenumsatzsteuer unterliegen nur entgeltliche Anschaffungsgeschäfte, also nicht Erwerb durch Erbschaft, Vermächtnis und Schenkung.

Inwieweit das Einbringen von Werten in eine Gesellschaft (Aktiengesellschaft, Gesellschaft m. b. H., Gewerkschaft, offene Handelsgesellschaft), auch bei Umwandlung z. B. einer offenen Handelsgesellschaft in eine Aktiengesellschaft, beim Wechsel der Beteiligung an einer Gesellschaft oder beim Übergang von Alleineigentum in Gesamthandeigentum als Anschaffungsgeschäft anzusehen ist, vgl. Strutz a. a. O. S. 717 und 718. Allgemein läßt sich sagen, daß die Börsenumsatzsteuer bei der Umwandlung einer offenen Handelsgesellschaft in eine Kommanditgesellschaft und bei der Begründung einer offenen Handelsgesellschaft durch eine Erbengemeinschaft nicht entsteht. Das Einbringen von Anteilen einer Gesellschaft m. b. H. in eine Aktiengesellschaft bildet einen Bestandteil des Gesellschaftsvertrages und unterliegt daher nicht der Börsenumsatzsteuer (RFH. 13, 58). Werden bei Auflösung einer offenen Handelsgesellschaft oder bei Ausscheiden von Gesellschaftern einzelnen Gesellschaftern Gegenstände der in § 35 genannten Art (S. 186) überwiesen, so sind solche Überweisungen nicht als „Anschaffungsgeschäfte“ zu versteuern (RFH. 16, 223).

Man muß die Gesellschaftssteuer scharf von der Börsenumsatzsteuer unterscheiden. Bei jener wird die Begründung von Gesellschafts- oder Gläubigerrechten, bei dieser der Übergang bereits bestehender Rechte auf andere Personen getroffen.

2. **Die Steuer beträgt** bei Anteilen an Gesellschaften m. b. H. 0,50 RM. für je 100 RM. oder einen Bruchteil dieses Betrages, also 5 von Tausend, mindestens 3 RM. (vgl. § 53 des Gesetzes, RGBl. 1925 I, 241).

Daneben der Protokollstempel von 3 RM. (Tarifstelle 12), aber kein Stempel nach Tarifstelle 1 (Abtretung) des PrStStG. Bei Aktien und Genußscheinen beträgt die Steuer 0,10 % für Händlergeschäfte, 0,30 % für Kunden- und Privatgeschäfte (vgl. § 52 des Gesetzes, RGBl. 1925 I, 241).

Was die „Entrichtung der Steuer" betrifft, so gilt für Anschaffungsgeschäfte über Geschäftsanteile an Gesellschaften m. b. H. dasselbe wie bei den Erwerbsgesellschaften. Wenn also angeordnet ist, daß die Gesellschaftssteuer durch Verwendung von Gesellschaftssteuermarken zu entrichten ist, hat auch die Entrichtung der Börsenumsatzsteuer für notariell beurkundete Anschaffungsgeschäfte über Geschäftsanteile an Gesellschaften m. b. H. und Abtretung solcher Geschäftsanteile, soweit das der Abtretung zugrunde liegende Anschaffungsgeschäft nicht versteuert ist, ausschließlich durch Verwendung von Börsenumsatzsteuermarken zu erfolgen (vgl. oben S. 185). Kommt der Vertrag in der Weise zustande, daß in getrennten Verhandlungen zunächst der Antrag und sodann die Annahme des Antrags vom Notar beurkundet wird, so ist die Steuer zur Urkunde über die Annahme zu entrichten (§ 176 AusfB.). Die Marken sind ungeteilt auf die Urkunde aufzukleben. Bei anderen Anschaffungsgeschäften im Sinne des § 35 (s. S. 186) sind die Börsenumsatzsteuermarken zu der auszustellenden Schlußnote zu verwenden, soweit nicht die Versteuerung im Abrechnungsverfahren erfolgt (§ 155 AusfB.). Die Beteiligten sind auf ihre Steuerpflicht hinzuweisen (§ 175 AusfB.). Nach §§ 175, 176 AusfB. zum KVStG. haben die Beteiligten den für die Steuerberechnung maßgebenden Wert anzugeben und eine Erklärung darüber abzugeben, ob außer der beurkundeten noch andere Gegenleistungen vereinbart worden sind.

C. Das Antragsrecht des Notars.

Der Notar gilt in gewissen Fällen ohne besondere Vollmacht als ermächtigt, im Namen der Berechtigten Anträge zu stellen, so in Grundbuch-, Schiffspfandsachen, in Angelegenheiten des Handelsregisters, des Vereins- und Güterrechtsregisters, ferner bei der Berichtigung eines Standesregisters (GBO. § 15 RFGG. §§ 100, 129, 159, 161, 71).

Die vermutete Vollmacht des Notars für Eintragungsanträge in Grundbuch- und Registersachen liegt nur dann vor, wenn der Notar die zur Eintragung erforderlichen Erklärungen beurkundet oder beglaubigt hat. In Grundbuchsachen muß es sich immer um Anträge handeln, die eine auf Eintragung abzielende Erklärung enthalten. Hat also ein Notar z. B. nur den Kaufvertrag beurkundet, ein anderer die Auflassungsverhandlung, so kann ersterer nur mit besonderer Vollmacht die Eintragungsanträge stellen. In diesem Falle wird eine Vollmacht nicht vermutet. Sind mehrere Antragsberechtigte vorhanden und haben verschiedene Notare die einzelnen Erklärungen beurkundet oder beglaubigt, so ist jeder der beteiligten Notare antragsberechtigt. Da der Notar stets den Antrag für den Antragsberechtigten stellt, ist er nicht ermächtigt, die Anträge einzuschränken oder gar widersprechende Anträge zu stellen. Der Notar ist auch berechtigt, Anträge, die er gestellt hat, zurücknehmen, und zwar wieder ohne Vollmacht (KGJ. 28 A 88). In Grundbuchsachen bedarf aber die Zurücknahme des Antrages der Form des § 29 GBO. (RGZ. 60, 396; KGJ. 28 A 88). Reicht der Notar dem Grundbuchamt die Urkunde nur zur weiteren Erledigung, ohne einen besonderen Antrag zu stellen, ein, steht ihm das Recht der Zurücknahme nicht zu (KGJ. 28 A 88). Hat der Notar den Antrag gestellt, so gilt er auch als ermächtigt, namens des Antragstellers Beschwerde einzulegen (OLG. 1, 318; 10, 447). In Grundbuchsachen ist er nach § 80 GBO. zur Unterzeichnung der weiteren Beschwerde an Stelle eines Rechtsanwalts nur ermächtigt, wenn er die Erklärung der Beteiligten beurkundet oder beglaubigt und den Eintragungsantrag im Namen eines Antragberechtigten gestellt hat. Für andere Angelegenheiten der freiw. Gerichtsbark. s. §§ 29 und 124 RFGG.

In Standesregistersachen ist der Notar zur Stellung des Antrags ohne besondere Vollmacht nur berechtigt, wenn er den Vorgang beurkundet hat. Eine Beglaubigung kommt hier also nicht in Frage. Während die Vertretungsmacht in Grundbuch- und Schiffspfandsachen für „einen Antragsberechtigten" besteht, gilt sie Standesregistersachen „für den Beteiligten", in den übrigen Registersachen „für den zur Anmeldung Verpflichteten". Zu erwähnen ist noch, daß diese Bestimmungen nur für deutsche und nicht für ausländische Notare gelten.

Die Einreichung solcher Eintragungsanträge ist ebenfalls ein Amtsgeschäft des Notars und begründet die entsprechende Haftung (vgl. Note 2 zu Art. 83 PrFGG.). Der Notar hat die Tätigkeit der Gerichte und anderen Behörden bei der Erledigung der Anträge zu überwachen. Die Beteiligten dürfen erwarten, daß der Notar das Schicksal seiner Anträge verfolgt. Oberneck S. 119 nimmt an, daß, wenn der Notar sich des Eingangs seines Antrags vergewissert hat, die Verantwortung auf die Behörde übergeht.

Über Beanstandung einer beantragten Eintragung in Grundbuchsachen s. § 18 GBO. Wird vor der Erledigung des Antrags eine andere Eintragung beantragt, durch die dasselbe Recht betroffen wird, so ist zugunsten des früher gestellten Antrags von Amts wegen eine Vormerkung oder ein Widerspruch einzutragen (vgl. hierzu JW. 54, 1115).

D. Die vollstreckbare Notariatsurkunde.

§ 794 ZPO. Die Zwangsvollstreckung findet ferner statt:

5. aus Urkunden, welche von einem deutschen Gericht oder von einem deutschen Notar innerhalb der Grenzen seiner Amtsbefugnisse in der vorgeschriebenen Form aufgenommen sind, sofern die Urkunde über einen Anspruch errichtet ist, welcher die Zahlung einer bestimmten Geldsumme oder die Leistung einer bestimmten Quantität anderer vertretbarer Sachen oder Wertpapiere zum Gegenstande hat, und der Schuldner sich in der Urkunde der sofortigen Zwangsvollstreckung unterworfen hat. Als ein Anspruch, welcher die Zahlung einer Geldsumme zum Gegenstande hat, gilt auch der Anspruch aus einer Hypothek, einer Grundschuld oder einer Rentenschuld.

Soweit nach den Vorschriften der §§ 737, 739, 743, des § 745 Abs. 2 und des § 748 Abs. 2 die Verurteilung eines Beteiligten zur Duldung der Zwangsvollstreckung erforderlich ist, wird sie dadurch ersetzt, daß der Beteiligte in einer nach

Abs. 1 Nr. 5 aufgenommenen Urkunde die sofortige Zwangsvollstreckung in die seinem Rechte unterworfenen Gegenstände bewilligt.

1. **Die Voraussetzungen der vollstreckbaren Notariatsurkunden.** Es genügt schon die einseitige, aber nur die zu notariellem Protokoll abgegebene Erklärung des Schuldners der Unterwerfung unter die sofortige Zwangsvollstreckung. Die Urkunde braucht keine Vereinbarung zwischen Gläubiger und Schuldner zu enthalten (OLG. 23, 210). Auch ist nicht erforderlich, daß die Erklärung von dem Gläubiger angenommen oder ihm gegenüber abgegeben wird. Die Unterwerfungsklausel kann auch in einer „Anlage" enthalten sein, wenn diese dem Protokoll als solche beigefügt und damit Bestandteil des Protokolls wird (§ 176 Abs. 2 FGG.); vgl. Gaupp-Stein Note VII, 1 zu § 794; a. M. Dorst, DNotV. 12, 381; Oberneck S. 166. Zuständig ist jeder deutsche Notar ohne Rücksicht auf die Staatsangehörigkeit des Schuldners und den Sitz des Schuldverhältnisses. Für das Saargebiet vgl. Verordnung vom 2. August 1921.

Die Erklärung des Schuldners setzt Prozeßfähigkeit voraus. Eine geschäftsunfähige Person ist nicht prozeßfähig. Der beschränkten Geschäftsfähigkeit (§§ 112 bis 114 BGB.) entspricht eine beschränkte Prozeßfähigkeit. Soweit sie vorliegt, schließt sie die Vertretungsmacht des gesetzlichen Vertreters aus (vgl. Stein, Note II zu § 52 ZPO.). Für andere beschränkt geschäftsfähige und für geschäftsunfähige Personen gibt deren gesetzlicher Vertreter die Unterwerfungserklärung ab. Die vormundschaftsgerichtliche Genehmigung ist dazu nicht erforderlich; inwieweit diese für das Rechtsgeschäft selbst erforderlich ist, entscheiden die allgemeinen Bestimmungen (vgl. §§ 1821 ff. BGB.).

Der Anspruch kann bedingt, betagt, auch von Gegenleistungen abhängig sein. Ein zukünftiger Anspruch genügt indessen nicht. Man kann sich also z. B. nicht wegen eines Darlehens, dessen Auszahlung erst zugesagt ist, der sofortigen Zwangsvollstreckung unterwerfen (vgl. Bl. für Rpfl. 35, 54). Auch ein Anspruch aus einer Höchstbetragshypothek reicht nicht aus, da die Forderung nicht bestimmt ist, wohl aber ist die Unterwerfung unter die Zwangsvollstreckung bei Ansprüchen aus Sicherungshypotheken zulässig und auch im Grundbuch eintragbar. Die Vollstreckungsklausel kann auf bestimmte Vermögensstücke beschränkt werden, z. B. auf ein Grundstück. Zulässig und eintragungsfähig ist auch die Abrede, daß der Gläubiger seine Befriedigung zunächst aus dem Grundstücke suchen müsse (vgl. Warneyer, BGB. zu § 1113). Bei Ausstellung einer vollstreckbaren Urkunde gemäß § 800 ZPO. ist die Erklärung des gegenwärtigen Eigentümers des Grundstücks, daß die Zwangsvollstreckung gegen den jeweiligen Eigentümer zulässig sein soll, nur hinsichtlich des Grundstücks wirksam, aber nicht hinsichtlich des sonstigen Vermögens des anderen Eigentümers. Die Wirksamkeit ist aber auch hinsichtlich des Grundstücks davon abhängig, daß die Unterwerfung unter die Zwangsvollstreckung im Grundbuche vermerkt wird. Bei Schiffspfandrechten ist § 800 ZPO. nicht anwendbar (KGJ. A 186). Ebensowenig beim Kabelpfandrecht (vgl. G. vom 31. März 1925, RGBl. I, 37).

Die Voraussetzungen der Vollstreckbarkeit bestimmen sich allein nach dem Inhalt der Urkunde. Nur die in der Urkunde bezeichneten Tatsachen können den Eintritt der Vollstreckbarkeit herbeiführen. Der Nachweis der Tatsachen, die nach der Urkunde zur Vollstreckbarkeit erforderlich sind, ist durch öffentliche oder öffentlich beglaubigte Urkunden zu führen. Die Beweisführung für die einzelnen Tatsachen richtet sich nach materiellem Recht. Der Gläubiger braucht nicht zu beweisen, daß der Schuldner z. B. Zinsen nicht pünktlich gezahlt hat. Dagegen muß der Gläubiger z. B. die Kündigung durch öffentliche oder öffentlich beglaubigte Urkunde dartun. Es ist üblich, daß die Vollstreckbarkeit von dem Unterbleiben der pünktlichen Zahlung oder von vorgängiger Kündigung abhängig gemacht und dabei bestimmt wird, daß zur Erteilung der vollstreckbaren Ausfertigung die einseitige Behauptung des Eintritts der Tatsache seitens des Gläubigers ausreicht. Nachträgliche Vereinbarungen, z. B. des Fälligkeitstermins, sind nicht zu berücksichtigen, es ist Sache des Schuldners, seine Einwendungen gegen die Vollstreckungsklausel nach §§ 767, 797 Abs. 5, 800 Abs. 3 ZPO. geltend zu machen (vgl. JW. 39, 658; KGJ. 49 A 16).

Über die Klage auf Erteilung der Vollstreckungsklausel s. § 797 Abs. 5 ZPO.

Die Urkunde ist abänderungsfähig, die Änderung muß aber, um Gegenstand der Zwangsvollstreckung zu sein, eine neue Unterwerfung enthalten; wegen des nicht geänderten Teiles kann auf die erste Urkunde Bezug genommen werden, beide Urkunden bilden dann zusammen den Titel (KGJ. 42, 262). Oft wird die Aufnahme einer vollständigen neuen Urkunde zweckmäßig sein.

Die Erteilung der vollstreckbaren Ausfertigung erfolgt durch den Notar, der die Urkunde verwahrt. Weigert sich der Notar, so kommt Art. 51 Abs. 2 PrFGG. zur Anwendung. Ein Notar, der in seiner Eigenschaft als Rechtsanwalt beauftragt wird, die Zwangsvollstreckung aus der vollstreckbaren Urkunde vorzunehmen, kann nicht die vollstreckbare Ausfertigung einer von ihm selbst aufgenommenen Urkunde erteilen (KG. 8. Jan. 1915, DNotV. 15, 214). In einem solchen Falle muß das Amtsgericht des Amtssitzes des Notars die Vollstreckungsklausel erteilen. Soll im Wege der Zwangsvollstreckung auf Grund der vollstreckbaren Urkunde eine Eintragung, z. B. einer Zwangshypothek, im Grundbuche erfolgen, so braucht der Notar hierzu eine besondere Vollmacht, da § 15 GBO. sich hierauf nicht bezieht. Hat dagegen der Schuldner die Eintragung in das Grundbuch in der Urkunde selbst bewilligt, so liegt kein Fall der Zwangsvollstreckung vor, so daß der Notar zu dem Antrage auf Eintragung nach §§ 15, 19 GBO. befugt ist.

Eine weitere vollstreckbare Ausfertigung darf derselben Partei, sofern die frühere nicht zurückgegeben wird, nur auf Anordnung des Amtsgerichts erteilt werden. Ist der Schuldner bei der Aufnahme der Urkunde ohne Nachweis der Vollmacht vertreten worden, so ist für die Erteilung der vollstreckbaren Ausfertigung der Nachweis der Vollmacht erforderlich (OLG. 20, 348).

Die Vollstreckungsklausel wird der Ausfertigung der Urkunde am Schlusse beigefügt. Sie kann mit dem Ausfertigungsvermerk verbunden werden. Ort und Tag der Ausstellung sind anzugeben, auch ist das Amtssiegel der Unterschrift beizufügen. Bei gesetzlicher Vertretung, z. B. Vormundschaft, ist die Vollstreckungsklausel dem Mündel ohne Erwähnung des Vertretungsverhältnisses zu erteilen (vgl. Oberneck S. 228).

Abs. 2 des § 794 ZPO. soll in den Fällen der dort angezogenen §§ 737 usw. dem Gläubiger die Beschaffung des erforderlichen vollstreckbaren Titels erleichtern. Zur Zwangsvollstreckung in das eingebrachte Gut der Ehefrau (vgl. § 739 ZPO.) genügt nicht die Zustimmung des Ehemannes, auch wenn sie in der Form des § 794 Nr. 5 ZPO. erteilt ist. Vielmehr muß der Ehemann in dieser Form erklären, daß er die sofortige Zwangsvollstreckung in das eingebrachte Gut seiner Ehefrau bewillige (vgl. auch unten Anm. 3 B e).

Muster. „Wir unterwerfen uns als Gesamtschuldner wegen aller Ansprüche an Kapital und Zinsen, die dem Gläubiger aus dieser Urkunde zustehen, der sofortigen Zwangsvollstreckung in das mit der Hypothek belastete Grundstück und in unser sonstiges Vermögen, und zwar in der Weise, daß die Zwangsvollstreckung aus dieser Urkunde auch gegen den jeweiligen Eigentümer des Grundstücks zulässig sein soll. Die Vollstreckungsklausel soll dem Gläubiger auf seinen Antrag ohne den Nachweis derjenigen Tatsachen, von deren Eintritt die Fälligkeit abhängt, erteilt werden.

Der Kaufmann A. genehmigt die vorstehenden Erklärungen seiner Ehefrau Bertha A. und bewilligt die sofortige Zwangsvollstreckung in das eingebrachte Gut seiner Ehefrau.

Wir bewilligen und beantragen die Eintragung der Hypothek und der Unterwerfung unter die Zwangsvollstreckung hinsichtlich des Grundstücks in das Grundbuch."

2. Liegt nur eine einseitige Erklärung des Schuldners vor, so kann die vollstreckbare Ausfertigung dem Gläubiger auf seinen Antrag nur erteilt werden, wenn der Schuldner dies bei der Beurkundung oder in einer späteren Erklärung gegenüber dem Notar bestimmt hat (vgl. Art. 49 Abs. 1 PrFGG.).

3. Der Grundsatz, daß **die Vollstreckungsklausel** nur für den in der Urkunde bezeichneten Gläubiger und gegen den in der Urkunde benannten Schuldner zu erteilen ist, ist durch §§ 727 ff. ZPO., die auch für den Notar maßgebend sind, durchbrochen. In verschiedenen Fällen ist die Vollstreckungsklausel **statt dem ursprünglichen Gläubiger und gegen den ursprünglichen Schuldner einem andern oder gegen einen andern zu erteilen.** Die die Umschreibung oder Ausdehnung der Klausel rechtfertigenden Tatsachen müssen, soweit sie nicht offenkundig sind, durch öffentliche oder öffentlich beglaubigte Urkunden nachgewiesen werden.

A. Einzelne Fälle **auf der Gläubigerseite.**

a) Die Erteilung der Vollstreckungsklausel an einen Erben hat dann zu erfolgen, wenn dieser sein Erbrecht bei dem eigenhändigen Testament und bei der gesetzlichen Erbfolge durch einen Erbschein, sonst auch durch ein eröffnetes, öffentliches Testament oder Erbvertrag nachweist. Sind mehrere Erben vorhanden, so wird sie bis zur Auseinandersetzung nur an sämtliche Erben zusammen erteilt, dem einzelnen Erben nur nach Maßgabe des § 2039 BGB. Nach erfolgter Auseinandersetzung erhält derjenige Erbe die Vollstreckungsklausel, dem die Forderung zugeteilt ist. Die Zuteilung ist durch öffentliche oder öffentlich beglaubigte Urkunde nachzuweisen.

Ist eine Ehefrau Erbin und lebt sie im gesetzlichen Güterstande, so gehört die Erbschaft im Zweifel zum eingebrachten Gut, und die Vollstreckungsklausel ist, soweit sie für Zinsen der Forderung begehrt wird, dem Ehemann auf seinen Namen zu erteilen, weil beim gesetzlichen Güterstand ihm die Zinsen zustehen, hinsichtlich der Forderung dagegen der Ehefrau (§ 1375 BGB.).

Lebt die Erbin mit ihrem Ehemanne in Gütergemeinschaft, Errungenschafts- oder Fahrnisgemeinschaft, so ist im ersteren Falle dem Ehemann bezüglich der Hauptforderung wie der Zinsen die Vollstreckungsklausel auf seinen Namen zu erteilen, weil bei Gütergemeinschaft Forderung und Zinsen in das Gesamtgut fallen und daher der Verfügung des Mannes unterliegen. Bei den andern angeführten Güterständen gehören nur die Zinsen zum Gesamtgut. Deshalb kann er hier die Vollstreckungsklausel auf seinen Namen nur bezüglich der Zinsen verlangen. Die Vollstreckungsklausel bezüglich der Hauptforderung in den letztgenannten Fällen ist nur der Ehefrau zu erteilen, indes mit Zustimmung der Ehefrau auch dem Ehemanne. Die Zustimmung ist durch eine öffentliche oder öffentlich beglaubigte Urkunde nachzuweisen. Den Beweis, daß eine Forderung zum Gesamtgut gehört, oder daß die Eheleute nach einem anderen als dem gesetzlichen Güterrecht leben, hat der Antragsteller durch den Ehevertrag oder durch eine Bescheinigung aus dem Güterrechtsregister zu führen.

b) Das Gleiche gilt, falls eine Frau, die Gläubigerin aus einer vollstreckbaren Urkunde ist, sich verheiratet und dadurch eine Änderung ihres Vermögensstandes eintritt. Bei Gütertrennung, oder falls die Forderung zum Vorbehaltsgut gehört, wird durch die Heirat an der Gläubigerschaft nichts geändert. Nach Beendigung der allgemeinen Gütergemeinschaft, der Errungenschafts- oder Fährnisgemeinschaft ist vor der Auseinandersetzung die Vollstreckungsklausel beiden Eheleuten zusammen zu erteilen, weil diese zusammen die Verwaltung führen. Nach der Auseinandersetzung erhält die Vollstreckungsklausel der Ehegatte, dem die Forderung zugeteilt ist. Ist die Vermögensgemeinschaft durch den Tod aufgelöst, so ist die Vollstreckungsklausel vor der Auseinandersetzung dem überlebenden Ehegatten und den Erben des Verstorbenen zusammen zu erteilen, nach der Auseinandersetzung demjenigen, dem die Forderung zugeteilt ist. Tritt fortgesetzte Gütergemeinschaft ein, so ist sie nur dem überlebenden Ehegatten zu erteilen.

c) Ändert sich im Laufe der Ehe der Güterstand wiederum, z. B. durch Ehevertrag oder Auflösung der Ehe, so daß z. B. eine vollstreckbare Forderung der Ehefrau, die zum eingebrachten Gut oder zum Gesamtgut gehört, zum Vorbehaltsgut wird, so ist die Vollstreckungsklausel der Frau zu erteilen. Eine bis dahin dem Ehemann erteilte Vollstreckungsklausel wird zurückgezogen und dies in der Vollstreckungsklausel zum Ausdruck gebracht.

Die Veränderungen sind entweder durch Ehevertrag, im Falle des Todes durch eine Standesamtsurkunde, im Falle der Auflösung der Ehe durch Scheidung durch rechtskräftiges Scheidungsurteil nachzuweisen.

d) Ist ein Testamentsvollstrecker vorhanden, so erhält dieser die Ausfertigung in seiner Eigenschaft als Testamentsvollstrecker, solange keine Auseinandersetzung erfolgt ist. Er hat, wenn er durch öffentliches Testament berufen ist, dieses so wie eine Abschrift der Eröffnungsurkunde und eine Bescheinigung des Gerichts über die Annahme des Amtes dem Notar vorzulegen (vgl. §§ 749, 727 ZPO.). Ist er durch eigenhändiges Testament ernannt, so hat er ein Zeugnis des Nachlaßgerichts über seine Ernennung beizubringen. Bei Nachlaßverwaltungen oder Nachlaßpflegschaften ist die Vollstreckungsklausel den Verwaltern bzw. den Pflegern zu erteilen. Das Entsprechende gilt für den Fall des Konkurses. Die Bestallungsurkunden sind vorzulegen.

Ein Nacherbe hat auf die Vollstreckungsklausel erst beim Eintritt der Nacherbschaft Anspruch. Der Eintritt der Nacherbschaft ist durch öffentliche Urkunde darzutun, also durch Testament und bei Eintritt der Nacherbfolge mit dem Tode des Vorerben durch die Sterbeurkunde des Vorerben.

e) Hat ein Bürge den Gläubiger befriedigt, so ist ihm eine vollstreckbare Ausfertigung gegen den Schuldner zu erteilen (OLG. 18, 44; § 774 BGB.).

B. Einzelne Fälle, in denen die Vollstreckungsklausel **gegen den Rechtsnachfolger des Schuldners** und in einigen Fällen neben dem Schuldner gegen andere Personen zu erteilen ist.

a) Bei Erteilung der Vollstreckungsklausel gegen den jeweiligen Eigentümer eines nach § 800 ZPO. belasteten Grundstücks ist Voraussetzung, daß der ursprüngliche Schuldner in der notariellen Schuldurkunde sich und seine Rechtsnachfolger der Zwangsvollstreckung unterworfen hat, und daß die Unterwerfung unter die sofortige Zwangsvollstreckung im Grundbuche eingetragen ist. Dem Notar muß also ein beglaubigter Auszug aus dem Grundbuch, aus dem die Eintragung ersichtlich ist, vorgelegt werden. Entsprechendes gilt, wenn nach Ausstellung der vollstreckbaren Urkunde das verpfändete Grundstück mit einem Nießbrauch belastet ist und nunmehr auch gegen den Nießbraucher vorgegangen werden soll. Über den Inhalt der Vollstreckungsklausel s. unter d.

b) Bei Erteilung der Vollstreckungsklausel gegen die Erben des Schuldners ist zu beachten:

Die Vollstreckungsklausel kann gegen alle Erben oder auch gegen jeden einzelnen Erben erteilt werden, da sie als Gesamtschuldner haften (§ 2058 BGB.). Einwendungen, z. B. aus §§ 2059 Abs. 1 Satz 2 und 2060, 2061 BGB. sind von dem Erben nach §§ 781 ff., 785 ZPO. zu erheben. Anders, wenn die Zwangsvollstreckung in den ungeteilten Nachlaß erfolgen soll, dann kann der Notar die Vollstreckungsklausel nur gegen alle Erben erteilen (§ 747 ZPO.).

Voraussetzung der Erteilung der Vollstreckungsklausel gegen die Erben ist aber immer der Nachweis der Annahme der Erbschaft. Der Beweis der Annahme der Erbschaft wird durch Vorlegung eines Erbscheins geführt, bei einem öffentlichen Testament auch dadurch, daß dem Notar eine Ausfertigung des Testaments sowie die Verhandlung des Nachlaßgerichts über die Eröffnung und eine Bescheinigung des Nachlaßgerichts, daß eine Ausschlagung innerhalb der Ausschlagungsfrist nicht erfolgt ist, vorgelegt werden. Entsprechendes gilt beim Erbvertrage.

Indessen kann der Notar auch vor der Annahme der Erbschaft die Vollstreckungsklausel unter den Voraussetzungen des § 1961 BGB. in Verbindung mit § 1960 BGB. gegen einen Nachlaßpfleger (aber nicht gegen die Erben) erteilen. Denn als gerichtliche Geltendmachung eines Anspruchs gilt auch die Vornahme der Zwangsvollstreckung (OLG. 32, 45). Die Bestellung des Nachlaßpflegers muß dem Notar nachgewiesen werden.

Unterliegt der Nachlaß der Verwaltung eines Testamentsvollstreckers, so ist die Vollstreckungsklausel gegen diesen als Testamentsvollstrecker zu erteilen. Bei beschränkter Verwaltung s. § 748 Abs. 2 ZPO., für den Pflichtteilsanspruch Abs. 3 daselbst. Die Bestellung des Testamentsvollstreckers sowie die Annahme des Amtes müssen wie zu A d nachgewiesen werden. Das entsprechende gilt im Falle der Nachlaßverwaltung oder des Nachlaßkonkurses.

Hat der Vorerbe eine Nachlaßschuld in einer notariellen Urkunde vollstreckbar anerkannt, so ist die Ausfertigung nach Beendigung der Vorerbschaft gegen die Nacherben zu erteilen. Die Nacherben müssen wie andere Erben nachgewiesen werden.

c) Gegen den Übernehmer eines Vermögens ist die vollstreckbare Ausfertigung zu erteilen, falls der Übertragende vor der Übernahme in einer vollstreckbaren Urkunde die Verbindlichkeit eingegangen ist (§ 419 BGB. und § 729 Abs. 1 ZPO.). Die Vollstreckungsklausel ist nicht auf den Bestand des übernommenen Vermögens zu beschränken. Das Recht auf Haftungsbeschränkung muß der Übernehmer im Klagewege geltend machen. Da der Übernehmer neben dem bisherigen Schuldner haftet, ist die Ausfertigung unabhängig von der gegen den bisherigen Schuldner erteilten zu gewähren; es muß nur die Gesamthaftung zum Ausdruck kommen. Das gleiche gilt von demjenigen, der ein unter Lebenden erworbenes Handelsgeschäft unter der bisherigen Firma fortführt, in Ansehung der Verbindlichkeiten, die der frühere Inhaber des Geschäfs vor der Übertragung in einer vollstreckbaren Urkunde eingegangen ist (§ 25 Abs. 1 HGB. und § 729 Abs. 2 ZPO.). Handelt es sich um eine Schuldübernahme (§§ 414 ff. BGB.), so ist die Erteilung der Vollstreckungsklausel gegen den Übernehmer nicht statthaft, denn dieser ist nicht Rechtsnachfolger des Schuldners (OLG. 13, 184).

d) Bei Bestellung eines Nießbrauchs am Vermögen vor der Ausstellung der vollstreckbaren Urkunde ist die Vollstreckungsklausel gegen den Besteller des Nießbrauchs auf Leistung und gegen den Nießbraucher zur Duldung der Zwangsvollstreckung in die dem Nießbrauch unterliegenden Gegenstände zu erteilen (§ 738 ZPO.). Wird der Nießbrauch nach der Ausstellung der vollstreckbaren Urkunde bestellt, so ist die Vollstreckungsklausel auf Leistung auch gegen den Nießbraucher zu erteilen (§ 738 ZPO.). Das gleiche gilt vom Nießbrauch an einer Erbschaft (§ 1089 BGB.) für die Vollstreckungsklausel aus einer Schuldurkunde des Erblassers (§ 738 Abs. 2 ZPO.).

e) Bei einer Ehefrau, ist, wenn sie nicht selbständig ein Erwerbsgeschäft betreibt und in ihr eingebrachtes Gut vollstreckt werden soll, neben der Vollstreckungsklausel gegen die Frau eine solche gegen den Ehemann zur Duldung der Zwangsvollstreckung erforderlich (vgl. oben Anm. 1 a. E.). Hat die Frau sich vor ihrer Verheiratung in einer notariellen Urkunde der Zwangsvollstreckung unterworfen, so ist die Zwangsvollstreckungsklausel gegen den Ehemann auf Duldung ohne weiteres zu erteilen (§ 742 ZPO.). Notwendig ist aber, daß die Heiratsurkunde der Schuldnerin beigebracht wird.

Hat eine Ehefrau eine vollstreckbare Schuldurkunde vor Eintritt der allgemeinen Gütergemeinschaft oder Fahrnisgemeinschaft ausgestellt, so ist die Vollstreckungsklausel auch gegen den Ehemann zu erteilen, denn für die Schuld haftet das Gesamtgut und der Ehemann persönlich (§§ 1438, 1459 Abs. 2 und 1549 BGB.). Der Gläubiger muß den Eintritt des betreffenden Güterstandes beweisen. Das kann durch Vorlegung einer Bescheinigung aus dem Güterrechtsregister oder des Ehevertrages, aus dem sich die Vereinbarung des Güterstandes ergibt, geschehen.

Hat eine im gesetzlichen Güterstande lebende Frau ein mit einem Vermerk nach § 800 Abs. 1 ZPO. (vgl. S. 190) belastetes Grundstück erworben, so bedarf es zum Zwecke der Zwangsvollstreckung keines besonderen Duldungstitels gegen den Ehemann (OLG. 25, 233).

4. Tritt nach der Erteilung einer vollstreckbaren Ausfertigung eine Rechtsnachfolge ein, so hat die Umschreibung der Vollstreckungsklausel auf der ersten vollstreckbaren Ausfertigung zu erfolgen. Ist dies nicht möglich, z. B. weil dieselbe verloren gegangen ist, so ist in der neuen hervorzuheben, daß sie unter Zurückziehung der früheren erteilt wird.

5. **Nach dem Staatsvertrage zwischen Deutschland und Österreich** (vgl. RGBl. 1924 II S. 55 und 90) **ist in jedem der beiden Staaten die voll-**

streckbare Notariatsurkunde Vollstreckungstitel. Der Gläubiger hat unter Beifügung einer vollstreckbaren Ausfertigung der Notariatsurkunde in Deutschland bei dem Amtsgericht, in Österreich bei dem Bezirksgericht, wo der Schuldner seinen allgemeinen Gerichtsstand oder in Ermangelung eines solchen, wo sich Vermögen des Schuldners befindet oder die Vollstreckung erfolgen soll, den Antrag auf Bewilligung der Zwangsvollstreckung zu stellen. Der Antrag muß den Gläubiger und den Schuldner genau bezeichnen, die für die Zuständigkeit des angerufenen Gerichts wesentlichen Umstände und die bestimmte Bezeichnung des Anspruchs und der vollstreckbaren Entscheidung enthalten. Für jeden Antragsgegner ist eine Abschrift beizufügen.

4. Muster.

1. Vollstreckungsklausel für Erben des Gläubigers:

Vorstehende Ausfertigung wird dem A zum Zwecke der Zwangsvollstreckung für ein Kapital von 3000 RM. nebst Zinsen gegen den Schuldner B erteilt, da A auf Grund des Erbscheines des Amtsgerichts Berlin Mitte vom .... sich als Erbe des Gläubigers M ausgewiesen hat.

2. Vollstreckungsklausel für Nacherben:

Vorstehende Ausfertigung wird dem A zum Zwecke der Zwangsvollstreckung für eine Forderung von 3000 RM. nebst Zinsen gegen den Schuldner B erteilt, denn A hat sich auf Grund der beglaubigten Abschrift des notariellen Testaments vom .... nebst der Eröffnungsverhandlung des Amtsgerichts Berlin Mitte vom .... sowie durch Vorlegung der Sterbeurkunde des im Testament zum Vorerben eingesetzten C als Nacherbe des Erblassers, Kaufmanns D, ausgewiesen.

3. Vollstreckungsklausel für den Ehemann bezüglich Zinsen einer der Ehefrau zustehenden Forderung:

Dem Kaufmann A wird vorstehende Ausfertigung zum Zwecke der Zwangsvollstreckung für die jeweilig fällig werdenden Zinsen der Forderung von 3000 RM. gegen den Schuldner B erteilt. Denn A hat durch Heiratsurkunde vom .... nachgewiesen, daß er mit der Gläubigerin Anna A geb. C verheiratet ist, ferner durch Auszug aus dem Güterrechtsregister des Amtsgerichts Berlin-Mitte, daß keine Gütertrennung darin eingetragen ist.

4. Vollstreckungsklausel für Konkursverwalter:

Vorstehende Ausfertigung wird dem Kaufmann A in seiner Eigenschaft als Konkursverwalter über das Vermögen des C zum Zwecke der Zwangsvollstreckung für eine Forderung von 3000 RM. nebst Zinsen gegen den Schuldner B erteilt, da er durch Vorlegung der amtlichen Bescheinigung des Amtsgerichts Berlin-Schöneberg nachgewiesen hat, daß über das Vermögen des C durch Beschluß des Amtsgerichts Berlin-Schöneberg vom .... das Konkursverfahren eröffnet worden ist und er zum Verwalter bestellt ist.

5. Vollstreckungsklausel gegen Erben des Schuldners auf Grund eines öffentlichen Testaments.

Durch Vorlegung einer beglaubigten Abschrift des notariellen Testaments vom .... und der Eröffnungsverhandlung des Amtsgerichts Berlin-Wedding vom .... sowie durch Bescheinigung des gleichen Gerichts, daß die eingesetzten Erben innerhalb der Ausschlagungsfrist die

Erbschaft nicht ausgeschlagen haben, sind als Erben des Schuldners B ausgewiesen:

1. ....
2. ....

Vorstehende Ausfertigung wird daher dem Gläubiger A zum Zwecke der Zwangsvollstreckung gegen 1. .... 2. .... als Gesamtschuldner wegen einer Forderung von 3000 RM. nebst Zinsen erteilt.

6. Vollstreckungsklausel gegen den Testamentsvollstrecker.

a) Im Falle eines privatschriftlichen Testaments:

Vorstehende Ausfertigung wird dem Gläubiger A gegen den Kaufmann M in seiner Eigenschaft als Testamentsvollstrecker des E.'schen Nachlasses zum Zwecke der Zwangsvollstreckung wegen einer Forderung von 3000 RM. nebst Zinsen erteilt. Durch Vorlegung eines Zeugnisses des Amtsgerichts Berlin-Mitte vom 6. Juni 1923 ist dargetan, daß der Kaufmann M Testamentsvollstrecker des E.schen Nachlasses ist.

b) Bei Ernennung des Testamentsvollstreckers auf Grund eines öffentlichen Testaments würde der Satz 2 der Vollstreckungsklausel zu a wie folgt zu lauten haben: Durch Vorlegung einer beglaubigten Abschrift des notariellen Testaments vom .... und der Eröffnungsverhandlung des Amtsgerichts Berlin-Mitte vom .... sowie einer Bescheinigung des gleichen Gerichts, daß M... das Amt des Testamentsvollstreckers angenommen hat, ist dargetan, daß der Kaufmann M Testamentsvollstrecker des E.'schen Nachlasses ist.

7. Vollstreckungsklausel gegen den Erwerber eines nach § 800 ZPO. belasteten Grundstücks: Vorstehende Ausfertigung wird dem Gläubiger A zum Zwecke der Zwangsvollstreckung gegen den Grundstückseigentümer N in das zu Berlin, ... belegene, im Grundbuche des Amtsgerichts Berlin-Mitte von Luisenstadt Band 6 Blatt 107 verzeichnete Grundstück für die Forderung von 3000 RM. nebst Zinsen erteilt. Durch den beglaubigten Grundbuchauszug des Amtsgerichts Berlin-Mitte bezüglich Luisenstadt Band 6 Blatt 107 ist dargetan, daß bei der dem A zustehenden und für ihn eingetragenen Hypothek von 3000 RM. nebst Zinsen vermerkt ist, daß die Zwangsvollstreckung gegen den jeweiligen Eigentümer des belasteten Grundstücks zulässig ist und daß nach Eintragung der Hypothek das belastete Grundstück auf den N umgeschrieben ist.

8. Vollstreckungsklausel gegen den Ehemann zur Duldung der Zwangsvollstreckung in das eingebrachte Gut der Ehefrau: Vorstehende Ausfertigung wird dem Gläubiger A gegen den Kaufmann B zur Duldung der Zwangsvollstreckung in das eingebrachte Gut seiner Ehefrau Anna B wegen einer Forderung von 3000 RM. nebst Zinsen erteilt. Durch Heiratsurkunde vom .... ist dargetan, daß die Schuldnerin Frau B jetzt mit dem Kaufmann B verheiratet ist, und durch Vorlegung eines Auszuges aus dem Güterrechtsregister des Amtsgerichts Berlin-Mitte, daß dort keine Eintragung erfolgt ist.

9. Vollstreckungsklausel gegen den Ehemann zur Duldung der Zwangsvollstreckung in ein zum eingebrachten Gut gehörendes Grundstück, das gemäß § 800 ZPO. belastet ist: Vorstehende Ausfertigung wird dem Gläubiger A gegen Frau B zum Zwecke der Zwangsvollstreckung und gegen deren Ehemann B zur Duldung der Zwangsvollstreckung in das zu Berlin, ... belegene, im Grundbuche des Amtsgerichts Berlin-Mitte

von Luisenstadt Band 6 Blatt 107 verzeichnete Grundstück wegen einer Forderung von 3000 RM. nebst Zinsen erteilt, denn durch Vorlegung eines beglaubigten Grundbuchauszugs des Amtsgerichts Berlin-Mitte betreffend Luisenstadt Band 6 Blatt 107 ist dargetan, daß bei der zugunsten des Gläubigers eingetragenen Hypothek von 3000 RM. vermerkt ist, daß die Zwangsvollstreckung gegen den jeweiligen Eigentümer zulässig ist, daß das Eigentum des Grundstücks nach Eintragung der Hypothek auf Frau B umgeschrieben ist, durch Heiratsurkunde vom ...., daß Frau B nach der Eigentumsübertragung den B geheiratet hat, schließlich durch Auszug aus dem Güterrechtsregister, daß in ihm keine Eintragung über den Güterstand der Eheleute enthalten ist, somit anzunehmen ist, daß die Eheleute B im gesetzlichen Güterstande leben.

Weitere Beispiele für Vollstreckungsklauseln bei Dorst I, Seite 357—365.

III. Anhang.

1. Auszug aus dem Preußischen Stempelsteuergesetz

in der Fassung der Bekanntmachung vom 27. Oktober 1924.
(Preuß. Gesetzsammlung 1924 S. 627 ff.)

§ 4. Sachliche Stempelsteuerbefreiungen.

(1) Von der Stempelsteuer sind befreit:

a) Urkunden über Gegenstände, deren Wert nach Geld geschätzt werden kann, wenn dieser Wert 150 Goldmark nicht übersteigt, insoweit nicht der Tarif entgegenstehende Bestimmungen enthält;

......

h) Urkunden, welche die Erfüllung einer gesetzlichen Unterhaltspflicht zum Gegenstande haben;

......

(2) Die Befreiung zu a findet auch auf diejenigen Vollmachten Anwendung, aus deren Inhalt der Wert des Gegenstandes nicht ersichtlich ist, sofern nachgewiesen wird, daß der Wert den Betrag von 150 Reichsmark nicht übersteigt.

§ 6. Wertermittelung.

(1) Die Ermittelung des Wertes eines Gegenstandes zum Zwecke der Berechnung der Stempelsteuer ist auf den gemeinen Wert desselben zur Zeit der Beurkundung des Geschäfts zu richten.

(2) Ist einem der Vertragschließenden ein Wahlrecht oder die Befugnis eingeräumt, innerhalb bestimmter Grenzen den Umfang der Leistung zu bestimmen, so wird die Stempelsteuer nach dem höchstmöglichen Werte des Gegenstandes des Geschäfts berechnet. Ist die Leistung nicht bis zu den bestimmten Grenzen erfolgt, so wird nach Ausführung des Geschäfts die gezahlte Stempelsteuer bis auf den der wirklichen Leistung entsprechenden Betrag erstattet.

(3) Bei Geldforderungen ist der aus der stempelpflichtigen Urkunde ersichtliche Geldbetrag, bei Kurs habenden Wertpapieren der Tageskurs als Wert anzusehen.

(4) Die Umrechnung der in anderer als Reichswährung angegebenen Summen erfolgt nach den für die Erhebung der Wechselsteuer festgesetzten Mittelwerten und, insoweit solche nicht bestimmt worden sind, nach dem laufenden Kurse.

(5) Der Wert des Besitzes einer Sache ist in der Regel dem Werte der Sache gleich zu achten.

(6) Der Wert eines Pfandrechts oder der Sicherstellung einer Forderung richtet sich nach dem Betrage der Forderung; hat der Gegenstand des Pfandrechts einen geringeren Wert, so ist dieser maßgebend.

(7) Der Wert einer Grunddienstbarkeit wird durch den Wert, welchen dieselbe für das herrschende Grundstück hat, und wenn der Betrag, um welchen sich der Wert des dienenden Grundstücks durch die Dienstbarkeit mindert, größer ist, durch diesen Betrag bestimmt.

(8) Der einjährige Wert von Nutzungen wird, wenn nicht aus der Urkunde ein höherer oder niederer Prozentsatz hervorgeht oder sonst festgestellt werden kann, zu vier vom Hundert des Wertes des Gegenstandes, welcher die Nutzung gewährt, angenommen.

(9) Bei immerwährenden Nutzungen und Leistungen ist das Fünfundzwanzigfache ihres einjährigen Betrags, bei Nutzungen und Leistungen von unbestimmter Dauer, sofern nicht die Vorschriften in den beiden nächstfolgenden Absätzen Anwendung finden oder anderweite die längste Dauer begrenzende Umstände in der Urkunde angegeben sind, das Zwölfeinhalbfache des einjährigen Betrags als Wert anzusehen.

(10) Der Wert von Nutzungen oder Leistungen auf Lebenszeit bestimmt sich nach dem zur Zeit ihres Anfanges erreichten Lebensalter der Person, bei deren Tode die Nutzung oder Leistung erlischt, und wird bei einem Lebensalter derselben

von	15	Jahren	oder	weniger	auf	das	18	fache
über	15	Jahre	bis zu	25 Jahren	auf	das	17	fache
„	25	„	„ „	35	„	„ „	16	„
„	35	„	„ „	45	„	„ „	14	„
„	45	„	„ „	55	„	„ „	12	„
„	55	„	„ „	65	„	„ „	$8^1/_2$	„
„	65	„	„ „	75	„	„ „	5	„
„	75	„	„ „	80	„	„ „	3	„
„	80	„	auf das	....			2	„

des Wertes der einjährigen Nutzung oder Leistung angenommen; jedoch ist der Wert des Rechtes auf Nutzungen oder Leistungen auf Lebenszeit auf höchstens das Fünffache des einjährigen Betrags anzunehmen, wenn das Recht dem jetzigen oder früheren Ehegatten des Verpflichteten oder Personen zusteht, die mit dem Verpflichteten in gerader Linie verwandt, verschwägert oder durch Annahme an Kindes Statt verbunden oder in der Seitenlinie bis zum dritten Grade verwandt oder bis zum zweiten Grade verschwägert sind, auch wenn die Ehe, durch welche die Schwägerschaft begründet ist, nicht mehr besteht.

(11) Ist die Dauer der Nutzungen oder Leistungen von der Lebenszeit mehrerer Personen dergestalt abhängig, daß beim Tode der zuerst versterbenden die Nutzung oder Leistung erlischt, so ist für die nach den Bestimmungen im vorigen Absatze vorzunehmende Wertermittlung das Lebensalter der ältesten Person maßgebend. Wenn die Nutzung oder Leistung bis zum Tode der letztversterbenden Person fortdauert, erfolgt die Berechnung nach dem Lebensalter der jüngsten Person.

(12) Der Gesamtwert der auf bestimmte Zeit eingeschränkten Nutzungen oder Leistungen ist unter Zugrundelegung eines vierprozentigen Zinsfußes nach der beigefügten Hilfstabelle zu ermitteln. Ist jedoch die Dauer der Nutzung oder Leistung noch außerdem durch die Lebenszeit einer oder mehrerer Personen bedingt, so darf der nach den Bestimmungen der beiden vorhergehenden Absätze zu berechnende Wert nicht überschritten werden.

§ 13. Haftbarkeit für die Stempelsteuer.

(1) . . . . . .

(2) Ist die Stempelsteuer von den eigentlich Verpflichteten und denjenigen, die nach Abs. 1 haften, nicht zu erlangen, so haften hierfür einschließlich der Notare, jedoch ausschließlich der Schiedsmänner, diejenigen Beamten, welche die von ihnen aufgenommenen Urkunden vor ausreichend erfolgter Stempelverwendung aushändigen oder Ausfertigungen oder Abschriften erteilen oder wegen der Einziehung des Stempels die ihnen nach § 15 obliegenden Pflichten verabsäumen, insoweit ihnen ein Verschulden zur Last fällt, unter Vorbehat des Rückgriffs gegen die eigentlich Verpflichteten und diejenigen, die nach Abs. 1 haften.

(3) Diese Bestimmung kommt auch dann zur Anwendung, wenn ein Notar den Entwurf einer Urkunde anfertigt und nach Vollziehung durch die Beteiligten die Unterschriften oder Handzeichen beglaubigt.

§ 24. Ersatz für die vor dem Verbrauche verdorbenen Stempelzeichen.

Für Stempelzeichen, welche vor dem Verbrauche durch Zufall oder Versehen verdorben worden sind, kann Ersatz beansprucht werden.

§ 25. Erstattung bereits verwendeter Stempel.

(1) Die entrichtete Stempelsteuer wird erstattet:

a) wenn ein gesetzlich nicht erforderlicher Stempel verwendet und der Erstattungsantrag innerhalb zweier Jahre nach der Entrichtung des Stempels angebracht worden ist;

b) wenn der von Behörden oder Beamten, einschließlich der Notare, in der Erwartung der Zahlung verwendete Stempel von den zur Entrichtung desselben Verpflichteten nicht beigetrieben werden kann;

c) wenn ein beurkundetes Geschäft nichtig oder infolge einer Anfechtung als von Anfang an nichtig anzusehen ist und die Erstattung innerhalb zweier Jahre nach der Beurkundung, oder, falls die Nichtigkeit durch rechtskräftiges Urteil festgestellt ist, binnen Jahresfrist nach Eintritt der Rechtskraft nachgesucht wird.

(2) Außerdem kann die Erstattung bereits verwendeter Stempel aus Billigkeitsgründen angeordnet werden, wenn die Ausführung eines Geschäfts unterblieben oder ein Geschäft auf Grund der Wandelung rückgängig gemacht ist. Die Erstattung muß innerhalb zweier Jahre nach der Beurkundung des Geschäfts beantragt werden; wird der Antrag auf Tatsachen gestützt, die erst nach der Beurkundung eingetreten sind, so beginnt die zweijährige Frist mit dem Tage, an dem der Antragsteller von diesen Tatsachen Kenntnis erhalten hat. In den Fällen der Wandelung durch rechtskräftiges Urteil muß die Erstattung binnen Jahresfrist nach Eintritt der Rechtskraft nachgesucht werden.

§ 26. Rechtsweg.

In Beziehung auf die Verpflichtung zur Entrichtung einer Stempelabgabe ist der Rechtsweg zulässig. Die Klage ist bei Verlust des Klagerechts binnen sechs Monaten nach erfolgter Beitreibung oder geleisteter Zahlung gegen diejenige mit der Verwaltung der Stempelsteuern befaßte Oberbehörde zu richten, in deren Verwaltungsbezirk die Steuer erfordert worden ist. Wenn es sich um Stempelbeträge handelt, welche nach den für Gerichtskosten geltenden Vorschriften einzuziehen sind, ist die Klage gegen die zur Vertretung des Fiskus in Angelegenheiten der Justizverwaltung bestimmte Behörde zu richten.

Stempeltarif.

Tarifst. 1. Abtretung von Rechten.

(1) Beurkundungen über die Abtretung von Rechten sowie Indossamente, sofern nicht die Bestimmungen der Tarifstelle „Kauf- und Tauschverträge" sechster bis einschließlich achter Absatz zur Anwendung kommen oder dem Indossament ein nach dem Kapitalverkehrsteuergesetze der Börsenumsatzsteuer unterworfenes oder von dieser befreites Anschaffungsgeschäft zugrunde liegt (Steuersatz $^1/_{10}$ v. H. des Wertes der Gegenleistung oder, wenn eine solche in der Urkunde nicht enthalten ist, des Geldbetrags oder des Wertes des abgetretenen Rechtes), ist der Wert des abgetretenen Rechtes nicht schätzbar 5 RM.

(2) Befreit sind Beurkundungen der Übertragungen der Konnossemente der Seeschiffer, Ladescheine der Frachtführer und Aus-

lieferungsscheine (Lagerscheine, warrants) über Waren oder andere bewegliche Sachen durch Indossament.

(3) Schriftliche Benachrichtigungen an den Verpflichteten über die erfolgte Abtretung eines Rechtes sind, wenn nicht eine mit dem tarifmäßigen Stempel versehene Abtretungsurkunde vorliegt, wie Beurkundungen der Abtretung zu versteuern, sofern nach der Verkehrssitte über die Abtretung eine förmliche Urkunde errichtet zu werden pflegt und beabsichtigt ist, durch die schriftliche Benachrichtigung die Aufnahme einer solchen Urkunde zu ersetzen.

(4) Der Antrag auf Eintragung der Abtretung einer Hypothek oder Grundschuld im Grundbuch oder in einem für solche Eintragungen bestimmten öffentlichen Buche (Steuersatz $^1/_{10}$ v. H. des Betrags der Hypothek oder Grundschuld oder der Ablösungssumme der Rentenschuld).

(5) Die Abgabe wird nur erhoben, falls die beantragte Eintragung in den Grund- oder öffentlichen Büchern vermerkt worden ist.

(6) Der Stempel wird nicht erhoben oder erstattet, wenn die Urkunde über die dem Antrage zugrunde liegende Abtretung in an sich stempelpflichtiger Form in Urschrift, Ausfertigung oder beglaubigter Abschrift vorgelegt wird. Solange nicht die Urkunde vorgelegt ist, kann der Stempel vorbehaltlich seiner Erstattung eingezogen werden. Die Erstattung kann nur innerhalb zweier Jahre nach Entrichtung des Stempels beantragt werden. Als eine die Abtretung enthaltende Urkunde ist nur eine solche anzusehen, welche die Abtretung so enthält, wie sie unter den Beteiligten hinsichtlich des Wertes der Gegenleistung verabredet ist.

(7) Betrifft der Antrag eine Hypothek oder Grundschuld, für welche mehrere Grundstücke haften, so wird die Abgabe nur einmal erhoben.

(8) Wird nach der Zahlung des Stempels für den Eintragungsantrag die Urkunde über das der Eintragung zugrunde liegende Geschäft errichtet, so ist auf den zu dieser Urkunde erforderlichen Wertstempel der für den Eintragungsantrag gezahlte Stempel anzurechnen. Die Anrechnung ist innerhalb der im § 16 angegebenen Fristen auf der Urkunde amtlich zu vermerken. Soweit eine Anrechnung erfolgt, ist eine Erstattung des für den Eintragungsantrag gezahlten Stempels ausgeschlossen.

(9) Die Vorschriften der Abs. 4 bis 8 finden entsprechende Anwendung auf die Übertragung des Pfandrechts an einem im Schiffsregister eingetragenen Schiffe.

(10) Befreit sind: Urkunden, wodurch eine Forderung an eine Gemeinde oder einen Gemeindeverband, an einen Giroverband, an eine Körperschaft ländlicher oder städtischer Grundbesitzer, eine Grundkredit- oder Hypothekenbank oder eine Schiffspfandbrief- oder Schiffs-

beleihungsbank abgetreten wird, falls auf Grund der Abtretung nach dem Kapitalverkehrsteuergesetze reichssteuerpflichtige oder von der Reichssteuer befreite Renten- oder Schuldverschreibungen demnächst ausgereicht werden.

Tarifst. 2. (1) **Annahme an Kindes Statt,** Verträge darüber (Steuersatz $^1/_{10}$ v. H. des Vermögens des Annehmenden oder Angenommenen, und zwar des jeweils höheren der beiden Vermögen, ausschließlich des Hausrats und anderer nicht der Vermögensteuer unterliegender beweglicher Gegenstände).

(2) Sofern das angenommene Kind das 16. Lebensjahr noch nicht vollendet hat, ermäßigt sich der Steuerbetrag auf ein Viertel.

Tarifst. 3. Auktionen, d. h. Beurkundungen von Versteigerungen nicht zu den unbeweglichen Sachen gehöriger Gegenstände durch öffentliche Beamte, sofern diese nicht als Vertreter der Korporation, in deren Dienste sie angestellt sind, handeln, oder durch gewerbsmäßige Auktionatoren (§ 36 der Reichsgewerbeordnung) (Steuersatz $^1/_3$ v. H. des Gesamterlöses nach Abzug der Kosten).

Tarifst. 4. (1) **Duplikate** (Nebenausfertigungen) sowie gerichtlich oder notariell beglaubigte Abschriften von stempelpflichtigen Urkunden (Steuersatz 3 RM.), jedoch nicht über den zu der stempelpflichtigen Urkunde selbst erforderlichen Stempel hinaus.

(2) Befreit sind beglaubigte Abschriften, welche gemäß § 9 des Gesetzes vom 10. Februar 1923 (Gesetzsamml. S. 25) den zuständigen Behörden zu erteilen sind.

Tarifst. 5. Eheverträge (Steuersatz $^1/_{10}$ v. H. des Vermögens, auf das sich der Ehevertrag erstreckt).

Tarifst. 6. Erbrezesse (Erbteilungsverträge), durch welche die Verteilung einer Erbschaft beurkundet wird (Steuersatz $^1/_{25}$ v. H. des Wertes des Reinnachlasses, soweit über denselben im Erbrezesse verfügt ist, mit Ausnahme der unter das Grunderwerbsteuergesetz fallenden Gegenstände).

Tarifst. 7. (1) **Kauf- und Tauschverträge** und andere lästige Veräußerungsgeschäfte enthaltende Verträge einschließlich der gerichtlichen Zwangsversteigerungen, insoweit nicht besondere Tarifstellen zur Anwendung kommen oder die Rechtsvorgänge nach dem Grunderwerbsteuergesetz oder dem Kapitalverkehrsteuergesetz einer Reichssteuer unterliegen oder von ihr befreit sind, wenn sie betreffen:

a) außerhalb Landes gelegene unbewegliche Sachen und ebendaselbst befindliche bewegliche Sachen, insoweit sie Zubehör der ersteren sind und mit diesen zusammen veräußert werden (Steuersatz 3 RM.).

b) andere Gegenstände aller Art (Steuersatz $^1/_3$ v. H. bei Kauf- und Lieferungsverträgen vom Kauf- oder Lieferungspreis unter Hinzurechnung des Wertes der ausbedungenen Leistungen und vorbehaltenen Nutzungen; bei anderen Verträgen vom Gesamtwerte der Gegenleistung unter Hinzurechnung des Wertes der vorbehaltenen Nutzungen oder, wenn der Wert der Gegenleistung aus dem Vertrage nicht hervorgeht, von dem Werte des veräußerten Gegenstandes).

(2) Der Stempel berechnet sich:

1. bei Tauschverträgen nach dem Werte der von einem der Vertragschließenden in Tausch gegebenen Gegenstände, und zwar derjenigen, welche den höheren Wert haben;

2. bei gerichtlichen Zwangsversteigerungen nach dem Werte der nicht der Grunderwerbsteuer unterliegenden Gegenstände des Zuschlagsbeschlusses;

3. bei Verträgen über Leistung an Erfüllungs Statt nach dem Werte, zu dem die Gegenstände an Erfüllungs Statt angenommen werden. Wird in einem Kaufvertrage hinsichtlich des Kaufpreises eine Leistung an Erfüllungs Statt vereinbart, so ist der Vertrag wie ein Tauschvertrag zu versteuern.

(3) Wird bei einer Versteigerung, welche zum Zwecke der Auseinandersetzung unter Miteigentümern erfolgt, der Zuschlag einem Miteigentümer erteilt, so bleibt bei Berechnung des Stempels derjenige Teil des Meistgebots außer Betracht, welcher auf den dem Ersteher bereits zustehenden Anteil an den versteigerten Gegenständen fällt. Im Falle der Gemeinschaft unter Miterben gilt im Sinne dieser Vorschrift jeder Miterbe als Miteigentümer nach Verhältnis seines ideellen Anteils am Nachlasse.

(4) Wird ein Zuschlagsbeschluß aufgehoben, so werden die angesetzten Beträge nicht erhoben oder, wenn sie bezahlt sind, erstattet.

(5) Beurkundungen von Veräußerungen beweglicher Sachen unterliegen dem Stempel dieser Tarifstelle auch dann, wenn sie nur von einem der Vertragschließenden im Sinne des zweiten Absatzes des § 1 dieses Gesetzes unterzeichnet und dem anderen Vertragschließenden ausgehändigt sind. Ausgenommen sind Aufzeichnungen, welche im Handelsverkehr über Bestellungen gemacht und entgegengenommen werden (sogenannte Kommissionsnoten).

(6) Beurkundungen von Übertragungen der Rechte der Erwerber aus Veräußerungsgeschäften über bewegliche Sachen sowie Beurkundungen nachträglicher Erklärungen der aus einem Veräußerungsgeschäfte der vorbezeichneten Art berechtigten Erwerber, die Rechte für einen Dritten erworben beziehungsweise die Pflichten für einen Dritten übernommen zu haben, werden in betreff der Stempelpflichtigkeit wie Beurkundungen der Veräußerungen der Sachen behandelt. Dasselbe gilt von Übertragungen der Rechte aus Anträgen zur Schließung eines lästigen Veräußerungsgeschäfts, die den Veräußerer binden, sowie aus Verträgen, durch die nur der Veräußerer zur Schließung eines lästigen Veräußerungsgeschäfts verpflichtet wird.

(7) Wenn jedoch der erste Erwerber das Veräußerungsgeschäft

erweislich auf Grund eines Vollmachtsauftrags oder einer Geschäftsführung ohne Auftrag für einen Dritten abgeschlossen hat, so bedürfen Beurkundungen von Übertragungen der Rechte dieses ersten Erwerbers an den Dritten nur eines Stempels von 3 RM.

(8) In den Fällen des vorhergehenden Absatzes ist die Erstattung des bereits verwendeten Wertstempels anzuordnen. Auch muß die Abstandnahme von der Einziehung des Wertstempels angeordnet werden, falls dies innerhalb zweier Wochen nach erfolgter Beurkundung der Übertragung beantragt wird. Außerdem können bei sonstigen Beurkundungen der erwähnten Art in denjenigen Fällen die gleichen Anordnungen getroffen werden, in denen besondere Billigkeitsgründe vorhanden sind.

(9) Ermäßigungen und Befreiungen:

1. Kauf- und Tauschverhandlungen zwischen Teilnehmern an einer Erbschaft zum Zwecke der Teilung der zu letzterer gehörigen Gegenstände höchstens 3 RM.

Zu den Teilnehmern an einer Erbschaft wird auch der überlebende Ehegatte gerechnet, welcher mit den Erben des verstorbenen Ehegatten gütergemeinschaftliches Vermögen zu teilen hat.

2. Befreit sind Verträge, durch welche bewegliche Sachen allein oder im Zusammenhange mit anderem Vermögen von Aszendenten an Deszendenten oder eingekindschaftete Kinder übertragen werden.

Auf Beurkundungen von Übertragungen der Rechte des Erwerbers aus Verträgen der vorbezeichneten Art an andere Personen als an Deszendenten oder eingekindschaftete Kinder des ursprünglich übertragenden Aszendenten finden die Bestimmungen des siebenten und achten Absatzes dieser Tarifstelle keine Anwendung.

3. Befreit sind Kauf- und Lieferungsverträge über Mengen von Sachen oder Waren, sofern dieselben entweder zum unmittelbaren Verbrauch in einem Gewerbe oder zur Wiederveräußerung in derselben Beschaffenheit oder nach vorgängiger Bearbeitung oder Verarbeitung dienen sollen oder im Deutschen Reiche in dem Betrieb eines der Vertragschließenden erzeugt oder hergestellt sind.

4. Gerichtliche oder notarielle Aufnahmen oder Beglaubigungen der nach den Vorschriften des Kapitalverkehrsteuergesetzes über die Börsenumsatzsteuer reichssteuerpflichtigen oder von der Reichssteuer befreiten Kauf- und Anschaffungsgeschäfte (Steuersatz 3 RM.).

Tarifst. 8. Leibrenten- und Rentenverträge, wodurch zu gewissen Zeiten wiederkehrende Zahlungen von Geld für eine oder mehrere bestimmte Personen während der Lebensdauer derselben oder auf bestimmte oder unbestimmte Zeit gegen Entgelt erworben werden, mag die Gegenleistung in einer bestimmten Geldsumme oder in der Hingabe von Sachen oder in der Übernahme von Leistungen oder Verpflichtungen, oder aber in dem Aufgeben von Rechten bestehen, falls nicht das Versicherungssteuergesetz zur Anwendung kommt (Steuersatz 2 v. H. des Kapitalwerts der Renten).

Tarifst. 9. Nießbrauchsbestellungen, Anträge auf Eintragung eines Nießbrauchs an im Inlande gelegenen unbeweglichen Sachen oder ihnen gleichgeachteten Rechten sowie Urkunden über die Bestellung eines Nießbrauchs an beweglichen Sachen oder Rechten (Steuersatz $^{6}/_{10}$ v. H. des Kapitalwerts der nach dem Reinertrage des Nießbrauchs zu berechnenden Nutzungen).

Tarifst. 10. Pacht- und Mietverträge.

I. Verträge über die Verpachtung oder Vermietung von außerhalb Landes gelegenen Grundstücken oder ihnen gleichgeachteten Rechten sowie von Jagdberechtigungen an solchen Grundstücken 1,50 RM.

II. (1) a) Verträge über die Verpachtung der Jagd (Jagdpachtverträge) sowie über die Erlaubnis zum Abschusse jagdbarer Tiere auf inländischen Grundstücken (Steuersatz 2 v. H. des Pachtzinses oder des Entgelts für die Abschußerlaubnis einschließlich des Werts aller, auch der nicht in Geld bestehenden Nebenleistungen).

Verträge über die Anpachtung von gemeinschaftlichen Jagdbezirken unterliegen jedoch, sofern der verabredete, nach der Dauer eines Jahres zu berechnende Pachtzins den Betrag von 1500 Reichsmark nicht übersteigt und als Pächter ausschließlich solche Inländer auftreten, welche im Gemeindebezirk ihren Wohnsitz haben und zu den Jagdgenossen des Jagdbezirkes gehören, nur einem Stempel von $^{3}/_{10}$ v. H. des Pachtzinses einschließlich des Werts aller, auch der nicht in Geld bestehenden Nebenleistungen.

b) Verträge über die Verpachtung im Inlande gelegener unbeweglicher Sachen zur land- oder forstwirtschaftlichen Nutzung (Steuersatz $^{1}/_{10}$ v. H. des Pachtzinses, wobei der Wert nicht in Geld bestehender Nebenleistungen dem Zinse nicht hinzuzurechnen ist).

c) Sonstige Pacht- und Mietverträge jeder Art (Steuersatz $^{3}/_{10}$ v. H. des Pacht- oder Mietzinses, wobei der Wert nicht in Geld bestehender Nebenleistungen dem Zinse nicht hinzuzurechnen ist).

(2) Der Stempel berechnet sich nach der Dauer der bedungenen Vertragszeit. Bei Verträgen auf unbestimmte Zeit ist der Versteuerung eine einjährige Dauer zugrunde zu legen. Enthält ein Pacht- oder Mietvertrag die Bestimmung, daß nach Ablauf der zunächst bestimmten, auf länger als 1 Jahr bemessenen Vertragsdauer das Rechtsverhältnis unter gewissen Voraussetzungen als verlängert gelten soll, so berechnet sich der Stempel zu diesem Vertrage nach der Dauer der zunächst bestimmten Vertragszeit. Bei Verträgen, die auf die Lebenszeit des Verpächters oder Pächters, des Vermieters oder Mieters geschlossen sind, kommt die Vorschrift des § 6 Abs. 10 des Gesetzes zur Anwendung.

(3) Die durch Briefwechsel oder einen Austausch sonstiger schriftlicher Mitteilungen zustande gekommenen Verträge sind hinsichtlich der Stempelpflicht wie förmliche schriftliche Verträge zu behandeln.

(4) Befreiungen.

Befreit sind: 1. Verträge über die Verpachtung oder Vermietung im Inlande gelegener Grundstücke oder Gebäude oder Teile von solchen, bei denen der Pacht- oder Mietzins den Betrag von 1000 Reichsmark in einem Jahre nicht übersteigt; auf Jagd- und Fischereipachtverträge findet diese Vorschrift keine Anwendung.

Auf Verträge, bei denen der Jahreszins 1000 Reichsmark übersteigt, findet die Vorschrift des § 4 Abs. 1a dieses Gesetzes mit der Maßgabe Anwendung, daß der Stempel nicht in Ansatz kommt, wenn der für die Gesamtdauer des Vertragsverhältnisses zu entrichtende Pacht- oder Mietzins den dort angegebenen Betrag nicht übersteigt.

2. Mietverträge, durch die Gastwirte oder Zimmervermieter Fremde zur Beherbergung aufnehmen.

Tarifst. 11. Proteste, Wechselproteste und Proteste anderer Art (Steuersatz 3 RM.).

Tarifst. 12. Protokolle.

I. Gerichtliche und notarielle Protokolle

a) über Verlosungen oder Ziehungen (Steuersatz 30 RM.).

b) über Generalversammlungen von Aktiengesellschaften oder von Kommanditgesellschaften auf Aktien (Steuersatz 50 RM.).

c) über die Versammlungen der Gesellschafter von Gesellschaften mit beschränkter Haftung (Steuersatz 20 RM.).

II. (1) Notariatsurkunden, wenn sie die Stelle einer in diesem Tarif besteuerten Verhandlung vertreten, wie diese, sonst und in allen Fällen mindestens (Steuersatz 3 RM.).

(2) Befreit sind die Notariatsurkunden, in denen ausschließlich Grundstücksveräußerungsverträge oder Auflassungen oder Anmeldungen zum Handels-, Vereins-, Genossenschafts- oder Güterrechtsregister beurkundet werden.

III. Sonstige Protokolle, welche in Privatangelegenheiten von Behörden oder Beamten aufgenommen sind,

a) wenn sie die Stelle einer in diesem Tarif besteuerten Verhandlung vertreten, wie diese, mindestens aber (Steuersatz 3 RM.),

b) anderenfalls frei.

Tarifst. 13. Schiedssprüche, und zwar sowohl der ständigen Schiedsgerichte als auch der zur Entscheidung für den einzelnen Fall berufenen Schiedsrichter (Steuersatz $^{1}/_{10}$ v. H. des Wertes des Streitgegenstandes), jedoch mindestens 2 RM., höchstens 5000 RM. Ist der Wert des Streitgegenstandes unschätzbar (Steuersatz 20 RM.).

Tarifst. 14 Schuldverschreibungen.

I. (1) Schuldverschreibungen, hypothekarische und persönliche aller Art, insoweit es sich nicht um nach dem Kapitalverkehrsteuergesetze reichssteuerpflichtige Wertpapiere handelt (Steuersatz $^1/_8$ v. H. des Kapitalbetrags der Schuldverschreibung). Urkunden, in denen der Betrag der verschriebenen Schuld nur dem Höchstbetrage nach bestimmt ist, sind dem Stempel dieser Tarifstelle nicht unterworfen.

(2) Ermäßigungen:

a) Schuldverschreibungen über Kaufgelder, Erbgelder oder sonstige Forderungen aus zweiseitigen Verträgen, falls diese Verträge gehörig versteuert sind und alle wesentlichen Bedingungen des Schuldverhältnisses enthalten, wie Nebenausfertigungen derselben (vgl. die Tarifstelle „Duplikate");

b) (¹) Schuldverschreibungen über Darlehen, welche innerhalb Jahresfrist oder in einem kürzeren Zeitraum zurückzuzahlen sind (Steuersatz $^1/_{32}$ v. H. der Darlehnssumme).

(²) So oft die Rückzahlungsfrist durch schriftliche Verabredungen über die Verlängerung der Darlehen oder durch Ausstellung neuer Schuldverschreibungen bis zu einem Zeitraum von einem Jahre seit der Begründung des Schuldverhältnisses verlängert wird, ist ein weiterer Stempel von je $^1/_{32}$ v. H. der Darlehnssumme fällig, jedoch für die ursprünglche Beurkundung und sämtliche Verlängerungen zusammen nicht mehr als $^1/_8$ v. H. der Darlehnssumme.

(³) Wird die Rückzahlungsfrist über einen Zeitraum von einem Jahre seit der Begründung des Schuldverhältnisses hinaus verlängert, so ist ein Stempel von $^1/_8$ v. H. der Darlehnssumme unter Anrechnung der zur ursprünglichen Beurkundung und zu früheren Verlängerungen bereits entrichteten Stempel fällig.

(⁴) Die Vorschrift des vorhergehenden Absatzes findet entsprechende Anwendung auf nicht oder in nicht stempelpflichtiger Form beurkundete, tatsächlich eintretende Verlängerungen der Rückzahlungsfrist. Die Frist gilt in solchen Fällen als auf einen über ein Jahr seit der Begründung des Schuldverhältnisses hinausgehenden Zeitraum verlängert. Die in diesen Fällen erforderlichen Stempel sind zu der ursprünglichen Urkunde binnen zwei Wochen nach dem Eintritt der Verlängerung zu verwenden.

(⁵) Die Anrechnung der früher gezahlten Stempel ist bei schriftlichen Verlängerungen nur zulässig, wenn auf den Schriftstücken über die Verlängerung vom Aussteller vermerkt ist, zu welchen Urkunden und zu welchen Beträgen die früher gezahlten Stempel verwendet sind.

(3) Befreiungen:

a) Beurkundungen über die Verlängerung der Rückzahlungsfrist, wenn es sich um Schuldverschreibungen handelt, die mit einem Sechstel v. H. des Kapitalbetrags bereits versteuert sind;

b) Beurkundungen von zinsbaren Darlehen, welche gegen spezielle Verpfändung oder Hinterlegung von edlen Metallen, Waren, Wechseln oder Wertpapieren gegeben werden (Lombarddarlehen), oder die gegen Verpfändung einer im Reichsschuldbuch oder im Staatsschuldbuch eingetragenen Forderung gewährt werden, vorausgesetzt, daß die Darlehen innerhalb Jahresfrist oder in einem kürzeren Zeitraume zurückzuzahlen sind und der Wert des hinterlegten Pfandes oder der verpfändeten Forderung dem gewährten Darlehen mindestens gleichkommt;

c) Sparkassenbücher und Bescheinigungen über einzelne Einlagen seitens öffentlicher und solcher Sparkassen, welche gemeinnützige Zwecke verfolgen, insbesondere solcher, welche die Gewinnverteilung ausgeschlossen haben, sowie der Sparkassen derjenigen eingetragenen Erwerbs- und Wirtschaftsgenossenschaften, welche die Förderung des genossenschaftlichen Personalkredits bezwecken;

d) Schuldverschreibungen, die für Gemeinden oder Gemeindeverbände, für Giroverbände, für Körperschaften ländlicher oder städtischer Grundbesitzer, für Grundkredit- oder Hypothekenbanken oder Schiffspfandbrief- oder Schiffsbeleihungsbanken ausgestellt werden, falls auf Grund der Schuldverschreibungen reichssteuerpflichtige oder von der Reichssteuer befreite Renten- oder Schuldverschreibungen demnächst ausgereicht werden;

e) Briefe oder sonstige schriftliche Mitteilungen im bankgeschäftlichen Verkehr über die Ausleihung von Geldern auf feste Termine oder auf Kündigung mit oder ohne Frist.

II. (1) Kaufmännische, nicht auf Order ausgestellte Verpflichtungsscheine über Leistungen von Geld (Steuersatz $^1/_{25}$ v. H. des Kapitalbetrags der Scheine).

(2) Die Befreiung zu I unter e findet Anwendung.

(3) Für die Verlängerung der Rückzahlungsfrist gelten die Bestimmungen zu I unter Ermäßigungen zu b und Befreiungen zu a und e.

III. (1) Der Antrag auf Eintragung einer Hypothek oder Grundschuld oder einer wiederkehrenden Geldleistung im Grundbuch oder in einem für solche Eintragungen bestimmten öffentlichen Buche oder eines Schiffspfandrechts im Schiffsregister (Steuersatz $^1/_6$ v. H. der einzutragenden Summe oder des Kapitalwerts der Geldleistung oder des Betrags der Ablösungssumme bei Rentenschulden), sowie der Antrag auf Eintragung der Verpfändung einer Hypothek, Grundschuld, wiederkehrenden Geldleistung oder eines Schiffspfandrechts durch den eingetragenen Gläubiger in Büchern der bezeichneten Art (Steuersatz $^1/_6$ v. H. der Summe, für welche die Post verpfändet wird, wenn diese Summe geringer ist als die Summe oder der Kapitalwert oder die Ablösungssumme der verpfändeten Post, sonst der letzteren Summe oder des Kapitalwerts oder der Ablösungssumme).

(2) Die Vorschriften der Tarifstelle „Abtretung von Rechten" fünfter bis einschließlich achter Absatz finden sinngemäße Anwendung.

(3) Die Abgabe wird bei einem Antrag auf Eintragung einer Hypothek für die Ansprüche aus Anleihe-Teilschuldverschreibungen nicht erhoben, wenn dem Grundbuchamte rechtzeitig der Nachweis erbracht wird, daß die Versteuerung der Teilschuldverschreibungen nach den Vorschriften des Kapitalverkehrsteuergesetzes erfolgt ist. Die näheren Bestimmungen über die Frist, innerhalb der der Nachweis erbracht werden muß, und über die Art, in der er zu führen ist, trifft der Finanzminister.

Tarifst. 15. (1) **Sicherstellung von Rechten,** Beurkundungen darüber (Steuersatz 1/10 v. H. des Wertes der sichergestellten Rechte).*)

(2) Auf Höchstbetragshypotheken und -schiffspfandrechte im Sinne der §§ 1190 und 1271 des Bürgerlichen Gesetzbuchs findet der vorstehende Steuersatz gleichfalls Anwendung.

(3) Der Stempel darf in keinem Falle den für die Beurkundung des sicherzustellenden Rechtes zur Erhebung gelangenden Stempel übersteigen.

(4) Ist der Wert der sichergestellten Rechte nicht schätzbar (Steuersatz 1.50 RM.).

(5) Befreit sind:

a) Urkunden über Dienstkautionen der Beamten öffentlicher Behörden;

b) in Schuldverschreibungen zur Sicherheit der Schuldverpflichtung vom Schuldner abgegebene Erklärungen;

c) Urkunden über Sicherstellungen der Inhaber der elterlichen Gewalt, der Beistände, Vormünder und Pfleger (§§ 1668, 1693, 1844 und 1915 des Bürgerlichen Gesetzbuchs).

Tarifst. 16. (1) **Verfügungen von Todes wegen,** einschließlich der Erbverträge sowie der im § 2301 Abs. 1 des Bürgerlichen Gesetzbuchs bezeichneten Schenkungsversprechen, Schuldversprechen oder Schuldanerkenntnisse (Steuersatz 1/10 v. H. des Wertes des Gegenstandes).

(2) Für die Stempelberechnung bei einer gemeinschaftlichen Verfügung ist der Gesamtbetrag des Wertes beider Verfügungen maßgebend.

(3) Für die Wertberechnung ist der Zeitpunkt der Fälligkeit der Stempelsteuer maßgebend. Soweit die Stempelverwendung unter amtlicher Überwachung stattfindet, sind der Wertberechnung die Angaben des Steuerpflichtigen zugrunde zu legen. Die Vorschriften des § 7 dieses Gesetzes finden vor Eröffnung der Verfügung keine Anwendung;

(4) wenn die Verfügungen von Todes wegen lediglich Anordnungen nicht vermögensrechtlicher Art, Nachträge, Ergänzungen und Erläuterungen zu letztwilligen Verfügungen enthalten (Steuersatz 3 RM.).

*) Vgl. V. d. F. M. v. 25. September 1925 (JMBl. 25 S. 367 ff.).

Befreiungen.

1. Verträge und Erklärungen aller Art, die lediglich den Widerruf, die Zurücknahme oder die Aufhebung einer Verfügung von Todes wegen oder einzelner in solchen Verfügungen enthaltenen Anordnungen betreffen oder lediglich die Anordnung der Feuerbestattung enthalten;

2. die im § 2249, § 2250 oder § 2251 des Bürgerlichen Gesetzbuchs und im § 38 des Reichswehrgesetzes bezeichneten Testamente.

Tarifst. 17. (1) **Vergleiche** (Steuersatz 3 RM.).

(2) Ist jedoch durch den Vergleich ein unter den Parteien bisher nicht in stempelpflichtiger Form zustande gekommenes Rechtsgeschäft anerkannt oder im wesentlichen aufrechterhalten oder ein anderweites Rechtsgeschäft neu begründet worden, so ist zu dem Vergleiche, wenn diese Geschäfte nach dem gegenwärtigen Tarif einem höheren als dem für Vergleiche verordneten Stempel unterworfen sind, dieser höhere Stempel zu verwenden.

(3) Befreit sind die von Schiedsmännern, Kaufmanns- und Gewerbegerichten, Miet- und Pachteinigungsämtern aufgenommenen Vergleiche, sofern nicht die Voraussetzungen des vorhergehenden Absatzes Anwendung finden.

Tarifst. 18. Verträge.

1. (1) durch welche ein früherer stempelpflichtiger Vertrag lediglich aufgehoben wird (Steuersatz 3 RM.).

(2) Wenn jedoch die Verabredung über die Aufhebung oder Beseitigung des früheren Vertrags sich als eine in diesem Tarife besonders aufgeführte Verhandlung darstellt, so kommt derjenige Steuersatz zur Anwendung, welchem die Verabredung nach den Vorschriften dieses Tarifs unterliegt.

(3) In besonderen Fällen kann der zu entrichtende Wertstempel aus Billigkeitsrücksichten bis auf $^1/_{20}$ ermäßigt werden;

2. (1) über sonstige vermögensrechtliche Gegenstände, wenn keine andere Tarifstelle zur Anwendung kommt (Steuersatz 3 RM.), sind die Verträge nur Nebenverträge eines Hauptvertrags und werden sie mit diesem zusammen in einer Urkunde beurkundet (Steuersatz 1.50 RM.), jedoch nicht über den zu dem Hauptvertrage selbst erforderlichen Stempel hinaus.

(2) Ein auf unbestimmte Zeit oder auf Kündigung abgeschlossener Vertrag gilt in betreff der Stempelpflichtigkeit als ein auf ein Jahr abgeschlossener.

(3) Befreiungen:

a) Lehrverträge;

b) Verträge, durch welche Arbeits- und Dienstleistungen auf bestimmte oder unbestimmte Zeit gegen zu gewissen Zeiten wiederkehrendes Entgelt (Lohn, Gehalt und dergleichen) versprochen werden, wenn der Jahresbetrag der Gegenleistung 1500 RM. nicht übersteigt;

c) Verhandlungen der Seemannsämter über die An- oder Abmusterung von Schiffsmännern;

d) Tarifverträge.

Tarifst. 19. (1) **Vollmachten** zur Vornahme von Geschäften rechtlicher Natur für den Vollmachtgeber (Steuersatz 1/10 v. H. des Wertes des Gegenstandes).

(2) Steht der Bevollmächtigte

a) in einem Dienstverhältnisse zum Vollmachtgeber und wird die Vollmacht mit Rücksicht auf dieses Verhältnis erteilt, oder

b) ist er der Ehegatte des Vollmachtgebers oder mit ihm in gerader Linie verwandt, oder teilt er als Familienangehöriger den Hausstand des Vollmachtgebers, 1/4 der vorstehenden Sätze.

(3) Wenn der Wert des Gegenstandes der Vollmacht nicht schätzbar ist, wenn es sich insbesondere um Vollmachten zur Ausübung des Stimmrechts in Gesellschaften aller Art handelt (Steuersatz 1.50 RM.).

(4) Schriftstücke, in welchen jemand einem Dritten gegenüber erklärt, daß er einem anderen die Vornahme einer Angelegenheit rechtlicher Natur aufgetragen habe, sind dem Stempel nicht unterworfen, sofern nicht die Verkehrssitte eine Vollmacht in diesen Fällen erfordert und durch das Schriftstück die förmliche Vollmacht ersetzt werden soll.

(5) Zu Vollmachten, in denen mehrere nicht in einer Erb- oder sonstigen Rechtsgemeinschaft stehende Personen einen Bevollmächtigten bestellen, ist der Vollmachtstempel so oft zu verwenden, als Vollmachtgeber vorhanden sind.

(6) Wenn bei einer gerichtlichen oder notariellen Versteigerung durch die Kaufbedingungen oder durch besondere Erklärungen bestimmte Personen bevollmächtigt werden, nach erfolgtem Zuschlag für die Versteiglasser oder für die Ansteigerer die Auflassungserklärung abzugeben und für die Ansteigerer die Eintragung der Steigpreise zu bewirken, so ist der Vollmachtstempel ohne Rücksicht auf die Anzahl der Beteiligten und der abzugebenden Erklärungen nur einmal in Ansatz zu bringen, sofern nach Inhalt des Protokolls die Vollmacht auf einen Zeitraum von längstens drei Tagen nach Ablauf des Tages, an welchem der Zuschlag erfolgt, beschränkt wird.

(7) Befreit sind:

a) Vollmachten in allen durch die Straf- und Zivilprozeßordnung geregelten Angelegenheiten, zu Verhandlungen vor den Kaufmanns- und Gewerbegerichten, den Versicherungsbehörden im Sinne der Reichsversicherungsordnung, den Miet- und Pachteinigungsämtern und den Schlichtungsausschüssen sowie zur Vertretung vor Verwaltungsbehörden und in Steuersachen;

b) Auflassungsvollmachten, wenn das der Einigung zugrunde liegende Rechtsgeschäft von einem Notar oder einer Behörde beurkundet und die Vollmacht in der Urkunde erteilt ist.

Tarifst. 20. Vorrechtseinräumungen (Prioritätszessionen) (Steuersatz 3 RM.).

Tarifst. 21. (1) **Werkverdingungsverträge,** inhalts deren der Übernehmer auch das Material für das übernommene Werk ganz oder teilweise anzuschaffen hat, sind, falls letzteres in der Herstellung beweglicher Sachen besteht, wie Lieferungsverträge, unter Zugrundelegung des für das Werk bedungenen Gesamtpreises zu versteuern.

(2) Handelt es sich bei dem verbungenen Werke um eine nicht bewegliche Sache, so ist der Werkverdingungsvertrag so zu versteuern, als wenn über die zu dem Werke erforderlichen, von dem Unternehmer anzuschaffenden beweglichen Gegenstände in demjenigen Zustand, in welchem sie mit dem Grund und Boden in dauernde Verbindung gebracht werden sollen, ein dem Steuersatze der Tarifstelle „Kauf- und Tauschverträge“ Abs. 1b oder der Nr. 3 der „Ermäßigungen und Befreiungen“ dieser Tarifstelle unterliegender Lieferungsvertrag und außerdem hinsichtlich des Wertes der Arbeitsleistung ein dem Steuersatze der Tarifstelle „Verträge“ Nr. 2 unterworfener Arbeitsvertrag abgeschlossen wäre.

(3) Die Vorschrift des § 10 dieses Gesetzes findet entsprechende Anwendung dergestalt, daß, insoweit eine Trennung des Gesamtpreises nicht vorgenommen ist, der höchste Steuersatz zu entrichten ist.

Tabelle

über den gegenwärtigen Kapitalwert einer Rente oder Nutzung im Werte von 1 RM. auf eine bestimmte Anzahl von Jahren behufs Berechnung der davon zu entrichtenden Stempelsteuer.

Zu § 6 des Gesetzes.

Anzahl der Jahre	Kapitalwert		Anzahl der Jahre	Kapitalwert		Anzahl der Jahre	Kapitalwert	
	M	Pf.		M	Pf.		M	Pf.
1	1	0,0	29	17	66,3	57	23	22,0
2	1	96,2	30	17	98,4	58	23	32,7
3	2	88,6	31	18	29,0	59	23	43,0
4	3	77,5	32	18	58,9	60	23	52,8
5	4	63,0	33	18	87,4	61	23	62,4
6	5	45,1	34	19	14,8	62	23	71,5
7	6	24,2	35	19	41,1	63	23	80,3
8	7	00,2	36	19	66,5	64	23	88,7
9	7	73,3	37	19	90,8	65	23	96,9
10	8	43,5	38	20	14,3	66	24	04,7
11	9	11,1	39	20	36,8	67	24	12,2
12	9	76,0	40	20	58,5	68	24	19,4
13	10	38,5	41	20	79,3	69	24	26,4
14	10	98,6	42	20	99,3	70	24	33,0
15	11	56,3	43	21	18,6	71	24	39,5
16	12	11,8	44	21	37,1	72	24	45,6
17	12	65,2	45	21	54,9	73	24	51,6
18	13	16,6	46	21	72,0	74	24	57,3
19	13	65,9	47	21	88,5	75	24	62,8
20	14	13,4	48	22	04,3	76	24	68,0
21	14	59,0	49	22	19,5	77	24	73,1
22	15	02,9	50	22	34,2	78	24	78,0
23	15	45,1	51	22	48,2	79	24	82,7
24	15	85,7	52	22	61,8	80	24	87,2
25	16	24,7	53	22	74,8	81	24	91,5
26	16	62,2	54	22	87,3	82	24	95,7
27	16	98,3	55	22	99,3	83	24	99,7
28	17	33,0	56	23	10,9	84 und mehr	25	00,0

2. AV. d. JM. v. 19. 9. 1925 über den Geschäftsgang bei der Legalisation von Urkunden (I. 1313).

AV. v. 21. 2. 1923 (JMBl. S. 152).

Unter Aufhebung der AV. vom 21. 2. 1923 wird folgendes bestimmt:

1. Die zum Gebrauch im Auslande bestimmten, der Legalisation im diplomatischen Wege bedürfenden Urkunden sind nach der Beglaubigung durch den Landgerichtspräsidenten (§ 43 des Ausführungsgesetzes zum Deutschen Gerichtsverfassungsgesetz) den Antragstellern zur eigenen Veranlassung der weiteren Beglaubigung zurückzugeben.

2. Den Antragstellern bleibt überlassen, die Urkunden zur Beschaffung der Beglaubigungen, für welche die Mitwirkung des Justizministers erforderlich ist, an das Justizministerium postfrei einzusenden. Dabei ist anzugeben, wo von der Urkunde demnächst im Auslande Gebrauch gemacht werden soll.

3. In besonders dringlichen Fällen darf die Einsendung auch durch die Gerichtsschreiberei des Landgerichts mittels Briefumschlags unter Verwendung von Dienstmarken erfolgen. Dabei ist der Name und die Wohnung des Antragstellers, soweit sie nicht aus der Urkunde oder dem eingereichten Antrag erhellen, genau anzugeben.

4. Bestehen hinsichtlich der Beglaubigung besondere Bedenken oder bedarf der Beglaubigungsantrag einer besonderen Begründung, so erfolgt die Einsendung der Urkunden, wie bisher, durch den Landgerichtspräsidenten an den Justizminister mittels besonderen Berichts, und zwar ebenfalls unter Verwendung von Dienstmarken.

5. Das Justizministerium sendet die Urkunden in allen Fällen, sofern sie nicht vom Antragsteller persönlich in Empfang genommen werden, an diesen als gebührenpflichtige Dienstsache, gegebenenfalls unter Nachnahme der entstandenen Portokosten usw., zurück.

Ist nach den bestehenden Vorschriften eine Beglaubigung durch das Auswärtige Amt erforderlich, so werden die Urkunden diesem auf Antrag zugeleitet und von ihm nach Beglaubigung den Antragstellern unter Nachnahme der Kosten zurückgesandt. Den Antragstellern bleibt überlassen, sich wegen der weiteren Beglaubigung an das zuständige fremde Konsulat usw. unmittelbar zu wenden.

6. Die besonderen Anordnungen, welche für Legalisationen ergangen sind, die einer Zwischenbeglaubigung durch den Justizminister nicht bedürfen, bleiben unberührt.

7. Es empfiehlt sich, daß die Gerichte und Notare bei der Aufnahme oder Ausstellung zum Gebrauch im Auslande bestimmter Urkunden die Beteiligten auf diese Änderung des bisherigen Verfahrens aufmerksam machen.

Sachregister.

Die Zahlen bedeuten die Seiten.

Nr. 13. **Konkurs-O. u. Anfechtungs-G.** Von R. Sydow. Fortges. v. L. Busch u. O. Krieg. 13. Aufl. 1923. Mit Nachtr. 1924. Rm 4,—

Nr. 14. **Gerichtsverfassungsgesetz.** Von R. Sydow. Fortgeführt von L. Busch. 10. Auflage. Im Druck.

Nr. 15. **Das deutsche Gerichtskostengesetz.** Von R. Sydow. Fortgeführt von L. Busch und F. Koehler. 10. Auflage. — 1920. (Nachtr., enth. die Änder. bis Ende 1924, im Druck.) Rm 3,—

Nr. 16. **Rechtsanwaltordnung.** Von R. Sydow. 5. Auflage von M. Jacobsohn. Mit Nachtrag von 1910. — 1907. Rm 1,20

Nr. 17. **Gebührenordn. f. Rechtsanw. u. d. Preuß. Gebührengesetz.** Von R. Sydow. Fortges. v. L. Busch u. O. Krieg. 12. Aufl. 1922. Mit Nachtrag, enth. alle Änderungen und Neuerungen bis Mai 1925. Rm 5,— (Nachtrag allein Rm 2,50)

Nr. 18. **Reichsstempelgesetz.** Von P. Loeck. Vergriffen. Wird durch Kapitalverkehrssteuergesetz ersetzt. Erläuterte Ausgabe in Bearbeitung.

Nr. 19. **Die Seegesetzgebung.** Von W. E. Knitschky. 5. Auflage von O. Rudorff. — 1913. Rm 8,—

Nr. 20. **Krankenversicherungsgesetz** siehe Nr. **107, 161.**

Nr. 21. **Die Konsulargesetzgebung.** Von Ph. Zorn. 3. Auflage von K. Zorn. — 1911. Rm 4,50

Nr. 22. **Patentgesetz.** Von R. Lutter. 8. Auflage. — 1920. Mit Nachtrag. — 1924. Rm 4,—. Nachtrag apart Rm 0,40

Nr. 23. **Gewerbe-Unfallversicherungsgesetz** siehe Nr. **108, 161.**

Nr. 24. **Aktiengesellschaft u. Kommanditgesellschaften auf Aktien.** Von H. Keyßner und H. Veit Simon. 7. Aufl. In Bearbeitung.

Nr. 25. **Brausteuergesetz.** Von A. Düffe. 2. Aufl. — 1910. Rm 2,—

Nr. 26. **Münz- und Notenbankwesen.** Von R. Koch. 7. Aufl. von Reichsbankpräsident Schacht. Im Druck.

Nr. 27. **Gesundheitswesen im Deutschen Reich.** Von E. Goesch und J. Karsten. — 1888. Vergriffen.

Nr. 28. **Bau-Unfallversicherungsgesetz** siehe Nr. **108.**

Nr. 29. **Erwerbs- und Wirtschaftsgenossenschaften.** Von L. Parisius und H. Crüger. 18. Auflage. — 1924. Rm 4,—

Nr. 30. **Invalidenversicherungsgesetz** siehe Nr. **109, 161.**

Nr. 31. **Gewerbegerichtsgesetz.** Von W. Cuno. Vergriffen, neunte Auflage in Vorbereitung. Siehe auch Nr. **112, 112a.**

Nr. 32. **Gesellschaften mit beschränkter Haftung.** Von L. Parisius und H. Crüger. 16. Aufl. — 1923. Rm 2,—

Nr. 33. **Vereins- und Versammlungsrecht.** Von E. Ball. 2. Auflage von F. Friedenthal. — 1907. Rm 2,—

Reichs-Vereinsgesetz vom 19. April 1908 siehe Nr. **88.**

Nr. 34. **Die Abzahlungsgeschäfte.** 3. Auflage von E. Wilke. — 1910. Rm 1,20

Nr. 35. **Die Reichs-Eisenbahngesetzgebung.** Von W. Coermann. — 1895. (Siehe auch Nr. 66.) Rm 2,—

Nr. 36. **Privatrechtliche Verhältnisse der Binnenschiffahrt und Flößerei.** Von E. Löwe. 6. Auflage. — 1923. Rm 4,—

Nr. 37. **Unlauterer Wettbewerb.** Von A. Pinner. 7. Auflage von A. Elster. — 1921. Rm 1,40

Nr. 38/39. **Bürgerliches Gesetzbuch nebst Einführungsgesetz.** Von A. Achilles. In Verbindung mit F. André, O. Meyer, O. Strecker, K. v. Unzner herausgegeben von M. Greiff. 11. Aufl. — 1923. Mit Nachtrag 1924. Rm 13,—

Nr. 40. Gesetz, betr. die **Pflichten der Kaufleute bei Aufbewahrung fremder Wertpapiere [Depotgesetz].** Von F. Lusensky. 3. Auflage. — 1916. Mit Nachtrag 1924. Rm 1,—

Nr. 41. **Börsengesetz.** Von Th. Hemptenmacher. 8. Auflage von O. Meyer. — 1915. Rm 3,50

Nr. 42. **Grundbuchordnung.** Von O. Fischer. 8. Auflage. — 1924. Rm 3,—

Nr. 43. **Zwangsvollstreckung.** Von J. Krech und O. Fischer. 9. Auflage von O. Fischer. — 1922. Rm 3,50

Nr. 44. **Auswanderungswesen.** Von F. Stoerk. — 1899. Rm 2,—

Nr. 45. **Das Entmündigungsrecht.** Von P. Koll. — 1900. Rm 1,20

Nr. 46. **Freiwillige Gerichtsbarkeit.** Von H. Jastrow. 6. Auflage von Herm. Günther. — 1921. Rm 4,50

Nr. 47. **Deutsches Vormundschaftsrecht.** Von M. Schultzenstein und P. Köhne. 2. Auflage. — 1901. Rm 2,50

Nr. 48. Gesetze, betr. den **Drogen-, Gift- und Farbenhandel** außerhalb der Apotheken. Von J. Broh. — 1899. Rm 1,20

Nr. 49. **Deutsche Kolonialgesetzgebung.** Von Ph. Zorn. 2. Auflage von Sassen. — 1913. Rm 5,—

Nr. 50. **Der Viehkauf [Viehgewährschaft].** Von H. Stölzle und H. Weiskopf. 5. Auflage. — 1913. Rm 5,50

Nr. 51. **Hypothekenbankgesetz.** Von H. Göppert. 2. Auflage von Seibel. — 1911. Rm 2,20

Nr. 52. **Rechte der Besitzer von Schuldverschreibungen.** Von H. Göppert. 2. Auflage von E. Trendelenburg. — 1915. Rm 1,50

Nr. 53. **Reichspreßgesetz.** Von A. Born. 3. Auflage. — 1924. Rm 4,—

Nr. 54. Verkehr mit **Nahrungsmitteln, Genußmitteln und Gebrauchsgegenständen.** Von G. Lebbin. — 1900. Vergriffen.

Nr. 55. **Beschlagnahme von Lohn- und Gehaltsforderungen.** Von G. Meyer. 5. Auflage. — 1914. Durch Nachträge ergänzt 1925. (Nachträge allein Rm 0,70) Rm 2,30

Nr. 56. **Bekämpfung gemeingefährlicher Krankheiten.** Von B. Burkhardt. — 1900. Rm 1,20

Nr. 57. **See-Unfallversicherungsgesetz** siehe Nr. 108.

Nr. 58. **Recht der unehelichen Kinder.** Von H. Jastrow. — 1901. Mit Nachtrag 1925. Rm 1,60

Nr. 59. **Beurkundung des Personenstandes und die Eheschließung.** Von F. Fidler. 2. Auflage. — 1912. Rm 2,30

Nr. 60. **Das Urheberrecht an Werken der Literatur und der Tonkunst.** Von O. Lindemann. 4. Auflage. — 1921. Rm 1,80

Nr. 61. **Verlagsrecht.** Von B. Marwitz. 3. Auflage. — 1922. Rm 1,60

Nr. 62. **Private Versicherungsunternehmungen.** Von H. Könige. 3. Auflage. In Bearbeitung.

Nr. 63. **Gesetzestafel des deutschen Reichsrechts.** Von H. Bruhns. 2. Auflage. — 1913. Rm 3,—

Nr. 64. Gesetzsammlung, betr. den **Handel mit Drogen und Giften.** Von H. Sonnenfeld. 2. Auflage. — 1912. Rm 3,—

Nr. 65. **Weingesetz.** Von G. Lebbin. 2. Aufl. — 1909. Rm 2,—

Nr. 66. **Die Eisenbahn-Gesetzgebung.** Von W. Pietsch. 2. Auflage. — 1913. (Siehe auch Nr. 91.) Rm 3,—

Nr. 67. **Militär-Strafgesetzbuch.** Von A. Romen und C. Rissom. 3. Auflage. — 1918. Rm 5,—

Nr. 68. **Fleischbeschaugesetz.** Von G. Lebbin und G. Baum. — 1903. Rm 2,80

Nr. 69. Reichsgesetz über die **Naturalleistungen der bewaffneten Macht im Frieden.** Von W. v. Hippel. — 1903. Rm 1,—

Nr. 70. **Das Reichs-Haftpflichtgesetz.** Von G. Eger. — 1903. Vergr. — (Als Ersatz Komment. von Seligsohn. – 1920. Rm 6,50)

Nr. 71. **Kinderarbeit in gewerblichen Betrieben.** Von H. Spangenberg. 2. Auflage. — 1904. Rm 1,20

Nr. 72. **Unfallversicherungsgesetz** siehe Nr. 108.

Nr. 73. **Entschädigung für unschuldig erlittene Verhaftung und Bestrafung.** Von A. Romen. — 1904. Rm 1,70

Nr. 74. **Die Kaufmannsgerichte.** Von M. Apt. 3. Auflage. — 1904. (Siehe auch Nr. 112.) Rm 1,60

Nr. 75. **Konsulargerichtsbarkeit.** Von A. F. Vorwerk. 2. Ausgabe, mit den Schutzgebietsgesetzen. — 1908. Rm 1,60

Nr. 76. **Die Rechtshilfe im Verkehr mit den ordentlichen Gerichten.** Von A. Friedländer. — 1906. Rm 1,50

Nr. 77. **Das Erbschafts-StG.** Von B. Hendel. 1920. Rm 5,— — Neue Fass. v. H. Schachian. 3. Aufl. — 1925. Im **Druck.**

Nr. 78. **Zigarettensteuergesetz.** Von Cuno. In Vorbereitung.

Nr. 79. **Die Militärpensionsgesetze.** Von A. Romen.
a) I. Teil: **Offizierpensionsgesetz. — 1907.** Rm 2,—
b) II. Teil: **Mannschaftsversorgungsgesetz.** Mit **Kapitalabfindungsgesetz.** — 1908. Rm 2,—
Militärversorgungsgesetze siehe auch Nr. **136, 152** u. **152a.**

Nr. 80. **Gerichtliche Registerführung.** Von O. Lindemann. — 1906. Rm 2,40

Nr. 81. **Urheberrecht an Werken der bildenden Künste und der Photographie.** Von L. Fuld. 2. Auflage. Im Druck.

Nr. 82. **Reichsbeamtengesetz.** Von A. Arndt. 3. Auflage. —1923. Mit Nachtrag, enth. die Änderungen bis 1924. Rm 3,50

Nr. 83. **Versicherungsvertrag.** Von P. Hager und E. Bruck. 5. Auflage. — 1925. Im Druck.

Nr. 84. **Sammlung kleinerer privatrechtlicher Reichsgesetze.** Von G. Müller. — 1908. Rm 5,50

Nr. 85. **Scheckgesetz.** Neue Auflage im Druck.

Nr. 86. **Die Auslieferungsverträge des Deutschen Reiches.** Von A. Cohn. — 1908. Rm 4,—

Nr. 87a. **Das deutsche Warenzeichenrecht.** Von Freund und Magnus. 6., neubearbeitete Auflage. Teil I: **Die internationalen Verträge.** — 1924. Rm 9,—

Nr. 88. **Vereinsgesetz.** Von A. Romen. 4. Aufl. — Vergriffen.

Nr. 89. **Vogelschutzgesetz.** Von L. v. Boxberger. – 1909. Rm 1,—

Nr. 90. Die Haager Abkommen über das **Internationale Privatrecht.** Von G. Bogeng. — 1908. Rm 2,—

Nr. 91. **Eisenbahn-Verkehrsordnung.** Von E. Blume. 2. Auflage von Weirauch. — 1922. Mit Nachtrag, enth. alle Neuerungen bis Ende 1924. Rm 5,—. (Nachtrag einzeln Rm 1,50)

Nr. 92. **Verkehr mit Kraftfahrzeugen.** Von R. Kirchner. 3. Auflage. — 1915. Mit Nachtrag, enth. alle Neuerungen bis Ende 1924. Rm 5,—. (Nachtrag einzeln Rm 1,50)

Nr. 93. **Sicherung der Bauforderungen.** Von E. Harnier. 3. Auflage. — 1912. Rm 1,50

Nr. 94. **Die Beamtenhaftpflichtgesetze des Reiches und der Länder.** Von H. Delius. 3. Auflage. — 1921. Rm 3,20

Nr. 95. Die Berner Übereinkunft über **Internationales Urheberrecht.** Von H. Dungs. — 1910. Rm 1,—

Nr. 96. **Branntweinsteuergesetz.** 3. Auflage von K. Kniebe in Vorbereitung. **Branntweinmonopolgesetz** siehe Nr. **131 a.**

Nr. 97. **Schutzgebietsgesetz.** Von J. Gerstmeyer. – 1910. Rm 2,50

Nr. 98. **Sechs Haager Abkommen über Internationales Privatrecht.** Von H. Dungs. — 1910. Rm 1,50

Nr. 99. **Die Abkommen d. Haager Friedenskonferenz.** Vergr. Jetzt: Wehberg, **Völkerbundakte.** Rm 4,— (Außerh. d. Samml.)

Nr. 100. **Kaligesetz.** Von B. Voelkel. — 1910. Rm 2,40

Nr. 101. **Zuwachssteuergesetz.** Von W. Cuno. — 1911. Rm 3,50

Nr. 102. **Urheberrecht an Mustern und Modellen** und Schutz von Gebrauchsmustern. Von J. Neuberg. — 1911. Rm 2,40

Nr. 103. **Reichs-Viehseuchengesetz.** Von W. v. Hippel. 2. Auflage. — 1912. Rm 4,—

Nr. 104. **Versicherungsgesetz für Angestellte** siehe Nr. 144.

Nr. 105. **Das Geldwesen in den deutschen Schutzgebieten.** Von W. Hintze. — 1912. Rm 1,80

Nr. 106—109. **Reichs-Versicherungsordnung.** Von F. Caspar und A. Spielhagen. 4 Bände. Kplt. Rm 18,—

Nr. 106. I., V. und VI. Buch. **Gemeinsame Vorschriften. — Beziehungen der Versicherungsträger zu einander und zu anderen Verpflichteten. — Verfahren.** Von K. Lippmann, L. Laß und H. Siefart. — 1913. Mit Nachtrag. Von K. Lippmann. — 1920. (Nachtrag einzeln Rm 0,40.) Rm 5,—

Nr. 107. II. Buch. **Krankenversicherung.** Von H. Siefart und F. Sitzler. — 1916. Mit Nachtrag. Von K. Lippmann. — 1920. (Nachtrag einzeln Rm 1,20.) Rm 5,50

Nr. 108. III. Buch. **Unfallversicherung.** Von A. Radtke. — 1913. Mit Nachtrag. Von A. Radtke. — 1921. (Nachtrag einzeln Rm 1,60.) Rm 6,50

Nr. 109. IV. Buch. **Invaliden- und Hinterbliebenenversicherung.** Von B. Jaup und H. Follmann. — Neudruck 1922. Mit Nachtrag, enthaltend die Ergänzungen 1914—1921. (Nachtrag einzeln Rm 1,—.) Rm 3,50

Reichsversicherungsordnung in neuester Fassung von K. Lippmann s. Nr. 161.

Nr. 110. **Wehrbeitragsgesetz.** Von A. Fernow. 2. Auflage. — 1913. Rm 1,60

Nr. 111. **Reichs- und Staatsangehörigkeitsgesetz.** Von A. Romen. — 1913. Vergriffen.

Nr. 112. **Kaufmannsgerichtsgesetz.** Von H. Depène. — 1914. Rm 2,60

Nr. 112a. **Kaufmanns- u. Gewerbegerichtsgesetz nebst Schlichtungsordnung.** (Ergbd. z. Nr. 112.) V. H. Depène. 1924. Rm 3,50

Die Nr. 112 u. 112a enthalten zusammen den vollständigen Text des Gewerbegerichtsgesetzes.

Nr. 113. **Postscheckgesetz.** Von J. Weiland. — 1914. Mit Nachtrag 1918. Rm 1,50

Nr. 113 a. **Postscheckordnung.** Von J. Weiland. — 1914. Mit Nachtrag 1918. Rm 1,50

Nr. 114. **Waffengebrauch und Festnahmerecht des Militärs.** Von A. Romen und C. Rissom. — 1914. Rm 1,80

Nr. 115. **Das vertragliche Wettbewerbsverbot [Konkurrenzklausel].** Von G. Baum. — 1914. Rm 3,—

Nr. 116. **Kriegs-Zivil- u. Finanzgesetze.** 3. Aufl. — 1915. Rm 1,50

Nr. 116a. Zweite Folge: Jahr 1915. — 1916. Rm 1,20

Nr. 117. **Darlehnskassengesetz.** — 1915. Rm 1,80

Nr. 118. **Militärhinterbliebenengesetz.** Von Reh. Mit **Kapitalabfindungsgesetz.** — 1915. (Siehe auch Nr. 136.) Rm 2,20

Nr. 119. **Kriegsleistungsgesetz.** Vergriffen.

Nr. 120. **Telegraphenwegegesetz.** Von Wolf. — 1916. Rm 1,—

Nr. 121. **Direkte Kriegssteuer.** Von A. Mrozek. 1916. Rm 3,50

Nr. 122. **Belagerungszustand.** Von H. Pürschel. 1916. Rm 3,50

Nr. 123. **Warenumsatzstempel.** Von Lindemann. — 1916. (**Umsatzsteuergesetze** siehe Nr. 132.) Rm 1,30

Nr. 124. **Todeserklärung Kriegsverschollener.** Von J. Partsch. — 1917. Rm 2,—

Nr. 125. **Vaterländischer Hilfsdienst.** 3. Auflage. — 1917. Rm 1,—

Nr. 126. **Besitzsteuergesetz.** Von A. Mrozek. Vergriffen.

Nr. 127. **Geschäftsaufsicht zur Abwendung des Konkurses.** Von G. Klien u. Ernst Jaeger. — 1917. Durch Nachträge nach dem Stand v. 1924 ergänzt. Rm 1,60. Nachtrag einzeln 0,60

Nr. 128. **Verhaftung und Aufenthaltsbeschränkung.** Von A. Romen. — 1917. Rm 1,20

Nr. 129. **Zivilrechtkriegsgesetze.** Von Fischer. — 1918. Rm 1,50

Nr. 130. **Ersatzlebensmittelverordnung.** — 1918. Rm 1,50

Nr. 131 a. **Reichsfinanzgesetzgebung 1918.** Bd. I. **Getränkesteuern.** Von G. Mayer. — 1918. Rm 2,50

Nr. 131 b. **Reichsfinanzgesetzgebung 1918.** Bd. II. **Einkommen, Umsatz, Kriegsgewinn usw.** Von G. Mayer. — 1919. Rm 1,50

Nr. 132. **Umsatzsteuergesetz.** Von Otto Lindemann. 3. Auflage. — 1923. Rm 4,—

Nr. 133. **Reichswuchergesetzg.** Von Ad. Lobe. — 1918. Rm 2,80

Nr. 134. **Der Ostfrieden.** Von Karl Strupp. — 1918. Rm 3,—

Nr. 135. **Erbbaurecht.** Von H. Günther. — 1919. Rm 2,—

Nr. 136. Militärvers.-Ges. Von H. Günther. — 1919. Rm 2,30

Nr. 137. Reichsverfassung. Von Arndt. 2. Aufl. — 1921. Rm 2,50

Nr. 138 a. **Arbeiterschutz und Arbeitsrecht.** Von A. Günther. 1920. Rm 5,—

Nr. 138 b. **Betriebsrätegesetz.** Von A. Günther. — 1920. Rm 2,—

Nr. 139. **Grunderwerbsteuergesetz.** Von Otto Lindemann. — 1919. Rm 1,80

Nr. 140. Die Siedelungsgesetzgebung im Reich und in Preußen. Von W. Holzapfel. — 1920. Rm 3,—

Nr. 141. Sozialisierungsgesetze. Von Reier. — 1920. Rm 2,20

Nr. 142. Wirtschaftliche Demobilmachung. Von Gg. Fischbach. — 1920. Rm 1,—

Nr. 143. Reichsabgabenordnung. Von Nieberl. — 1922. Mit Nachtrag, enth. die Änderungen von 1924. Rm 4,—

Nr. 144. Versicherungsgesetz für Angestellte. Von Lippmann. — 1920. Rm 3,50

Nr. 145. Steuer- und Kapitalflucht. Von E. H. Meyer. 2. Auflage. — 1921. Rm 1,60

Nr. 146. Tabaksteuergesetz. Von Wündisch. — 1920. Rm 3,—

Nr. 147. Filmzensur. Von Szczesny. — 1920. Rm 1,50

Nr. 148. Reichsausgleichsgesetz. Von Decke. — 1920. Rm 1,50

Nr. 149. Reichsnotopfergesetz. Von Friedmann und Wrzeszinsky. — 1921. Rm 4,—

Nr. 150. Reichsschädengesetze. Von Adolf Hohenstein und Wenzel Goldbaum. — 1922. Rm 4,—

Nr. 151. Einkommensteuer und Körperschaftsteuer. Von Hollaender. Im Druck.

Nr. 152. Wohlfahrtsgesetze. Von Behrend und Stranz-Hurwitz. Teil I. 1923. Rm 5,—

Nr. 152a. Desgl. Teil II. 1925. Rm 9,—

Nr. 152 und **152a** zusammen bezogen Rm 12,—

Nr. 153. Zwangsanleihegesetz. Von Simon und Beutner. 1923. Rm 8,—

Nr. 154. Jugendwohlfahrtsgesetz und Jugendgerichtsgesetz. Von Drewes und Sandré. — 1923. Mit Nachtrag, enth. die Ergänzungen bis April 1924. Rm 6,—

Nr. 155. Reichsknappschaftsgesetz. Von Max Reuß und Fritz Hense. — 1923. Rm 7,—

Nr. 156. Mietrecht und Wohnungsmangelgesetz. Von Krieg. 3. Auflage. — 1925. Rm 7,—

Nr. 157. Dritte Steuernotverordnung v. 14. 2. 1924 mit den Vorschriften über **Aufwertung.** Von Michaelis. Rm 7,—

Nr. 158. Strafprozeßordnung. Alte und neue Fassung synoptisch gegenübergestellt. Von Reichsanwalt Feisenberger. — 1924. Rm 4,50

Nr. 159. Industriebelastungsgesetz. Von Höpker. Rm 4,—

Nr. 160. Fürsorgepflicht. Von Sandré. Rm 6,—

Nr. 161. Reichsversicherungsordnung. Von K. Lippmann. Rm 11,—

Nr. 162. Handelsrechtl. Nebengesetz. Von Schreiber. Im Druck.

Nr. 163. Notariatsrecht m. Formul. Von Szkolny. Im Druck.

B. Preußische Gesetze.

Nr. 1. **Die Verfassung des Freistaats Preußen.** Von A. Arndt. — 1921. Rm 2,—
Ausführlicher Kommentar von Stier-Somlo. — 1921. Rm 5,—

Nr. 2. **Preußische Beamten-Gesetzgebung.** Von K. Pfafferoth. 5. Auflage. — 1916. Rm 2,40

Nr. 3. **Notteſtamente.** Von E. Kurtz. — 1904. Rm 1,50

Nr. 4. **Gebührenordnung für Notare.** Vom 28. Oktober 1922. Von Rausnitz. 6. Auflage. — 1925. Rm 7,—

Nr. 5—9 vergriffen.

Nr. 10. **Einkommensteuergesetz** siehe Reichsgesetze Nr. 151.

Nr. 11. **Gewerbesteuergesetz.** Von A. Fernow. Vergriffen.

Nr. 12. **Allgemeines Berggesetz.** Von Schlüter und Hense. 4. Auflage. — In Vorbereitung.

Nr. 13. **Ergänzungssteuergesetz.** Von A. Fernow. 5. Aufl. Rm 3,—

Nr. 14. **Kommunalabgabengesetz.** Von F. Adickes. 6. Auflage von Falk. — 1922. Rm 3,50

Nr. 15. **Die Kreisordnungen.** Von O. Kolisch. — 1894. Rm 4,—

Nr. 16. **Konzessionierung gewerblicher Anlagen.** Von W. v. Rüdiger. 2. Auflage. — 1901. Vergriffen.

Nr. 17. **Preußisches Gerichtskostengesetz.** Von P. Siméon. 7. Auflage. — 1913. Mit Nachtrag von 1919 und 1920. Rm 4,—

Nr. 18. **Preußisches Stempelsteuergesetz.** Von P. Loeck und W. Seyffarth. 9. Auflage mit Nachtrag von Eiffler. — 1922. (Neue Auflage in Bearbeitung.) Rm 7,50

Nr. 19. **Jagdscheingesetz.** Von F. Kunze. 2. Aufl. — 1899. Rm 2,—

Nr. 20. **Die preußischen Erbschaftssteuergesetze.** Von U. Hoffmann. — 1905. Rm 3,—
(Reichs-Erbschaftssteuergesetz siehe Reichsgesetze Nr. 77.)

Nr. 21. **Handelskammern.** Von F. Lusensky. 2. Auflage. — 1909. Rm 3,—

Nr. 22. **Anstellung und Versorgung der Kommunalbeamten.** Von W. Ledermann. 2. Auflage von L. Brühl. — 1914. Rm 2,—

Nr. 23. **Ausführungsgesetze zum Bürgerlichen Gesetzbuche.** Von P. Siméon. 3. Auflage. — 1914. Rm 2,20

Nr. 24. **Die Hinterlegungsordnung (1879).** Von G. Bartels. 2. Auflage. — 1908. Rm 2,—
Abänderungsgesetz vom 21. April 1913 siehe Nr. 53.

Nr. 25. **Preußische Kommunalbeamtengesetzgebung.** Von F. Kremski. — 1901. Rm 3,—

Nr. 26. **Diensteinkommen der Lehrer und Lehrerinnen.** Von E. Cremer. — 1900. Rm 2,20

Nr. 27. **Warenhaussteuer.** Von G. Strutz. — 1900. Rm 1,20

Nr. 28. **Die Fürsorgeerziehung Minderjähriger.** Von P. F. Aschrott. 3. Auflage. — 1917. Rm 2,80

Nr. 29. **Ärztliche Ehrengerichte, das Umlagerecht und die Kassen der Ärztekammern.** Von F. Fidler. — 1901. Rm 1,50

Nr. 30. **Preußisches Staatsschuldbuch** und **Reichsschuldbuch.** Von J. Mücke. — 1902. Rm 2,—

Nr. 31. **Die preußischen Gesindeordnungen.** Zwei Bände. Von St. Gerhard.
31 a. Altpreußische Provinzen und Rheinland. 2. Auflage. — 1914. Rm 3,—
31 b. Hannover, Schleswig-Holstein, Hessen-Nassau und Hohenzollern. — 1902. Rm 2,50

Nr. 32. **Städteordnung.** Von W. Ledermann und L. Brühl. 2. Auflage. — 1913. Rm 6,—

Nr. 33. **Rentenguts- und Anerbenrechts-Gesetzgebung.** Von M. Peltasohn und B. Peltasohn. — 1903. Vergriffen.

Nr. 34. Sammlung der wichtigsten **preußischen Strafgesetze.** Von Lindemann. 2. Auflage. — 1912. Rm 3,50

Nr. 35. **Geschäftsordnung für Gerichtsvollzieher** Von E. Exner. — 1904. Rm 3,—

Nr. 36. **Polizeiverordnungen in Preußen.** Von O. Lindemann. — 2. Auflage. 1912. Rm 2,50

Nr. 37. **Enteignung von Grundeigentum.** Von O. Meyer. 2. Auflage. — 1911. Vergriffen.

Nr. 38. **Kreis- und Provinzial-Abgabengesetz.** Von F. Schmidt. — 1906. Rm 1,20

Nr. 39. **Unterhaltung der öffentlichen Volksschulen.** Von A. Marcks. — 1906. Rm 1,80

Nr. 40. **Verwaltungsstrafverfahren.** Von R. Katzenstein. — 1907. Rm 3,50

Nr. 41. **Die preußischen Jagdpolizeigesetze.** Von F. Kunze und R. Kühnemann. 2. Auflage. — 1907. Vergriffen.

Nr. 42. **Allgemeine Landesverwaltung und Zuständigkeit der Verwaltungs- und Verwaltungsgerichtsbehörden.** Von K. Friedrichs. 2. Auflage. — 1921. Rm 3,—

Nr. 43. **Verschuldungsgrenze** für land- und forstwirtschaftlich benutzte Grundstücke. Von R. Leweck. — 1908. Rm 2,40

Nr. 44. **Quellenschutzgesetz.** Von E. Boelkel. — 1909. Rm 1,—

Nr. 45. **Rechtsverhältnisse der Juden in Preußen.** Von M. Kollenscher. — 1910. Rm 2,40

Nr. 46. **Austritt aus der Landeskirche.** Von H. Caro. — 1911. Rm 2,40

Nr. 47. **Feuerbestattung.** Von W. Lohmann. — 1912. Rm 1,50

Nr. 48. **Zweckverbandsgesetz für Groß-Berlin.** Von L. Brühl, K. Gorban und W. Ledermann. — 1912. Rm 4,—

Nr. 49. **Gesetze gegen die Verunstaltung landschaftlich hervorragender Gegenden.** Von O. Goldschmidt. — 1912. Rm 2,40

Nr. 50. **Gesetz, betr. die Anlegung und Veränderung von Straßen und Plätzen in Städten und ländlichen Ortschaften.** Von O. Meyer. — 1913. Rm 3,—

Nr. 51. **Das preußische Disziplinargesetz für die nichtrichterlichen Beamten.** Von E. v. Dultzig. — 1914. Rm 4,20

Nr. 52. **Preußisches Wassergesetz.** Von G. Wulff und F. Herold. — 1913. Rm 4,50

Nr. 53. **Hinterlegungsordnung** von 1913. Von Hagemann. — 1914. Rm 2,20

Nr. 54. **Anlegung von Sparkassenbeständen in Inhaberpapieren.** Von H. Döhring. — 1914. Rm 2,80

Nr. 55. **Preußisches Wohnungsgesetz.** Von B. Schmittmann. — 1918. Rm 2,60

Nr. 56. **Das preußische Tumultschadengesetz.** Von Bruno Friedländer. — 1919. Rm 0,80

Nr. 57. Gesetz über **Landeskulturbehörden.** Von W. Holzapfel. — 1919. Rm 2,—

Nr. 58. Arbeitsnachweis. Von P. Wölbling. — 1920. Rm 1,—

Nr. 59. **Bildung der neuen Stadtgemeinde Berlin.** Von P. Wölbling. 2. Auflage. — 1920. Rm 1,40

Nr. 60. **Umlegungsordnung.** Von W. Holzapfel. — 1921. Rm 1,80

Nr. 61. **Preußische** Verwaltungsgebührenordnung. Von K. Eiffler. Mit Nachtrag. — 1925. Rm 6,—

C. Textausgaben

ohne Anmerkungen mit Sachregister.

Aufwertungsgesetze mit Einleitung. Von Michaelis. Rm 1,50
Betriebsrätegesetz. Vergriffen.
Bürgerliches Gesetzbuch. 14. Auflage. Rm 4,—
Erbschaftssteuergesetz. Neue Fassung von H. Schachian. 3. Auflage. Im Druck.
Freiwillige Gerichtsbarkeit. — 1920. Rm 1,—
Handelsgesetzbuch mit Seerecht. 11. Auflage. — 1924. Rm 2,60
Konkursordnung. 2. Auflage. — 1915. Mit Nachtr. 1925. Rm 1,—
Militärstrafgerichtsordnung m. **Einführungsges.** — 1901. Rm 1,30
Militär-Strafgesetzbuch. 2. Auflage. — 1916. Rm 0,50
Reichsfinanzgesetze von 1909. — 1909. Rm 2,60
Reichsmietengesetz. — 1922. Rm 0,50
Reichsnotopfergesetz. Vergriffen.
Reichssteuergesetze 1925 (Steuerüberleitungsgesetz mit Durchführungsbestimmungen — Einkommensteuer, Körperschaftsteuer, Reichsbewertungsgesetz, Vermögensteuer, Erbschaftssteuer). Im Druck.
Reichsversicherungsordnung. Vergriffen.
Strafgesetzbuch. — 1921. Rm 1,20
Strafprozeßordnung. 5. Auflage. — 1924. Rm 2,50
Umsatzsteuergesetz. — 1920. Rm 0,60
Verkehrs- u. Kohlensteuer u. Kriegssteuerzuschlag. 1917. Rm 0,60
Verfassung des Deutschen Reiches v. 11.8.1919. 2. Aufl. Rm 0,60
Verfassung des Freistaates Preußen. Rm 0,60
Versicherungsgesetz für Angestellte. — 1924/25. Rm 2,—
Wechselordnung. — 1908. Rm 0,50
Wehrbeitrag und **Besitzsteuer.** — 1913. Rm 0,50
Zivilprozeßordnung mit **Gerichtsverfassungsgesetz** und **Einführungsgesetzen.** — 1924. Rm 3,50
Zuwachssteuergesetz. — 1911. Rm 0,50
— **Ausführungsbestimmungen.** — 1911. Rm 0,40
Preuß. Ausf.-Anweis. zur **Gewerbeordnung.** — 1904. Rm 1,—

Schlagwort-Register

R. = Nummer der Sammlung Deutscher Reichsgesetze.
P. = Nummer der Sammlung Preußischer Gesetze.
S. = Seite.

Schlagwort-Register. (R. = Reichsgesetz, P. = preuß. Gesetz.)

Schlagwort-Register. (R. = Reichsgesetz, P. = preuß. Gesetz.)

Schlagwort-Register. (R. = Reichsgesetz, P. = preuß. Gesetz.)

Kolibri 360 GmbH
Ferdinand-Jühlke-Straße 7
99095 Erfurt, Deutschland
produktsicherheit@kolibri360.de